Classics of

HERMES

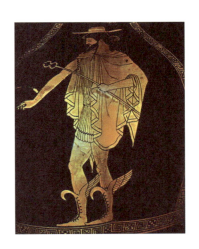

HERMES

在古希腊神话中，赫耳墨斯是宙斯和迈亚
的儿子，奥林波斯神们的信使，道路与边
界之神，睡眠与梦想之神，亡灵的引导
者，演说者、商人、小偷、旅者和牧人的
保护神……

西方传统 经典与解释

Classici et commentarii

HERMES

尼采注疏集

刘小枫 ● 主编

尼采与布克哈特

——对话中的两个精神世界

Nietzsche und Burckhardt:
zwei geistige Welten im Dialog

［德］阿尔弗雷德·冯·马丁（Alfred Wilhelm Otto von Martin）● 著

黄明嘉 史敏岳 ● 译

华东师范大学出版社

华东师范大学出版社六点分社　策划

古典教育基金·"传德"资助项目

"尼采注疏集"出版说明

　　尼采是我国相当广泛的读书人非常热爱的德语作家，惜乎我们迄今尚未有较为整全的汉译尼采著作集。如何填补我国学园中的这一空白，读书界早已翘首以待。

　　"全集"通常有两种含义。第一个含义指著作者写下的所有文字的汇集，包括作者并未打算发表的笔记、文稿和私信等等。从这一含义来看，意大利学者 Giorgio Colli 和 Mazzino Montinari 编订的十五卷本"考订版尼采文集"（*Nietzsche Sämtliche Werke*：Kritische Studienausgabe in 15 Bänden，缩写 KSA，实为十三卷，后两卷为"导论"、各卷校勘注和尼采生平系年），虽享有盛名，却并非"全集"，仅为尼采生前发表的著作和相关未刊笔记，不含书信。Giorgio Colli 和 Mazzino Montinari 另编订有八卷本"考订版尼采书信集"（*Sämtliche Briefe*，Kritische Studienausgabe in 8 Bänden）。

　　其实，未刊笔记部分，KSA 版也不能称全，因为其中没有包含尼采在修习年代和教学初期的笔记——这段时期的文字（包括青年时期的诗作、授课提纲、笔记、书信），有经数位学者历时数十年编辑而成的五卷本"尼采早期文稿"（*Frühe Schriften*：*Werke und Brief* 1854—1869；Joachim Mette 编卷一、二；Karl Schlechta ╱ Mette 编卷三、四；Carl Koch ╱ Schlechta 编卷五）。

　　若把这些编本加在一起（除去 KSA 版中的两卷文献，共计二十六卷之多）全数翻译过来，我们是否就有了"尼采全集"呢？

　　Giorgio Colli 和 Mazzino Montinari 起初就立志要编辑真正的"尼采全集"，可惜未能全工，Volker Gerhardt、Norbert Miller、Wolfgang Müller-Lauter 和 Karl Pestalozzi 四位学者在柏林—布兰登堡学园（Berlin-Brandenburgischen Akademie der Wissenschaften）支持下接续主持编修（参与者为数不少），90 年代中期成就四十四卷本"考订版尼采全集"（*Nietzsche Werke Kritische Gesamtausgabe*, 44 Bände, Berlin / New York, Walter de Gruyter 1967—1995, 共九大部分，附带相关历史文献）。我国学界倘若谁有能力和财力全数翻译，肯定会是莫大的贡献（最好还加上 *Supplementa Nietzscheana*，迄今已出版七卷）。

　　"全集"的第二个含义，指著作者发表过和打算发表的全部文字，这类"全集"当称为"著作全集"（KSA 版十五卷编本有一半多篇幅是尼采 1869—1889 的未刊笔记，尼采的著作仅占其中前六卷，未刊笔记显然不能称"著作"）。尼采"著作全集"的编辑始于 19 世纪末。最早的是号称 Großoktavausgabe 的十九卷本（1894 年开始出版，其时病中的尼采还在世），前八卷为尼采自己出版过的著作，九卷以后为遗稿；然后有 Richard Oehler 等编的 Musarion 版二十三卷本（1920—1929）、Alfred Bäumler 编订的 Kröner 版十二卷本（1930 陆续出版，1965 年重印）。这些版本卷帙过多，与当时的排印技术以及编辑的分卷观念相关，均具历史功绩。

　　1956 年，Karl Schlechta 编订出版了"三卷本尼采著作全集"（*Werke in 3 Bänden*，附索引一卷；袖珍开本，纸张薄、轻而柔韧，堪称精当、精美的"尼采著作全集"）——尼采自己出版的著作精印为前两卷，卷三收尼采早期未刊文稿和讲稿以及"权力意志"遗稿。KSA 版问世后，Karl Schlechta 本因卷帙精当仍印行不衰——迄今已印行十余版（笔者所见最近的新版为 1997 年），引用率仍然很高。

Karl Schlechta 本最受诟病的是采用了尼采胞妹编订的所谓"权力意志"遗稿(张念东、凌素心译本,北京:商务版1991)——由于没有编号,这个笔记编本显得杂乱无章(共辑1067条),文本的可靠性早已广受质疑。KSA 版编辑尼采笔记以年代为序,从1869年秋至1889年元月初,长达近二十年(七至十三卷,近五千页),其中大部分不属遗著构想,所谓"权力意志"的部分仅为十二和十三卷(十三卷有贺骥中译本,漓江出版社2000;选本的中译有:沃尔法特编,《尼采遗稿选》,虞龙发译,上海译文版2005)。

有研究者认为,尼采并没有留下什么未完成的遗著,"权力意志"(或者"重估一切价值")的写作构想,其实已见于最后的几部著作(《偶像的黄昏》、《善恶的彼岸》、《道德的谱系》、《敌基督》)——尼采想要说的已经说完,因此才写了《瞧,这个人》。按照这种看法,尼采的未刊笔记中并没有任何思想是其已刊著作中没有论及的。

研究尼采确乎当以尼采发表的著作为主——重要的是研读尼采或充满激情或深具匠心地写下并发表的文字。此外,尽管尼采的书好看,却实在不容易读(首先当然是不容易译),编译尼采著作,不仅当以尼采的著作为主,重要的是要同时关注注释和解读。

我们这个汉译"尼采注疏集"含三个部分:

1.笺注本尼采著作全集——收尼采的全部著作,以 KSA 版为底本(其页码作为编码随文用方括号注出,便于研读者查考),并采用 KSA 版的校勘性注释和波恩大学德语古典文学教授 Peter Pütz 教授的"笺注本尼采著作全集"(共十卷)中的解释性注释(在条件许可的情况下,尽量采集法译本和英译本的注释——Gilles Deleuze/Maurice de Gandillac 主编的 Gallimard 版法译全集本主要依据 KSA 版;英文的权威本子为"剑桥版尼采著作全集")。

2.尼采未刊文稿——选编重要的早期文稿(含讲稿和放弃了

的写作计划的残稿）、晚期遗稿和书信辑要。

3.阅读尼采——选译精当的文本解读专著或研究性论著/文集。

由此形成一套文本稳妥、篇幅适中、兼顾多面的"尼采笺注集"，虽离真正的"汉译尼采全集"的目标还很遥远，毕竟可为我们研读尼采提供一个较为稳靠的基础。

"尼采注疏集"是我国学界研究尼采的哲学学者和德语文学学者通力合作的结果，各位译者都有很好的翻译经验——这并不意味着译本无懈可击。编译者的心愿是，为尼采著作的汉译提供一种新的尝试。

刘小枫

2006 年 5 月

古典文明研究工作坊

西方典籍编译部甲组

目　录

尼采、布克哈特与人文教育的后现代困境

刘小枫

1869 年,尼采(1844-1900)从德意志东部的莱比锡来到瑞士西北部比邻德法的重镇巴塞尔。当时,普法战争尚未爆发,德意志帝国(1871-1918)也还没有诞生。

按今天的年龄来讲,时年 25 岁的尼采至多是个刚考上博士的研究生,而他却是因受聘为巴塞尔大学古典学教授而来。3 年后,尼采发表了《悲剧的诞生》(1872)。在随后 4 年里,尼采连珠炮式地发表了四篇"不合时宜的观察",依次分别题为:《大卫·施特劳斯:自白者与作家》(1873)、《论史学对生活的利弊》(1874 年初)、《作为教育者的叔本华》(1874 年底)和《瓦格纳在拜罗伊特》(1876)。

尼采后来坦陈,前三篇"不合时宜的观察"实际上写于《悲剧的诞生》之前。[①] 按照这一提示,我们值得意识到,如果没有充分理解前三篇"不合时宜的观察"——尤其第二篇《论史学对生活的利弊》,那么,他的《悲剧的诞生》很难得到恰当的理解,而我们迄今偏偏看重《悲剧的诞生》,对"不合时宜的观察"却不太在意。朗

---

① 尼采,《人性的,太人性的》,卷二"序言"(1),魏育青、李晶浩、高天忻译,上海:华东师范大学出版社,2008,页 398。

佩特说的有道理：

> 《论史学对生活的利弊》描绘了现时代的状况，并点燃了
> 反现代性的精神战火，尤其反对所谓的"历史感"，或者广义
> 上说，反对当代人对科学的理解。一个人能否抗拒自己的时
> 代？一个科学的和史学的人（像尼采那样）能否抵抗自己所
> 处的科学与史学的时代？[1]

这里所说的"科学"与其说指如今理工类的"自然科学"，不如
说指当时正在形成的人文—社会科学，即广义上的人文—政治
教育。

四篇"观察"极富修辞色彩，风格有如古希腊的演说辞，充满
"修辞性推论"，依次论及神学家、史学家、哲人和艺术家。我们知
道，自中世纪以来，基督教神学在欧洲一直占据支配地位，但自
"文艺复兴"以来，哲学从神学手中夺取了"科学"的王位。与哲学
一同崛起的还有史学，但哲学没有想到，史学会在不久的将来从自
己手中夺取"科学"的领导地位。[2] 由此来看，四篇"观察"的论题
及其顺序实际隐含着某种思想逻辑。

普法战争与德国教育的危机

尼采恰恰出生和生长在这样的时代：史学强劲崛起，大有取代
哲学之势。第一篇"观察"第一节临近结尾时，尼采写到：

---

[1]　朗佩特，《尼采与现时代》，李致远等译，北京：华夏出版社，2009，页301。
[2]　比较基扬，《近代德国及其历史学家》，黄艳红译，北京：北京大学出版社，2010；古
　　　奇，《十九世纪历史学与历史学家》（两卷），耿淡如译，北京：商务印书馆，2014；德
　　　拉克鲁瓦等，《19-20世纪法国史学思潮》，顾杭等译，北京：商务印书馆，2016。

德国人把所有时代和所有地区的形式、颜色、产品和稀奇
古怪的东西都堆放在自己周围，并由此造成了那种现代的年
货市场的五彩缤纷，而他的学者们（Gelehrten）又要把这种五
彩缤纷视为和描述为"现代自身"（Moderne an sich）。①

这段话里的关键词有三个：德意志人—学者们—"现代自
身"。如果德意志人与学者们的关系是受教育者与教育者的关
系，那么我们就有理由说，尼采的"不合时宜的观察"的基本主题
是德国的教育问题。

1871 年元月，普鲁士军轻松击败法兰西第二帝国军队，普鲁
士国王威廉一世在凡尔赛宫镜厅举行"德意志帝国"皇帝登基仪
式，德意志人无不欢呼雀跃。尼采的第一篇"不合时宜的观察"一
开始就发出警告：这场"巨大的胜利"对德意志人来说是"一种巨
大的危险"（《观察》，页 31-37）。因为，德意志人富起来和强起来
这一有目共睹的现实让人看不到德国的教育正在经历彻底失败。
更要命的是，新生的德国人并没有意识到，德国教育的失败最终会
断送德意志人的强起来。

我们知道，自拿破仑战败之后，普鲁士王国的教育事业搞得有
声有色，无论自然科学、社会科学还是人文科学领域，好些新兴学
科都在欧洲引领潮流，史学就是突出典范。尼采所谓"德国人把
所有时代和所有地区的形式、颜色、产品和稀奇古怪的东西都堆放
在自己周围"，说的就是德国的史学界。尼采的"不合时宜"之见
的矛头明显针对德意志人文教育的史学化。第一篇"观察"痛斥
的大卫·施特劳斯（1808-1874）虽然是个神学家，但他的《耶稣
传：考据式作法》（*Das Leben Jesu, kritischbearbeitet*）却是以"史学方

① 尼采，《不合时宜的沉思》，李秋零译，上海：华东师范大学出版社，2007，页 36（以
下简称《观察》，随文注页码）。凡有改动，依据《尼采全集》德文版第一卷，参考杨
恒达等译，《尼采全集》第一卷，北京：中国人民大学出版社，2013。

式"把神性的耶稣还原为历史的耶稣。①

　　德国的现代化教育如此发达,明显已经领先欧洲各大国,尼采为何说德国教育正在经历彻底失败? 在尼采看来,史学在国家的人文教育中夺取了法官地位,无异于知识领域的一场民主化革命。学者们纷纷膜拜史学的所谓"客观性",不明就里地模仿所谓"史学方法",屈从于形形色色的史学原则,却没有意识到这仅仅意味着学人心性的沦落。

　　尼采终其一生都在与这种学人心性的民主化搏斗。② 在他完全病倒之前发表的最后的作品之一《善恶的彼岸》(1888)中,我们可以读到这样一段话:

　　　　如今,科学和哲学之间的地位不知不觉地发生了改变,显得那么理所当然。[……]科学家的独立宣言,科学家摆脱哲学后获得解放,这是民主的本性及其胡作非为(des demokratischen Wesens und Unwesens)更为精致的作用之一:学者的自我美化和自我抬举在当下遍地开花,春风得意——但并不等于说,自夸在这种情况下就散发着诱人的芬芳。

　　　　群氓男性的本能(der pöbelmännische Instinkt)在此也想要"摆脱所有主子!"[……]科学抗拒神学并获得了无比辉煌的战果,科学多少年来一直是神学的"婢女",现在却得意忘形、失去理智,一心要为哲学定规矩,并自个儿扮一回"主子",也就是充当——我怎么说来着! ——哲人。(格言204)③

---

① 大卫·施特劳斯,《耶稣传》(两卷),吴永泉译,北京:商务印书馆,1981/1996。
② 参见娄林,《尼采论学者与民主政制》,见《古典学研究》(第三辑),上海:华东师范大学出版社,2019,页 1-13。
③ 尼采,《善恶的彼岸》,魏育青、黄一蕾、姚轶励译,上海:华东师范大学出版社,2016,页 147-148。

　　这段话出现在《善恶的彼岸》第六章"我们学者们"的开篇第一则格言,它为我们清楚地揭示了尼采不到 30 岁时在《不合时宜的观察》中所表达的敏锐直觉。

　　在 18 世纪,"科学"和"哲学"还不是两个分庭抗礼的名称,科学属于哲学。现在,"科学"从"哲学"中分化出来宣告"独立",纷纷自立门户。这里的"科学"不仅指自然科学,更多指如今的人文—社会科学。否则,我们很难理解尼采为何说,"科学家摆脱哲学后获得解放,这是民主的本性及其胡作非为更为精致的作用之一"。我们若明智的话就应该进一步问:"民主的本性及其胡作非为"又是怎么来的呢?离了大学甚至中学教育,后现代式的"群氓男性的本能"会有如被注射了激素般地生长?

　　黑格尔的《世界历史哲学讲课录》是哲人对史学的挑战做出的强烈反应,但随即遭到史学家的反弹。可以说,尼采的四篇"观察"是继黑格尔之后从哲人立场对史学的挑战做出的更为强烈的反应:前两篇"观察"明显带有批判性,第三篇颂扬哲人叔本华(1788-1860),第四篇颂扬具有"意志哲学"精神的艺术家瓦格纳(1813-1883),由此才引出"肃剧诞生于音乐精神"的论题。

　　在《善恶的彼岸》的上引格言中,尼采接下来还说:

　　　　年轻学者趾高气扬,对哲学不屑一顾,但在他们的这一行为背后,其实是某位哲人自身造成的恶劣影响,尽管大家基本上决定不再对他言听计从,却并未从他唾弃别的哲人这一怪圈中走出来:——结果就是对所有哲学的一概否定。(在我看来,比如,叔本华对当今德国产生的影响就是如此。他把一股无名火浇在黑格尔头上,使得近来整整一代德国人与德国文化完全决裂,而这种文化是殚精竭虑修炼而成的,具有历史意义的高度和前瞻之美[……]。

　　从大的方面来看,或许主要是人性的、太人性的东西,简

而言之是新一代哲人自身的贫乏,最彻底地破坏了对哲学的
敬畏,为群氓的本能打开了大门。不得不承认,我们的现代世
界在何等程度上背离了包括赫拉克利特、柏拉图、恩培多克勒
在内的所有庄严辉煌的精神隐士的行为方式[⋯⋯](《善恶
的彼岸》,前揭,页148−150)

什么是"人性的、太人性的"东西?说来我们自己也会感到惊
讶:尼采指的是现代的人文主义教育所传授的东西。由于我们自
己无不是这种教育培育出来的"学人们",我们才认识不到自己身
上有太多"人性的、太人性的"东西。

这里出现的"我们的现代世界"这个表达式与第一篇《观察》
中的"现代自身"一脉相承。若对比《不合时宜的观察》和《善恶的
彼岸》,我们不难发现两部作品都关注"学人们"与"现代自身"的
关系。"学人"不是"哲人",而是"科学和哲学之间的地位不知不
觉地发生了改变"的结果,"现代自身"意味着"为群氓的本能打开
了大门",从而,"我们学人们"无意中会成为"群氓男性的本能"的
养育者。

在第一篇"不合时宜的观察"中,尼采开宗明义提出的问题即
"我们学人们"自身的问题:"有教养的市侩"(Bildungsphilister)或
"有学识的市侩"(der gebildete Philister)的诞生得归功于现代式
的人文主义教育。恰恰在这个文脉中,尼采对时代所崇拜的史学
提出了异议:

正是这些惬意的人,为了保障自己的安宁这个目的而对
历史施暴,试图把一切有可能干扰惬意的科学、尤其哲学和古
典语文学都转化为史学。凭借历史感,他们在热情面前拯救
了自己,因为,史学并不像歌德也会误以为的那样再产生热
情,而恰恰麻木不仁如今才是 nil admirari[没有任何东西值得

赞叹]（贺拉斯句）的这些非哲学的欣赏者们在试图历史地把握一切时的目标。（《观察》，页43）

把哲学和古典学转化成社会科学化的史学不正是19世纪以来的新人文主义取向吗？直到今天，我们还在朝这个方向努力迈进。

《善恶的彼岸》论"我们学者们"的开篇格言最后写到：

> 在今天，科学蒸蒸日上，脸上写满了问心无愧的良知；与之相比，现代哲学整体上江河日下，今天残留的那一部分不说引起讥讽和同情，那也至少是令人怀疑和不悦。只剩下"认识论"的哲学，确确实实的沦为一种怯懦的存疑论和放弃说：一种不跨出门槛半步，尴尬地拒绝进入的哲学——这是苟延残喘的哲学，意味着终点和痛苦，只能让人怜惜。这样一种哲学怎么能——施行统治！（《善恶的彼岸》，前揭，页151）

如果我们把这里的"科学"一词理解为"史学"，那么，这段结束语的含义会更为明晰。因为，后现代的史学家们的确觉得自己的"脸上写满了问心无愧的良知"。奇妙的是，我们学界的古代史"学者们"也觉得自己的"脸上写满了问心无愧的良知"，自认为有"独立之精神，自由之人格"。如尼采所看到的那样，新派古史学家们以"尴尬地拒绝进入哲学"为荣，除了只会在古史研究中尖起眼睛看专制要素和在现实中不与任何政体合作，他们并不知道何为"独立之精神，自由之人格"。

据笺注家说，尼采这里是在指控兰克（1795－1886）和蒙森（1817－1903）的史学。在笔者看来，恐怕未必如此。我们必须注意到：四篇"不合时宜的观察"有三篇的标题都明确指向一位人物（大卫·施特劳斯—叔本华—瓦格纳），唯有第二篇《论史学对生命的利弊》的标题没有人物——这是为什么？或者说这是偶然的吗？

"人文主义的巴塞尔"与教育家布克哈特

在尼采的思想和写作生涯中，第二篇"观察"的地位非常特别，甚至比《悲剧的诞生》更为重要，因为它与《人性的，太人性的》《快乐的科学》尤其《扎拉图斯特拉如是说》有更为直接的连带关系，尽管应该如何看待这种关系，思想史家们的看法并不相同。[①]

在笔者看来，第二篇"观察"的标题其实也指向了一个人物，即著名的史学家布克哈特（1818-1897）。第二篇"观察"的标题没有明言布克哈特，仅仅因为尼采与这位学界前辈有一种特别的关系。倘若如此，我们首先得了解尼采与布克哈特的关系，才可能更好地理解第二篇"观察"。

青年尼采来到巴塞尔时，这座源于古罗马帝国东北边疆要塞的古老名城已经有两位德意志"文化名人"，他们都出生于巴塞尔望族：巴霍芬（1815-1887）和布克哈特。尼采来到巴塞尔后，很快与巴霍芬和布克哈特熟络起来：他不仅一度是巴霍芬家中的常客，经常与布克哈特在露天喝咖啡聊天，是 26 岁的尼采最为幸福的时光。在 1871 年一封给朋友的信中尼采这样写道：

> 我和布克哈特度过了一些美妙的日子，我们之间有过多次关于古希腊的讨论。从这个角度出发，我相信现在可以在

[①] 朗佩特，《尼采与现时代》，前揭，页 301 以下；比较洛维特，《尼采》，刘心丹译，北京：中国华侨出版社，2019，页 204-225；施特劳斯，《尼采如何克服历史主义》，马勇译，上海：华东师范大学出版社，2019，页 27。

巴塞尔学到一些东西。①

　　尼采到巴塞尔 1 年后,比尼采年长 7 岁的神学家欧维贝克
(1837-1905)也因受聘为巴塞尔大学《新约》神学和教义史教授从
莱比锡来到巴塞尔。他与尼采共租一栋楼房,做了 5 年邻居,直到
1875 年结婚搬出。

　　这三位人物后来都成了欧洲后现代思想史上的大名人,无巧
不成书:他们都与新兴的史学有关。布克哈特不用说了,他是史学
科班出身,兰克的亲炙弟子。巴霍芬同样是史学科班出身,早年先
后在德意志学界的史学重镇柏林大学和哥廷根大学研究古代史,
尽管他最终在巴塞尔大学以《论古罗马的公民法》(*De Romanoru-*
miudiciiscivilibus, 1838)获得博士学位。

　　博士毕业后,巴霍芬游学巴黎和伦敦,26 岁那年(1841)获得
巴塞尔大学罗马法讲师教席。3 年后巴霍芬放弃教职,转而出任
巴塞尔法院的刑事庭法官和巴塞尔州大议会议员,但没过多久,他
又放弃了政治职务,做起了游手好闲式的古史学家,以《母权论:
古代世界母权制的宗教和法权性质研究》(1861)一举闻名学坛,
史称人类学史学和宗教人类学的开拓者。②

　　欧维贝克是新兴的"历史神学"代表人物鲍威尔(F. C. Baur,
1792-1860)的传人,按理说与尼采很不对路子,两人却相处不错。
尽管欧维贝克的成名作《我们当今的神学的基督品质》(1873)抨
击了大卫·施特劳斯试图建构"现代式神学"的企图,以至于与尼

---

① 洛维特,《雅各布·布克哈特》,楚人译,北京:商务印书馆,2013,页 38;比较 John
　　R. Hinde, *Jacob Burckhardt and the Crisis of Modernity*, McGill-Queen's University
　　Press, 2000, 页 202-203。
② 巴霍芬,《母权论》(节译本),孜子译,北京:生活·读书·新知三联书店,2019;比
　　较 P. Davies, *Myth, Matriarchy and Modernity: Johann Jakob Bachofen in German Cul-*
　　ture 1860-1945, Berlin, 2010。

采的第一篇"观察"被时人称为"双胞胎样板"（Zwillings — Exemplar），其学问路数毕竟是神学的史学化。①

　　早在 20 世纪初，"尼采与欧维贝克的友谊"就成了学术话题，两人的思想关系始终让人觉得是怪事一桩。② 不过，与"尼采和布克哈特的友谊"相比，这个话题的思想史含义就显得不那么重要了。

　　巴塞尔是尼采思想的发祥地，他在这里居住了 10 年之久。1879 年 5 月，尼采离开巴塞尔开始自己的漫游生涯时曾给欧维贝克写信说，巴塞尔是他"所有疾病的令人不快的滋生地"。③ 尽管如此，尼采一生都没有忘记，正是在巴塞尔，他遇到了让自己终生难忘的布克哈特。在写于 1888 年的《偶像的黄昏》中，尼采一如既往地猛烈攻击德国教育，两次提及布克哈特并向他表达崇高的敬意，其中一次是这样说的：

　　　　在德国，整个高等教育事业已经失去了最重要的东西：目的以及达到目的的手段。教育，教养是目的自身——而不是"帝国"，为了这个目的需要教育家——不是文理中学教师和大学学者，可人们忘了这点……急需那种自我培育而成的教

① 洛维特，《从黑格尔到尼采》，李秋零译，北京：生活·读书·新知三联书店，2006，页 505-520；N. Peter, *Im Schatten der Modernität. Franz Overbecks Wegzur „Christlichkeit unserer heutigen Theologie"*, Stuttgart, 1992；M. D. Henry, *Franz Overbeck: Theologian? Religion and History in the Thought of Franz Overbeck*, Berlin, 1995。

② K. Meyer/B. von Reibnitz 编, *Friedrich Nietzsche/Franz und Ida Overbeck：Briefwechsel*, Stuttgart, 1999；A. UrsSommer, *Der Geist der Historie und das Ende des Christentums. Zur „Waffengenossenschaft" von Friedrich Nietzsche und Franz Overbeck*, Berlin, 1997；H.- P.Eberlein, *Flamme bin ich sicherl ich! Friedrich Nietzsche, Franz Overbeck und ihre Freunde*, Köln 1999.

③ 戈斯曼，《欧维贝克和巴霍芬的反现代论：十九世纪巴塞尔的反现代论：反神学和反语文学》，见刘小枫编，《古典学与现代性》，陈念君、丰卫平译，北京：华夏出版社，2015，页 149。

育家,深思熟虑的,高贵的思想家,他们时刻表现出,通过言辞和沉默,表现出成熟的,甜美的文化,——不是文理中学和大学今天作为"高级保姆"展示给青年人的博学的粗汉。缺少教育家,除了例外中的例外,这个教育的首要前提:因此有了德国文化的没落。最最稀罕的例外之一,是我在巴塞尔的值得尊敬的朋友布克哈特:巴塞尔在人文主义方面的优先地位首先要归功于他。德国"高等学校"事实上做到的,是一种残忍的训练,为了以最少量的时间支出,让大批青年男子能被使用,能被利用于服务国家。①

不过,尼采在这里对布克哈特的溢美之词显得有些诡异,因为,他痛斥如今的教育者大多是"高级保姆"(我们的俗称是"阿姨")。尼采说布克哈特是"最最稀罕的例外之一",理由是"巴塞尔在人文主义方面的优先地位首先要归功于他"。但在尼采那里,"人文主义"这个语词未必都是褒义,毕竟,"古典的"和"现代的"人文主义不是一回事。在尼采看来,现代式的人文主义教育是"高级保姆",布克哈特真的不是其中的一员?

布克哈特是瑞士人的骄傲,面值千元的瑞士法郎票面印有布克哈特的头像。要认识布克哈特,还得先了解巴塞尔城带有的"人文主义"象征。

巴塞尔是欧洲的古老城市之一,地处中欧南部连接西欧、南欧与东欧的重要交通线的三角地带(Dreiländerecke,如今的瑞士地区),莱茵河穿城而过。巴塞尔的原住民是凯尔特人的海尔维第部落和雷托部落,罗马帝国扩张时,巴塞尔成了帝国东部驻军抵御日耳曼人的重要边塞之一。公元 259 年,日耳曼人的勃艮第部落

---

① 尼采,《偶像的黄昏》("德国人失去了什么",5),卫茂平译,上海:华东师范大学出版社,2007,页 104-105。

联盟和阿勒曼尼部落联盟渡过莱茵河,首次攻击罗马帝国的东北部防线。401 年,帝国军队撤出阿尔卑斯山以北地区,巴塞尔随即成了勃艮第人的辖地。

公元 536 年,法兰克王国征服勃艮第人后将巴塞尔所在的整个三角地带并入辖地,但查理大帝驾崩之后,根据瓜分法兰克王国的《凡尔登条约》(843),这个地区又成了三个法兰克王国之间的破碎地带,分属中法兰克王国和东法兰克王国。

1033 年,神圣罗马帝国皇帝康拉德二世夺取巴塞尔,使之成为帝国属地长达 300 年之久。然而,由于帝国皇权相当疲弱,巴塞尔城所处的这个三角地带出现了自治公社式的政治单位。1291年 8 月,趁神圣罗马帝国出现"大空位"之机,这个地区的三个"有皇室土地承租人地位的农民公社"(乌里、施维茨和下瓦尔登)秘密结成同盟,宣布脱离帝国的支配。①

接下来当然是战争。1315 年,同盟军队在莫尔加藤战役击败哈布斯堡王朝的军队。在随后 40 年里,卢塞恩、苏黎世、伯尔尼等城镇相继加入同盟。哈布斯堡王朝并没有因此撒手,1499 年,同盟军队在施瓦本经鏖战再次击败帝国军队,终于获得帝国对其独立的认可。在这场战役中,同盟以施维茨镇人(Schwyzer-Switzer-Schwiizer,来自阿勒曼尼语)这个名称称呼自己,并常与"邦联"(Eidgenossen)一词搭配,便有了"瑞士同盟"之称。两年后(1501),巴塞尔城加入瑞士同盟。

瑞士同盟并非不想扩张,但在 1515 年的马里格拉诺战役中,由于法兰西王国和威尼斯城邦联手夹击,瑞士同盟遭遇惨败,从此宣布奉行中立政策。随之而来的宗教改革运动又让瑞士同盟陷入内在分裂状态,著名的茨温利(1484–1531)在苏黎世确立了基督

---

① 沃格林,《政治观念史(卷三):晚期中世纪》,段保良译,上海:华东师范大学出版社,2019,页 256–257。

教新教的优势地位(1523),而这位路德的同道则在宗教性的武力冲突中战死(1531)。

德意志 30 年战争之后的《威斯特伐利亚和约》(1648)正式确认,瑞士同盟为独立的主权国家。显然,帝国瓦解是这个三角地带得以自立为国的根本原因。拿破仑执掌法兰西王国后挥军扫荡欧洲,轻易夺取瑞士,将其改为附属于法兰西的"海尔维第共和国"(1798)。拿破仑在东线战败后,瑞士同盟趁机将法军驱除出境,恢复联邦制,并扩张到 19 个州(1803)。12 年后,维也纳会议(1815)正式确认瑞士为永久中立国。

从《凡尔登条约》(843)到《威斯特伐利亚和约》(1648)再到《维也纳条约》(1815)年逾千年的欧洲政治史表明,瑞士联邦作为城市结盟的政治单位得以形成和生长,不过是基督教欧洲地缘冲突的结果。用英年早逝的施泰丁(1903-1938)的话来说,瑞士同盟凭靠地缘优势"获得了在某些特殊势力的缝隙间滑动或游走的能力",由此形成了一种非政治的中立性文化品格:巴塞尔城是其象征,而布克哈特则是其典型代表。[①]

由于其特殊的地缘位置和政治经历,巴塞尔城同时对两个地区的风气开放:来自阿尔卑斯山南麓的意大利文艺复兴风气和来自西欧的新政治风气。在加入瑞士同盟之前,巴塞尔城因解决西方基督教"大分裂"(1378-1417)的第四次大公会议(1431-1449)在此召开而闻名史载:"巴塞尔会议时代呈现出一副与以往不同的面貌","一个基督教人文主义者团体主导了思想界"。[②] 但巴塞尔城获得"人文主义城市"的美名,既非因为茨温利,也非因为

---

①　C.Steding, *Das Reich und die Krankheit der europaischen Kultur*, Hamburg, 1939/1942,页 42-43。比较施米特,《评施泰丁的〈帝国与欧洲文化病〉》,见施米特,《论断与概念》,朱雁冰译,上海:上海人民出版社,2006,页 281-304; L.Gossman, *Basel in the Age of Burckhardt. A Study in Unreasonable Ideas*, Chigago, 2000。

②　沃格林,《政治观念史(卷三):晚期中世纪》,前揭,页 281-283。

有现代医学之父美誉的巴塞尔人帕拉克尔苏斯(1493-1541),而是因为文艺复兴时期出生于荷兰的著名学人伊拉斯谟(1466-1536)晚年直到去世都生活在巴塞尔。①

奇妙的是,巴塞尔既有"人文主义城市"的美名,又有资本主义商业化先驱的美名。因此,戈斯曼提出了这样一个政治史学问题:19世纪的巴塞尔的商业经济在欧洲处于领先地位,颇有竞争力,但社会观念保守、政治上软弱无力,这样一个城市为何在19世纪后期成了一批富有创新性和挑战性的思想者的家园或避难所,并因此而孵化出种种新鲜而令人不安的思想。②

这个史学论题未必成立,因为,尼采并未把巴塞尔视为家园或避难所,相反,他难以在巴塞尔安居,住了10年后终于出走巴塞尔(1879)。欧维贝克初来乍到时仅仅把巴塞尔视为过渡之地,因为巴塞尔大学也不是什么欧洲名校,不过是伺机转往德意志名校任教的"跳板"。他在这个城市留下来直到善终,纯属个人生活的偶然际遇使然:没想到自己会娶巴塞尔女郎为妻。

巴霍芬是地道的巴塞尔人,但他游历甚广、博览群书,随着年龄的增长,他越来越与巴塞尔社会隔绝,因为他觉得巴塞尔越来越向"无聊的工厂城市"(Fabrikstadt)迈进。既然巴霍芬宣称自己生活在巴塞尔从未觉得很舒适,我们就不能说巴塞尔是这位富有创新性和挑战性的思想者的思想家园。

若要说巴塞尔与思想史问题有实质性关系,唯一的例子应该是布克哈特。在戈斯曼所说的19世纪后期最有创新性和挑战性的一批思想者中,唯有布克哈特与巴塞尔这个城邦政体有紧密的联系。布克哈特不仅出生于巴塞尔的望族,而且把巴塞尔视为古老的古典主义城市政体。兰克去世后,柏林大学邀请布克哈特接

---

① 参见赫伊津哈,《伊拉斯谟传:伊拉斯谟与宗教改革》,何道宽译,南宁:广西师范大学出版社,2008,第17章。

② 戈斯曼,《欧维贝克和巴霍芬的反现代论》,前揭,页97。

替这个史学祭酒的教席，他却不愿离开巴塞尔，尽管他喜欢嘲弄自己的市民同胞的生活观太过偏狭。

作为巴塞尔的文化名人，布克哈特并没有过"隐居式"生活，他高度重视巴塞尔的市民教育，经常为市民办学术讲座。① 布克哈特承认，他所生活的时代"带有很多阴暗面"，尽管如此，这个时代仍有优点，特别是其"巨大的接受新鲜事物的能力"和对大量不同文化和艺术风格的开放心态。② 在布克哈特看来，19 世纪史无前例地有利于艺术史作为一门学科的发展。正是在瑞士尤其巴塞尔这个"家园"，布克哈特开创了"文化史"这个史学类型，扭转了兰克的政治史学取向。③

尼采对布克哈特的劝诫

25 岁的尼采来到巴塞尔开始了自己的思想生涯，他不仅在大学授课，还需要在巴塞尔的人文中学给高年级开课。当时的巴塞尔大学规模很小，1870 年注册的学生仅 116 人，远不如今天的大学一个系的规模，想必教授人数也不会很多。④ 尼采到巴塞尔后，很快与布克哈特成了好友——某种意义上说也算学生，毕竟布克哈特年长尼采 26 岁，这对尼采的思想成长有什么特别的意义吗？

尼采到巴塞尔之前（1868）的冬季学期，布克哈特已经开过一次"史学研究导论"（每周一小时）。为了开这门课，布克哈特做了

---

① John R. Hinde, *Jacob Burckhardt and the Crisis of Modernity*, 前揭，页 113-130。
② 戈斯曼，《欧维贝克和巴霍芬的反现代论》，前揭，页 139。
③ 吉尔伯特，《历史学：政治还是文化——对兰克和布克哈特的反思》，刘耀春译，北京：北京大学出版社，2012，页 53-91；比较伯克，《什么是文化史》，蔡玉辉译，北京：北京大学出版社，2009，页 7-16；J. R. Hinde, *Jacob Burckhardt and the Crisis of Modernity*, 前揭，页 167-198；R. Sigurdson, *Jacob Burckhardt's Social and Political Thought*, University of Toronto Press, 2004，页 59-86。
④ 施特格迈尔，《尼采引论》，田立年译，北京：华夏出版社，2016，页 9。

10多年准备,至1872年共讲了3次(每次一个学期)。尼采怀着崇敬的心情听了布克哈特在1870/1871冬季学期的"史学研究导论"课,以及在此期间他为巴塞尔市民举办的两场专题讲座:"历史上的伟人"和"世界历史上的幸运与不幸"。要说在那个时代"'历史意识'挤掉了哲学的主导地位,历史教育和自然科学一道成了最宝贵的文化财富",那么,布克哈特肯定算得上一个标志性的旗手。①

布克哈特的讲课稿和两次讲座的演讲稿在他身前没有整理成书,由他的侄子欧厄瑞(Jacob Oeri)在他去世8年后整理出版(1905,英译本首版1943),名为《世界历史的观察》。② 这个书名尽管不是出自布克哈特本人,但未必违背布克哈特的史观。因为,书名中的Betrachtung一词的本义是"观察",书中大量出现这个语词,中译本亦多译作"沉思",与布克哈特自己强调的Wahrnehmungen[实感]不相符。③

支配布克哈特史学的基本观念是Anschaung,这个语词的含义是"沉思"与"视觉感知"的融合,但布克哈特的用法更强调"视觉感知"。如洛维特所说,

> "看和感觉"对布克哈特而言不是抽象概念的预备阶段,而是一种让事务在其光亮中,即在明见性中最清楚地显现自身的行为方式。④

---

① 施奈德尔巴赫,《黑格尔以后的历史哲学:历史主义问题》,励洁丹译,杭州:浙江大学出版社,2014,页36-37。

② 布克哈特,《世界历史沉思录》,金寿福译,北京:北京大学出版社,2007。

③ Jacob Burckhardt, *Über das Studium der Geschichte: Der Text der "Weltgeschichtlichen Betrachtungen" nach den Handschriften*, Peter Ganz 编, München, 1982,页225。

④ 洛维特,《雅各布·布克哈特》,前揭,页2;比较 J. R. Hinde, *Jacob Burckhardt and the Crisis of Modernity*,前揭,页202-203。

尼采的"不合时宜的"Beobachtung[观察]很可能与布克哈特的用法相关,但其含义则很可能与布克哈特相反。因为,对于哲人来说,这个语词的含义不仅指视觉观察,也指智性静观,即希腊语的θεωρέω[看]。

> 这个希腊语词的原初含义是,作为派去求神谕的使节,去献某种祭品,作为在节日中的献祭:去看、去注视、去检审、沉思、考虑、比较……,亦即该词的原初意义根本不允许把理论从观察中区分开来;它宁可排除理论;它肯定不会证明,理论与一种本质上是假设的知识相等同或几乎等同。①

如果"理论"的原初含义是观察式的智性思考,那么,布克哈特恰恰要从观察中排除智性思考——现代史学正是以此为基本取向。相反,尼采则明显要在史学大潮中竭尽全力挽救智性思考。

尼采比布克哈特年轻一辈,但他成名远比布克哈特要早。人们很早就注意到,尼采多次公开称赞布克哈特,不断给他写信,出版新著都会寄给布克哈特,似乎两人是志同道合的朋友。1930年,史学家韦斯特法尔(1891-1950)在其《俾斯麦的敌人》一书中谈到尼采与布克哈特时,就将两人视为同道;年轻的思想史学者索厄普斯(1909-1980)在1936年出版的《时代转折点上的著名人物》同样如此。② 上文提到的施泰丁的名作《帝国与欧洲文化病》中也将布克哈特和尼采视为一路人,完全没有注意到两者的根本区别。

---

① 施特劳斯,《我们能够从政治理论中学到什么》,施特劳斯,《苏格拉底问题与现代性》(增订本),刘小枫编,刘振、彭磊译,北京:华夏出版社,2016,页120。

② Otto Westphal, *Feinde Bismarcks. Geistige Grundlagen der deutschen Opposition 1848-1918*, München, 1930; H.-J. Schoeps, *Gestalten an der Zeitwende*, München, 1936/1948.

　　这也情有可原,因为,布克哈特的《全集》自 1929 年才开始陆续出版(1929－1934)。随着布克哈特书信和尼采书信的陆续刊布,人们才逐渐意识到,其实布克哈特对尼采非常冷淡,而且刻意躲避尼采。自此以来,尼采与布克哈特的关系就成了德语学界的一个具有思想史意义的话题。

　　1936 年,洛维特出版了一本小书《布克哈特:历史中的人》,其中有一章专门讨论尼采与布克哈特的差异。① 萨灵(1892－1974)在 1938 年出版的《布克哈特与尼采》是第一部详细讨论两人关系的专著,紧接着又有马丁的《尼采与布克哈特》。② 马丁的观点具有代表性,他认为,从两人的书信来看,尼采明显对布克哈特十分热情,而布克哈特对尼采也明显冷淡和自矜。若要说尼采与布克哈特之间有亲密的友谊,那也不过是尼采的"一厢情愿"。尽管如此,两人的思想分歧可以说再尖锐不过了。③

　　用"一厢情愿"来解释尼采与布克哈特的关系,未必恰当。在鞭挞"有教养的市侩"的第一篇《观察》中,尼采引用过布克哈特的一段话,这的确显示出尼采对布克哈特的友好甚至钦佩,但布克哈特在收到尼采的赠书和附信后回信说:

> 　　您的友好的引文[……]令我担心。我在看信时逐渐明白了,这幅画像最终不完全是我的,被画者倒有些像施纳塞。我现在希望远离他人。④

---

① 　洛维特,《雅各布·布克哈特》,前揭,页 36－76。
② 　Edgar Salin, *Jacob Burkhardt und Nietzsche*, Berlin, 1938/1948; Alfred von Martin, *Nietzsche und Jacob Burkhardt*, Berlin, 1940/1941/1947.
③ 　马丁,《尼采与布克哈特》,黄明嘉、史岳敏译,上海:华东师范大学出版社,2020,页 8。
④ 　转引自洛维特,《雅各布·布克哈特》,前揭,页 36。

布克哈特对尼采的态度的确冷淡。问题在于：为什么冷淡？原因肯定是尼采在第一篇《观察》的结尾抨击了新兴的"历史意识"及其对史学这门现代学科的崇拜。①

第二篇"观察"即《论史学对生活的利弊》其实是尼采对布克哈特的劝诫，这解释了为何四篇"观察"的标题唯有这篇没有出现人物名字。正因为如此，布克哈特在收到赠书后礼貌性地回信表示感谢时，以优雅的言辞拒绝尼采的劝诫：

> 我对此原本没有说话权利，因为这部作品需要仔细地和慢慢地品赏。仅仅事实一项就与我们的人如此密切相关，使大家都试图立即说些什么。②

《论史学对生活的利弊》谈论史学的根本问题，布克哈特是史学教师，他怎么能说自己"对此原本没有说话权利"呢，显而易见是不同意尼采的"观察"，尽管他承认这篇文章"内容及其丰富"。布克哈特的冷淡反应让尼采感到失望，他在给欧维贝克的信中说：

> 布克哈特的信［……］让我苦恼，虽然他在我看来最优秀。我现在对什么感兴趣？我希望听到他说，这是我的困境［……］。（同上，页46）

所谓"我的困境"指布克哈特的困境：尼采何其期盼布克哈特意识到自己的史学意识的"困境"。毕竟，尼采钦佩布克哈特的广博学识、敏锐感觉，尤其是他的高贵心性，何况，两人还有相同的业余爱好："作曲和写诗，热衷于叔本华。"③洛维特对这封信的评语

---

① 　洛维特，《尼采》，前揭，页221。
② 　转引自洛维特，《雅各布·布克哈特》，前揭，页41。
③ 　施特格迈尔，《尼采引论》，前揭，页11。

可谓切中肯綮：

> 但[尼采的]这个希望一定不会实现，因为布克哈特把历
> 史占为己有，并从中找到一些"令人幸运"的东西，所以恰好
> 没有困境的束缚。①

　　尼采因病(而非如坊间迄今误传因维拉莫维茨抨击《悲剧的诞生》)放弃教职离开巴塞尔之后不久写作了《快乐的科学》(1882)，其中有一段话说：属于伟人的品质首先是承受巨大痛苦的"力量和意志"，因为能够忍受是起码的心性品质(格言325)。这话针对的是尼采在10多年前"津津有味"地听过的布克哈特的那场题为"历史中的伟人"的著名演讲。尼采对布克哈特的感情依旧，但劝诫之心也没有磨灭，因为，这一说法与布克哈特关于"历史伟人"的说法截然对立。

　　布克哈特在收到尼采的赠书后写信给尼采说："您在第325段中透露出的专制天性最好不要把我搞糊涂了。"②可见，布克哈特看出了这段格言是对他说的，但他不同意尼采对人之"伟大"的见解。我们值得意识到，尼采与布克哈特的思想分歧已经不仅仅涉及史学和对历史的态度，而是更多涉及对人世政治问题的基本立场。用今天的说法，布克哈特是个保守的自由派，有点儿"右"，这与他的"非政治人"天性不无关系。

　　布克哈特坚持自己的历史意识让尼采逐渐感到，他的劝诫不会有结果。当《扎拉图斯特拉如是说》写成时，尼采预感到这本书会让布克哈特不舒服，而他对此竟然有了喜滋滋的感觉：刺痛布克哈特让他感到快乐。当然，这完全不是恶意，毋宁说，这是一种情

① 　洛维特，《雅各布·布克哈特》，前揭，页46。
② 　转引自洛维特，《雅各布·布克哈特》，前揭，页44。

谊感的体现。完成《扎拉图斯特拉如是说》第二部分后,尼采曾到巴塞尔暂住,在此期间,他给加斯特写信(1884 年 7 月 25 日)说:

> 我看到一个最滑稽的事情,就是布克哈特在必须对我说一些关于《扎拉图斯特拉如是说》的话时的狼狈相。除了"能否让我不去考察这部戏的效果"外,他什么也说不出来。(同上,页 45)

尽管如此,尼采仍然不断给布克哈特寄赠自己的新作。收到《善恶的彼岸》后布克哈特终于忍不住回信十分坦率地说:

> 很遗憾,您过高地估计了[……]我的探究问题的能力,我没有能力探究您的那类问题,或许连问题的前提都弄不明白。(同上)

布克哈特显得十分谦虚,但谁都看得出来,这种谦虚是优雅的拒斥。洛维特说得对,"布克哈特从来没有哲学的头脑",他当然理解不了。不过,洛维特也看出来,布克哈特的言辞看起来是谦虚,其实暗含讽刺。布克哈特对尼采的坚持不懈的劝诫已经难以忍受,尽管如此,他还是保持了自己的大师风度。

尼采年轻时虽然思想敏锐而且尖锐,却也喜欢热切崇拜自己心仪的前辈:叔本华(1788-1860)和瓦格纳(1813-1883)都是著名的例子,布克哈特也应该算作崇拜对象之一。① 但在离开巴塞尔之前(1878),尼采明确意识到自己已经在思想上成熟:

> 现在我摆脱我身上一切不属于我的,作为朋友和敌人的

---

① 施特格迈尔,《尼采引论》,前揭,页 11。

人,习惯,舒适,书籍;我将年复一年地生活在孤寂之中,直到
有一天我作为生命哲人,(以及很可能必须)成熟和完善地与
人们交往。①

　　整整 10 年后(1888 年 8 月底至 9 月初),尼采决定发表一部
小册子,题为《一个灵魂学家的闲逛》。在老友加斯特的建议下,
尼采改用了更具挑战性的书名"偶像的黄昏"。在"我感谢古人什
么"一节中,尼采提到了自己的思想在巴塞尔起步时的经历,并再
次称颂布克哈特:

　　　　为理解那虽然古老却仍然丰盈甚至充溢而出的希腊本
　　能,我是认真看待那种奇妙的被称之为狄俄尼索斯现象的第
　　一人:惟有从力的过剩出发,才能解释这一现象。谁像当今在
　　世的那位希腊文化最深刻的专家、巴塞尔的布克哈特一样探
　　究希腊人,他就会立刻明白,这值得去做:就上面提到的现象,
　　布克哈特给他的《古希腊文化史》添上了独立的一章。②

　　尼采在巴塞尔时,布克哈特已经开始讲授古希腊文化史,而且
本来打算出版,但最终放弃了出版。③《偶像的黄昏》面市后
(1889),尼采照例给布克哈特寄了赠书。布克哈特在写给他的出
版人瑟曼(E. A. Seemann)的信(1889 年 11 月 29 日)中就尼采提
到他的《古希腊文化史》说道:

---

① 转引自同上书,页 28。
② 尼采,《偶像的黄昏》("我感谢古人什么",4),前揭,页 186-187。
③ 由布克哈特的侄子编辑出版,权威考订本:Jacob Burckhardt, *Griechischer Kulturge-schichte*, 三卷本, Rudolf Marx 编,Stuttgart,1952。中译本依据英文节译本迻译:布
克哈特,《希腊人和希腊文明》,王大庆译,上海:上海人民出版社,2008。

　　说我要发表一部古希腊文化史的书,这个错误的说法源
自不幸的教授、博士尼采先生,而他目前住在一个疯人院里。
他把我经常讲授的一门有关那个内容的课当成了一本书。①

不难看出,布克哈特的笔端已经对尼采有不屑一提的意味,而
在此之前一年(1888 年 12 月 22 日),尼采写信给当年在巴塞尔时
的好友欧维贝克说:

　　[《偶像的黄昏》]以最为恭维的方式两次提到布克哈特,
他收到了第一批样书,这是 Naumann 准备留给我的。(同上)

这话表明,尼采在《偶像的黄昏》中两次称赞布克哈特不过是
一种刻意"恭维"。尼采掐死了自己在 26 岁时产生的对布克哈特
的崇敬,他的"恭维"无异于与布克哈特道别。

"为将来的野蛮化服务"的人文教育

　　洛维特还在尼采的遗稿中发现,尼采说布克哈特是个"聪明
的智者",其伦理性格的特征是"内心冷静,对外谦虚,对'一切外'
谦虚",他"因为绝望而克制自己"。② 尼采终于注意到布克哈特
的个体性情,在此之前,对布克哈特的钦佩之情让他忽略了个体性
情对一个学人的精神品质的决定性影响,尽管尼采上中学时就最
爱读柏拉图的《会饮》。
　　"因为绝望而克制自己"这话表明,尼采自己没有"绝望",他
"从灵魂里涌出一本骇人的书"《善恶的彼岸》(1886),随后是一

---

① 　转引自尼采,《偶像的黄昏》,前揭,页 187,Pütz 注。
② 　转引自洛维特,《雅各布·布克哈特》,页 37。

连串让人惊骇的书:《道德的谱系》(1887)、《敌基督》(1888)、《偶像的黄昏》(1889),最终以《瞧,这个人》让世人叹为观止地骇然。

布克哈特如何"克制自己"呢?他仅仅履行教育家的职责,除了在课堂上讲授文化史,不发表任何东西。但他不吝于私下与各色人通信,经常海阔天空长篇絮叨。①

"克制自己"也好,让人骇然也罢,半个世纪后,或者说自上世纪中期世界历史进入新阶段以来,尼采哲学和布克哈特的文化史风格的史学都结出了让他们意想不到甚至不愿看到的果实:尼采会认为福柯、德里达、阿甘本是他心目中"未来的哲人"?布克哈特会承认伯格(Peter Burke)是他开创的文化史的传人?无论人们怎样认为,尼采和布克哈特都无可争议地是当今影响广泛而且深远的教育者。

后现代的人文教育状况让如今的我们不得不想一个问题:尼采与布克哈特之间的隐匿对话的思想史意义是什么?

首先值得看到,除了学识爱好和精神品质上的趣味相投之外,尼采与布克哈特一见如故还有更为重要的政治原因,这就是对自由民主现代性的走向及其人文教育取向的深切忧虑。

在布克哈特那里,批评的原始起因是他亲身经历了1840年前后在德国和瑞士兴起的社会民主运动。对尼采而言,批评的起因是1870年前后的德国经济繁荣年代。文明的野蛮人、精神生活的普遍浅薄化、市民—基督教世界的解体,这些就是两人相隔30年以同样方式看到的东西。②

---

① 布克哈特留下了1700封书信,巴塞尔的文史家历时差不多半个世纪才完成编辑(1949–1994)。2000年,考订版《全集》(共27卷)开始出版,前9卷为布克哈特身前出版过的作品,第10至26卷为讲稿、报告和书信,最后一卷为索引,书信占11卷。

② 洛维特,《雅各布·布克哈特》,页52。

洛维特从 1873 年的尼采笔记中找出一段话来佐证自己的论断,可以看到,尼采写作《不合时宜的观察》时的首要关切的确是现代人文教育的内在品质问题:

> 到处都是教育趋向死亡的征兆,完全绝灭的征兆。宗教快速退潮、民族战争、四分五裂的科学、有教养阶层的可鄙的金钱社会和享受社会[……]我越来越清楚,学者们完全置身于这个运动中,他们越来越不思考,越来越无情谊。不管是艺术还是科学,一切都在为将来的野蛮化服务。我们应该朝什么方向看? 野蛮化的大洪水已经到了门前。由于我们原本没有抵御能力,并且大家又都在里面,所以能做什么呢? 试着警告现实尚存的力量相互联合起来,或者警告受到野蛮化威胁的阶层抓紧时间制服洪水。只是,任何与学者的联盟都会被否定。(同上)

这里所说的"大洪水"即前引《人性的,太人性的》格言 204 条中所说的"民主的本性及其胡作非为更为精致的作用之一":现代文明程度越高的国家做事越野蛮,人文教育程度越高,精神生活越普遍浅薄化。尼采还敏锐地看到,最大的危险在于,未受过教育的阶层会被"现时教育的渣滓"教坏。如洛维特所说,在布克哈特的课堂上也经常可以听到同样的忧心。

在写作前三篇"不合时宜的观察"时(1872),尼采应巴塞尔的[业余]学术爱好者协会邀请作了题为"关于我们教育机构的未来"的系列公共演讲。[①]洛维特告诉我们,尼采在演讲中对德国教育状况的抨击,布克哈特早在 20 多年前就已经表达过了。由于是

---

① 参见尼采,《论我们教育机构的未来》,见《尼采全集》第一卷,杨恒达等译,前揭,页 460–535。

在私人书信中表达,布克哈特的言辞更为尖锐:

> 这个该诅咒的无所不包的教育[……]每隔几个星期就
> 会为一大堆东西炮制一个兴奋模式。[……]少数没有死在
> 那里的怪人还在忍受没有效用的疗法,他们在追求解放的过
> 程中被充斥整个世界的谎言抬高了,被煽动起来,跳到了另
> 一边。
>
> 现在有那么多各式各样的教育涌向每一个人,使他们自
> 认为受过完全教育(他们要多傻,就有多傻)。过去,每个人
> 都像埋头干活的驴子,所以让世界处于和平中。现在正相反,
> 人们都觉得自己有学问,并编织了世界观,然后向他人传经
> 布道。①

布克哈特和尼采的忧心会让我们想起两件事情:第一,卢梭在
200多年前通过《论科学和文艺》发出的警告的确有先见之明;第
二,与布克哈特和尼采所描述的状况相比,如今我们所追仿的人文
教育模式"为将来的野蛮化服务"的水平提高了不止一大截。

对自由民主现代性的走向及其人文教育取向的忧心,既是尼
采与布克哈特心心相印的粘合剂,也是他们思想分歧的起始点:问
题在于,应该对此做出怎样的反应。②

马丁的观察虽然有些平泛,毕竟触及到一个关键要点:布克哈
特希望通过发展文化史学来提高商业化市民的艺术趣味,以此平
衡低俗的现代性,而尼采则拒绝向新兴的知识大众妥协。马丁说,
巴塞尔不仅是布克哈特与尼采偶然的邂逅之地,而且他俩与该市
的关系也显示了某种象征意义。除了短时的疏忽和迷惘外,布克

---

① 转引自洛维特,《雅各布·布克哈特》,前揭,页53。
② 参见洛维特,《从黑格尔到尼采》,页404—412。

哈特总是从这个兼有资本主义气息和古典味道的城市获取"人文意义"：虽然他周边的世界乃至他的这个故乡越来越民主化，他始终亲密地与之共生共存。相反，尼采完全不能认真对待瑞士的"小环境"，在这逼仄的环境中，只是"孤独"地沉浸在"自己的学术"中。

　　　担任教职对布克哈特而言是奉献，也是幸福感的源泉，但对尼采却只意味"受重视的职位"，与之相连的是一种对他来说过于沉重的强逼，这势必导致他"最终病倒"。他有别于布克哈特，他不是服务于"永恒"价值的人文主义者，而是一味唱着"我渴望我自己……"的个人主义者。①

马丁未必理解了尼采的"个人主义"的含义，以及为什么尼采要"我渴望我自己……"。洛维特注意到，尼采作"关于我们教育机构的未来"的演讲是布克哈特的邀请，他是巴塞尔［业余］学术爱好者协会的常务理事。系列演讲原定 6 场，但没有善终：

　　　尼采想"乐观地和满怀希望地"结束他的第六次讲座，但却没有坚持下来，这不仅仅是因为一些偶然的情况，如学期结束和生病，而是因为他对教育的极端批评使他再也找不到具体的教育之路。布克哈特不是这样的，布克哈特把他的讲课的要求同能否使听众感兴趣结合起来。正是那个年轻人的极端理论让布克哈特在有许多共同点的情况下还要与尼采的教育批判保持距离。②

---

① 马丁，《尼采与布克哈特》，前揭，页 26。
② 洛维特，《雅各布·布克哈特》，前揭，页 50。

为什么布克哈特热衷于提高巴塞尔中产阶级市民的艺术乃至学术爱好？在布克哈特看来，思想天才总是极少数，这种人"过于强势"，容易"超过一切界限"：①

> 天才的不幸就在于：他是孤独的，因为他在自己所属的圈内过于强势。这种人同时又是如此与众不同，以至于他缺少一切实在的王冠，即缺少平稳的形态！他生活在诗歌中。他可怕地走向终点，走在精炼的享受欲和更为精炼的自我痛苦之间，因此一定会有崩溃的一天［……］一言以蔽之，我想说（上帝宽恕我）：宁可没有天才之人，也要有坚强的神经和坚强的良心，这样即便犯罪，也可在真情为他人服务的过程中重新修理和恢复良心。瞧，这就是我的理想。（同上，页51）

洛维特把这段话看作布克哈特为尼采写下的谶语，尽管当时尼采才两岁（1846）。布克哈特写下这样的话时28岁，这不免让人惊叹：他有何其敏锐的天生直觉！

洛维特还看到，布克哈特的天性中起支配作用的是中庸、温和的性情。正是这种个体性情使得他在被危机动摇而无望的现代世界中最终选择了非政治的生活原则。我们应该知道，布克哈特并非一开始就"厌政治"：26岁时的布克哈特曾选择了到《巴塞尔报》（Basler Zeitung）当编辑。由于这个迄今健在的报纸是"保守自由主义"的阵地，长达一年半的编辑生涯让布克哈特深度卷入实际政治。②

---

① 关于"天才"，参见狄德罗为《百科全书》（卷七，1757）撰写的"天才"辞条，见狄德罗，《狄德罗美学论文选》，张冠尧、桂裕芳等译，北京：人民文学出版社，1984，页505。

② 参见 J. R. Hinde, *Jacob Burckhardt and the Crisis of Modernity*，前揭，页88-112；R. Sigurdson, *Jacob Burckhardt's Social and Political Thought*，前揭，页164-197。

布克哈特的个体性情不仅让他决定退出实际政治,而且在做文化史"回忆"古典世界的毁灭过程时,他选择了把犬儒主义和早期基督教的禁欲生活视为优先的生活可能性,让自己在内心世界中放弃启蒙时代以来的现代文明的自负和幻想。不是世界政治史,而是"第二存在"的艺术史向布克哈特开启了真正感受幸福的道路:在艺术呈现的美中,布克哈特享受到"心灵的宁静幸福"。①

在为巴塞尔市民举办的两场专题讲座"历史上的伟人"和"世界历史上的幸运与不幸"中,布克哈特以其优雅的言辞风格表达了自己的"非政治人"观点。敏锐的尼采在听过布克哈特的讲座后这样写到:

> 有教养者现在首先是有史学教养:他通过其历史意识拯救自己,使自己免于崇高;市侩则通过其"随众"成功做到了这一点。不再是历史激发的热情(如歌德会误以为的那样),而恰恰是使一切热情变得麻木不仁,现在成为 nil admirari[没有任何东西值得赞叹]的钦佩者在寻求历史地理解一切时的目标。②

这段话出自尼采打算出版的一本小册子的前言,幸好不仅当时而且后来也没有发表,否则布克哈特早就不理尼采了。布克哈特绝对不会看不出来,所谓"有教养者现在首先是有历史教养"指谁。

在第一篇"观察"中尼采说过几乎同样的话(笔者在前文引用过),唯一的不同是他在那里没有用"有教养者现在首先是有史学

---

① 洛维特,《雅各布·布克哈特》,前揭,页71。

② 尼采,《叔本华哲学与德国文化的关系》,见《尼采全集》第一卷,杨恒达等译,前揭,页553。

教养"这句讽语来挑明谁"使自己免于崇高"。① 看来,尼采出于
对哲学负责的原因在公开发表的作品中不得不纠弹布克哈特的
"随众",但出于个人感情又情不自禁地要顾及到这位"史学名家"
和他眼中的"巴塞尔第一教育家"的感受。

尼采的这篇未刊前言是这样起头的:

现在,在亲爱的卑鄙无耻的德国,教育如此潦倒在街头,
对所有伟大事物的红眼病如此无耻地流行,奔向"幸福"者的
普遍喧哗发出如此震耳欲聋的声响,以至于人们不得不几乎
在 credo quia absurdum est[正因为荒谬,我信]这个意义上产
生出一个强烈的信念:为了在此寄希望于一种生成中的文化,
尤其是能效力于这样的文化,公开表明与"舆论公开的"报刊
作对。(同上,页 551-552)

布克哈特开创的"文化史学"不就是"寄希望于一种生成中的
文化"吗? 他没有想到,这最终很可能会导致一种精神品质"每况
愈下"的文化,对这类文化人来说,没有任何高贵、美好的东西值
得赞叹。尼采在文中指责"那些不断为民忧虑的人不得不强行使
自己摆脱恰恰是现在在场者"(同上,页 552),对"非政治人"心态
的批评可谓切中肯綮。若布克哈特拿这话与自己追求的"平稳形
态"和"真情为他人服务"的"理想"对照,当然会觉得不舒服。

尼采没有发表这个前言,但他发表了第二篇"不合时宜的观
察"——这篇"观察"的观察对象正是被尼采称为"巴塞尔第一教
育家"的布克哈特。出于对布克哈特的敬意甚至爱意,《论史学对
生活的利弊》的修辞不仅温和而且高雅。比如,尼采写道:

---

① 比较尼采,《不合时宜的沉思》,前揭,页34。

作为最后的和自然的结果，就出现了科学普遍受欢迎的"通俗化"（还有"女性化"和"童稚化"），也就是拙劣地剪裁科学的外套来适应"混杂的公众"（des gemischten Publicums）的身体，以便我们在这里为了一种符合剪裁的活动也努力掌握一种符合剪裁的德意志风格。①

这话显得是在纠弹布克哈特热衷为巴塞尔的中产阶级市民们举办学术讲座。那个时候，中学教育尚未普及，遑论大学的普及，人文教育的"女性化"（Feminisiren）和"童稚化"（Infantisiren）尚处于初始阶段。在后现代的今天，大学教育在好些发达国家和地区已经实现普及，为了培育中产阶级的后代，人文教育的"女性化"和"童稚化"已经不得不走向专业化和制度化。因此，尼采接下来说的情形对我们来说一点儿都不陌生：

过去的几代学者有充分理由觉得，这样一种滥用沉重且累赘；同样有充分的理由，年轻一些的学者觉得这滥用轻松，因为他们本身除去一个极小的知识角落，自己就是非常混杂的公众，自身就承载着这个公众的需求。他们只要有机会舒适地坐下来，就能够把自己狭小的研究领域向那种混杂着通俗需求的好奇心（jener gemischt — populären Bedürfniss — Neubegier）开放。对于这种舒适行为来说，人们后来要求使用"学者谦逊地俯就（Herablassung）他的大众"的名称：而根本上这位学者只是俯就他自己，因为他并不是学者，而是群氓。（同上，页203）

尼采在这里提出了他后来不厌其烦反复说到的一个话题——

---

① 尼采，《论史学对生活的利弊》（七），前揭，页203。

非常得罪现代教育的话题：知识大众的产生及其循环再生。

> 你们造出一个"大众"（Volke）的概念吧：你们永远不能
> 把这概念想得足够高贵、足够崇高。假如你们把大众想得伟
> 大，则你们就会也怜惜大众，而且防止把你们的史学硝酸当做
> 醒脑提神的饮料提供给大众。但是，你们在最深的根子上把
> 大众想得渺小，因为你们对大众的未来不可能有真正的和持
> 之有据的尊敬，你们是作为实践上的悲观主义者在行动，我指
> 的是这样的人，他作出沦亡的预感，因而对他人甚至自己的福
> 利（Wohl）都变得漠然和懈怠。只要乡土（Scholle）还承载着
> 我们！而如果它不再承载我们，那它也有道理：一种冷嘲式的
> 生存就这样感觉和生活。（同上，页203-204，译文据德文略
> 有改动）

这段话隐含着尼采的一个深刻洞见，即区分"大众"（Volke）
概念与实际的大众本身。所谓"大众"概念指知识人设想出来的
"大众"，或者说通过人文教育的"史学硝酸"教出来的"大众"，即
新兴知识人自己（知识人大众）。因此，尼采说"你们在最深的根
子上把大众想得渺小"。用我们的话说，受过启蒙哲学的人文教
育反倒与真实的生活世界相脱离。

　尤其值得注意到，尼采起初用复数的"你们"来指称他的批评
对象，结尾时换成了单数的"这样的人"，并将他直接与"一种冷嘲
式的生存"（eine ironische Existenz）划等号。如今我们能够看到的
《世界历史的观察》《史学讲稿》和大部头的《古希腊文化史》，无
不是由后人整理出版的，布克哈特自己懒得整理，他的教育生涯的
后期难道没有表现出一种"漠然和懈怠"？他的书信乃至漫谈式
的讲课虽然优雅，难道没有让人感受到"一种冷嘲式的生存"的悲
观主义气息？

　　布克哈特从未正面回应尼采的《论史学对生活的利弊》，并对尼采后来发表的一系列作品一概挂避战牌，因此，两人之间实际上并没有过真正意义上的对话。既然如此，后人若要比较和评判布克哈特与尼采在看待史学教育乃至看待历史的态度上的分歧，无一例外都会成为自己的个体性情的展露。①

余　论

　　《论史学对生活的利弊》对"历史意识"和现代史学的批判不等于否弃史学本身。《人性的，太人性的》是尼采在巴塞尔的最后几年动笔的，在第二卷的"前言"中我们看到他说，他的第一篇《不合时宜的观察》已经"发泄了"自己"当学生时就有的不满情绪"，即对"德意志的教育及教育庸俗性"的不满，尽管如此，

　　　　我在发表反对"史学病"的言论时，已经学会了如何从这种病中缓慢地、费力地康复，而且，并不愿意因曾深受其苦便要在将来完全放弃"历史"。②

　　在《偶像的黄昏》中第二次"恭维"布克哈特之前，尼采称赞了两位政治史学的古典作家（修昔底德和马基雅维利）的著作所起的教育作用，而且绝不是"恭维"：

　　　　由于他们的绝对意志，即毫不自欺，在现实中而非"理性"中、更非在［基督教人文主义］"道德"中看待理性，它们与我自身最为相近……为了进入生活而受到文理中学的训练，

---

① 　洛维特，《雅各布·布克哈特》，前揭，页55-76。
② 　尼采，《人性的，太人性的》，前揭，页398-399。

而作为报酬,这个"受过古典教育的"年轻人赢得的是希腊人那可怜的对于理想的粉饰。可没人能比修昔底德更彻底地治疗这种粉饰。①

若将布克哈特的"我的理想"与这里的说法对照,我们可以体会到尼采为何说某种古希腊的"理想"会"让古代的高贵天性有可能误解自身"。布克哈特无疑有高贵的天性,但他没可能误解自身吗?无论如何,尼采若搞史学,他一定不会搞文化史而只会搞政治史。这意味着,史学若要起到良好的教育作用,就必须从属于政治哲学。

尼采放弃最后一场"关于我们教育机构的未来"的演讲后,布克哈特给一位朋友写信(1872 年 4 月 21 日)说:

> 他还欠我们最后一个讲座,我们期待这个讲座能解答一些如此鲁莽地提出的问题和抱怨[……]您应当已经获悉此事!此事在有些地方让人狂喜,但之后又令人感到深切的悲哀。我还不知道,法官的人文主义应如何以同情的方式处理善后事宜。但可以肯定,天资高的人直接获得所有的东西,然后再分给他人。②

这里的"我们"明显指巴塞尔的中产阶级市民,出于"新人文主义"的理想情怀,布克哈特自觉自愿加入了他们的行列,为他们举办讲座,提高他们的艺术趣味和鉴赏能力。

人们有理由猜测,尼采的"人性的,太人性的"这个书名很可能是送给布克哈特的。由于这本书让布克哈特感受到一种"混杂

---

① 尼采,《偶像的黄昏》("我感谢古人什么",2),前揭,页 184。
② 转引自洛维特,《雅各布·布克哈特》,前揭,页 49—50。

的"愉悦,对尼采笔下"潇洒的丰瞻"很是"惊诧",他才没有觉察出
这个书名的含义所指。布克哈特收到《扎拉图斯特拉如是说》的
赠书后情形就不同了,他在回信(1883 年 9 月 10 日)表示感谢时
不得不对尼采坦言:"您给常人出了难题","此次更是为难了他
们"。①

此后不久,尼采最后一次到巴塞尔拜访"老熟人"(1884 年 6
月)。在写给友人的信中他说,"老熟人"给他留下的印象是"极度
疲惫",他甚至感觉自己仿佛置身于"奶牛群"中。②

虽然对被"民主的胡作非为"动摇的现代世界的无望有共同
的感同身受,但布克哈特和尼采的教育方案在应该"俯就"还是应
该"我渴望我自己"的问题上产生了分歧,两人因此实际上在一开
始就已经分道扬镳。"俯就"的结果固然难免是引导出"每况愈
下"的文化,自由民主的个人需要的权利会如雨后春笋,甚至"俯
就"者自己的精神品质也难免"每况愈下",但哲人的"我渴望我自
己"就没有问题了吗? 哲人天素那么容易见到? 在"女性化"和
"童稚化"的人文教育课堂上劝导"我渴望我自己"的哲人生活方
式,会诱发出何种稀奇古怪的"女性化"和"童稚化"的"我渴望我
自己"? 尼采用"铁锤"宣讲哲学之后,激励多少"女性化"和"童
稚化"的天性成了激进的既民主又自由的"我们学者们"?

布克哈特正确地看到,"我渴望我自己"的人文教育方案是
"一条绝路",尼采则正确地看到,"俯就"和"随众"的教育方案是
"一条绝路"。后现代的大学和中学教育成了"民主的胡作非为"
的温床究竟是哪条"绝路"导致的结果,殊难断言,情形倒更有可
能是两条"绝路"分别而又共同合力产生的结果。倘若如此,后现
代的人文教育该怎么搞呢?

---

① 转引自马丁,《尼采与布克哈特》,前揭,页 8。
② 转引自同上书,页 26。

有人会说,苏格拉底和孔子早就践行过一种既"我渴望我自己"又"俯就"的教育方式,为什么不能学习继承? 话虽如此,问题在于,谁来培育这样的教育家? 何况,更重要的是设计出高妙的教育制度,这需要伟大的政治家关切政治体的教育并懂得政治教育是怎么回事,而这样的政治家又如何能培育得出来呢?

第二版前言

尼采与布克哈特的关系，被尼采本人罩上了一层重要友谊的传奇式光环。① 尼采的妹妹继而虔敬地延续了这一传统。② ——她这么做很可能是出于真诚。约埃尔（Karl Joël）最先正确描述了这两个男人在世界观方面的要点，③ 贝尔努利（Bernoulli）关于欧维贝克的著作，绘制出了第一张表现他俩的人际关系图，此图除去了往昔被涂抹的种种色彩。④ 对贝尔努利此作的评论犹如廓清陈说的风暴刮进官方"档案"有意扩散的沉闷空气中。

自此，对此论题的探讨尽管尚不充分，⑤但还是表达了一些切

---

① 比较后文页 180 及下页。
② 见尼采妹妹关于通信出版的说明（首先在 1899 年 *Neue Deutsche Rundschau*；然后在 1904 年尼采书信集出版的上下文里）。
③ *Jacob B. als Geschichtsphilosoph*，1900，页 105 及以下，页 115 及以下。
④ C. A. Bernoulli, *Franz Overbeck und Friedrich Nietzsche*, 1908.
⑤ 与此相关的不仅有 Carl Neumann（*Jacob Burkhardt*, 1927）的论述（见后文第 1 章原注 38），还有 Ch. Andler 的小书（1926 年出版，作为 *Précurseurs de Nietzsche* 中相关段落的德译，是其论尼采大作的第 1 卷）。其中值得赞扬的，只有关于布克哈特世界观对尼采产生影响的证明（亦见后文第 7 章原注 5）。最近 H. Schaller 的相关评论也很肤浅，见其 *Die europäische Kulturphilosophie*，1940，76，82。

中肯綮的见解。① 萨林（Edgar Salin）②近期做了一个全面的论述，正是他的论述方式直接挑起他人的反驳，原因是此文一开始就把布克哈特置于一个依从他人的位置上：萨林将尼采对布克哈特的期许拔高为精神要求，而后者被衡量未达到此要求。③ 故意被忽略的是，尼采和布克哈特在人文思想方面原本就是不同类型的两个人。

    ［原注 8］将尼采与布克哈特当作具备某些特定典型特征的人物来探讨，其开端在 Otto Westphal 的 *Feinde Bismarcks*（1930）和 Chr. Steding 的 *Das Reich und die Krankheit der europäischen Kultur*（1938）；但这两人将布克哈特和尼采归于同一类型，两本著作都严重扭曲了布克哈特，完全抹去了他在本质上与尼采相区别的特征。应该提到的还有 H. J. Schoeps 的 *Gestalten an der Zeitwende*（1936）。

    一个是取向于人文理想的人本主义者，另一个越来越成为人本主义的对立面，他们是两个对立的精神世界。本文的全部注意力就放在对这个主题的论述上，即论述何者在生平和个性方面具有更高更普遍的意义。

    ［原注 9］对类型学认识的关注使人必须将尼采和布克哈特看作"整体"。"整体的"尼采被放在"整体的"布克哈特的对立面，却不考虑一方对另一方及其著作的"熟悉"程度。因为在这里，我们感兴趣的并非是一方如何对另一方直接向其发出的某些"表达"做出反应，我们想了解的是，这两位人物如何借助其内在本质，而必然对另一方产生影响（这种本质通过"记录"展现在我们面前，尽管这两位人物对这些"记录"的"了解"极其有限。）

---

①   见 W. Rehm（1930）和 K. Löwith（1936）关于布克哈特的论著的相关章节。

②   *Jacob Burkhardt und Nietzsche: Rektoratsprogramm der Universität Basel für das Jahr 1937*, 1938。比较 Hans Barth 的评论，见 *Neue Schweizer Rundschau*, 1938/39，页 26 及以下。

③   ［原注 7a］见后文页 185 页原注 42。

这个不到一年便问世的新版没有理由做重大修改，也不顾及那些对本文论述尼采和布克哈特"事实上的正确性"拥有批评权力的抗辩和异议。另一个问题自然是"最终真相"了。① 一位文艺批评家②（此君站在远处发议论）甚至说，尼采"被漫画化"了，布克哈特被曲解了。

［原注 12］关于龙勃罗梭-莫比乌斯（［译注］Lombroso-Möbius，龙勃罗梭为 19 世纪意大利精神病学家，著有《天才与精神错乱》等，莫比乌斯为德国医学家）：他们的这种观察方式放在歌德等人的身上，原本就是错位的，但在尼采身上，仍不能简单排除精神病学上的问题。此外，本研究只在其他证据也已充足之处将莫比乌斯援引为佐证。

首先，有关布克哈特，只需提及菲舍尔（Eberh. Vischer）教授（巴塞尔市）的不当言论就已足够，他完全出于一时的冲动，对他不认识的作者写信道：他，以及与他年龄相仿仍健在的人过去都听过布克哈特讲话，都很了解布克哈特，他们对本文"如此妥善地""理解和描述"布克哈特深表"敬佩"。而新教神学家波尔内曼（D. Wilh. Bornemann）教授——他从 1898 年至 1902 年作为欧维贝克的继任者在巴塞尔市任职并间或③对布克哈特问题发表过意见——也出于一时冲动，迫不及待地对他也不认识的作者说，他完全同意本文观点。假如本文的陈述遵循了这位文艺批评家"原始的""极端天主教"倾向，那么，"完全同意"是断难成立的。

［原注 13a］波尔内曼教授在回复作者的反问时，明确表示他不同意这个观点。另外一位新教神学家，以神学作家身份脱颖而出的牧师 Gg. Helbig

---

① ［原注 10］M. Schabad，1841 年 5 月 18 日 *Basler Nationalzeitung*。

② ［原注 11］H. Härtle（关于"民族与民族社会主义"的一篇文章的作者，1937），*Nationalsozialistische Monatshefte*，1941 年 6 月［ =《图书学》（*Bücherkunde*），1941 年 4 月］。

③ ［原注 13］*Protestantenblatt*，1936，栏 163 及以下：*Jacob Burkhardt und das Christentum*。

（施特拉松），在周全的考察之后也得出结论，认为该书无法为确定作者的宗派立场提供"任何依据"。

　　此外，学界①也提出质疑，对尼采的论述是否特别切中"本原核心"和尼采"本性"的"关键点"？但答案要么一味肯定，②要么肯定的答案也不一致。③ 尤其受质疑的是，从尼采的浪漫天性（与布克哈特的古典天性相反）看，对他是否应从类型学方面去理解："争论的真正平台"展现在"生命哲学"这个问题上（与人本主义的"精神信仰"相反），④这个观点在本文中确实占了不少篇幅。以"浪漫天性"为出发点，本文的论述选择了这一具有决定意义的途径，这绝非偶然。"生命"业已成为"浪漫主义流派"的核心概念。⑤

　　杜尔森（Carl Dyrssen）⑥曾指出柏格森（Bergson）哲学与早期浪漫主义的关系密切；而对于尼采哲学，上文提及的约埃尔也做过方向性的指点。

　　[原注 20] *Nietzsche und die Romantik*（1905），也可参照上文所引 Bernoulli，I，页 311 及下页。当 Schabad 指出，约埃尔自己后来（即在 *Wandlungen der Weltanschauung* II，1934，页 848）"背叛"了关于尼采是浪漫主义者的观点，那么他相当于接受了一个虽被约埃尔本人所使用，却具有误导性的

---

① ［原注 14］O. Fr. Bollnow, *Die Literatur*, 1941 年 4 月。

② ［原注 15］Jens Jessen, *Schmollers Jahrbuch*, 1941, 第 3 期：在对尼采和布克哈特的描述中，"他们本质中典型的东西发生了核心的碰撞"。

③ ［原注 16］正如原注 14，至少作为"必要的修正"，被构思出来的尼采的图像也是珍贵且具有重大意义的。

④ ［原注 17］同上。

⑤ ［原注 18］见本书作者关于"浪漫主义宗教性的本质"的论文（*Deutsche Vierteljahrschrift für Literaturwissenschaft und Geistesgeschichte.* II［1924］，页 367 及以下，尤其是页 388）。Hennig Birkmann 以"德国浪漫主义的生命思想"为主题另外撰写了一篇文章（1926）。

⑥ ［原注 19］*Bergson und die deutsche Romantik*, 1922, 论述了伯格森的哲学与谢林，尤其是与诺瓦利斯之间的关系。

表达。被引之处以此开始:"对我来说,尼采一直是浪漫主义者",强调尼采"始终活跃的背景",仅仅触及了多义和变幻莫测等方面,这些恰好属于典型的浪漫主义者的特征(正如 Walzel 以及约埃尔本人对尼采的刻画)。

约埃尔(上文所引页 249 及以下)所突出的"巴洛克"特征[尼采在超人的"巴洛克思想"中登峰造极的力本论(Dynamismus),让他对赫拉克利特或米开朗琪罗等"巴洛克人物"产生好感],恰好适应所构思出来的尼采"浪漫的巴洛克精神"的全貌:巴洛克与浪漫主义,"两者都渴望向上"——尼采和瓦格纳都是如此,尼采本人将瓦格纳的音乐与贝尼尼的雕塑类比(《瓦格纳事件》,第二则附言;尼采致 Fuchs,1877 年 7 月底,以及 1888 年 8 月 26 日)。也可比较 v. d. Leyen 为其出版的施莱格尔《断片》(Fragmente,1904)所写的导言(页 11-14)。

除了约埃尔这种生动形象的比较方式,广为流传的是真正的分析:N. Langer, *Das Problem der Romantik bei Nietzsche* (1929)。Langer 不无道理地认为浪漫的观察视角是"最全面的",只有从浪漫的视角出发,才能阐明尼采的本质,浪漫的观察视角是唯一能将尼采"作为全局"来把握的视角,作为"统一体"和"整体"(I,页 28,尤其见页 191)。Heinr. Rickert 的《生命哲学》(*D. Philos. d. Lebens*, 1920)认为,真正的现代生命哲学始于尼采(页 19),同时也视尼采为(与生物学主义者交叉的)"浪漫主义者"(139);他的这种观点非常强烈,以至于他宁愿把尼采说成一个"生命的预示"(Lebensprophetie,比较后文第一章原注 25),而不是真正的"生命哲学"(页 140);尤其是在《查拉图斯特拉如是说》当中,Rickert 认为"没有遇见那么多新的生命思想,而更多是关于生命的新声和新感觉"(页 20),似乎可以和雅斯贝斯的相应论断(后文第五章原注 14)相比较。

根据尼采本人对浪漫主义者的定义(*Wille zur Macht*, ed. Brahn, Klassikerausgabe, Aph. 539),他本人也毫无疑问是浪漫主义天性。此外,可以在思考尼采的时候阅读 Ricarda Huch 关于"浪漫主义性格"的章节。需要突出的是"精神跳舞的兴趣"(*Die Romantik* I[4], 1911,页 137)一词,恰好可描绘浪漫者的特征,或者下面这个句子:"他的自我是他的狂野,不知疲倦地追逐……他牢牢地被吸引到内心的深渊中,陶醉地望向那翻滚的混沌"(同上,页 126)。"浪漫派"的世界观同样被推动万物、永恒完善的思想所主导。只是浪漫派的生命思想并不意味着让自身与"精神"隔绝,与"德性"和爱的思想隔绝;其生命思想在超验的意义上也是开放的。与此相比,在尼采的酒神崇拜当中,生物学主义的特征无论如何是一个典型的"现代"元素。

约埃尔在强调布克哈特的"古典"天性时,有人对于文中未提"不和谐"而感到遗憾,布克哈特为了达到其("后疑难问题")超然淡泊,必须首先克服"不和谐"。① 那么在本文中,这一点虽未完全被忽略,②但也只能粗略陈述,原因是,遗传学上的东西若非具有典型性,就很难进入类型学范畴。本文中,一切的关键是强调主要特征,由此不可避免导致"许多个人突出的特点"丢失:③从这个意义上说,此文所展现的就不是"完整的"布克哈特,也不是"完整的"尼采。

诚然,任何陈述无一不受其观察角度和方法④的局限。⑤ 由本文基本理念所产生的叙述形式,其局限也随之而来,以至尼采和布克哈特"总以伙伴的身份"出现,他们各自……在对方的本性中有所映现。⑥ 当布克哈特"健康的宁静、根植于传统的自信……与尼采颇成疑问的各个方面形成强烈反差……,当一切都把尼采同19世纪初的颓废思潮联系起来",⑦人们是否会对这种对比的方法提出异议呢? 这是否也会促使人们思考并进而得出结论呢?

———————————

① ［原注21］1841年4月25日 *Basler Nachrichten*。
② ［原注22］见本书页38中部,页199上部。
③ ［原注23］同原注21,应该向这位批评家承认,布克哈特的称号如"保守的城市贵族"和"城市人本主义者",从本质上看,理应获得类型学上的正当性。
④ ［原注24］Jessen(见原注15)明确要检验类型学观察方式正当性的基本问题,最终完全认可了类型学的观察方式,Bollnow(见原注14)则至少认为这种观察方式"完全是富有成效的"。
⑤ ［原注25］见原注10。
⑥ ［原注26］见原注21。
⑦ ［原注27］见原注14。

当然，人们可以坚持这一立场：

　　　　像尼采这样具有极高天分的人，有权利要求别人在评论他时须符合他自己的准则。①

　　布克哈特肯定也有这样的权利。人们必然拒绝双重肖像的写法，认为将两人分开并给予特殊的阐述才合理，只有这样，各人才受到"完全公正的"②对待。然而，评论界③恰恰从本书中尼采与布克哈特"具有典型性的对话"中发现了这种陈述方式的特殊魅力。经过深思提出上述疑问的人们，本来想获悉尼采和布克哈特的生平事迹，可惜他们这个愿望势必落空。但是，在本文突出一种超个体和超历史的旨趣时，他们的愿望就成为次要的了。——评论界对这个论断大体认同。④　"在论述布克哈特与尼采的关系时"，⑤阐发另一种推动时代的超越时代的可能性前景，说到底，尼采和布克哈特只是时代的代表罢了。⑥　正如有人⑦最近提出一个概念：他俩最终理解的精神史就是"为获取精神价值的奋斗史"。

　　指出本文中错误（事涉盖米勒，Heinrich von Geymüller）的巴

---

① ［原注 28］见原注 10。
② ［原注 29］见原注 10。
③ ［原注 30］Ludw. Gremer, *Kölner Zeitung*（1941 年 5 月 8 日），Gg. Meyer, *Hamburger Fremdenblatt*（1941 年 5 月 23 日）。
④ ［原注 31］除了 Ernst Stähelin 关于"基督教与欧洲"的祷文（巴塞尔，1941），参见 Rud. Pechel 在 *Deutsche Rundschau* 当中的文章（1941 年 5 月）、L. Cremer（见上文）、O. Heuschele 在 *Rheinisch-Westfälische Zeitung*（1941 年 6 月 8 日）的文章、Th. Steinbüchel 在 *Sendung des Buches*（1941 年 5 月）的论述，以及 *Neue Zürcher Zeitung*（1941 年 1 月 7 日和 8 日）、*Das Werk* 杂志（1941 年 2 月）、*Litterarische Berater*（1941 年 4 月）和 *Bücherwurm*（1941 年 4 月）等刊物中的书评。
⑤ ［原注 32］*Deutsche Rundschau*，见上文，页 87。标题指区分各种精神的"自白"（页 93）的另一种方式。
⑥ ［原注 33］Joseph Bernhardt（见出版社宣传册）。
⑦ ［原注 34］Carl Roos, *Nietzsche und das Labyrinth*（Kopenhagen，1940），前言。

塞尔市诸君,本书作者向他们谨致谢忱。他们是希斯(Ed.His)教授和菲舍尔教授。此外,根据出版社意愿,文本尽量不做改动。所以,插进的各种补充也载在附录中。

[原注35]本书作者依据的是 Kaphahn 的说明(见其出版的布克哈特书信集[1935]书前的生平简介,页115及下页),Kaphahn 在其中称盖米勒为天主教徒。实际上,盖米勒终其一生都是新教徒(归正宗)。参见 *Schweizerisches Geschlechterbuch*,年卷6(1936),页181及以下,尤其是页184及下页、页189、页244;亦见: *Historisch-biographisches Lexikon der Schweiz*,卷3,(1926),页506。

此外,希斯教授在巴塞尔民事登记处亲自查阅了巴塞尔的官方民事登记状况,得出了同样的结论。——"盖米勒确实是一位虔诚的基督徒……对天主教的独特性也有着广泛的理解,因此他无论在天主教还是新教圈子里,都深受推崇,特别是因其对教堂建筑的研究"(希斯教授的书信)。Carl Neumann 称他"和平地使人皈依天主教",见 Neumann 版的布克哈特与盖米勒通信集(1914),页32。

导　　论

一　私人关系

对尼采和布克哈特的来往信件和其他有关证据做公正审定的人都看不出二人关系中真心友谊的迹象，双方关系有严重的不对等。尼采在外表和内心总是渴求布克哈特的友谊，而布克哈特则表现出冷淡和自矜（尽管热度稍有变化）：显然，两人意识中原本就存在一种紧张心理。尼采虽然总是幻想着克服这种紧张，但他不得不经受失望连连的体验。他的思想演变引领他离开他俩原来尚属一致的基础越远，他的失望就越大，直至两人的思想和人际关系产生不可避免的（虽是默默呈现的）危机和实际的破裂。

［原注1］在巴塞尔那些年，尼采本人很喜欢谈起他与这位杰出"友人"之间"最亲密的"交往（致洛德，1876 年 5 月 23 日）。相应地，尼采的妹妹也说两人之间的关系有着"深刻的相互的（！）好感"和"内在的一致"；据说尼采和布克哈特在"最私人的层面"都"相互走得很近"（参见 1899 年 3 月 5 日伯尔尼"联盟"中恰当而简短的批判）。

但是，关于我们这个话题的最新和最全面的出版物（Edagar Salin, *Jacob Burkhardt und Nietzsche* ［1938］，页 6），也仍在谈论"这份友谊"的故事，而Chr. Steding（*Das Reich und die Krankheit der europäischen Kultur*，页 546）甚至认为尼采和布克哈特在巴塞尔有过"真挚的交往"。但早在 1900 年，尼采和布克哈特在巴塞尔的同事、古典语文学家 Jakob Mähly 就证明自己对两人之间的"密切来往""一无所知"："两者天性的差异太大，导致无法产生超越表面关系之外的关系"(*Erinnerungen an Nietzsche*：„*Gegenwart*"，卷58，页249)。

欧维贝克(见 Bernoulli，*Overbeck und Nietzsche*，1908，卷1，页51)曾详细地阐明,尼采和布克哈特之间的交往并非友谊,他们之间的关系"从一开始"就受到影响,其原因就是两人"思维方式"中"内在矛盾"的"隐蔽的倒刺"。出于私人的认识,Peter Gast(致欧维贝克,1899年3月2日)也做出了类似的判断,指出在巴塞尔的那段岁月里,就存在"布克哈特的内在紧张与尼采相对抗"的现象。Heinrich Gelzer(*Zeitschrift für Kulturgeschichte*,VII,页39)证明,布克哈特"在其真正的法式礼貌所允许的范围内,一直有些怀疑地看待尼采",而尼采则"无法遏制地赞赏布克哈特"。这种"真正的法式礼貌"遮蔽了尼采眼前的许多事物,使他误以为这层礼貌蕴含着更多的东西,但实际上并非如此。

无论如何,尼采与布克哈特之间的关系是一种"单方面的"关系(*Overbeck*,Bernoulli,II,页114)。如果非得要说这是友谊,那么最多只能是在非原本意义上的"尼采对布克哈特的一种单方面而无回应,但却真挚的友谊"(Podach,*Nietzsches Zusammenbruch*,页87)。据1869年4月20日尼采致母亲和妹妹的信,尼采于1869年4月20日抵达巴塞尔,不久之后(1869年5月29日)就向妹妹汇报说自己和布克哈特"过从甚密"。正如尼采强调(1876年5月23日致洛德),他们有时可能"每天"都见面(比如双方在教育机构共同授课[比较 Elis. Förster-Nietzsche,*Nietzsches gesammelte Briefe*,III,页166]),而且他们在巴塞尔大教堂回廊似乎曾有过一次三个半小时的逍遥学派式的对谈。这件事在尼采看来,值得多次提起(1875年7月8日致妹妹,1875年7月12日致 Gersdorff)。

但是,Peter Gast 后来写道(1899年3月2日致欧维贝克,Bernoulli,I,页53),"1876年(正确的应该是1872年)夏季学期,尼采听了布克哈特关于希腊文化史的讲课。如果有人在课后陪同他们一道经过大教堂广场回家,那么一定会注意到,布克哈特在面对尼采时很乐意扮演一种'不要碰我'的角色,而且最希望……从现场逃离。"萨林为了削弱这一证据而说的话(出处同上,页122)并没有说服力。而萨林本人也认为(页114),布克哈特在对《不合时宜的沉思》第二部分(1874年)的"致谢"中,为自己的"辩护"选择了书面形式,就是"为了避免对话"! 实际上,这是非常可信的一种猜测。

正如 Carl Neumann 所说（*Jacob Burkhardt*，页 257），从布克哈特那一方面来看，没有任何迹象可以证明他和尼采这些年的交往之中存在任何"温情"。因此没有任何理由（正如 Elis. Förster-Nietzsche, *Das Leben Friedrich Nietzsches*, II, 435, 及 Carl Neumann, 页 253）在尼采与布克哈特关系的"开端"和以那些书信为代表的晚期之间放置一个休止符。那些书信是布克哈特用一种"有目共睹"的"克制"写成的，而且"随着每次尼采的新书信的到来"，这种"克制"就愈加变得"尴尬和勉强"。尽管萨林在这种划分开端与晚期的说法当中颇费心力，进行创新，但却无益于增加其可信度。也许我们可以追踪布克哈特"对尼采感到不快"的"轨迹"：布克哈特致尼采的书信"明确地勾勒出了这条轨迹"（Bernoulli，同上 II，页 102）。

尼采的妹妹也不得不承认（*Nietzsches gesammelte Briefe* III, 页 178；*Das Leben Friedrich Nietzsches* II, 435），尼采"后来的发展对布克哈特而言过于陌生"，导致布克哈特在面对尼采时"陷入了极大的尴尬"。欧维贝克从布克哈特自己的口中得出这个结论。布克哈特最后九年与尼采交往期间的一些表述也支持这一说法：寄给他的尼采著作，只给他带来了"痛苦"；布克哈特的感觉已经"多年"如此，"离恐惧不远"（Bernoulli II，页 114）。布克哈特的不喜欢"日益暗暗地变成了粗暴的反感"，而当他努力"礼貌地掩饰"这种反感，一再"聪明地躲避"，或者制造"托词"（Bernoulli, II，页 102，页 492）的时候，尼采"对布克哈特思维方式中存在的这种内在对立从来就没有明白过"（同上 I，页 51）。

尼采一再寻找自己与布克哈特之间在思想上深刻而持久的共性，以此欺骗自己：部分是出于他在布克哈特的人格上所感到的"无条件的、不可遏制的崇敬与爱"（出处同上，II，页 492），部分是因为他自己需要并且习惯于这样的幻觉。正如尼采自己承认的（1885 年 5 月 20 日致妹妹），当他"发现或者认为自己发现与某人在些许地方或角落拥有共性"，他就总是会"微笑（原文加了下划线）着感到幸福"。因此，他在一段时间内确实想过并且一再说服自己，认为"布克哈特在本质上与他是一致的，只不过布克哈特恰恰更谨慎一些"（Carl Neumann，页 56），而且"阻止布克哈特透露更多的……仅仅是年龄和秉性"，因此"当事情涉及可疑之处时，他就避开了"（同上，页 257；参见 1870 年 11 月 7 日尼采致 Gersdorff 谈到的布克哈特"关于历史研究"的课：

"在事物涉及可疑之处时",布克哈特的思路就出现了"奇怪的断裂与转弯")。

如果关于布克哈特"过度恐惧"的观念是基于欧维贝克形容布克哈特的"胆怯"(Pusillanimität)一词(Bernoulli, II,页115及下页),那么可以说,欧维贝克绝非尼采和布克哈特"共同的"朋友(正如 Neumann 页252所指),布克哈特和欧维贝克更多地是以一种引人注目的方式,各自毫无交集地生活,直到1889年。因此欧维贝克的话作为史料,只能用于评判整个晚期布克哈特的存在方式;到那个时候为止,他们几乎不认识(见欧维贝克,Bernoulli, II,页114及下页)。

Rehm 贴切地指出(同上,页192及下页),尼采与布克哈特之间的"差异"不在其"承认自身观念的程度",而在"本质";如果尼采"无条件地""不可动摇地"坚持"相信自己与布克哈特之间存在一种深刻的共性",并且认为"布克哈特只是比他精于世故、头脑冷静,但在根本上其思考和他没有任何差别",而且"只是没有说出来"而已,那么尼采的这种观念只是"错觉""盲目""妄想":看不到他自己是如何"摧毁了桥梁"(同上,页184,页192-194)。不得不说,这不是看不到,而是不愿意看到。

尼采在给布克哈特寄去《查拉图斯特拉如是说》的时候所写的书信,已经足够清楚地表明,他完全感知到了自己与布克哈特之间的真实关系。但他却想一再地蒙蔽自己,对事实视而不见:实际上,尼采确实需要这种"滋养生命的幻想"(比较1874年3月24日洛德致尼采的信:这确实是一个尼采式的表达,而布克哈特却有能力无需这种幻觉而生活)。尼采在著作《论道德意义之外的真理与谎言》(*Über Wahrheit und Lüge im außermoralischen Sinne*,1872, *Werke*, Neumann, X,页161及以下)中将宗教、哲学和艺术的整个领域都当做提升文化的幻想来探讨,因此他把幻想视为一般意义上的一种"使人有能力生活"且"维持生命的力量"(*Meta von Salis-Marschlins, Philosoph und Edelmensch* [1897],页61及下页)。

尼采向他妹妹写道(1887年7月):"你知道的,我为了摆脱孤独的恐惧,经常(!)为自己虚构……某种友谊,由此,我的生命中有了如此多的失望和矛盾,然而也有许多幸福和美化。"(参见下文原注43)尼采的妹妹作为续写者,记录了尼采本人编织的这种传说,称尼采对布克哈特对其著作所做的评价,始终心怀"欣喜":"他声称,关于他的书,布克哈特所说的大多是最好的和最正确的。"(*Nietzsches gesammelte Briefe* III,页 179)。但这些判断始终闪烁其词,避开了事情的核心。在这些话语当中,我们找不到一句"有实质内容的"话,但直到 1887 年,尼采仍然可以如此声称(1887 年 5 月 23 日致洛德)。

为了适应自己幻想的需求,尼采改动了布克哈特的表述。布克哈特关于《不合时宜的沉思》第二卷的冷淡评论(1874 年 2 月 25 日致尼采)称该书"将会"感动"众多"读者,在尼采那里,这条评论成了布克哈特本人深受感动(1874 年 3 月 19 日致洛德),但实际上,布克哈特却特意将原本富有阐释空间的原稿(存于草稿之中;见 Salin,出处同上)在那种中立的意义上进行了修改。

即便从 1879 年 4 月 5 日布克哈特的书信(关于《人性的,太人性的》II₁)中,尼采也只听出了让自己受用的内容(参见 1879 年 4 月 6 日尼采致 Marie Baumgartner,1879 年 4 月 18 日致欧维贝克)。他到处都能看见"一些确实优秀和典型的东西",一些"美好的"乃至"壮丽的东西"(1874 年 3 月 19 日致洛德,1874 年致 Gersdorff[无日期;*Briefe* I²,176],1886 年 10 月 10 日致母亲),他主要认为:这一切都是为他而"立下的鉴证"(1876 年 7 月 21 日致 Gersdorff)。

当然,对于一种还算"有利"(1875 年 9 月 26 日致 Gersdorff)且被尼采满意地接受了的评判(很可能仅仅是针对尼采人格的独创性而发),尼采也能够以一种完全不同的心绪去解读,以至于他自己都可以发现这种行为"几乎可怕"。当布克哈特维持着自己所希望的有意识的距离时,尼采却将其称为"羞怯"和"气馁"(见下文原注 20),但这实际上是一种礼貌性的回避。尽管尼采在给布克哈特寄去了《瓦格纳事件》之后,后者对此甚至未置片辞(见 Elisabeth Förster-Nietzsche,*Nietzsches gesammelte Briefe* III,194),但尼采还是将《偶像的黄昏》(*Götzendämmerung*)的"第一本"寄给了布克哈特(正如尼采 1888 年 11 月 26 日对 Gast 所说)。

　　当布克哈特早已缄默地退避之时,尼采还在①吹嘘那"伟大的恩德",亦即吹嘘巴塞尔年代造就了他与布克哈特"真诚的过从甚密的关系",然而这种"真诚"只能说是单方面的。至于尼采早期的言论,②说他与布克哈特共处时的"真正美好的感觉"只有与极"少数"几个人的共处可比,也是一厢情愿的想法。尼采一再搜索枯肠,在致布克哈特的信中寻找恰当的称呼,聊表他的情感需要,而且不触碰布克哈特那显露无遗的疏离意愿和客观现状。他希望布克哈特说一些尼采对布克哈特怀有的情感,比如"感恩的、永恒的忠诚""诚挚的信赖""伟大之爱"等,至少在信的末尾提一提,③然而这种希望也落了空,布克哈特总是很少有变化——用常规套话回应,不涉及私人,语气生硬而无懈可击。

　　尼采在信中一再贸然要求同布克哈特当面交谈:④"噢,您要是在这里该多好!!"而在布克哈特那里,人们读不到类似的话。就在尼采精神崩溃前的 3 个月,他在一封信的附言中乞求:⑤"您的一句话就会让我感到幸福。"是时,布克哈特保持惯有的沉默已经两年了。

　　原因何在,尼采心知肚明。他早就"预感"到,他的文章"刺痛"了布克哈特,《查拉图斯特拉如是说》比此前出版的书刺痛更甚。⑥ 布克哈特只是对他确认:"您给凡人出了难题","此次更是为难了他们"。⑦ 每当尼采给布克哈特寄奉新作,他心里都有些

---

① ［原注 2］见 1888 年 4 月 10 日致勃兰兑斯信中附加的"生平"。
② ［原注 2a］1883 年 4 月 6 日致 Peter Gast。
③ 尼采与布克哈特通信的最佳版本是 Salin 的版本,出处同上,页 205–229。见 1882
　　年 8 月,1883 年 6 月,1886 年 9 月 22 日,1887 年 11 月 14 日,1888 年秋,1889 年
　　1 月 4 日及 1 月 6 日尼采致布克哈特的信。
④ 1883 年 6 月,1886 年 9 月 22 日尼采致布克哈特。
⑤ 1887 年 11 月 14 日,1888 年秋尼采致布克哈特。
⑥ 1883 年 6 月尼采致布克哈特。
⑦ 1883 年 9 月 10 日布克哈特致尼采。

"惴惴不安"，不知是否应请他"再次"陈述"己见"。①

　　尼采面对攻击和挑战布克哈特的哲学家们，以《不合时宜的沉思》第二部分为史学家布克哈特的人品做道德层面的"辩护"。此书对布克哈特是否真的产生过影响？尽管他的礼貌和谦虚的方式让人会意，尼采这一类"辩护"本无必要。

　　[原注9]1874 年 2 月 25 日布克哈特致尼采。G. Haeuptner(*Die Geschichtsansicht des jungen Nietzsche*, 1936)也强调当时尼采世界观与布克哈特世界观之间存在一定程度的"亲缘性"；但在当时，布克哈特就更多地"感觉到(两者之间)过于强烈的分离趋势，而仅有微弱的结合趋势"(Rehm，出处同上，页 184 及下页)。

　　自此，布克哈特便开始他那一再逗乐的"对不起"，说他"头脑无哲理，贫乏"，继而又以两人年龄差距大的暗示，说这颗"老迈的"脑袋情有可原，所有的哲学范畴"大大"超出它的理解力(因史学家眼界狭窄而受"局限"，因年老体衰而"弱化")，他"一辈子"过得太"肤浅"，"这把年纪"已是"老态龙钟"，所以他"跟不上趟"。②

　　然而，布克哈特对尼采所论之事心知肚明；说到尼采的论述方式，布克哈特坦率承认，那种方式极易引起他内心的"恐惧"和"晕眩"，仿佛瞧见对面那个莽撞的攀岩小伙"在最高岩峰间勇敢无畏地四处攀登"，"老者"(他在辞去教职前的 12 年就如是自称)受到"恐惧"和"眩晕"的袭击。他从尼采《人性的，太人性的》那本书里已感到那"晕眩的岩峰"地带；两年后，尼采的《朝霞》又给他类似的感觉。"有些东西甚至让他厌恶"——这事被尼采"猜中"后，

---

①　1887 年 11 月 14 日尼采致布克哈特。

②　[原注 10]1879 年 4 月 5 日，1882 年 9 月 13 日，1883 年 9 月 10 日，1886 年 9 月 26 日布克哈特致尼采。

他也就索性承认了。① 《查拉图斯特拉如是说》终于使布克哈特"动怒",以至他起先想在信中这样写:从"现在"开始,只要尼采在场,他就得小心"保持沉默"。

[原注12]1883年9月10日布克哈特致尼采,"在《查拉图斯特拉如是说》这本书上,到目前为止仅存的部分同意的状态也走向了终结。"(Bernoulli,II,页103)此时的布克哈特已经明白,自己已经无法遏制地走到了尼采的对立面。

只因为他把草稿中这句话压了下去——与他的谨慎做派相宜,所以在尼采与他下一次也是最后一次晤面时,布克哈特只"说了"寥寥数语,且口气怪异,对此,尼采感到惊诧。其实,布克哈特仅想逃避而已。"关于《查》书必须对尼采说点什么",这对布克哈特而言的确是一件"尴尬"至极的事——当尼采试图说服自己相信这是一种"玩笑"的窘境,并设法加以克服之时,他对此状况自然就很难会意了。②

两人自此再没见面;整整两年之后,布克哈特给尼采写了最后一封信,信末在"致崇高敬意"后,草稿中本来有"忠诚地忠实于您的××",他有意降调改为"一贯地忠实于您的××",委婉表达其沮丧情绪,认为这样才合适。③ 尼采后来给布克哈特惠赠其作品,这事让布克哈特更加"尴尬"。尼采的妹妹——不顾二人那众所周知的趋势仍对所有涉及其兄之事加以美化——对于这"尴尬"只说是"有所察觉",那是1895年她在巴塞尔拜访布克哈特时"无法回避的"事。④

尼采与布克哈特的交往一直,或者说从一开始就只局限在某

---

① [原注11]1879年4月5日,1881年7月20日布克哈特致尼采。
② [原注13]1884年7月25日尼采致Gast。
③ [原注14]1886年9月26日布克哈特致尼采。
④ [原注15] *Nietzsches gesammelte Briefe* III, 194.

些确定的而且大多是狭窄的范围内。布克哈特晚年做了补充说明,①证明他们的"交际"局限在"不经常的"讨论上,而且他早期也只说②他与尼采"迄今"不过是"交谈交谈"而已。他还说自己缺乏"哲学天性",所以很难"说出"尼采"语言"的要旨。布克哈特由此进一步引申,说他自尼采受聘去巴塞尔时就已"认识到"这种交际满足不了"尼采的想法",所以尼采一辈子渴求布克哈特友谊的努力总是适得其反——姑且不谈布克哈特作为叔本华的门徒自然在哲学领域绝非泛泛之辈,而当时的尼采也是紧紧依傍叔本华哲理的。

如果说尼采对布克哈特这位"教育者和行善者""伟大的、最伟大的导师"怀有"深切感谢"和"虔敬"之情,直到他开始精神错乱时对布克哈特的称呼从不可探究的心灵底蕴升出一个"你"来,同时感觉布克哈特就在自己的"上方",③那么,他的意图无非就是对布克哈特"无比尊敬"的纪念,④最后通过文章为自己树立一座丰碑而已。

但他早已知道,这是一种不幸的爱。他把布克哈特对《朝霞》的回应称为一封"无言以对、令人沮丧的小信";布克哈特对他所讲的一切,离他是那么的"遥远,遥远,遥远"。⑤ 确实,布克哈特离尼采现在的见解异常遥远,所以不再另外给他写信,最后封了笔。尼采给布克哈特奉寄《善恶的彼岸》,⑥数日后布克哈特对此书表示了感谢,这就是他写给尼采最后的话。

[原注 22]针对《道德的谱系》(*Zur Genealogie der Moral*)的"简短的感

---

① [原注 16] 1896 年 1 月 23 日布克哈特致 Ludwig von Pastor (见 O. Markwart, *Jacob Burkhardt* [1920],页 44)。

② [原注 17] 1870 年 9 月 27 日致 Friedrich von Preen。

③ [原注 18] 1888 年秋, 1889 年 1 月 4 日尼采致布克哈特。

④ [原注 19] 1888 年 12 月 22 日尼采致欧维贝克。

⑤ [原注 20] 1881 年 8 月 14 日尼采致 Gast。

⑥ [原注 21] 1886 年 9 月 22 日尼采致布克哈特。

谢"没有保存下来,但尼采的妹妹曾经提到过(*Nietzsches gesammelte Briefe* III, 179, 194),在这封信中,布克哈特"敷衍地安慰说会写下一封信",但从来都没有写过。这封信只意味着履行礼仪上的义务。后来在面对尼采的妹妹时,布克哈特抱歉称自己在此处已经不再能够理解。关于尼采妹妹对布克哈特的这次拜访,参见 Bernoulli II,页 115。

尼采承认,他身边的"落寞"(silentium)此时剧增。自此只有尼采还继续给布克哈特写信。在布克哈特断绝与他通信后,尼采还将他和泰纳(Taine)视为"暂时还是他的唯一读者"——当然只是为了补充说明:《善恶的彼岸》根本于他们不宜。然后,他心明眼亮地洞见了自己的悲剧:"此为孤寂:没有任何人与我共享我的否定和肯定。"

[原注 23]1886 年 10 月 26 日尼采致 Seydlitz。尼采试图以此类"精英读者"来安慰自己的举动,有些"痉挛的感觉"(Bernoulli II,页 219)。以前代表了他著作"合适读者的理想型"的是布克哈特和洛德(1872 年 2 月中旬致洛德,事由为《悲剧的诞生》[*Geburt der Tragödie*,参见下文第三章,原注 38])。但尼采早就知道得更清楚:他们所有人绝对没有和他一样的"同样的意志"(1886 年 10 月 26 日致 Seydlitz)。尼采已有洞彻的见解;但他仍然不愿意承认这个事实。

事实的确如此。因为布克哈特在一些事情上采取有别于尼采的否定和肯定,所以他只能采取顾及别人的态度,亦即以沉默顾全他人。

洛德(Erwin Rohde)的确曾是尼采的密友,他不同于布克哈特,早早就躲避了尼采。① 事情的进程与这里所讲的类似。

[原注 25]洛德与尼采的关系,与布克哈特与尼采的关系类似;面对着第三方即欧维贝克,洛德坦率地对此发表了看法,他的这些表述补充了布克哈

---

① [原注 24]参见 Kurt Hildebrandt, *Wagner und Nietzsche* (1924),页 476 及以下。

特的印象。对洛德而言,《人性的,太人性的》的"基调就已完全陌生",尽管这部作品"无穷丰富",仍然引发了他"痛苦的震惊"(1878 年 6 月 16 日致欧维贝克,见 Podach, *Gestalten um Nietzsche*, 1932,页 46 及下页)。

布克哈特从前在巴塞尔的同事、古典语文学家 Ribbeck 的反应远比洛德尖锐,关于尼采的《人性的,太人性的》,他于 1878 年 6 月 6 日向 Gelzer 写道:"他已无可救药"(见"Otto Ribbeck, ein Bild seines Lebens aus seinen Briefen",出版人 Emma Ribbeck, 1901,页 309)。洛德在阅读《善恶的彼岸》时,感到"巨大的不快与恼火";这本书让他"痛苦"(1886 年 9 月 1 日,Podach, l. c. 页 56 及下页)。最后,他在 1889 年 1 月(Podach,页 58)写道:"对于他这些让我极度反感的著作,我真不知道该说些什么让他高兴的话……所以我更愿意沉默,我认为这在根本上也是他最能容忍的(!)一种表达异议的方式。我认为,我对他而言,不能是更多,也不能说更多。"

早在 1882 年初,洛德想到尼采时就像"想到一个半死的人"一样(致欧维贝克,Podach,页 51),而一年半之后,他同样表示(1883 年 6 月 21 日致欧维贝克,同上,页 54):"尼采正在日益彻底地从我视野中消失。"洛德也逐渐感到,和尼采交往"更多的是折磨而不是欢乐"(1883 年 12 月 9 日致欧维贝克;同上,页 55)。作为深思熟虑的人,洛德"本能地观察到一种防御性的节制,来对抗尼采思想中的一切极端和夸张,而在自身的一切思想变化中,尼采却带着一种对友人的向往,不变地维持着对洛德的感觉"(Karl Jaspers, *Nietzsche*,页 49),以致最终在精神错乱的时刻,把洛德"放到了众神之间"。

决定了洛德这种日益强烈的拒绝姿态的,是他对那种"自由"的方式的反感,而尼采允许自己拥有这种"自由",其特点就是任性和专横。在针对《善恶的彼岸》时,他认为"这一切仍旧是任意的念头"(1886 年 9 月 1 日致欧维贝克;Podach,页 55),"只是宗教隐修士看到的幻象"(同上,页 56)。作为某种程度上的总结回顾,在尼采的精神熄灭数月之后,洛德写道(1890 年 4 月 10 日致欧维贝克;同上,页 61):勃兰兑斯把尼采身上的"一切只当成文学实验,而非内在必要的东西来理解和处理。但是,除了这些之外,尼采的东西又能是什么呢?"关于"任性"(1879 年 5 月 31 日致欧维贝克;Podach,页 48),洛德认为和尼采"巨大的虚荣心"相关,这种虚荣心使尼采"无法在任何一种意义上有价值地去理解任何一种与此不同的方向"(1886 年 9 月 1 日致欧维贝克;同上,页 56)。

洛德把尼采和那个喊出"消灭败类"的狂热分子相提并论,即那位赋予自己"自由","为了人类本质中的一半而将另一半弃若敝屣"的伏尔泰,与歌德形成了彻底的对立,歌德真正的"精神自由""能够让一切都各安其位,各尽其用"(1879 年 5 月 31 日;Podach,页 49)。歌德式古典主义的信徒反对一种在伏尔泰主义和浪漫主义之间漂浮的精神。(见后文第五章)有一次,洛德说,"人们离开时究竟多了哪一种真正的思想,从而变得更明智?这本书只是眼前的微光闪烁,从它里面没有射出任何美好、恒定和升华的光芒",这指的当然是《善恶的彼岸》(1886 年 9 月 1 日;Podach,页 56)。最后,尼采"对高贵事物的敬奉"作为他"血液中的品质","着实令人不快",尤其是他还对其进行了"理论上的美化"(同上, 57)。相关内容见下文第四章,原注 12 及 13a。

其后果是,一度真实存在的友谊无可挽回地破裂了。这表明,像布克哈特和洛德这样的人本主义者必然会与尼采后来所走的道路分道扬镳。

[原注 25a]此处是反对萨林对尼采和布克哈特之间关系严重的平庸化和贬低(页 48,更粗暴地误解布克哈特的人格,页 171,页 183):似乎单纯只是对布克哈特对"安逸"的爱而言,尼采是一个过于"不安逸"的伙伴。洛德,包括 Karl Hillebrand 的反应,都与布克哈特类似,这说明布克哈特对尼采的反应更多是人本主义者的自然反应。正如布克哈特与洛德(见上文原注 23),尼采也同时提起过布克哈特与 Hillebrand(1883 年 5 月 24 日尼采致 Hillebrand;ed. O. Crusius, *Süddeutsche Monatshefte* VI 2[1909],页 133 及下页):(这两人)是"德意志最后的人本主义者,充满了广博的人性……"尼采向 Hillebrand 写道:"您知道我是如何地崇敬您,不是吗?"正如他不久以后(1883 年 6 月)给布克哈特写了类似的信。尼采认为"在活着的人中间只有"这两个人能够向他说出关于《查拉图斯特拉如是说》的"真相"(1883 年 5 月 24 日致 Hillebrand)。

他格外重视 Hillebrand 和布克哈特的判断。Hillebrand 本人曾重复说:"他只相信我和布克哈特"(1883 年 9 月 16 日致 Hans von Bülow [Hans von Bülow, *Briefe und Schriften* VII,页 222 及下页]),而尼采把 Hillebrand 看作

"我们自己人"（1873 年除夕致洛德）。但是，Hillebrand 早在《不合时宜的沉思》第一卷中就断定此书的不得体，而在第二和第三卷中则发现了不公正，因此他更倾向于保持沉默：至少在面对尼采本人时沉默。但他对尼采沉默的内容，也即对《查拉图斯特拉如是说》的评判，却透露给了 Bülow（出处同上）。Hillebrand 怀念从前尼采"表达中的单纯、清醒和平静"："我厌恶那种圣徒的口吻和圣徒的语言。"（更早以前，布克哈特也这么说［1877 年 2 月 8 日致 Marie Baumgartner；ed. Salin，出处同上，页 242］"尼采所特有的圣徒的宗教腔调"。Möbius［*Über das Pathologische bei Nietzsche*，1902，页 17］强调，尼采没有"幽默感"，从来不会脱下他那"先知的外衣"，"永远紧张而庄重"。这与布克哈特平和的特点以及"气质上的乐观主义"完全对立。"这种尼采通过否定之否定而得到的乐观主义，让他感到不开心"［Möbius，页 33］。

Jos. Bernhart 称尼采"没有笑的能力，面对自由的最高标志时无能，就像一个在尘世受到诅咒的人一样毫无幽默感"［*Meister Eckhart und Nietzsche*，无年份，1934，页 26］。参见 Jaspers，*Nietzsche*，页 306。尼采致 Deußen 的信中［1869 年 8 月 25 日］写道："我大概天生不开朗。"恰恰因此，童年就不自然地严肃，并且一再表示必须"补上"笑的尼采，产生了一个想法［他在尼斯向 Paneth 透露了这个想法］，"要把笑作为宗教引入"［见 Paneth 在尼采妹妹那儿的信，*Leben Nietzsches* II，484］。

尼采本人将《查拉图斯特拉如是说》称为"一本新的'圣书'"［1883 年 4 月初致 Malwida von Meysenbug］。引号所代表的自嘲更多是一种保护的形式。Deußen 写道"尼采说到《查拉图斯特拉》的时候，就像在说一本人类的圣经"［*Erinnerungen*，页 96］。Eman. Hirsch 不无道理地评论称，《查拉图斯特拉》"是在宣告一种新的无神论的宗教。"［*Luther-Jahrbuch*，1920/21，页 74］。)

Hillebrand 继续指出："对于那种 40 岁以后还像维特一样四处折磨自己，而不是自由坦率地随性生活的人，我没有真正的同情心；因此我为这样的精神病人感到悲哀，因为他们确实得了精神病……无法从自己内心走出来，是一种严重的幼稚病；人本该在 30 岁就克服这种病。"——在这里，他也"没有同情心"：Hillebrand 也不"喜欢"尼采。尼采对他的影响和尼采对布克哈特的影响是类似的。《查拉图斯特拉》过于德意志的浪漫主义不可能符合"欧洲好人"Hillebrand 和布克哈特的古典品味，而尼采本人的"欧洲好人"概念是成问题的。

在面对第三方时，Hillebrand 可以私下里坦率地说出自己的看法，包括如何看待尼采浪漫主义式地停滞在青年般的主观主义上，没有能力成熟并走向一种客观化了的态度。甚至在面对尼采本人时（1883 年 5 月 25 日；*Süddeutsche Monatshefte* VI$_2$, 134），Hillebrand 也给出了这个方向的暗示："希望您能够找到力量，放弃一切自我沉思，在对事物的直观中忘记自己，接受世界是一个既定的、无法改变和无法穷尽的世界……"布克哈特的本性也在歌德的意义上面向"对事物的直观"，因此原本也同样可能与尼采内向－自我的本性形成对立（参见下文第六章，原注 1）。

洛德肯定不属思想贫乏者之列，而属头脑清醒一类，这类人怔悚地眼见尼采从《查》书第一卷起一直在险象环生的小道上徘徊，愈益失去脚下的根基。洛德也感觉到尼采身上有某种令他难以言宣的"遥远"之物，显现出日甚一日的"乖僻"。

[原注 26] 在这个意义上，洛德就"漫游者及其影子"和"快乐的科学"发表了看法。即便对于布克哈特而言，尼采的"乖僻"也"无法容忍"（Bernoulli，I, 页 51）。

最终洛德不再搭理尼采（早于布克哈特）。当洛德此后在莱比锡再见尼采——10 年后第一次，也是最后一次，此际他感觉到的，乃是一种"全然阴森""无以言说的怪异氛围"，好像尼采来自一个平时无人居住的国度。尼采也意识到，这就是他与"所有的人"，亦即爱他、成为他朋友的人们的实情（他致洛德信中所写），他们犹如"生活在不同的世界"，鲜有共同点，他"茕茕孑立"："这是我自食其果"，"我觉得自己就像个怪人，受排斥的人"（致妹妹信中所写）。

[原注 27] 洛德不再答复《查》书的第二、三部分，《善恶的彼岸》《道德的谱系》以及尼采的最后几封信。文中洛德所下的判断见 1886 年 6 月 27 日致欧维贝克（Otto Crusius, *Erwin Rohde*, 1902, 页 150）；后来提到的尼采致洛德

的信写于 1884 年 4 月 22 日。

洛德对《人性的，太人性的》这本书反应强烈，布克哈特的反应则不同，他在此书上还是找到了愉悦（尽管是"混杂的"愉悦），对尼采精神"潇洒的丰瞻"很是"惊诧"，让他想起法国那些道德学家来了；他也同样"赞赏"（《朝霞》《快乐的科学》和《查拉图斯特拉如是说》等书中）那"巨大的财富""勇敢的视角"以及"视域的开阔和深邃"，并受到精神"享受"的"一再吸引"和"鼓舞"。

[原注 28]1879 年 4 月 5 日、1881 年 7 月 20 日、1882 年 9 月 13 日、1883 年 9 月 10 日尼采致布克哈特。布克哈特（口头上）称《人性的，太人性的》为"自信之作"，尼采对此颇为得意（1878 年 5 月 31 日致 Gast）；Möbius 对此评论道"这当然也可以说：'该书看起来很自信的样子'"（出处同上，页 52 注），Bernoulli 的说法则更加直接，他说（I，页 209）："布克哈特的赞扬……显然混杂着反讽，希望人们理解成'该书貌似自信'。"不过，这种思考的冷静毕竟不同于尼采早期的浪漫主义和狂热的方式，也许可以用来"提升这个世界上的独立性"（见尼采致 Gast，出处同上），因此布克哈特可能很赞同这种思想。而对洛德而言，从狂热的极端坠落到怀疑的实证主义的另一个极端，着实让他感到惊恐（比较 O. Crusius, *Rohde*，页 97 及以下）。

洛德绝对没有误解"非同凡响的"超人。在伏尔泰（Voltaire）充溢着古典精神（esprit claasigue）的文字里，或许存在着他与尼采之间的思想交集：那个尼采（在写《人性的，太人性的》时期）服膺苏格拉底与蒙田，赞成"明晰"（clarte）和"规则"（Regel）（而不是赞成"例外"），对"适度的中庸"也提出了一种行之有效的，在他那里也是出乎人们意料的思想：这便是论"静观的生活"（vita contemplativa）之价值、"伟大政治"无价值的思想。① 当然，这些地方

---

① ［原注 30］*Menschliches, Allzumenschliches* I, Aph.282、284 及下条、481；II$_1$, Aph.230、319、362；II$_2$, Aph.86、214。参见下文第六章，原注 7 及下条。

也同样令人"忧喜参半"。

[原注29]1878年12月10日布克哈特致Preen。尼采身上吸引布克哈特的,是这样一种印象,即"甚至对一切事物都有一种独特的,自己获致的观点"(出处同上)。两个"独一无二的男子"(uomini singolari),两个"充满思想的怪人"(比较1869年5月29日[日期的确定见Salin,页237]尼采致洛德)互相吸引。

[原注31]1879年4月5日布克哈特致尼采。参见上文原注28;见1878年5月31日尼采致Gast.《悲剧的诞生》和《善恶的彼岸》的例子可以清楚地证明,对尼采书信中关于其作品给布克哈特留下(所谓的)印象的表述,我们必须非常批判而谨慎地接受。对于布克哈特的同一个评论,尼采可以在致其母亲的一封信中(1886年10月10日)将其说成"极好",而在同时的另一封致欧维贝克的信中(1886年10月12日),却又称布克哈特的评论"令人沮丧":取决于尼采所认为的收信人"对微妙细节的感知程度"的高低。(这个说法极为中肯,见Salin,页169)。

　

尼采从来就是个"喜做奇论"的思想家,只要他的奇论局限在"美学"领域,布克哈特对此领域也是兴味盎然的。① 而且他也表现出足够的宽容,以便表明他的观点——至少在只有"某些东西"引起他反感时:"他的反感也并非全都是真"。② 然而危机的肇端始于尼采对待他的美学奇论更加认真更加偏执之时;另一方面,当身为史学思想家的布克哈特特别感到自己受到尼采史学奇论的刺激,这些奇论"与现行的大众一致意见相悖,颠覆了许多美好的事物",③于是,布克哈特为着自己的身份和面子遂与尼采的做法疏离,鄙弃了尼采那"灯光照亮别人一般的行为举止"。布克哈特也许感到尼采的奇论从美学角度看还挺好玩;他自己的种种严肃问

---

① [原注32]因此,尼采在和布克哈特结识之初就有理由认为,他们"奇异地"在自身"审美的悖论"中相遇(1869年5月29日致洛德)。

② [原注33]1881年7月20日布克哈特致尼采。

③ [原注34]1882年9月13日布克哈特致尼采。

题则存在于其他领域。

　　诚然,他俩至少在起始阶段有着"大量共同的前提条件";但是他们也确实像尼采主观认为的那样,"以相同的方式""苦苦钻研""同样的问题"吗?① 尼采有"洞察时代的眼光",这激发了布克哈特"极大的兴趣",有意识地领会各种问题:安全与危险的生活,"当下随大流的人士"与民主,尤其是"尘世未来的强者"。② 如果说布克哈特似乎将兴趣局限在"史学"上,③但这绝不代表他拘守在这经过仔细考量的范围。他认为尼采在这些范围所下的断语"最易理解",好像他的眼界不再延展似的。其实这也只是一种保持距离的形式罢了,亦即真正的布克哈特式"隐藏"的批评形式,即批评尼采企图超越历史的"意志",同时布克哈特也不乏讽刺地说,一种"晕眩"袭击了他。

　　布克哈特认为,他们之间初始本来不存在引起恼怒的诱因,那时布克哈特"还经常见到"尼采。他后来确定无疑地说,尼采"对强权者和对被社会排斥者的尊崇"与他"从不"搭界,他们对此并未讲过什么,又说他们的讨论总是"心平气和的"。

　　[原注38] 1896年1月23日布克哈特致Pastor。Carl Neumann的意见夸张而诡异,他从"浪漫的主观主义"导出布克哈特的性质(页107),认为无论这种主观主义是"权力光环的审美诱惑",还是"魔力的吸引",都把"一切成功(!)乃至迟钝-残暴(!)"(的影响)施加到了布克哈特身上,而布克哈特则"屈服"于这些因素之下。(页20及下页)在此语境下将完全健康的布克哈特划入迈耶(Conrad Ferdinand Meyer)和尼采这类心理疾病患者之列,同样诡异。如果非要说布克哈特身上存在Neumann所指的那些"诱惑",那么最多也只能说(见Podach, *Nietzsches Zusammenbruch*, 页100),布克哈特"天才式的冷静"使"自己远离了那些诱惑",而尼采却让"自己卷入其中"。

---

① ［原注35]1886年9月22日尼采致布克哈特。

② ［原注36]1886年9月26日布克哈特致尼采。

③ ［原注37]1881年7月20日、1882年9月13日、1886年9月26日布克哈特致尼采。

同样,我们不得不反对 Westphal(*Feinde Bismarcks*),也许我们可以说尼采身上存在迈耶那种风格的"唯美主义"和"文艺复兴主义",但布克哈特绝对没有。但 Bäumler 对 Westphal 理解尼采的方式的反驳却未击中要害:把"心理学–审美"文化歪曲成尼采单纯抗争的对象,并不符合事实(见下文第五章,XXIII)。和 Westphal 一样,Steding 对尼采的理解仍然是有道理的,但在他们把尼采和布克哈特混为一谈的倾向上,则多有偏颇;参见下文第四章,原注 9。

然而,在布克哈特眼里,对强权者的赞美难道不是一种恶行么?这种赞美难道不会与强权者政治一样引起人们的厌恶么?这,布克哈特在《文艺复兴的文明》一书中已讲得很清楚:从心理学角度看有趣,从美学角度看不乏吸引力,其创造性也很是了得,但丧尽天良,卑劣残忍。这就是说,对强权者进行美化的人,其内心也潜藏着一个(精神上的)强权者。尽管他在心理方面是个极度有趣、在美学上是个魅力无限、其创造力又是无可争辩的人,但人们终究会对他反感,这不可避免,再清楚不过。布克哈特这个如此审慎的人肯定已从《快乐的科学》一书中就察觉尼采极端"倾向于某种独裁"的天性。

[原注 39] 1882 年 9 月 13 日,布克哈特致尼采。在《快乐的科学》格言 325 处,Bernoulli(II,页 103)评论道"这也许是布克哈特第一次在尼采面前变得如此可怕。"

谁像尼采一样将自己的人格极端化——其结果势必自我神化,谁也就必须随时准备"吃苦头",①给自己添"巨痛"。② 一个不承认那种强权诉求,将其视为狂妄和骄横的人,怎能长期忍受这类巨痛呢?布克哈特的天性是深沉内敛,谦逊有加。

---

① [原注 40]1883 年 6 月尼采致布克哈特。
② [原注 41]《快乐的科学》格言 325。

[原注 42] Bernoulli(I,页 55) 也指出,"尼采与布克哈特天性上无法逾越的对立"是"谦卑"和"傲慢"之间的对立。尼采不仅有时候以一种自大狂妄的口吻要求获得"尊重"(1872 年 1 月 24 日致母亲和妹妹,致 Deußen 等),甚至要求(别人)"在最亲爱和最崇敬的情感方面重新学习,而且不仅仅是重新学习!"(1884 年 6 月中旬致妹妹,关于《查》书第三部分)。只有像萨林这样的尼采拥趸,才会指责布克哈特(页 45 及下页)没有把自身的谦卑夸张到放弃"自我维护","无条件盲从"的程度。萨林竟只能将布克哈特的态度解释成"中学教师式的狭隘"和"小气的抵触"! 在这方面,年轻的布克哈特可以说,他更愿意"遵从自己的天性,去衬托更伟大的人"(1846 年 8 月 15 日致 Kinkel)。

布克哈特拒斥的并非是让他"不舒服的东西",我们至多说这是一种正当的"自我保护"的态度(Podach, *Nietzsches Zusammenbruch*,页 100);让布克哈特拒斥的,用歌德的话说,是他必须避开且无法忍受的东西,不仅"不属于他",而且只会"扰乱他的内心"。因为尼采的世界观不断地发展为布克哈特眼中神圣之物的对立面,尼采天性所固有的专制,火山爆发一般的暴力和狂热,与其他不同寻常的特质,日益在尼采身上占据主导地位,和布克哈特的人本主义和自由的理想水火不容。尼采本人也曾承认自己反对"异见者"时的"狂热","中伤毁谤时的血腥","在恶意当中的兴奋",尽管他很清楚地知道:"狂热会败坏性格、品味、健康"(*Nachlaß*, 1880;WW. XI, 408);最后,在巴塞尔的心理诊所,他自称"都灵的暴君"(1889 年 1 月;据 Möbius 引用的病志,页 100)。

布克哈特(正如 Podach 在其 *Nietzsches Zusammenbruch* 页 101 当中的评论)"对任何激情都不陌生",因而喜爱"反对狂热"(参见 1879 年 12 月 6 日 Peter Gast 致欧维贝克[bei Bernoulli I,页 54])。布克哈特面对尼采时的"避让"态度,说明他是"用何等的世故和自我克服来对待尼采的"(1899 年 3 月 2 日 Gast 致欧维贝克)。尼采的所有朋友,如果不想与尼采决裂,都必须练习自我克服(而布克哈特从来也不算尼采的朋友),甚至包括 Gast 和欧维贝克。

而尼采的整个禀性则需要一种盲目的狂热,其狂热程度日甚一日。

[原注 43] 欧维贝克证实,"对尼采而言,其他朋友都不堪用作门徒"（Bernoulli，II，页 158）。Gast 可算是这样的一个门徒,他神化尼采,鼓吹《查》书是现代的"圣经"（1883 年 4 月 2 日致尼采）,是最伟大的"神圣著作"（1883 年 4 月 6 日致尼采）,把尼采抬高到高于"一切亚洲宗教缔造者"的地位（1884 年 2 月 29 日致尼采）,让尼采欣喜若狂（1883 年 4 月 6 日致 Gast）。对尼采来说,"和 Gast 之间的友谊同时也是一种对抗瓦格纳和拜罗伊特的战友关系"（Podach, *Gestalten um Nietzsche*,页 85）;他认为 Gast 是他在精神上的亲人,其音乐是对自己哲学的"响动的辩护"（1882 年 10 月致欧维贝克）。因此尼采让自己活在幻想里,把 Gast 幻想成"一流的大师"（1881 年 5 月 18 日致欧维贝克）。

但即便是在 Gast 身上,"尼采也不得不花大力气去维系自己的信仰",相信他们之间"是一种朋友关系和师徒关系"（Bernoulli II,页 118）。于是他得出结论:"我对'年轻人'毫不在意……我的慰藉存在年长的男子身上,比如布克哈特"（1887 年 5 月 18 日致洛德,信末）。也就是说:"门徒的缺失使他……越来越（我们很难避开这种表达）多地追求伯乐的垂青"（Bernoulli II,页 122）,而在"伯乐"之中,他所理解的又是那些"高端的、独立的、眼光长远的、年长的思想家",如布克哈特和泰纳（1886 年 10 月尼采致母亲）。但在根本上,（他认为）这些"伯乐"也应该成为他的"门徒"或"弟子"。（关于这种要求的进一步影响,以及今天的尼采狂热者的浅陋,参照前一条注释。）

尼采的这种心理态度,也体现在他完全夸大了《悲剧的诞生》给布克哈特留下的印象,甚至让自己沉浸在这种幻想的妄念之中;参照下文第三章,原注 36。尼采-布克哈特事件所反映的仅仅是一种在尼采的其他地方也一再出现的事实。尼采与凯勒（Gottfried Keller）和施泰因（Heinrich von Stein）之间的关系,立刻就被他和"其他人几乎不知道的希望与灵感"联系在一起:"在为整段关系所作的诗歌当中,在为建立关系所作的情感付出当中",尼采"所作的努力每次都更大,很不均衡"（欧维贝克,bei Bernoulli II,页 117）。比较上文（原文）页 11 及下页。因此,尼采和凯勒之间就与尼采和布克哈特之间一样,谈不上是友谊。

甚至尼采与欧维贝克那非同一般的深厚友谊也深受其害,以至于欧维贝克与尼采一样,内心也不愿接受那种诉求。布克哈特从一开始就对尼采有所保留。末了,他对尼采的情感唯存"惊讶和恐惧"而已。

[原注44] 据欧维贝克自己承认,他只是比其他人"更耐心"（b. Bernoulli II, 158）。但为了在"和尼采是朋友的信仰当中保全"自己,他也不得不使用"不小的自控力,花大力气"（同上 I, 页 271）。如果说这份友谊"双腿站立",保持正常,都要归功于欧维贝克天性中的"平衡",归功于他平静的"理智和明朗",让尼采感到"如此宽慰";尼采自知,"与他（尼采）交往变得越来越令人厌烦"（84 年 11 月 15 日致欧维贝克）。

[原注44a] 参见布克哈特在一封信（1870 年 7 月 3 日致 Preen）中的说法,他表示"和有修养的人结交时,发现他们有稀奇古怪的品质,因此如果确实能感到善意,他喜欢平静地、保持距离地与这些人共处。"

[原注45] 即便是萨林（页 161）,在认真探讨布克哈特时,也承认这是多么必要。由此,他就和自己原来对布克哈特反尼采的情况的低估（参见上文原注25a）自相矛盾了。

他俩都在致力于攀登"巅峰"。命运使老年布克哈特真正登上那座"快乐的""人生智慧"之巅峰,他青年时代赋诗抒怀就已对之梦寐以求。此峰四周为古典景色,峰峦形状完美。上方漂浮着一丝洛兰（[译注]Claude Lorrain, 1600-1682, 17 世纪法国风景画家,追求理想境界）那淡淡的忧伤。① 尼采在危崖间轻率冒险地攀登实在令人忧虑,布克哈特"不无恐惧地"对此"注视"了一些时候,直到这事把尼采本人也弄得"眩晕"起来。

[原注47] 1879 年 4 月 5 日、1881 年 7 月 20 日布克哈特致尼采。当布克哈特在《朝霞》出版之际,在两年多之后再次使用对《人性的,太人性的》使用过的比喻,情况就变了,早先的"恐惧与愉悦混杂"之中,只留下了"眩晕的感觉":显然,布克哈特的"愉悦"已经随着时间而流逝了。

---

① [原注46]参见下文第五章,原注 100。

布克哈特最后避开尼采时已预感到,尼采的冒险必然以致命的坠落告终。

[原注 48] 这一段落主要反驳萨林,他粗暴地误判了布克哈特的"生活情感"和"深层的人生追求"（页 136 及下页）。让我们停留在风景象征比喻的层面上:布克哈特年轻时就喜爱意大利和莱茵河,不喜欢高山。他对风景的情感和温克尔曼一样,仍然是"古典"的。即使那个给在"孤独地走钢丝"的尼采向上投去一句"理解的、热情的(!)问候"的布克哈特,也是一种错误的景象,是由对局势的完全误判而产生的一幅图像。

二　与巴塞尔的关系及其象征意义

　　巴塞尔不仅是布克哈特与尼采那多少有点偶然的邂逅之地，而且他俩与该市的关系也显示了某种象征意义。布克哈特除了短时的疏忽和迷惘外，总是从该市获取那种"高级意义"：他本人与这个故乡越来越亲密地共生共存；在愈益受制于"强大势力"的时代，巴塞尔是最后的直辖市之一，但令人惊异的是，它仍然长期保持着保守的特色，而它周边的世界越来越民主化了。

　　巴塞尔似乎恰恰适合于布克哈特在其城墙内的"人文研究"（Studia humanitatis），这种研究对这个现代化的世界而言，变得越来越"不合时宜"了；巴塞尔为布克哈特提供了最后的故乡类型：最后的庇护所（ultimum refugium）。所以，他对巴塞尔这"智慧母亲"（alma mater）那"不可或缺"的情感能升华进入"形而上学领域"。① 在尼采受聘于巴塞尔大学时期，布克哈特即便做过一个题为"走出巴塞尔城门"的报告，但他已完全与对巴塞尔的兴趣融为一体了，以至于将这种兴趣视为对该市的"抢掠"："我的全部精神

① 　1875 年 11 月 12 日布克哈特致海泽（Paul Heyse）。

力量只属于这块土地根基".①

　　在当上巴塞尔市教授后,布克哈特对别人聘他去外地工作,一概予以拒绝。② 他十分清楚,在柏林(他在那里可能成为兰克的接班人)([译注]Leopold von Ranke, 1795–1886,德国 19 世纪史学家),他会很少找到"快乐",③这种快乐他"只有"在故乡巴塞尔大学担任教授的四十年中才真的找到了;他同时还在教育机构授课,"授课也给他带来持久的欢愉",直到晚年才"不情愿"地放弃。

　　他怀着特别的满足感写道,"强健的体魄"使他"在教学工作中没有浪费一个钟头,直到 1891 年 5 月遭遇了一次事故",也就是直到 73 岁为止。

　　[原注 5] *Jacob Burkhardt-Gesamtausgabe* I,页 VIII 及下页。这篇自传式的简短描述只是为了在葬礼上宣读而作(根据巴塞尔的一项古老传统);否则以布克哈特的谦虚,也不会迁就别人对他的人生进行如此平庸的勾勒。1864 年致海泽的一封信(12 月 6 日)就说明巴塞尔的教职已经完全占据了他(的时间和精力)。

　　反观尼采,他完全不能认真对待瑞士的"小环境"。④ 他在这逼仄的环境中,只是"孤独"地沉浸在"自己的学术"中。

　　[原注 7] 1870 年 1 月末尼采致洛德。在尼采看来,布克哈特是他如此缺乏的"真正同心的专业同志",更不必说是一位真正的朋友了("可以向他讲述生命中最好和最艰难的事情")。尼采的这句话和后面布克哈特的那句

---

① 1869 年 12 月 3 日致 Ed. Schauenburg。H. Gelzer 根据私人的交往评判道:"布克哈特从肉体到灵魂都像一个古希腊的公民,和他的城邦牢牢固定在一起。"(*Zeitschrift für Kulturgeschichte* VII, 49)。

② 1867 年 6 月 2 日致 Schreiber,1874 年 5 月 31 日致 Preen。

③ 1872 年 6 月 28 日致 Preen;比较 1872 年 10 月 3 日致 Preen(信末)。

④ [原注 6] Carl Albr. Bernoulli, *Nietzsche und die Schweiz* (1922),页 10。一到巴塞尔,尼采就嘲讽(1869 年 7 月 26 日致 Sophie Ritschl)"荒谬的瑞士爱国主义"和"瑞士人看待德国状况时的那种优越神态"(*Historisch-kritische Gesamtausgabe: Briefe* Bd. II,页 342)。

话(出处同上)同时描绘了尼采与他之间的关系。可以想象,当时被希腊文化史的备课工作"提前占据"(见 1870 年 3 月 30 日致 Berh. Kugler 的信)了的布克哈特,在"工作上"和尼采离得很近。尼采毕竟部分地听了布克哈特的讲课,而且后来也参加了在索伦托(Sorrent)Malwidas von Meysenbug 圈子内部举行的布克哈特讲稿附言的宣读。("Memoiren einer Idealistin" II,页239 及以下)。

尼采到巴塞尔第一年就感到身为"语文学者的生存""愈益渺茫"。

[原注 8]1870 年 1 月末,尼采致洛德。1871 年 3 月 29 日致洛德亦然:"以语文学为生,我活在一种自负的异化之中";尼采想要"建造自己的世界",而不是像布克哈特那样为了一个"公职"而活,也不想像布克哈特和洛德一样,为了客观的(科学)认识而活。那个时候他就把"自己的整个大学职位看作无关紧要之事,甚至贬低成尴尬之事"(出处同上)。

担任教职对布克哈特而言是奉献,也是幸福感的源泉,但对尼采却只意味着"受重视的职位",与之相连的是一种对他来说过于沉重的强逼,这势必导致他"最终病倒";他有别于布克哈特,他不是服务于"永恒"价值的人本主义者,而是一味唱着"我渴望我自己……"的个人主义者。① 直到最后他还在惋惜和谴责那种虚伪的,让他大掉身价的"大公无私"。②

1884 年,他在巴塞尔最后一次拜访"老熟人"后说出拜访时所获得(不妨说没有收获)的心灵印象是"极度疲惫":③他感觉自己当时仿佛置身于"奶牛群"中。④ 那些老熟人倒没什么变化,然而他"以从前的老旧方式"同他们交往,这对于"当下"的他来说意味

---

① [原注 9] 1877 年 8 月 30 日尼采致 Marie Baumgartner。
② [原注 10] *Ecce Homo: Warum ich so klug bin*, Aph. 2 末尾。
③ [原注 11] 1884 年 7 月初致欧维贝克。
④ [原注 12] 1884 年 7 月 25 日致 Gast。

着"角色的伪装",他的"傲慢"对此是反对的;他"接受到的誓愿和
誓言实在太多",于是他站出来,要为某个东西奠基和组建。① 布
克哈特早就看出他骨子里是个"宣传鼓动者",②但在此期间,他已
从早先的"使徒"角色①一跃而升为"救世主"的角色了,可这个救
世主并未找到信徒。那个有强权癖好的"狄奥尼索斯"从他的心
灵冲出,可巴塞尔人既没有服从这个酒神的兴趣,也没有被他
迷醉。

　　尼采滞留巴塞尔,无论在供职还是在与人相处方面他都不能
"忍受",最终自愿离开。这是一个意味深长的象征。在他,此间
的确是个"虚伪的环境":③他,纯粹的个人主义者和天生的精神革
命家,与古老的、保守的、讲人文的巴塞尔真是格格不入。

　　尼采与巴霍芬([译注]Johann Jacob Bachofen, 1815–1887)从未有
过持久的正面关系,巴霍芬对尼采《悲剧的诞生》的亲身感觉,由
于他本人持有古典时期浪漫主义观点而与布克哈特迥然不同——
《悲剧的诞生》留下施勒格尔兄弟(Die Schlegel)、费尔巴哈
(Anselm Feuerbach)、克劳伊策(Creuzer)、米勒(Otfried Müller)和
维尔克(Welcker)等人的印记。

　　巴霍芬真的因这本书而"高兴异常"④吗? 或者,他是否将此
书视为一个躁动不安,亦无自信的美学家的自白而加以拒斥? 视
为一种无序、无分寸的醉意朦胧的"结构"?⑤ 巴霍芬乃巴塞尔城
市贵族,意识极强的基督徒,知道在下列二者之间划定界限:一是
被人称为史前史知识里的"核心观念",说到底仅是一种浪漫主义

---

① [原注 13] 致欧维贝克,同上。
② [原注 14、15] 1877 年 2 月 8 日布克哈特致 Marie Baumgartner。
③ [原注 16] 1886 年夏尼采致欧维贝克。
④ [原注 16a] Herm. Randa 引用的一封书信中巴霍芬遗孀的说法(*Nietzsche*, *Overbeck und Basel* [1937],页 17)。
⑤ [原注 16b] Randa,出处同上,页 18。

偏好(predilection);二是他的宗教信仰,他对传统的虔诚将他同此信仰联系在一起。而对尼采的继续发展,他不禁"浑身颤栗",犹如面对一个"玷辱寺庙者"。

[原注17] Bernoulli, *Nietzsche und die Schweiz*,页20及以下。根据被引的巴霍芬遗孀的那封信,巴霍芬"很喜欢尼采",而且"对尼采的承诺期望很多"。但是,"根据巴霍芬自己的观点,他却不得不拒绝尼采后来的著作","慢慢地,美好的交往就蒙上了阴影"。关系破裂的信号是《人性的,太人性的》的出版,这是尼采从克制的反基督教向公开地反基督教过渡。如今,"一直存在的矛盾"不得不公开显现出来(Alfr. Bäumler, *Studien zur deutschen Geistesgeschichte*, 225)。

诚然,有人也指出尼采滞留巴塞尔年代曾受到该市人杰地灵(genius loci)之环境的熏陶,好像当地保守的人本主义氛围对他有着一定的影响,这不仅因为他当时距离后期极端的肆无忌惮和毁灭一切的怒火尚远,能宽容对待古老的巴塞尔虔敬主义传统,甚至予以同情,即乐于同情所有"不合时宜"的事物。①

是的,巴塞尔某种典型的"市民"精神看似对他起了短时的作用,纵然他——与布克哈特一样——对僵化的社会习俗和对歌手竞赛以及其他民间节日上粗野的、民主的杂乱很不待见。② 但理性的、勤勉务实的精神,忠于义务的精神——布克哈特对此也钦佩不已——毕竟对他有着暂时性的影响。尼采在巴塞尔大学执教行将结束之时说,"对社会有用的这种感觉一旦失去",他就"无法忍受",此感觉他"仅仅"在巴塞尔——乐于对人本主义精神开放的都会——才有;他需要"真正的学术"和"教师"工作,这工作使他保持"健康",直到他那"颇成疑问的思考和写作"(连同瓦格纳那

---

① 　[原注 18] Bernoulli, *Nietzsche und die Schweiz*,页 33 及下页。
② 　[原注 19] 同上, 页 40。布克哈特关于民间节日和反对民间节日的言论见:1875年 12 月 30 日、1876 年 2 月 27 日、1877 年 7 月 13 日、1892 年 7 月 2 日致 Preen 的信。

摧毁神经的音乐)使他疾病发作。

[原注 20]1877 年 7 月 1 日致 Malwida von Meysenbug。参见莎乐美(Lou Andreas-Salomé, *Friedrich Nietzsche*, 页 88):"放弃教学活动让他感到很困难。"尼采 21 岁时(1865 年夏的一次"回顾";尼采档案馆的文件集"成长的尼采"[*Der werdende Nietzsche*,1924],页 298)就解释说,选择语文学职业,是一种"均衡"的必要,以抗衡他对艺术,尤其是音乐的(浪漫主义)本能;当然,那时的他就已经不屑于"义务"的思想,认为这是市民的和传统的(1865 年 11 月致母亲和妹妹;"Der werdende Niezsche",页 319)。

尼采彻底的非市民性(Unbürgerlichkeit)损害了他内心的平衡(参见 1877 年 6 月 29 日洛德致欧维贝克[Podach, *Gestalten um Nietzsche*, 44],亦见 1886 年 9 月 1 日书信末尾[Podach, 57]),恰恰是尼采的天才,才双倍地需要一种市民的平衡力量;无论洛德在谈到学术教学活动的价值时怀着何等强烈的保留态度,他仍然与布克哈特一样,知道健康的"履行义务"和"工作"的意义(1879 年 5 月 31 日致欧维贝克信末,1883 年 1 月 1 日致欧维贝克;Podach,49,53)。有意思的是,欧维贝克曾叙述道(Bernoulli, *Overbeck und Nietzsche*,II,页 420),当他于 1890 年初在耶拿大学精神病院看望尼采时,尼采和他谈到了"回到巴塞尔任教"的想法,而且"一再回到这个话题"。

在这方面,布克哈特完全同意尼采的看法,布克哈特骨子里也持有执教生涯才能保持"健康"的观念,然而久日久之,他越来越反对所有"莫测高深"的"作家"了。①

布克哈特对这方面和其他方面的看法有清晰的线路可寻,而对尼采,人们也能观察到他那具有典型性的起伏震荡,他的情绪至少是亲巴塞尔的:"我赞颂我的巴塞尔……",②唱出"幸福多么久长啊……"(Beatusille, gui procul……)的调子:

① [原注 21] 1874 年 10 月 5 日布克哈特致 Bernh. Kugler;比较 1863 年 4 月 3 日,1864 年 12 月 6 日致海泽。
② [原注 22] 1871 年 9 月 18 日尼采致 Gersdorff。

"我歌颂巴塞尔,因为它让我安静地生活,像生活在一个小农庄里;相反,我厌恶柏林某机构的喧嚣,那宛如蒸汽机的喧嚣。"①

布克哈特本来也可以这么直说,他在这个时候拒绝了去柏林的聘书,对此,他可一再额手庆幸。② 他也憎恶铁路和蒸汽机,反对那些体现工业时代的实物以及时代的焦躁和与此相应的无文化内涵。巴塞尔倒还是很平静,所以此间还有智慧和智慧意识。当时尼采也还能面对那种在现代化大都会中不可能有的"悠闲"。③

面对"当今德国",尼采把"瑞士"当成一块"被护卫的"土地而加以颂扬。在此,"所有的德意志特性",或者说凡是"当时"被视为"德式的"事物,都比在"德意志帝国"更能得到发展,尤其是那种德国式"勇敢的内省与对外的谦和二者结合"④的美德更能得到宏扬。代表这种德国人美德的人物,尼采除了举出凯勒(Gottfried Keller)外,还列举了三位巴塞尔人:伯克林(Boecklin),博物学家吕蒂迈耶尔(Rütimeyer)和"智者"布克哈特。(布克哈特同另外三位,包括尼采,都保持过一段时间的友谊。)尼采觉得这种"德意志"气质而非"德意志帝国"气质——他喜欢对二者加以区分——大有裨益。

---

① [原注 23] 1872 年夏致洛德。关于维拉莫维茨(Wilamowitz)的论战文章,尼采称:"一切都充满了柏林的气息。"(1872 年 6 月 8 日致洛德)([译注]1872 年,语文学家维拉莫维茨曾因《悲剧的诞生》一文与尼采发生论战)。

② [原注 24] 1872 年 6 月 28 日、1872 年 10 月 3 日布克哈特致 Preen。欧维贝克也对巴塞尔所赐的"学术安宁",也即"他的自由",感到"不可止息的感激"(1871 年 12 月 21 日、1873 年 11 月 14 日欧维贝克致 Treitschke [b. Bernoulli, *Overbeck und Nietzsche*, I,页 84,页 92])。

③ [原注 25] 系列报告《论我们教育机构的未来》(*Über die Zukunft unserer Bildungsanstalt*)的前言。

④ [原注 26] 来自《快乐的科学》时期(1881/82)的遗稿笔记(*Werke*, Naumann, XII,页 199)。

[原注 27]尼采捍卫"一种暂时的瑞士化"(出处同上),为了"超越德意志的短视(Augenblicklichkeitswirtschaft),放宽眼界"。早在 1875 年,尼采就在这种意义上赞美瑞士,将瑞士的"城市文化"放在"柏林"的对立面,而且"认为,也许最终我们会发现,我们如此喜爱称之为'德意志'的一切珍贵品质,在瑞士人那里比在'帝国'之中更加纯粹,出现得也更加频繁,一个绝妙的例子就是布克哈特。"(Peter Gast 关于和尼采的一段对话的记录,见 *Nietzsches Gesammelte Briefe*,IV. Band,页 XXI 及下页,前言部分)。与此相关的,还有尼采本人的随性而富含私人情感的自白:"我突然发现,我更喜欢与德意志瑞士人生活在一起,远超过对德意志人的喜爱。"(1877 年 5 月 13 日致 Malwida von Meysenbug)。

他的自我感觉是:①至少在那段时候,他无论如何没有觉得自己不是德意志的或反德意志的。然而,他的天性留给地道的瑞士人的印象绝非是让他们感到特别亲近的那种。无论是尼采革命的、具有危险破坏性的倾向,②还是尼采文学那种冒犯的③爆炸的④特质,他们都难以接受,他们不喜欢"重炮"的轰击和"起爆"的怒吼,⑤内心深处也不喜欢暴力行为。于是,凯勒对《不合时宜的沉思》第一部分"令人厌倦的咒骂文风"已十分抵触;施庇特勒(Karl Spitteler)亦如是,⑥尼采在《瞧,这个人》中找理由抱怨施庇特勒和维特曼(J.V.Widmann)。

[原注 34]*Ecce homo: Warum ich so gute Bücher schreibe*,Aph. 1。恰恰因

---

① [原注 28] *Ecce Homo: Warum ich so klug bin*,Aph. 3.
② [原注 29] 出处同上:*Warum ich ein Schicksal bin*,2 末尾:"我这个完美的毁灭者。"
③ [原注 30] 出处同上:*Warum ich so weise bin*,7:"进攻属于我的天性……:进攻性的激情是强大的必要组成部分。"
④ [原注 31] 出处同上:*Die Unzeitgemäßen*,3:"我如何理解哲学家:哲学家是一种多产的爆炸物,在他们面前,一切都有危险。"同上:*Warum ich ein Schicksal bin*,1:"我不是人类,我是炸药。"
⑤ [原注 32] 参见 1888 年 9 月 27 日致 Gast。
⑥ [原注 33] Bernoulli,*Nietzsche und die Schweiz*,页 31 及下页。

为我们无法直接将施庇特勒和维特曼中的任何一位算作尼采的反对者,所以此二人与尼采之间深度疑难的关系就具备典型的重要性,特别是当我们把他们与布克哈特之间毫无保留的积极关系作为对比,事情就更清楚了;施庇特勒视布克哈特为"生命中所遇见过的最严肃的思想者",因此他可能觉得,"即便是布克哈特附带的最细微的边角注释的遗失,其损失也是无法弥补的"(见 *Neue Schweizer Rundschau* N. F. I. [1933/34],页 178 及以下)。布克哈特与施庇特勒在他们共同的悲观主义世界观上也一致。而据施庇特勒称,布克哈特本人对维特曼也"极为推重"。

　　与这负面反应相对应的是巴黎文人和犹太文人的正面共鸣,①他们对尼采"精心设计的""玩世不恭"②颇感兴趣。

　　但还存在着另一个尼采,从此人分裂的灵魂中会蹦出截然不同的话语。他信仰歌德,信仰那种存在于"温和与静谧"中的"力量",这力量绝非"如德国人所认为的",必然"在严厉和残酷中彰显"。③ 这个尼采硬是要"不违心"(nicht contra se ipsum)说话,他内心在任何时候都保留些许"人文"意识和巴塞尔意识,他"对巴塞尔人,真的很有分量"。"与巴塞尔人邂逅,总让他高兴","凡来自该市,似乎浸透布克哈特的精神和情趣的一切都让他兴高采烈"。④ 巴塞尔首先感谢他的,就是他所作的那个"有关人本主义的报告"。⑤

　　在现代无教化的滔滔洪水中依旧屹立着人本主义的幸运岛屿

---

① ［原注 35］*Ecce homo: Warum ich so gute Bücher schreibe*, Aph. 2.

② ［原注 36］同上,3。"在尼采的时代,瑞士(与他)还足够'接近',不至于怀着拒绝的态度站到尼采思维方式的对立面"(Chr. Steding,同一出处,页 674)。

③ ［原注 37］《朝霞》时期的记录(*Werke*, Naumann, XI,页 363 及下页)。参见下文第五章,原注 16。

④ ［原注 38］1886 年夏致欧维贝克。参见 Meta von Salis (同一出处,页 55):"他([译注]尼采)对巴塞尔整个地产生并维持了一种良好的印象。"

⑤ ［原注 39］*Götzendämmerung: Was den Deutschen abgeht*, Aph.5. *Ecce homo: Warum ich so weise bin*, 7.

巴塞尔,尼采的双眼总是不顾一切,饱含忧伤的渴望朝那岛屿眺望。他在致布克哈特的最后一封信,那封被精神错乱死死缠住的信的结尾处还表达愿望:不在"对巴塞尔人的敬意"中沉落。①　直到最后,他还认为巴塞尔这座城市是精神的最后避难所,他内心诚恳希望用这种精神至少保持一种相互"尊重"的关系,纵然他本人是个反叛者;"该城竭力促进对市民的培训和教育,这种教育意识堪称大气,其教育规模足令许多大国汗颜",②尽管他本人忍受过本市"环境"之苦。当这个在风暴中四处漂泊的人——他像"上帝"一样感知,本能地感知船舶即将沉没——开始承认,其实他"还是非常情愿当个巴塞尔教授",③非常情愿——如果自己是布克哈特那该多好! 是的,这话听起来像一种潜伏于内心的乡愁,向往那平静港湾的乡愁。

　　在尼采身体尚健的时日,作为"布克哈特之城"的巴塞尔对他总是一种珍贵的纪念,显示出尼采希望不要完全失去那些关系,亦即由布克哈特和巴塞尔所模范体现的教化类型的关系和人本主义理想的关系,一如他在私人关系上紧傍布克哈特,一直渴求他的友谊。他一贯与布克哈特亲近,这使他又对那种"古典"价值表现出了敬畏,他早就给古典概念的形式注入了别的内容,但毕竟还保留了此概念的形式。

　　至于尼采对巴塞尔的不可"忍受",那也是两大阵营出现深度分裂的标志和证明,恰似那种对布克哈特愈益紧逼的必然性,致使他对尼采退避三舍(有时也采取顾及颜面的沉默方式)。尼采已完全脱离"老的"共同理想;其表现就是他同巴塞尔的日渐疏离;而布克哈特则代表着巴塞尔,那时他以一种最高贵的方式拒绝对

---

① ［原注 40］1889 年 1 月 6 日尼采致布克哈特。
② ［原注 41］为系列报告《论我们教育机构的未来》所计划的导言。
③ ［原注 42］1889 年 1 月 6 日尼采致布克哈特。

实际情况装糊涂，认为这有失体面，所以也就对尼采那个"动人的请求"①（1888 年秋②）保持缄默。

巴塞尔之于尼采未能具有更深的意义，其原因不仅在于外部生活的命运，而且还在于人本主义理想（此理想的堡垒是巴塞尔——尤其因布克哈特之故）在尼采的精神生活史上仅仅起到陪衬的边缘作用。所以他在精神生活方面未能在巴塞尔扎根。他的本性有些方面与巴塞尔精神相宜，但不是他内心起主导作用的方面。

对布克哈特而言，履行巴塞尔教授职务远远超出对故城的义务，那他乐于肯定的公民义务。在他，履行教职犹如服务于人本主义宗教。所以他在这个职位上觅到一种恒久的内心欢乐和幸福。至于说其中也有听天由命的成份，那也是他高尚的生活智慧的一部分，这生活智慧与那种看法不沾边：忠实地、定期地履行所接受的义务迫使人成为庸众之一；这生活智慧也与那种傲慢自大者相距甚远：他觉得自己既要面向小众也要面向大众，而且认为这也是"高贵的责任"所在（nobile offcium）。

［原注 45］布克哈特在巴塞尔不同公益团体中的讲演活动流传甚广（见 *Gesamtausgabe* XIV，目录，页 509-514）。尼采在《不合时宜的沉思》第二部分（7，接近末尾）中，对"臭名昭著地裁剪学术，使其适应'鱼龙混杂的公众'的躯体"唯有尖刻的讽刺，而布克哈特除了友善的幽默之外，还有足够的市民意识（Bürgersinn），以至于他自传式的记录在他死后还能唤起其冬季系列讲演的听众们的"充满善意的回忆"。（*Gesamtausgabe* I，页 IX）。

所以巴塞尔成了布克哈特整个人格的根基（他本人成了巴塞尔的"城市圣者"）。而对于尼采，该城只具有短暂的意义（ephemerer Bedeutung）：在某地久居、扎根，或者用经典的话说，像布克哈特一样完成自我，这些与尼采的整个天性都不适宜。

---

① ［原注 43］Elis. Förster-Nietzsche：位于其对尼采书信往来所作的解释当中。
② ［原注 44］位于附言之中。

类

三　学识与教养的异同

谈及尼采与布克哈特,迎面向我们走来的是两种精神类型的人。其中既有与生俱来的天性和非同寻常的学识与教养造成的促使他俩相互吸引、结合的因素;也有导致他俩必生厌恶和分离的因素。

尼采来巴塞尔时,布克哈特早就是个地地道道保守的市民了。尼采对布克哈特的第一印象便是一个"思想丰富的奇人"。① 这种个性鲜明的人格马上就将他吸引。然而要接近布克哈特,殊非易易。尼采虽是置身于市民中的市民,但却生活在非市民的边缘。他年纪轻轻就果断下定决心,要以一定程度的孤独为代价来获得自己的自由。

[原注 2] 1847 年 2 月 27 日布克哈特致 Herm. Schauenburg:"保持孤独的人,不容易落入这个悲惨世界的魔爪,这样的人随时都能给这个世界一脚……";1848 年 8 月 23 日致同一人:"我周围逐渐令人厌恶地变得孤独",然而,"每一种天性都有其必然性(Notwendigkeiten)";1849 年 9 月致同一人:"我从未像现在一样孤单,但我却遇见了一息不确定的幸福,这就是(相对的)寂静:'神性的闲暇'(otium divinum)……"

---

① 　1869 年 6 月初尼采致洛德。

在这个上了年纪的人与这个少壮男子之间终于"实现了彼此接近",这种接近并非无关宏旨,"在尼采这个如隐士般生活在边缘的思想家看来,此为非凡之事",在他的意识里,此为"一个大恩惠"。① 至此,尼采判断"一切会进展顺利"。② 尼采将此作为其巴塞尔年代的特殊经历而加以回顾,说除了欧维贝克的形象外,布克哈特的形象是一出"品味优雅"的戏剧,③它是通过一种"怎么尊崇都不为过的命运眷顾赠送到家里的"。

可是,唉,仅仅是一出戏么? 人们可能会问。尼采变得越来越孤独了,可是,当两个孤独的人萍水相逢,那真的就意义非凡了。就在布克哈特已把尼采从他的生活中抹去的时日,尼采还"一直在寻觅最可心的安慰","怀着感激之心"惦念着那位"他极度尊敬的人"。此人与他一样,"在同样条件下""隐忍度日"——尼采发现布克哈特的楷模风范不仅存在于"不可摧毁"的坚定中,而且还显示在真正考验的事物中,以及被证实的、"保持善良而高洁的心灵"④的能力中,也就是在最高意义上配得上称为人本主义的事物中。

生活中的深切痛苦,由痛苦而获知孤寂,是一种重要人生之特权和先决条件,"假面具"化装不可或缺,凡此种种,尼采均一吐为快。⑤ 这些东西让人明白,这两个孤独的人终归会走到一起。然

---

① ［原注 3］勃兰兑斯"生平"（*Vita*），1888 年 4 月 10 日。

② ［原注 4］同上。

③ ［原注 5］1880 年 11 月尼采致欧维贝克。

④ ［原注 6］1887 年 11 月 14 日致布克哈特。参见 1848 年 3 月 4 日布克哈特致 Andr. Heusler,布克哈特向 Heusler 推荐了《圣塞维林传》（*Vita Sancti Severini*），称其为一本"安慰人心"的读物:"塞维林在一切事物的崩塌之下挺了过来",作为一位圣人。（此信没有印刷,存于巴塞尔布克哈特档案馆,引文出自 E. Dürr, *Jacob Burkhardt-Gesamtausgabe* I,页 L）。

⑤ ［原注 7］*Jenseits von Gut und Böse*, Aph. 270（＝*Nietzsche contra Wagner*,末尾处）, *Wille zur Macht*, ed. Brahn（Klassiker-Ausgabe）,页 588 及下页。比较 *Menschliches, Allzumenschliches* II$_2$, 175。

而这是两种形象——两种不同类型的孤独形象,分别以伊壁鸠鲁和哈姆雷特的形象示人。那一个因"爽朗大笑",这一个因"自己怪癖"而被人"误解"。人们感觉到哪个面具明智一些,哪个危险一些。人们理悟到,"蠢人"①作为面具也是违背那个欢喜"爽朗大笑"面具之人的天性的。那种受尼采赞扬的"对外谦逊"②带来的是足够多的幽默(即便带有自嘲的成分),以便扮演"庸人中的庸人"。

[原注 10] 1860 年 11 月 16 日布克哈特致海泽。参见 1849 年 9 月致 H. Schauenburg:"我现在已经变得如此聪明,我知道,非利士人([译注]俗众,庸众)还不算是最糟糕的……"相反,尼采似乎可以发表智慧的思想,称"平庸"(Mediokrität)是"出众的精神"的面具(*Menschliches, Allzumenschliches* II₂, 175),"愚蠢"(Narrheit)是"不幸者"的面具(*Jenseits von Gut und Böse*, 270),但是布克哈特在夜晚"置身于啤酒馆"的"巴塞尔俗众"之间,对尼采而言却只是一种"没有品味"的景象,正如布克哈特生活在不必要的"贫乏"(Dürftigkeit)之中,在尼采看来显得缺乏"优雅和艺术的蓬勃之气"(1869 年 7 月 26 日致 Sophie Ritschl;*Historisch-kritische Gesamtausgabe*, *Briefe* Bd. II,页 342)。

而且还将这种扮演当作正确的方式加以享受,以显示他对外部生活看得很淡,不如它貌似的重要性。这是基于"对尘世的正确考量"。③ 布克哈特这个悲观主义者于是变成了欢笑的哲学家。他同小市民妥协(尼采逃避小市民),表现了这位"对外谦逊"的真正智者那积极的屈从姿态,他面对世界自我封闭,本着歌德"不仇恨"的精神,这样,他无论如何还维持着各种人际关系,在孤寂中还不失为一个保持古典尺度的人;他的孤独是有限度的,是他所要

① ［原注 8］1863 年 10 月 10 日致 Emanuel Geibel。
② ［原注 9］见上文第二章,原注 26。
③ ［原注 10a］这是布克哈特喜欢使用的表述和思想,一再出现。这种"对尘世的考量"是叔本华意义上的考量。

的所肯定的孤独:属于安排生活的作风。反观尼采,他那漫游的精灵般的极端孤独意味着注定的悲剧败局。

[原注 11] 如果我们想到尼采对友谊的浪漫而狂热的向往,至少这种向往让他在不存在友谊的地方想象这种友谊,再想到尼采对交游既需要,又无能,可见他的孤独生活(vita solitaria)有些魔性和绝望的色彩:"我越来越认识到,我……无法融入人们"(1883 年 11 月 22 日致欧维贝克)。尼采"荒诞地"孤独着(1888 年 2 月 12 日致 Seydlitz),并且认为这种状态本身"不可描述地恐怖"(1886 年 8 月 5 日致欧维贝克)。欧维贝克断定,"尼采的人性与他遇见的每一个人都天然地无法相容(Inkompatibilität)"(b. Bernoulli II,页 118)。参见洛德(1883 年 1 月 1 日致欧维贝克,信尾[b. Podach, *Gestalten*,页 54])以及施庇特勒(*Meine Beziehungen zu Nietzsche*[1908],页 44)。

欧维贝克表述道:"可怜的尼采每次喜欢别人都格外地少,直至人们再也不喜欢他。"(b. Bernoulli II,页 118)在其遗稿的某处写着:"没有人再来我这里,而我自己:我走向所有人,却走向了无人之境!"(*Werke*, Naumann, XII, 324;1882/84)。尼采本人不相信"有人能够爱他","而且我也不相信,我将爱任何人",他认为这两种现象的原因和动机是他自己精神上的"等级"!这种精神上的等级强迫他"放弃爱和友谊"(1885 年 3 月初,致妹妹)。"在他身上,追求友谊的意志不够强烈,他更喜欢的是激情的状态"(Frau Ida Overbeck;bei Bernoulli I,页 245)。

尼采并非由于外部的状况,而是"因为其天性而成为一个孤独的隐修者"(Möbius, *Über das Pathologische bei Nietzsche*, 30)。他本人感觉到,无论他如何一再寻求友谊,仍然无力获得(1883 年 5 月 10 日致 Gast)。"我从儿童时代就是这样孤单,今天仍然如此……"(1887 年 11 月 12 日致欧维贝克)"我曾经渴望人们,寻找人们,但我永远只找到自己;但我不再渴望我自己!"(*Werke* XII, 324)。

莎乐美也说过尼采"更加频繁地不断指涉自己"(*Friedrich Nietzsche*,页 13)。Jos. Hofmiller 评论道,"尼采没有在其有意识的生命中的任何一刻考虑过任何一个人,除了他本人。"(*Süddeutsche Monatshefte* XXIX, 127)。"尼采在寻找回馈和反响,只有当人们能够为他提供这些,才算是在真实中发现了他的参与。"(H. W. Brann, *Nietzsche und die Frauen*[1931], 116)因此,自然而然地,他的偏好或多或少没有得到回应,由此"逐渐发展的病态的痉挛和扭曲,自然就明显地加剧了"(同上,22)。

与此相关的,还有那种"尼采自己喜欢的""矫揉造作"的隐士生活。他"用孤独和晦涩难懂来搞一些虚荣的崇拜仪式";尼采"在诗歌和散文里执迷于那种无家可归,向往,因孤独而痛苦,为孤独而骄傲的青春期情绪";"意识到自己不被理解,变成了一种需求,一种知道自己不被理解的需求",而这种"终其一生的悲叹……有些幼稚"(Hofmiller,同一出处,93;参见 Karl Hillebrand:上文页 183 及下页)。

日益加剧的孤独感也把尼采的思想推向了深渊的边缘,"在孤独和疾病造成侵蚀的地方……尼采首先变得真正地极端"(Jaspers, *Nietzsche*, 399),而且他"在群体当中也失去了分寸"(398)。尼采本人甚至也承认(1880 年 8 月 20 日致 Gast),"在和完全陌生的人进行一小时充满好感的对话之后,他的整套哲学都开始动摇了":"我一定想要占理,宁愿牺牲爱,这看起来多么愚蠢。""如今,爱我的人已经没有一个在世了;而我却还得爱这个人生!"

那种被推向恣肆蛮横的个人乐观主义意志,其出路最终只能是癫狂。

[原注 11a] 在此处存在的潜意识的语境下,还必须指出,尼采最终疯癫以后,欧维贝克一再产生过怀疑,认为尼采的这些症状是"装病"(bei Bernoulli II,页 215);这虽然不甚妥当,但也并非是"无意义"的想法。

尼采还在信仰叔本华的时候,一切就另当别论。尼采一直可以遵循叔本华的遁世哲学而生存。他同布克哈特一样,对物质生活的需求极低。

[原注 12]布克哈特直至高龄仍在居住的狭窄居所无比简陋,几乎获得了传奇一般的声誉。而尼采,在尼斯(1883 年 12 月 17 日 Paneth 的信;Elis. Förster-Nietzsche, *Leben Nietzsches* II, 481)、锡尔斯(Sils)、都灵以及无论其他什么地方,都过着一种极端简朴的生活。比如在热那亚,他每月只需 60 里拉。而且他赞美贫穷,因为贫穷使人自由(Meta von Salis,同一出处,页 88)。

　　两人对此的理解是,在只为人文精神问题(唯一值得严肃对待的问题)而献身时就得放弃安定生活中的一切舒适和快慰:尼采不得已而放弃他那个一时心血来潮拟建"修道院"的计划之后,就生活在——至少在"内心世界"——禁欲中了。他与布克哈特都来自牧师家庭,这事对他们而言本属遗传而得的鄙薄金钱的精神传说。尼采在鼓吹非道德—反基督教的人生阶段十分信仰他的(早就失去的)父亲,由于父亲的缘故,他"对高贵的、温情脉脉的物质世界""很了解",以至于他"根本无意"进入那世界。① 本着这种思想,他还把自己所认识的基督教(对密友加斯特[Peter Gast])称之为"理想生活的最佳部分"。②

　　当尼采——又与布克哈特一样——把"贵族的"理想提升用以反对商人的理想之时,他觉得贵族的理想恰恰是宁愿以最简陋的生存条件为满足,而不要为金钱而奔忙。他和布克哈特的外部生活态度都是叔本华否定世界、放弃尘世财富的哲学,他们对他人的态度至少也不亚于叔本华。按照他的天然本性,尼采在生活中"对任何人"都是"温和和善意的"。

　　[原注14]*Ecce homo: Warum ich so klug*, 10; *Warum ich so gute Bücher schreibe*,关于"瓦格纳事件", 4。"他不是强硬的人,他没法对自己的感觉期望过高",1881年1月,尼采在尼斯对Paneth这么说(Paneth的信,见Elis. Förster-Nietzsche, *Leben Nietzsches* II,页488)。关于和莎乐美以及Paul Rée,尼采写道:"我并非完全天生就是与人敌对的"(1883年7月末致妹妹)[1883年夏致欧维贝克,也是类似内容]。Meta von Salis证明,尼采"温柔、容易受伤、愿意和解",而且"非常害怕伤害别人"(同一出处, 50),"温和、软弱、富有同情心"(78);只是尼采本人并不愿意这样;陀思妥耶夫斯基的《被侮辱和被损害的》(*Humiliés et offensés*)可以使他感动到流泪(同上,页50及下页)。

　　Mähly证明,尼采在同事中间"完全是一种没有冒犯性的性格",普遍受

---

① [原注13] *Ecce homo: Warum ich so weise bin*, Aph. 3末尾。
② [原注13a] 1881年7月21日致Gast。

人欢迎(*Die Gegenwart*, Bd. 58 [1900],页249);当然我们必须补充尼采本人的自白(1869年7月致洛德),他自称在自己身上感到对同事们始终怀有一种"一丁点的蔑视","但完全不影响和他们进行礼貌和愉快的交往!"其实,根据这种说法(正如G. Büscher, *Nietzsches wirkliches Gesicht* [1928],页68),人们完全可以认为,那个"感觉细腻的"尼采只是一种"外在的假象",是尼采因为"有让人喜欢的需求"而做出来的(同上,57)。

但如果这么说,实际上是把一种复杂的天性以一种不允许的方式给简化了。在这里,仍然有些事物是没搞清楚的。比如说尼采和他听众们之间的关系。一方面,有人说在尼采的圈子里,布克哈特对于教师职业的投入,包括与此相应的面对听众的那种善意和关心(Markwart, *Jacob Burkhardt*, 49),可以看成是一种自轻自贱(参见Peter Gast的判断, bei Bernoulli I,页55);如果尼采的听众觉得自己"被尼采以一种伤人的傲慢当成乌合之众来对待",也恰好与此相应(Ad. Schlatter, *Beiträge zur Förderung christlicher Theologie* XXV,页38)。

另一方面,当尼采出现在学生们面前时,他的双重天性也可能让学生感到他很"谦和"(Ludw. v. Scheffler, bei Bernoulli I,页252);根据其本人在巴塞尔和尼采共同参加博士考试的回忆, Rud. Eucken也证明尼采在那时表现得"让人愉快",可爱、友好、善良(Festschrift „Den Manen Nietzsches" [1922],54)。尼采的中学同学就戏称"这位严肃、若有所思,但又庄严得体的孩子"为"小牧师"(Elis. Förster-Nietzsche, *Leben Nietzsches* I, 30);那个时候的尼采就是个独行侠,在人群之中非常"腼腆"(33)。

后来,尼采在热那亚的房东和其他租客都称其为"小圣人"(Il piccolo santo)(Elis. Förster-Nietzsche, *Taschenausgabe von Nietzsches Werken* V,页XVII; Meta von Salis,同一出处, 76)。尼采的妹妹在传记中一再突出尼采"柔软的内心"和"令人感动的温和"气质(如I, 300)。根据欧维贝克的说法,尼采在其"性格"上"不同寻常地有许多'模范'人类的特点"(bei Bernoulli I,页271)。在说到"现代婚姻"时,他能够说出"一切非法的对我而言都是可怕的"(Meta von Salis引用, 77)。

莎乐美甚至在尼采身上发现了"几乎是女性"的特征(*Friedrich Nietzsche*, 13, 43); O. F. Scheuer(*Nietzsche als Student* [1923],页2)甚至说

"女人气""阴柔"(参见 Mähly,同一出处,248,关于尼采经常在身上散发出来的"好闻的气味")。无论如何,我们不可能从尼采的想象力所赖以陶醉的(施虐狂的)图像和想象(G. Büscher,同一出处,页 7 及下页)出发,回溯式地推导出那种具有一种"强大的犯罪欲望"(同上,页 3 及下页)的类型。

早年的尼采至少在理论上还持有人本主义的立场。布克哈特与他共同"信仰"叔本华。

[原注 15]1870 年 9 月 27 日布克哈特致尼采;1870 年 11 月 7 日尼采致 Gersdorff,其中谈到了与布克哈特进行"知己般的散步",当时这些散步活动仍然处于他们共同的大师([译注] 指叔本华)的迹象之下。Carl Neumann (1919:页 27 及下页,以及语气稍微缓和些的形式,见 1927:页 257)假设,布克哈特是通过尼采才走近叔本华或者了解叔本华的。这是极其错误的。

在这方面,我们仍然无法断定尼采对布克哈特的"影响"。倒是尼采,在 1870/1871 年冬季学期听了布克哈特以"叔本华的精神"讲授的"关于历史学习"的大课(现在叫"世界史考察"[Weltgeschichtliche Betrachtungen])之后,为这种"美丽而稀少的回声"而感到喜悦(1870 年 11 月 24 日致洛德)。

尼采视叔本华为过世的"教育者",所以他还能颂扬"爱与善"——爱是对"任性"的扼杀,他怀着恐惧不安的期待,注视着那些"毫无怜恤之心"的时代力量。① 据说多年之后他还说:"人必须学会爱,学会做个善良人。"②这也完全是布克哈特的道德。

布克哈特在青春岁月就将此提升为自己的信仰,并且一生信守不渝。③ 岂料尼采此后来了个大转弯,坚决表示同"叔本华盲目的道德意志"诀别,认为叔本华的遁世是懦弱表现,与瓦格纳

① [原注 16] III.Unzeitgemäße Betrachtungen,Abchn. 4.
② [原注 17] Menschliches,Allzumenschliches;Aph. 48、参见 49("善心"作为"人性"的证明),另外还有 43("暴行"作为返祖现象的遗留)。
③ [原注 18] 参见 1838 年 12 月 12 日、1839 年 4 月 10 日布克哈特致 Riggenbach;1856 年 2 月 21 日、1856 年 3 月 16 日致 Alb. Brenner。

（Richard Wagner）的艺术同为虚假的"浪漫主义"；①战胜"个人的道德"，这是伟大的胜利，亦即从"一切悲观主义"中"康复"的伟大胜利。② 怜恤和爱邻人"散发出群氓气味"，这种爱怜"只在颓废者那里才算"美德。③

欧维贝克是尼采的朋友，也是布克哈特的同事，他证明④（而且必然知道）"歌德的学生"布克哈特的想法，布克哈特认为，对怜悯予以谴责的非道德做法乃是"一种骇人听闻的行为"，而且他从尼采对基督教的评价中找到尼采那"日渐加剧的恶感"的原因所在了。

［原注 23］Salin（页 181）称布克哈特"狂热地反基督教"，或者在"前基督时代"的"异教"意义上刻画其特征（这实际上与反基督教完全是两回事），这就把一切都给扭曲了。首先，任何一种形式的"狂热主义"（Fanatismus）都和布克哈特的本质及天性相违背（参见上文第一章，原注 42）。

而且这位文化历史学家也从未让人怀疑过他的信念：基督教以一种无法比较的、高级得多的宗教取代了那种完全不够格的宗教，后者不代表任何独立的精神力量，既不能抚慰人类，也无法让人类变得道德；参见第十三章末尾。当时尼采对待宗教事务的态度还比较温和，在这个意义上，他和布克哈特在巴塞尔共事的那些年里对基督教的不同态度至少还显得不算水火不容。不过后来，他们的不同看法就显出了作用，这一点早就被 Carl Neumann 确认（1919，页 28＝1927，页 258 及下页）。

叔本华代表着与歌德的联系，亦即在外部生平⑤这一层意义上的联系，还有在另一层意义上的联系，亦即与尚存的人文精神以

---

① ［原注 19］*Menschliches, Allzumenschliches*，1886 年版前言。

② ［原注 20］同上，页 5 及下页。

③ ［原注 21］*Ecce homo: Warum ich so weise bin*，4.

④ ［原注 22］*Christentum und Kultur*，页 184 及下页。

⑤ ［原注 24］青年时期的叔本华和歌德有过私人的交往，而且他（于 1818 年出版）的主要著作在歌德那里产生了感兴趣和友好的反响。

及由和谐理念所统辖的古典文化的联系。此外,叔本华还代表着与基督教基本原理的联系,叔本华的形而上学是无神论的,他关于痛苦和同情的理念也是佛教成份多于基督教成份。只要尼采将叔本华视为伟大的"人文教育家",叔本华就率领我们奔向人本主义的"圣庙珍宝",①而这个概念一直被人们理解为几个世纪的传说,亦即以古希腊罗马的古典文化和基督教伦理为取向的传统。

尼采虽然(已显出对歌德的背离)赞扬"行动",②但还不至于歌颂暴力;只要相同的价值观将他与布克哈特连在一起,布克哈特一直信奉利他主义的基督教新教,那么,尼采就没忘记,除想到"行为人"外,还要想到"受苦人"。③

当尼采发展演变成了叔本华的"极端对立面",④当他超越"否定世界"理念而奉行占领和统治世界的理念——其典型代表为拿破仑(Napoleon),典型的强权者——当他赋予他所宣布的超人以权利,在别人面前做个"残酷不仁的人",⑤那么,他就跨出了关键性的一步。而布克哈特认为,他遵循歌德和叔本华的教诲,恪守基督教的伦理,这是理所当然之事;至于那个对一切价值进行重估的尼采,他也只能任由他去了。

初始,将布克哈特吸引到尼采身边的东西,是他从尼采任教授后的就职演说中立马看出尼采是个"艺术家"。布克哈特不但是"才子",而且"富有想象力"。"谢天谢地",他不缺少可以"讲知心话"的人。

他在巴塞尔长久欠缺的,就是渴盼同一位与他同调⑥的人交

---

① [原注 25] *Schopenhauer als Erzieher*, Abschn. 4.
② [原注 26] 同上。
③ [原注 27] 见下文第十六章。
④ [原注 28] *Ecce homo: zur Geburt der Tragödie*, Aph. 3.
⑤ [原注 29] *Wille zur Macht*, ed. Brahn (Klassiker-Ausgabe), Aph. 692.
⑥ [原注 30] 1842 年 6 月 14 日布克哈特致 Beyschlag, 1842 年 6 月 19 日致 Fresenius。

往,这个人也具备"将世界当成图画"来领会的天资。① 但尼采是布克哈特心目中具有"观摩"人之本性的艺术家吗?布克哈特能在尼采那里觅到一个类似于他的,具备近似艺术家一样禀赋的人吗?尼采天生不是凭感官看图画的人,而是被权力意志推动进行精神"创造"的人,所以,他无需同历史保持"距离",而这种"距离"却为布克哈特所需。尼采所为之事很直接。凡是他看见的"图画",他就被画搞得像酒神狄奥尼索斯一般的迷醉,继而似精灵一般被征服,径直跃过历史的鸿沟。可这绝非布克哈特的本性,也不符合他的意识。所以,他俩与经典的古代文化的关系原本就没有将他们引到一起。

有人可能会认为,他们之间必然存在着真正人本主义之友谊的起始点:布克哈特是对巴塞尔文科中学常怀感恩之心的学生,[原注32]在自传的记录中,年老的布克哈特仍然感谢故乡城市的这所文科中学,因为这所学校在他的人生之路上把对古代文化的那种"熟悉"馈赠给了他,让他"在任何时代"都能保留这一份熟悉(参见 *Griechische Kulturge-schichte, Gesamtausgabe* VIII,页6,关于"维护人文'书包'荣誉"的提醒)。从未停止对古人的热心研究,②后来他开设希腊文化史的大课,没有这大课他会"死不瞑目"。③ 尼采来自山地隘口,是里奇尔([译注] Albrecht Ritschl, 1822-1889,德国基督教信义宗神学家)的得意门生,后成了巴塞尔古典语言学教授,年纪轻轻,令人难以置信。他们都不觉得自己是为专家而存在的专家,关涉两人的也不仅仅是科学兴趣,他们在研究古希腊罗马文化时,还追求一种典范的"人性"教化理想,以古希腊罗马文化为取向,对他们人生起了决定作用(因为尼采当时还是人本主义者)。两人博识淹通,才智超群,却又有自己的理念,都是思想宏富的人。

---

① [原注31] 1863 年 10 月 10 日致 Geibel。
② [原注33] 参见 1847 年 3 月 25 日致 Ed. Schauenburg。
③ [原注34] 1872 年 10 月 3 日致 Preen。

　　未久,尼采的处女作《悲剧的诞生》就意味着他在进行一次关键性试验了。至于人们对此书的反响如何,尼采根本不抱期望。①布克哈特与这种高度紧张的(所以是危险的)期望一致吗? 尼采的愿望多么热切,这,从他对此书所作的奇特幻想即可看出。

　　[原注 36]如果确实如尼采倾向于描述的那样,布克哈特真的(1872 年 2 月中旬尼采致洛德)"日日夜夜"无法从这本书([译注]《悲剧的诞生》)的印象中脱离,则这种现象必将在其《希腊文化史》课程中留下印记,尤其是因为布克哈特当时的这门课是为 1872 年夏季学期所准备的。尼采也试图唤起这种印象(参见下文第十二章,原注 5)。但在事实上,我们只能偶尔找到一次非常顺便的对尼采作品的提及(参见下文第十二章,原注 5a);Salin 的描述(页 83 上部)给出了一幅完全错误的图像。

　　尼采试图暗示自己和他人,相信布克哈特"十分兴奋地"赞同其作品,因为既然他所向往的这种赞同和兴奋完全不可能出现,那么他至少有需求保持(对这种赞同的)幻想式的信仰。参见上文页 180 及下页,页 186。

　　他指望读者面对他那任性的直觉会放弃自己的想法(sacrificium intellectus),然而独立的思想者不屑为之,他自己的老师、对他特别厚爱的里奇尔更不会那样;②里奇尔绝非"僵化的语文学家"。

　　[原注 38] Salin(页 81)认为,在这里有必要把另外一个对尼采不无批判的人拖下水。里奇尔并不是"在亚历山大体主义(Alexanderinsmus,[译注]此处指僵化狭隘的思想)之中长大的",(同上)他是那种干巴巴的专家的对立面;与尼采相比,他能够思想丰富地混杂着反讽与自我反讽而自称"亚历山大体诗人"(1872 年 2 月 14 日,里奇尔致尼采),恰好证明了其精神的内在自由。此前不久,尼采自己就曾断言(1867 年 4 月致 Deußen):"里奇尔是唯一一个我愿意听其责备的人,因为他所有的判断都如此健康和有力,带有真理的律动,对我来说,他就是一种学术的良心。"但很快,在尼采那里,这种学

---

①　[原注 35] 1872 年 1 月 30 日尼采致里奇尔。
②　[原注 37] 1872 年 2 月 14 日里奇尔致尼采。

术的良心就变成了他老师让他感受到的高傲。

尼采认为,里奇尔应该宣称《悲剧的诞生》是"他人生中所遇见过的最有希望的东西"(1872 年 1 月 30 日致里奇尔),连尼采的妹妹都说尼采的行为是一种"天真的""苛求",是一种"谋杀"(*Leben Nietzsches* II,页 65)。在里奇尔发表的意见让他不满之后,尼采又居高临下地认为,"语文学家"也许还需要"几十年","才能理解"这样一本"最高"水平的书(1872 年 4 月 6 日致里奇尔)。

里奇尔足够大度,忽略了尼采的狂言;他在这件事上证明了自己的"智慧和节制",就连尼采的妹妹也不得不赞扬他对待此事时"超乎寻常地友好而高贵"的方式(*Leben Nietzsches* II,页 65)。尼采仍然"衷心喜爱"里奇尔(同上, 86),1872 年 11 月 19 日,正值洛德的辩护书《勇敢的莫逆之交》(*Das tapfere Dioskurenpaar*)发表之际,尼采送来了祝贺。对于洛德的这部作品,布克哈特也感到"格外高兴"(1872 年 11 月尼采致洛德)。

但洛德本人当时对《悲剧的诞生》也相当有保留:"我没有这么天真,把他的书当做象征性的反映真理的文件。"洛德更多地认为尼采的这个作品"无比地夸张,偏离正轨"(1872 年致 Otto Ribbeck;b. Crusius, *Rohde*, 58)。Ribbeck 这样表述他的判断(1872 年 4 月 29 日致狄尔泰):"优雅的疯狂,发酵的果汁",尽管"从根本上并无新意",倒也"有趣"["Otto Ribbeck,ein Bild seines Lebens",1901,页 298]。

欧维贝克也认为(1872 年 7 月 8 日致 Treitschke [b. Bernoulli, I, 页 84及下页]),这部著作在"启发思考"的意义上"无可否认地有过度的地方",正如他也泛指尼采"对异乎寻常之物的偏好",他认为《悲剧的诞生》的魅力之处在于其"原创"和"深刻"的方式,但将其归入"审美领域"(1871 年 12 月 21 日致 Treitschke [b. Bernoulli I,页 84])。

当然,布克哈特也喜欢把这个作品当做"审美悖论"来鉴赏。洛德对《悲剧的诞生》的宣传"并不是专业上的认可":他恰恰认为"不适宜突出该书的语文学 – 历史学内容"(Ernst Howald, *Nietzsche und die klassische Philologie* [1920],页 23)。毕竟,在洛德写下针对维拉莫维茨的论战文章时,"还没有意识到自己与尼采之间绝对的对立"(同上,页 27)。

后来,他曾对欧维贝克(bei Bernoulli II,页 155)"明确为自己当时帮助尼采反对维拉莫维茨感到惋惜,称这是年轻的愚蠢"。他已经脱离了从发表 *Af-terphilologie* 开始的青年时期的恶作剧。维拉莫维茨在论战文章 *Zukunftsphilologie* 中就称尼采为"使徒"(布克哈特和 Karl Hillebrand 也用过这个表达[本书页 19,页 183]),表示"不愿意和他有什么关系",后来,洛德也承认(1878 年 6 月 16 日致欧维贝克,信尾[bei Podach, *Gestalten um Nietzsche*,页47]),无法"不经过很多思虑"就去面对这种"狂热的思想"。

在主要著作 *Psyche* 当中,洛德在探讨狄奥尼索斯崇拜文化中的纵欲现象时没有提到尼采。根据欧维贝克的评价(bei Bernoulli II,页 160),洛德"在语文学天才上超过了"尼采,因此对洛德而言,《悲剧的诞生》早就和学术研究无关了。欧维贝克下定论说(出处同上,页 160 及后页):"洛德作为希腊宗教的阐释者,真正是'得其真谛',而尼采就不是这样一位天才的阐释者,而且根据其反宗教的立场,他也不可能是。"

　　　他是源于浪漫主义的一代人的最后的重要代表,施勒格尔(Aug.Wilh.Schlegel)的影响在他身上犹存,从他的精神面貌看,他还是歌德时代的人,是个具有渊博的文明学养且襟怀广阔的真正的人本主义者。① 可尼采在此书中所写的话,就不能再叫"人本主义"了:对"科学本身"提出质疑,②目的是把一切只托付给艺术,只期望从艺术获得一切。③ 这种撕裂和极端化对立与人文精神领域的和谐理念相悖。不可能指望一个人本主义者舍弃认知,人们完全有理由假设,布克哈特对《悲剧的诞生》的反应比里奇尔还要冷淡得多。

[原注 41]这一点完全与 Salin(页 81)的说法相悖。Salin 想把布克哈特从里奇尔的那种所谓的"亚历山大风格"类型当中抽离出来,想要构建布克哈特对《悲剧的诞生》的一种根本不同的反应。作为"审美的悖论",这部著

---

① [原注 38a]尼采在 *Ecce homo* 当中(*Warum ich so klug bin*, Aph.9 末尾)还称里奇尔为他一生中所见过的"唯一一位天才学者"。

② [原注 39]1886 年版《悲剧的诞生》前言("自我批判的尝试"),Abschn. 2。

③ [原注 40]1872 年 2 月 14 日里奇尔致尼采。

作也许"吸引过"布克哈特,但不可能真正让他"感兴趣"。

Bäumler 贴切地写道,《悲剧的诞生》的作者是"一个不谐的狂热分子",是一具典型的"现代"灵魂(*Studien*,页 236)。但是,恰好"凭借其精细的心理学和理性的神话概念,尼采也并未给阐明希腊宗教和艺术做出什么特别的贡献"(同上)。"他以其天才的非历史的任意性,把强烈的现代生命感觉带入了古希腊"(Ed. Spranger,合集"Vom Altertum zur Gegenwart"[1919,²1921],72)。"对他([译注]尼采)的东西,无法历史地思考"(Alois Riehl, *Friedrich Nietzsche*[1897],86)。

格尔策(Heinrich Gelzer)①基于对布克哈特有更多亲身的了解,他向我们报导说,布克哈特对本书的"钦佩"方式"不怎么令人舒服"。"人们立即看出,这'钦佩'从根本上说只是一种隐匿的辛辣讥诮罢了",既然"对世界历史的观察"把"从音乐精神中"诞生悲剧称为"神秘",那么"史学家"布克哈特的下列态度便随之油然而生:面对探究"太古肇始"的所有问题均持保留态度,一则因为他对尼采步入"模糊"、玄秘领域不由自主地产生厌恶;

[原注 42]布克哈特属于古典的、歌德-温克尔曼的脉络:他希望"清楚而形象地观照(anschauen)",他的思想和秉性属于历史的"白天"和"光明",而不属于"成长中的、混沌无形的、难以把控的""史前的晦暗";"他希望感知个性发展的、自由的精神,而不是精神被束缚在地上的状态"。在这种意义上,Rehm(页 239 及以下,尤其页 241)把布克哈特放在巴霍芬的对立面。但即便对巴霍芬来说,一切历史的最后意义仍旧在于"阿波罗"的胜利,而在尼采那里,苏格拉底被宣判为"阿波罗式的澄澈"的典型"化身",是学术(本身即敌对艺术的)人(1870 年 2 月 1 日关于"苏格拉底和悲剧"的演讲;WW., Naumann, IX, 55)。

关于尼采对阿波罗式(das Apollinische)的理解,参见 Joël, *Nietzsche und die Romantik*(1905),页 310。Bäumler 不无道理地评论道(Studien, 254),"狄奥尼索斯是尼采说的第一个词,也是最后一个词。"(比较 W. v. Hauff,

———————————

① [原注 41a] *Zeitschrift für Kulturgeschichte* VII(1900),页 33 及下页。

Die Einheitlichkeit der Gedankenwelt Nietzsches,载于纪念文集"Den Manen Nietzsches",页 88 及以下。)在《悲剧的诞生》中,狄奥尼索斯性质(das Dionysische)就是"世界的本质"(Aug. Vetter, *Nietzsche* [1926], 43);它与阿波罗式的关系就像叔本华那里的"意志"之于"表象"(Riehl,[8]1923, 48),或者就像"物自体"之于"现象"(Erscheinung)(Hs. Schneider, *Die Stellung Friedrich Nietzsches zu Problemen der griechischen Kulturerscheinungen*,Jenaer Dissertation, 1930,页 41)。

由此,尼采与早期希腊哲学家们的关系可以确定,尼采"以其完全的同感,站在了狄奥尼索斯的原始元素的一边"(R. Oehler, *Friedrich Nietzsche und die Vorsokratiker* [1904],页 23 A.)那么这种狄奥尼索斯主义究竟讲的什么呢?无非就是"表达一种'反对运动':一种反对学术、反对道德、反对基督教的运动"(Bäumler,同一出处, 235)。"狄奥尼索斯"尤其被放到了基督的对立面。"在我的青年时期,尼采后来说,我发明了一种对立于基督教的,关于生命价值的学说。'它叫什么?……我称之为狄奥尼索斯的学说。'什么是狄奥尼索斯?敌基督的别名"(同上, 255)。参见 1886 年版《悲剧的诞生》前言,段 5 末尾。

实际上,《悲剧的诞生》的态度(见 Abschn. 19a 末尾, 23 末尾)绝非仅限于是关于基督教的"深刻而敌对的沉默"(*Ecce homo: zur „Geburt der Tragödie"*, I),当时的尼采更多地是"希望通过艺术去败坏德国人对已经老套的基督教的兴趣"(*Nachlaß, Zeit von „Menschliches, Allzumenschliches"; Werke*, Naumann, XI, 67);尼采在那时就已将"德意志本质的堕落退化"归因于基督教,并且认为"将一种深刻违背德意志性的基督教深化移植到德意志心灵当中,是德意志真正的灾难"(*Nachlaß*, 1886;*Werke* XIV, 366, 372)。

在当时,尼采尚未公开展示出这种立场。他和巴霍芬之间的分歧就在这里(对巴霍芬而言,在基督教中登峰造极的阿波罗特质代表着"善"的原则),但这也是尼采与布克哈特的分歧。总之:"狄奥尼索斯是最早的通往权力的意志的精简表达"(Bäumler,出处同上, 255)。在希腊,从公元 5 世纪开始,狄奥尼索斯就是世界征服者的一种形象和榜样。对布克哈特来说,古代精神并不是集中于狄奥尼索斯,而是集中于荷马笔下的宙斯(Zeus von Otricoli),其面庞流露出"最强烈的意愿"和"最高的智慧"(*Gesamtausgabe* III, 369)。

毕竟：在《悲剧的诞生》中，对罗马帝国的评价仍然是"极端的世俗化"，是消极的。当时，在这一点上，尼采与布克哈特还能够互相理解。

再则，因为对尼采书中那些可能性的结论表示怀疑。况且布克哈特又不是"直觉论者"，这倒不是说他不需要借助直觉，而是因为他对任何"纯理论"（Ismus）从骨子里就是反对的。

因为布克哈特持反对意见，毫不动摇，所以他只会觉得，把酒神狄奥尼索斯同恺撒扯到一起更是怪异。再者，按他的看法，"权力"本身是没有多大意思的，"迷醉"也一样。此外，尼采对罗马事物的偏爱——他后来强烈表述过，还将这偏爱追溯到中学时代，①也与布克哈特的思想相左。布克哈特的心属于希腊人，他不喜欢罗马人，他很少研究罗马人。他的思想紧紧跟随德国人本主义的踪迹。

尼采后来又背弃了自己全盛时期的理想："我根本没有什么强烈的印象要归功于希腊人"和罗马人。② 双重性格再次相聚，这在尼采身上颇具典型性。再说说"艺术家之事"，尼采那颗艺术家的心不知道除"贺拉斯颂歌"（［译注］Horaz，公元前 65-公元前 8，罗马帝国初期诗人）外还有更引人入胜的赏心乐事。③ 形式主义的技艺代表着与纯美学绝缘。布克哈特绝非形式主义艺匠，不屑与之为伍：形式主义艺匠与故意反现代的古典人本主义理想背道而驰。

［原注 46］对于布克哈特而言，艺术上的"技艺精湛者"、文学上的"文人墨客"以及科学上的"单科专家"都是一种堕落现象：是"单个的展示"（"Exhibition von Einzelnen"），是"文明"（Zivilisation），而不再是"文化"（Kultur）（*Gesamtausgabe* XI，页 116；参照 X，页 236 及下页）。

---

① ［原注 43］*Götzendämmerung: Was ich den Alten verdanke*，Aph. 1.在《我们语文学家》（*Wir Philologen*，WW. X，页 374、388、页 390）当中，尼采的立场还是与此相反的。

② ［原注 44］*Götzendämmerung*：同上，Aph. 2。

③ ［原注 45］同上，1。

尼采则相反,喜欢宣称自己是个形式主义艺术家。① 于是,由形式主义技艺构想出尼采那"高贵的"理想。这"首要的(par excellence)高贵",在他那以罗马"强制命令"②为本的唯意志论看来就是获取权力的意志。

如果说人本主义理想历来包括一对概念,即智慧(sapientia)和雄辩(eloguentia),那么,雄辩为适应人本主义日益私人化而越来越失去意义了。在文艺复兴时期,对"公众"演讲大体上就只是炫耀性的。雄辩的理想在彼时就开始降格为美学理想以及文风理想——书面多于口头。尼采的革命神力说竭力"强制命令式"地将雄辩再次激活:这位"怀着特有的宣传激情"③的"耶稣使徒",不管他呈现的形式多么高超,独立自主的智慧(autarke sapientia)也对它厌恶——此智慧在原则上只对现存的和既成的事物做深入认知——换言之,布克哈特的人本主义意志对他也反感。

尼采与布克哈特迥异,他的意识就是"琢磨"如何"运动"群众,使其思想革命化:用权力目标做潜移默化的推动(quieta movere)。布克哈特反对革命的意识则从滔滔雄辩中嗅出对民众的煽惑,这令他深为厌恶;这种煽惑,加上民主大众念及自身的强大,④于是,人们以恶魔似的方式瓦解那寓于"理性和科学"中的至强力量。

对尼采而言,走向"古人",又摆脱古人,求自身解救,这,越来越成为他内心的强制要求;而布克哈特的人本主义理念也是属于"古人"的,他的这种理念被悠久的、高尚的传统圣化了,他认为这理念一如既往是行之有效的,"经典的"古代文化必然是这理念的恒定的基石,也是西方国家文化亘古不变的楷模。

---

① [原注 47] 给布克哈特的最后一封信也是如此。
② [原注 48] *Götzendämmerung: Was ich den Alten verdanke*, Aph. 2.
③ [原注 49] 1877 年 2 月 8 日布克哈特致 Marie Baumgartner(ed. Salin,页 242)。
④ [原注 50] 参见布克哈特 *Gesamtausgabe* XI,页 209 及下页;以及 XI, 255(古代雄辩术与现代报刊媒体的社会学功能之间的相似之处!),343 A. 192 末尾。

四　社会学角度

如果说尼采和布克哈特有过共同的出发点,但不久就出现巨大分歧,那么必然是两人先天存在的本性差异在起作用,导致矛盾不可调和后分道扬镳。

本性差异不能仅从性格学和心理学方面理解,[①]而应从最终制约他们生存的社会学方面去把握。布克哈特和尼采代表的是两种截然相反的类型:前者代表"接地气"的市民人本主义,后者代表"恣肆的""悬空的"文学匠人的人本主义。

[原注 2]Hans Baron 就是如此区分文艺复兴人本主义者当中两大社会学群体的(见其出版的 Leonardo Bruni 选集的导言, 1928,页 XI–XVI)。只要我们还能把布克哈特和尼采归纳在"人本主义"的公式之下,那么除了上文之外,没有什么能够更简短而贴切地表达出他们之间的对立了。参见本书页137,及原注 26。

布克哈特身为巴塞尔城市贵族后裔,其人格由一种传统和一种对此传统负有义务的意识所支撑。祖宅和出生地代表这生命中

---

① 按照 Salin 的解释,尼采与布克哈特之间关系的发展是由于尼采对布克哈特来说"不闲适",而布克哈特则缺乏"勇气"。即便这种解释有几分道理(参见 Markwart,页 90 及下页,或页 138),也仅流于表面。

的某种东西。

[原注 3]布克哈特的自传在提到被召执掌巴塞尔正式教席时,有一个句子很触动人情:"有福的父亲还能亲身经历儿子完全恢复名誉(Rehabilitation,[译注]原文如此)。"(几年前,巴塞尔市民让布克哈特去了苏黎世,自此,布克哈特即在苏黎世担任艺术史教授。重新被召回巴塞尔时,布克哈特已经 40 岁。)

布克哈特觉得自己"被抵押给了巴塞尔"①(尼采受聘来该市之前他就有此感觉)。而对他已预见到的民主进程,他从来不以"悠闲的老者"和类似的身份自居,在任何情况下(他不乏外间的聘任)都不想"离开"巴塞尔:

　　　"我从未产生过要溜走的念头,我的职位在巴塞尔,我要在此坚守。"②

他如是看待他的职务,

　　　"我对巴塞尔大学的责任就是:只要别人容得下我,我就坚守岗位。"③

为一个他认为十分珍贵的义务而每日忠实劳作,为它奉献自己的全部力量,这样,他才觉得圆满实现了生命意义。久而久之,他已习惯于从以下视角看"每个问题":看它对巴塞尔大学是有利还是不利。

---

① ［原注 4］1867 年 6 月 2 日致 Schreiber。
② ［原注 5］1874 年 5 月 31 日致 Preen。
③ ［原注 6］1875 年 11 月 12 日致海泽。

"既然我从未损害过巴塞尔大学,也从未与他人共同对巴塞尔大学犯错,那我对自己在外界的履历就满意了。"①

布克哈特就是这样乐于献身于巴塞尔。"不管怎么说",《希腊文化史》②中写道,"这位功绩卓著的学者要感谢故乡远多于故乡要感谢他"。

社会的支撑意味着精神的支撑。这位深深植根于家乡土地的人从故土中吸取营养,使他达到内心平衡,赋予他一种保持中庸和适度的能力。布克哈特的思想奔放而宏阔,远远超越纯市民的俗务;然而他那优秀的市民意识又提供了乐善好施的平衡力量。这样,他就没有脱离社会,没有像尼采那样失去根基,保障自己没有误入任性、出格和极端的企图,对人本主义理想信守不渝。——他本人就是人本主义理想的代表人物之一。

尼采则代表对立的人格类型。他本人坦言,他在故乡从未感到过"家乡味儿",与家庭的关系也问题多多;当代大学的理念被他彻底抛弃(不只是尖锐批判);他过着一种永远漫游的生活,或者用他本人的一个比喻,过着"永远流浪的犹太人"的生活,这时他才找到了自己的生活方式。

[原注 9]尼采那首动人的诗《孤独》(*Vereinsamt*),结尾就是"没有故乡的人多么痛苦",而他 15 岁时写的一首诗就叫《无家可归》(*Ohne Heimat*,见 Elis. Förster-Nietzsche, *Leben Nietzsches* I,页 111 及下页):那个时候,尼采就能体会无家可归者的情绪。但尼采所说的"更高的人",应该"离开故乡、家庭、祖国"(*Nachlaß*, 1883/84,; Elis. Förster-Nietzsche, *Leben Nietzsches* II, 527)。关于和家庭的关系,参照 1882 年 9 月、1883 年 3 月(*Briefwechsel*, 204)、1884 年 5 月 2 日致欧维贝克;1883 年 8 月致母亲,1888 年 12 月致妹妹(草稿);还有 Podach 作品(*Gestalten um Nietzsche*,页 115 及以下)中的证据。

---

① [原注 7] 1876 年 11 月 17 日致 Preen。
② [原注 8] *Gesamtausgabe* VIII, 78.

尼采在巴塞尔第一次停留之时就反对整个大学体系：因为"真正具有颠覆性(！)的东西是不可能在这里发端的"（1870年12月15日致洛德）。在那个时候，他就代表着"完全否定我们的人文中学和大学"的立场（1871年3月29日致洛德）。相反，布克哈特既不喜爱激进主义者，也同样不喜爱"激进的解决方案"，因为对他来说，"传统的沿袭"（Überlieferung）始终是一种财富（Carl Neumann，页258及下页）。

但是 Gelzer（*Zeitschrift für Kulturgeschichte* VII, 39）恰恰认为理想"植根于贵族式的古代"的尼采是古代文化的"最后捍卫者"，是"正在没落的文明教化最后的火炬手"。没有什么言论能比这些更令人恼火地颠倒是非了。这些描述适用于布克哈特，而不是尼采。然而，我们几乎不能理解，为何一位平时并非不智的评判者，如 Christoph Steding（*Das Reich und die Krankheit der europäischen Kultur*, 1938），能够如此将这两种类型混为一谈，把（整体上）贴合尼采的性格特征，直接用到布克哈特身上。

出于一种成见，认为布克哈特是所谓的"唯美主义者"，Steding 把布克哈特说成了施米特（Carl Schmitt-Dorotijč）所描述的浪漫主义"机会主义者"，"坚定立场"的反对者（页96及下页），以及"市民阶层自我毁灭"的"先驱"和"虚无主义者"。Steding 一再（页253、264、401、466）如此定义布克哈特。虽然尼采也曾称自己和布克哈特是"彻底的虚无主义者"（1887年5月23日致洛德），但唯独涉及布克哈特时，这个说法完全没有道理。

布克哈特的世界观很清晰地以歌德时代固定的古典标准为方向（见本书第5章、第8章），他到处追求积极的东西和"使人幸福的东西"（参见1874年2月25日致尼采，1896年1月23日致 Pastor），相反，尼采偶尔自己承认，说在自己身上隐藏着多少"消极和愤怒的东西"（1874年10月25日致Malwida von Meysenbug），而且日益明显地显露出来。在《善恶的彼岸》出版时，洛德断定，"尼采最终是一位批评家，而且一直是"，但他不是"积极的人"（1886年9月1日致欧维贝克［bei Podach, *Gestalten*, 56］）。

欧维贝克也这么判断（bei Bernoulli I，页273）。Deußen（*Erinnerung*, 103）也认为尼采"更善于毁灭，而不是建设"。（参见尼采18岁时就说过的话："噢，毁灭是容易的，但是建设！"［1862；*Jugendschriften, Musarionausgabe* I, 61］）。亦见 Jul. Kaftan（*Deutsche Rundschau*, 125［1905］, 93, 102）。欧维

贝克夫人(Frau Ida Overbeck)回忆称,"1878/79 年,尼采明确表示说自己没有实质上发自自身的哲学思想,……只是必须确定和当下通行的思想相对立"(bei Bernoulli I,页 241)。

即便《查》书,Hofmiller 评判道,也"不是一本表示肯定的书,而是一本否定之书",充满了"嫉恨"(*Süddeutsche Monatshefte* XXIX,页 99 及下页);亦见Jaspers(*Nietzsche*,页 100、104、398、401、406)。至于布克哈特对于一种典型的批判性的天性是怎么想的,表现在了他对基督教批判者、消极的神学家欧维贝克的刻薄评论上:当欧维贝克重修房子时,布克哈特说,"这将成为我这位同事第一部基础性的作品!"(Carl Neumann,页 7)。

布克哈特反对"批判"天性,赞同"积极的、创造的"天性(1846 年 12 月 5日致 H. Schauenburg)。如果说他和年轻的尼采一样,都认识到"非常容易的是毁灭,但极为艰难的是代替!"(1856 年 3 月 16 日致 Brenner),那么他和尼采不一样的地方,就在于他非常谨慎,尤其是对于毁灭。同样无法理解的是,Steding 为何用"专栏作家"(Feuilletonist)一词来概括布克哈特(页 310 及以下):布克哈特是一位负责勤奋而冷静的劳作者,致力于在坚实的基础上获得认识,在这个意义上他确与专栏作家有相同之处,但他作为报章文体的死敌,也是一位出色的作者,根据一座完善的建筑物一般的高贵轮廓搭建起了《文艺复兴的文化》(*Kultur der Renaissance*),在这一点上,他绝无一丝专栏作家的气息,而尼采的格言风格和始终震惊资产阶级(épater le bourgeois)的腔调倒是有些专栏文章的倾向。(参见本书第二十三章,原注 15 末尾)。

托马斯·曼想赞美尼采时,恰好称其为一流的"文人和专栏作家",其"影响恰与适应了巴黎气候的犹太人海涅类似"(Festschriften „Den Manen Nietzsches",页 226、228)。这种纯粹报章文体意义上的思想丰富性让尼采写下了无数没有品味的话(Geschmacklosigkeiten),相对于此,我们实在没有理由硬说布克哈特有所谓"出格"(Entgleisungen)现象(Salin,页 98)。相反,倒是像 Jaspers 这样仔细斟酌的评判家说到过尼采的"出格"(*Nietzsche* [1936],页 89、91、401)。

要说明这点,无需援引许多证据,只需举"新约"(„Das Neue Testament")一诗为例(其"灵感"也被用在其他地方)。而且,尼采身上存在对颓废的某种喜爱(参见本书第五、第二十三章),而对于那些只要"在任何地方能够证明颓废衰败"就会感到"幸福"的人,布克哈特感到一种不由自主的反感(1882 年 3 月 6 日致 Alioth)。

像 Steding 想要的那样,把布克哈特在历史上对文化衰落过程的研究解释为是对这方面话题的"一种独特的贪欲"(页 344),是任意专断的,没有理解布克哈特:布克哈特对历史的首要兴趣完全放在那些他可用来与当下比较的典范时代上;而当他把兴趣转向那些具备类似(衰败)特征的时代,是为了让当代借鉴,引以为戒。他对当代颓废倾向的恶感如此强烈,以至于在想到未来那些"恐怖的简化者"(„terribles simplificateurs")的统治时(参见本书页82),甚至怀着某种满足欢迎这种统治将带来的好处(比如针对某种对出版自由的错误理解,学术上唯"大学教育"[Erudition]独尊的日益严重的现象,犹太人的有害的主导地位等)[致 Preen 的信]。无论从哪个方面来说,布克哈特都过于健康,无法成为颓废倾向的爱好者(比较本书第五章)。

他脱离社会生活中的一切联系,精神生活亦如是;他摆脱市民阶层、教士阶层和古典人本主义的伦理价值标准,旨在作为"自由的智者"扬弃一切"传统",与一切"关联"脱钩:①他是完全失去依靠的知识分子类型,其典型特征是对那些睿智的、思想丰富的犹太人的偏爱——从海涅([译注] Heinrich Heine, 1797-1856,德国民主诗人,生于犹太商人家庭)到勃兰兑斯([译注]Georg Brandes, 1842-1927,丹麦文学批评家,犹太学者)(布克哈特的典型特征是,对来自这个方面气势汹汹、将文化肢解为赤裸裸文明的危机持严格的保留态度,彰显保守本性)。

尼采尽管才华横溢,但身为形式主义文学艺匠和"颓废派"(Decadent),②他终究难逃写作匠人窠臼。布克哈特作为文化史

---

① [原注 9a] 在这个过程中,尼采本人知道:"自由的精灵","这些脱离了一切的精灵","是危险的,会败坏道德"(据 Paneth 的报道,1884 年 1 月 29 日;Elis. Förster-Nietzsche, II, 486)。

② [原注 9b] 参见本书页 36,页 40。

分析家,习惯于将此类型划归时代特有现象中的文化衰败之列。①
尼采被他的艺术家天性——此天性未与对真理认知的诉求达到平
衡(《悲剧的诞生》出版后,里奇尔发现了这一点;《不合时宜的沉
思》第二部中这点表现得更加明显)——拖进唯美主义。这就给
极端浪漫主义留下施展才华的空间。

于是,毁灭欲望的残酷性也就成为酒神式狂热生命力之迷醉
的一部分了。反逻辑结论和反历史主义也是破坏性的。无论何处
尼采都采取废除手段——他时不时坦承自己信奉"虚无主义"。

[原注 10a]典型的是,尼采很高兴评论自己的"本名"Nǐecki(众所周知,
他喜欢说自己是波兰人)的含义:"'毁灭者,虚无者','始终否定的精灵'"
(相关书信证明见 Elis. Förster-Nietzsche, II, 486)。早在 1862 年,尼采就承
认"我曾经试图否定一切"(*Musarionausgabe* I, 61)。参见 Jaspers, 394、
396、409。

尼采自我拔高直至自我神化,这只意味着摆幅进入另一极端
罢了:被他置于空荡之外的东西,均源于他的主观主义专断。情感
便是一切。

[原注 11]参见 *Wille zur Macht*, ed. Brahn [Klassik-Ausgabe], Aph. 160、
164、166;在人和"德性"上,重要的是它们所发出的"魅力"和"魔力",是"让
人好奇"的"冒险"的"吸引力"(否则它们就是"无聊的")。"行动"必须得有
其"美感"(同上,Aph. 149 末尾)。

这种情绪化冲动(受人激赏的司汤达式的)决定着对道德、政
治和宗教的评价。

于是,尼采就以"贵族"自诩,目的是尽量明显地表现他已脱
离市民阶层。

[原注 12]参见第一章,原注 25(洛德)。欧维贝克称尼采的优雅是"受

---

① [原注 10]见本书第三章,原注 46。

到情感影响的"(affektiert)(bei Bernoulli I,页 272)。尼采总是炫耀自己所谓的波兰伯爵家族出身,这体现了他那显得荒诞的附庸风雅的假高贵派头。这点在尼采儿童时代就已显现,其程度高到离谱。据尼采妹妹在传记(I,页 11 及下页)中透露,为了强化这种家族"神话",尼采曾于 1884 年让人制定了一份文件(页 10),其"可信度"连其妹妹都感到怀疑。关于此事,参见:Max Oehler,尼采档案馆基金会(Stiftung Nietzsche-Archiv)1937 年年度报告,页 25 及以下。

有意思的是 G. Scheuffler 笔下的一个标志:"典范式的家族研究"(*Friedrich Nietzsche im Dritten Reich* [1933],页 14)。在为勃兰兑斯所撰"生平"之中,尼采自称"军官",但实际上他只当了一年半的"一年制志愿兵";在随寄信件(1888 年 4 月 10 日)当中,他特别提到自己曾在卢加诺(Lugano)"和陆军元帅毛奇"共同生活过,但实际上这事是他兄弟做的(Elis. Förster-Nietzsche, *Leben Nietzsches* II, 56 及以下)。

而且尼采还很喜欢炫耀他和瓦格纳圈子高端的相识关系。更多内容,参见 Roos, *Nietzsche und das Labyrinth*,页 46 及下页。当这位精神病患者"以皇帝一般的步态走入"精神病院的房间,"感谢'出色的接待'","以富有感情的声调和浮夸的言辞说话",并且讲述着"他的'公使馆参赞和仆人'"的事,就已经是他一生怪诞的终曲了(*Krankenjournal* 1889/90 选段,Möbius, 100)。

他如是这般背弃了自己的社会阶层出身,做出肆无忌惮地反市民阶层、信仰"缙绅人士"的表白。同时,他以激进的反人本主义表明对"超人"的信仰。在反市民、反人本主义的道路上,他由一种理想引领,亦即把受过全面高雅"教育"的人变为"强人"(只是越来越强的强者)。初始他还坚持这一理想,在巴塞尔时代,这将他与布克哈特联系在一起。

引领他的另一理想是,从阿波罗式和谐适度的文明,经酒神式的心醉神迷,直到生物学和野蛮主义的边缘。思想的这种演变几乎不可避免地超出性格学范围,这个捍卫强人理想的人总是发出

"强制命令",①做出专横和无所顾忌的姿态,这种态度在布克哈特看来无异于暴力行为和"暴虐",对此,他的人文天性势必不能忍受。

布克哈特没有贵族作派,因为他根本不需要这种"派头"。他的谦逊品格既高贵又真诚。尼采的"贵族"概念变成了颓废的"形式主义艺术家"的超级高雅,突破性的活力粗鲁和"超健康"的昏昧,发出怪异之光。

[原注 13a] 尼采的"贵族式"品味,"彻底的孤独与狂热",归结于他"对远方的偏爱"(Osw. Spengler, *Reden und Aufsätze* [1937],页 115),归结于他的浪漫主义。因此他矫揉造作,停留在教条上,缺乏"古典"品味的稳定性。歌德平静地意识到自己在精神和社会上的等级,"从来都不像尼采那样是激情的、理论的意义上的贵族"。(同上,页 115 及下页)。

但对布克哈特而言,"高贵"恰恰是心灵宁静的平衡,它远离天性的野蛮和文化的衰落这两个极端。

此外,市民宁静的安居生活概念——也可套用在"才智"人士身上——有不同形式,这,将布克哈特同尼采的朋友埃尔温·洛德作个比较即可获取教益。洛德晚年追求家庭生活的宁静安逸(他在致尼采的书简中如是写道),②布克哈特则独处,随遇而安,彰显高贵而酸涩的伟大。洛德的内心生活出现日益严重的问题,他怀疑自己从事科学研究的价值,这疑难问题严酷地将他逼迫,使其精神生活出现"极限状况",危机有时迫于眉睫;表明洛德心灵不稳定的还有:他间或强烈需要用瓦格纳的音乐做精神麻醉剂。正如他在致尼采信札里所述,瓦格纳的音乐是治疗他"持续窥探内心癖的专用药物,也许是可取的"。③ 而布克哈特,他那天生的市民

---

① [原注 13] 见本书页 31(原注 48)。
② [原注 14] 1883 年 12 月 22 日。
③ [原注 15] 参见 Kurt Hildebrandt, Nietzsche und Wagner,页 475-480,页 486。

健康的意识就足以保护他不受过分的自我心理分析的侵害,足以使他抛却自我幻想。

如果说布克哈特的独身生活状况——源于他本人的失望①——表明他喜欢自由,②也表明他对那个时代——人们甚至可以卖儿鬻女以填塞其欲壑的时代——的蔑视,③还表明他的禁欲意识,④这是与洛德享受幸福家庭生活大相径庭的非市民生活面;那么,从另一个方面看,布克哈特保护自己不受特殊生活问题的困扰。

[原注20]因为布克哈特必定明白文学并非他真正的使命,所以青年时期的过渡阶段对他而言并不意味着危机。他人生中消沉的时期都是很快能够克服的暂时状态。Kaphahn 在布克哈特书信集(1935)的前面写了小传,在这篇贡献很大的传记概述(页44)当中,他说到了布克哈特"终其一生"所独有的"灵魂易变性"(„seelischen Labilität");但在这种语境下,Kaphahn 也引用了1844年9月14日的一处书信,布克哈特在信中谈到自己"幸福的、内在坚定的天性",称这种天性使其免受不幸和忧郁。

这也证明一种特别幸福的,没有心理障碍的,要求达到心灵正常状态的禀性——尽管他那非同寻常的艺术灵感全然依仗他的高度敏感性。⑤ 这种禀性也赋予他能将孤寂生活坚持到底的心灵稳定。在布克哈特那里业已变成传奇的这一情景,也可以为尼采获

---

① [原注16] 1844年1月27日布克哈特致 Fresenius(信末), 1846年1月11日致 Gottfried Kinkel(信末);相关内容:1849年除夕致 Ed. Schauenburg(信末)。

② [原注17] 1849年12月21日致 Herm. Schauenburg(信末);见本书第三章,原注2。

③ [原注18] 1846年9月12日致 Kinkel(信末)。

④ [原注19] 见本书第三章,原注12。布克哈特对早期基督教的隐修士表达了公开的赞叹(*Gesamtausgabe* II,页319及下页,页328)。

⑤ [原注21] 布克哈特的学生(及其在巴塞尔的艺术史教席的继承者)Heinrich Wölfflin 评论道:"布克哈特很经常会说到阶梯的甜美或者廊柱庭院的欢乐"(*Zeitschrift für bildende Kunst*,1918,页129)。参见:1878年8月26日布克哈特致 Alioth。

得足以抚慰心灵的东西。①

　　然而,洛德同样一向致力于恪守中庸,保持适度。以此为出发点,他俩便看出尼采自由飘浮在时空联系之上的危险。在尼采的《善恶的彼岸》出版后,洛德致函欧维贝克,信中先知般地预言,这位贸然逾越所有尺度和边界的人,其崩溃会不可避免地降临。

---

① ［原注 22］参见上文页 25 及下页。

五 古典天性与浪漫天性

布克哈特与尼采，一个古典天性，一个浪漫天性，双峰并峙。

[原注1]尼采本人承认："恐怕我太有音乐家气质，导致我很难不是浪漫主义者"（1888年3月27日）。简而言之，尼采的浪漫主义包含在《查拉图斯特拉如是说》（*Zarathustras Vorrede*）的前言（Abschn. 5）当中："为了能生出一枚舞动的星星，人必须自身之内拥有混沌"——肯定了内部"混沌"是真正的基础，"一枚舞动的星星"是目标，而且相信自身"生"出星星的能力。

既然歌德①把古典的定义为健康的，把浪漫的定义为病态的，那么我们也可将此定义用于此处，不光应用在心理学意义上，而且也应用于生理学意义上。

健康本身是一个十分市民化的价值。内心具有许多市民意识的布克哈特怀着感恩之心，懂得如何珍视健康，直到高龄仍享受这种天性带来的欢愉。他尽其所能保持身心健康：有节制地、理性地生活。他工作勤奋，但有意识地避免过劳，遵从张弛有度的原

---

① ［原注1a］Spengler（出处同上，页113）把尼采作为"浪漫主义者"和古典主义者歌德对举。

则。① 在布克哈特,"保持健康重于一切",②所以他知道,人生的
要点不光是"成就价值","存在价值"也不能少;对工作量做某些
限制,这有益于健康的"人性"。

晚间布克哈特基本上不工作,③周末用来远足,去欣赏盛产葡
萄的上莱茵地区景色,上了年纪亦如此。在他人生晚期,他有几十
年时光都放弃"不利于健康的写作",宁愿局限在"有利于健康的"
教学工作上。④ 出于健康的本能,凡与其天性不合的,用歌德的话
说,凡是"干扰内心"的东西,他都一概远离:比如抽象哲学的疑难
问题,比如让他心意烦躁的瓦格纳的音乐(还有尼采)。

尼采所患的已非市民化的疾病(托马斯·曼一再如是写道)。
他是个精神变态者,"颓废者"。

[原注 4a]尼采本人(为勃兰兑斯所撰生平, 1888)说,"疾病"使他"超脱
出来",把"走向自身的勇气还给了他。"(尼采的妹妹对这个句子的平庸化解
释——见 1909 年 9 月 6 日致 Hofmiller 的信 [*Süddeutsche Monatshefte* XXIX,
页 102 及下页],早已被尼采本人所否定 [同上]。)关于其平庸性,见戏仿
(Parodie):G. Büscher,同一出处,页 29 及以下,页 57。

[原注 5] Möbius 的一位反对者、尼采档案馆的工作人员 Aug. Horneffer
(*Nietzsche als Moralist* [1906],页 104)也承认:"尼采的心理从一开始就展现
出病理学特征";"最后几年中可见的尼采性格的一切主要特点,从出生开始
就有了。"据尼采妹妹亲自委托的鉴定人 Kurt Hildebrandt 的说法(*Gesundheit
und Krankheit in Nietzsches Leben und Werk* [1926],页 159),尼采从 1873 年开
始到 1880 年都伴随着神经官能症,"其高潮在 1879 年"。参见(同上,页 153
所引)瓦格纳的表述(1878 年 5 月 24 日及 1879 年末致欧维贝克),瓦格纳提
到尼采令人"恐惧"的"心理抽搐",称其为一种"灾难"(1878)。

早在 1881 年,Möbius 就断定尼采有"脑部疾病"(*Über das Pathologische*

---

① [原注 1b] 1858 年 4 月 9 日布克哈特致 Heyse。
② [原注 2] 1875 年 9 月 19 日致 Preen。
③ [原注 3] 同上。
④ [原注 4] 1874 年 10 月 5 日致 Bernh. Kugler。

bei Nietzsche,页 58);1881 年中期,出现了逐步瘫痪的"多次侵袭","最强烈的一波发生在 1882 年 1 月"。"在 1883 年和 1884 年,瘫痪的势头剧烈上升,在写作《查拉图斯特拉如是说》第 5 部分的时候,达到了第一次高潮"(页97)。Theobald Ziegler(*Friedrich Nietzsche* [1900],页 19 及以下)也认为尼采真正"患病"的时间"在 1882 至 1885 年这段时期",也即创作《查拉图斯特拉如是说》时期。据 Ziegler 的说法,《查》书恰好位于"健康与疾病的边界之间";语言和风格表现出"过度紧张和扭曲、极端和激烈、喧闹和尖叫"之中"精神崩溃的第一批痕迹"。Möbius 判断称,"《查》书是在瘫痪刺激的状态下写成的"(页 60),特别是该书第 4 部分,脑病尤其明显(页 67)。P. Bjerre (*Der geniale Wahnsinn* [o. J., 1904],页 56 及以下)也评判《查》书是病态的。

关于第 4 部分,莎乐美(*Friedrich Nietzsche*, 38、261)和 J. Kaftan (*Deutsche Rundschau* 125,页 97)就已作出这样的判断。Kaftan 猜测称,尼采"本人对此已有感觉";参见 1885 年 3 月尼采致其妹的书信,以及 1885 年 5 月 4 日致欧维贝克。Mähly(但并非只有他一人)早在尼采的巴塞尔时期(尼采刚从第一次意大利旅行归来)就有这种印象,"精神病已经开始"(*Gegenwart* 58,页 248及下页);同样一种"悲伤的预感"以"不断增长的极大的忧虑"侵袭了 Malwidas von Meysenbug (*Individualitäten*,页 34 及下页)。

洛德在后来给出了一个回顾式的评论,称他"现在清楚《查》书是疯狂的开始"(1891 年 3 月 13 日致欧维贝克;b. Bernoulli II,引用见页 390)。但即便忽略这一事后的判断,早在"1886 年夏",尼采与洛德最后一次共处之时(莱比锡),洛德就"预感到一种深刻的干扰"(1889 年 1 月 24 日致欧维贝克;b. Podach, *Gestalten um Nietzsche*, 59)。1884 年,欧维贝克在和尼采相遇时,对后者产生了"即将疯狂"的印象,似乎面对着一个"不再能够驾驭自身理性的"人(b. Bernoulli II,页 216 及下页)。参见莎乐美页 222。

洛德总结道,"疾病早就已经开始酝酿",对尼采"早就不能以完全正常的标准和要求"去衡量(1889 年 1 月 24 日致欧维贝克),最后的灾难"早已(下划线)宣示在尼采的著作、理论和抽搐式的迂回曲折的表述之中":"他在本质上早已(下划线)不健康"(1895 年 3 月 17 日致欧维贝克;b. Bernoulli II,页 391)。在 1888 年出现新的升级之前,尼采的瘫痪主要表现在"克制的消失"(Möbius, 97)。Möbius 认为(24, 30),"尼采精神构造的真正病态之处"和他的"本质特征"是"无节制"(Maßlogsigkeit)和倾向"狂热主义",这和欧维贝克的观点(b. Bernoulli I,页177)完全一致。这种"狂躁的不羁"和"狂妄自大"(Kurt Hildebrandt,出处同上,页140及下页),在《瞧,这个人》(*Ecce homo*)之中朝我们扑面而来,可以"从尼采的灵魂发展当中导出,是其自然和逻辑后果"——Hildebrandt(152)也认为这个观点非常接近真相。

Hofmiller(出处同上,页80)发现尼采这种"病态升级的自我意识一开始就非常突出",称尼采中学时期就存在这种"狂妄自大的风格"(82),并认为从此以后,能够发现尼采一生之中类似的表述"没有中断过"(109)。参见同一出处页112(Bernoulli I,页80),页118及以下。同上页73:"在尼采身上,疾病和思考不可分割地融为一体。"G. Büscher(*Nietzsches wirkliches Gesicht* [1928],25)称 Lombroso 关于精神错乱者的作品的描述(*Genie und Irrsinn* [Reclam],页180及下页)是"对尼采创作最贴切的描述"。W. Lütgert(*Die Religion des deutschen Idealismus und ihr Ende* [1930],269)也评论道:"对于尼采的患病,可以从其写作的开端开始追溯。"相关的重要医学描述:G. Vorberg, *Über Friedrich Nietzsches Krankheit und Zusammenbruch*(1933)。关于尼采本人的预感,参见:1876年1月18日致 Gersdorff。

尼采称自己的"观察方式"是"病者"的观察方式。[1] 于是,一个错综复杂的问题由此而生。这个病人总是袒护自己的"所有疾患",[2]但绝不是从"市民阶层的"健康和"正常的"健康角度,而是把他的自卑情绪[3]过度地抵销给了一种"酒神式"心醉神迷的想象,亦即想象着那种"溢流的",被特别强调很是"伟大"的健康。

---

[1] *Fall Wagner*,前言;*Ecce homo: Warum ich so weise bin*,Aph. 1.毕竟在尼采的反基督教学说当中还有一点追求健康的意志:他认为,通过反基督教的思想,同样可以(在身体上)健康,正如帕斯卡因其基督教思想而致病一样(参见欧维贝克夫人的回忆,bei Bernoulli I,页243)。

[2] *Fall Wagner*,前言。

[3] [原注7a]"不稳定的健康"在尼采那里是"对其自身力量感的贬低,是对自身的不信任"(1883年8月末致妹妹)。

[原注 8]*Wille zur Macht*,ed. Brahn, 616, 618。尼采自称(《瓦格纳事件》前言)一个"抗拒"颓废的"颓废主义者"。他的信仰、他的爱、他的希望都无限向往地依附于一种力量和健康的理想,为这种理想赋予了"强人"的形态。因此,《人性的,太人性的》II 1, Aph. 356 曾说,"恰恰是病恹恹的作家能比身体健壮者更好地精通灵魂健康和康复的哲学",因此他也能够"用一种稳定得多、均衡得多的健康腔调说话"。但"在其天性的本质上",尼采"曾经是而且一直是一个颓废主义者";一切其他的事物"永远都只是其向往和愿望的目标,遥远而不可及";他的"超人"理想是由那些"他所不具备的特征"构成的:他的理想是"他被迫所生活的这个样子的对立面"(Jul. Kaftan,同一出处,页 225 及下页)。

　　这一方面服务于他的自我幻想,[原注 9]*Ecce homo: Warum ich so klug bin*, 10。尼采不得不认识到(*Götzendämmerung: Moral als Widernatur*, 6),"这是怎样的一种天真,才会说出:'人应该这样或者那样!'……每个个体都是一部分命运(Fatum)而已。"而另一次(亦见 *Götzendämmerung*)则更加清楚:"认为通过向颓废宣战就等于脱离了颓废,这只不过是哲学家和道德家们的自欺。脱离颓废不是这些人的力量所能办到的:他们所选择的手段和拯救之法,本身也只是颓废的一种表达。"可见,在尼采本人那里,一切都是虚幻的。另一方面成了一种世界观(尼采的病态是这种世界观的核心)的出发点,因为这种世界观本着"超人的",但常常又以"非人文"面目出现的理想,"同迄今所有神圣的、善的、不可触碰的和绝妙的东西戏耍",它就是这种反市民阶层的、"新奇"而"危险"的所谓健康。①

　　这里的要害是健康"过剩",是超出正常健康度的过量。这种过量赋予那处于市民阶层之外或之上的"自由精神"以一种"危险的特权",亦即实验性地生活,甘愿冒险犯难的特权。

[原注 11] *Menschliches*, *Allzumenschliches*,前言(1886), 4。参见 Steding(603):如果尼采"探讨新的伟大的健康,那么我们可以对这种健康的品质怀

───────────

① [原注 10] *Fröhliche Wissenschaften*, 382.

有合理的不信任。这种品质难道不更多地是歇斯底里和亢奋的健康感觉,而
不是真正的、稳定的健康吗? 这种健康的特质难道不正好是'病态',因此我
们在评判其存在(Dasein)时不是恰好要从其病态的可能性出发吗?"(749):
"无论如何","超人"就是一种"本质病态"的构想。(559:)"只有昏聩之人
才能发展出这种紧张偏激的学说。"

　　难道不恰好是这个心理病患者的疾病和特殊敏感性给他指出
一条路,去做别有风趣的冒险吗? 毕竟,尼采只属精神冒险一族。
但他的心理走向和思路在此拐了弯,于是,"获得健康的唯一意志
便露出偏见的本相,没准儿就是一件绝顶雅致之事",而"我们能
否不得病这个大问题依然悬而未决"。① 这种被确定的永久的健
康形式也许是庸人市侩的"无聊"玩意儿,但尼采很"好奇",②认
为那种"巨大的满溢的自信与健康不惧任何危险,也可以不放弃
疾病,他们是获得认知的手段和钓钩"。③

　　这让人忆及浪漫主义对疾病的美化;但浪漫主义,比如在诺瓦
利斯(Novalis)那里,这种美化绝无死亡癖怪味,毋宁说只服务于
提升"最现代"意义上的生活之体验。在浪漫主义,患病开启了通
道,即通向平时锁闭的大门以及门后被贮藏的财宝,那是伟大的
"好奇心"所心仪的财宝。④ 但这种好奇并不像诺瓦利斯那样属形

---

① ［原注12］ *Fröhliche Wissenschaften*, 119. 参见 *Menschliches*, *Allzumenschliches* I 前言,
　　5 末尾:"只是小剂量的健康。""我们需要病态;通过这些伟大的疾病,我们就给了
　　生命一种巨大的推动"(*Wille zur Macht* ［WW., Naumann, XVI,页210］,Aph.
　　778),这些疾病与"伟大的健康"取得了一致。

② ［原注12a］作为通向"有趣"的道路,疾病也会带来"有趣"。因此尼采也觉得自
　　己因疾病而"非常有趣",他也以"某种热爱和虚荣"对待疾病(R. H. Grützmacher,
　　Nietzsche［1910］,页54)。

③ ［原注13］同上,4。

④ ［原注13a］ *Ecce homo: Warum ich so klug bin*, 6.

而上学的类型,而属"心理学"和"形式主义"的类型,①这便是尼采的《瓦格纳事件》及其精神病理学。

疾病,以及疾病导致的心灵软化,均属尼采的"天性",所以,那征服疾病的权力"意志"有违他的天性。这意志表现得很勉强,勉强得甚至有些病态。所以总是"返归"到原点:naturam expellas furca(天性消除分叉)……尼采力图如此,但总是出现反弹。

[原注 14]尼采身上的两面性表达了他天性中贯穿始终的分裂,也表达了他的自然本质和通往理想的意志之间存在的鸿沟。在生活中,尼采始终彬彬有礼,但作为作家,却毫不留情,有不惧对异见者进行一切侮辱的粗鲁;在生活中友好、体谅、关心、同情,"他赞美他所缺少的东西,正如 Conr. Ferd. Meyer 美化暴力人类,但本身却是其反面"(Möbius,页 22)。

尼采在私人交往和著作中所体现出来的对立已经引起了他圈子里的人的注意:比如 Jakob Mähly 突出尼采在交往中"温和而人性的形式",指出尼采"友好地倾听他人的意见和判断",以及尼采"似乎充满了信心和自我意识的低沉的声音"(*Gegenwart* 58,页 247),或者 Malwida von Meysenbug,提到尼采"友善而可爱的秉性",说他是一个"值得被爱和情感细腻的人"(*Individualitäten* [1901],页 24、27、31),或者 Jul. Kaftan,觉得尼采"与生俱来的简单朴实的和蔼可亲"与他"论战中极端的、不乏粗俗的腔调"形成了少见的反差(Kaftan:98)。

Ecce homo (*Warum ich so gute Bücher schreibe*, Aph. 1)中说:"一个是我自己,另一个是我的著作",遗稿中有一处(1880/81;*Werke*, Naumann, XI,页 174):"在每一个个体面前,我们充满了谅解和照顾;但当我写作的时候,我不理解人为什么不能极端地诚实。这就是休息(Erholung)!"在这里,尼采的第二天性就显露出来了,也就是"无所顾忌",不懂节制,不识敬畏。但他身上除了自恋(Selbstliebe)之外,还有自仇(Selbsthaß)。在撰写《查》书之前的一段时间,尼采曾向妹妹写道:"对我所认识的一切人,包括我自己,我都说不出地恨。"帕斯卡的名言"我是可恨的"(Le moi est toujours haïssable)逐渐

---

① [原注 13b]尼采的形式主义艺术家天性尤其对颓废主义感兴趣。布克哈特则完全不同:见本书第四章,原注 9 末尾。

变成了"他最个性的宣言"（Roos，出处同上，117）。

因此，尼采喜欢"反对自己，支持一切让他痛苦或感到困难的东西"（1886年 *Menschliches, Allzumenschliches* II 前言，Abschn. 4）。"我存在方式的二律背反在于，我作为激进哲学家所迫切需要的东西（原文有下划线）——职业自由、妻子、孩子、朋友、社交、祖国、故乡……恰好是我感到缺失的"（1887年7月致妹妹；1886年11月14日致欧维贝克的信几乎已发出了相同的心声）：根据 Malwida 的证明，尼采"心系舒适惬意的家庭（Häuslichkeit）"（*Individualitäten*，页36），会受到"心如刀割的无家可归之感"的猛烈侵袭（Meta von Salis，76）："在圣诞前夜（！），尼采怀着火热的向往意识到，自己没有家庭。"Bäumler 的结论（*Studien zur deutschen Geistesgeschichte*，260）非常奇怪：因为"尼采的著作中"说话的是"独裁者"，所以他在生活中也不可能是"温柔细腻的人"，不可能是"敏感的唯美主义者或艺术家"，不可能是"带着诗人之魂的神经质暴君"。

Bäumler（至少在他近期的发表当中）也同样拒斥对尼采进行任何浪漫主义的解读（*Nietzsche als Philosoph*，页60注释；参见 Bäumler 在 Manfred Schröter 所编巴霍芬选集的导言，CCXXXVII 及下页），而 Steding（470，705）则强调尼采深刻的浪漫主义根基。实际上，尼采的哲学完全是心绪哲学（Stimmungsphilosophie）：它"唤起'心绪'，而且也终于心绪，而不是终于立场"（Jaspers，402）。激发着尼采的"魔法，是极端的法术，是施展一切（！）极端手段的诱惑"（*Wille zur Macht*［Großoktavausgabe XVI，194］，Aph. 749）。"我们承认，尺度是我们所陌生的；我们的欲望（！）恰好是对无限和无可测量之事的渴望"（*Jenseits von Gut und Böse*，格言224）。

青年尼采虽然认可"封闭"的视野是一切"变得健康、强壮、多产"的事物的条件（II *Unzeitgemäße Betrachtungen*，Abschn. 1），《快乐的科学》也知道对世界"包含着无限的阐释"而感到"巨大的战栗"（Aph. 374）；但对后来的尼采来说，"战栗"恰好是他所希望的情绪。因为在根本上，对无限（das Unendliche）的浪漫主义无目标的向往不能停留在任何"终极真理"上（Jaspers，357），尼采就面临着一种危险，即"无所羁绊的"思想会"陷入错乱，陷入游戏"（Jaspers，399）。

关于尼采的天性本质，参见本书第三章，原注14，关于其天性与其理想之间的矛盾,参照本书第十章,原注 29b,关于其分裂的天性在其思想和价值批评的矛盾性中的体现,参见本书第二十三章,原注 70。Norb. Langer 的论述(*Die Probleme der Romantik bei Nietzsche*[1929]),在阐述尼采思想对"合题"(Synthese)的追求时,陷入了一种尼采所不具备的和谐化倾向;在心理上,Langer 也承认尼采身上有一种趋向"自我扬弃"(Selbstaufhebung)(页 26)的"自我矛盾"(Selbstwiderspruch)(页 204 及以下)。

毕竟是尼采身体那非同寻常的不稳定性①致使他在生理学方面做过度和过强的思考以及过高评价,以至用它来解释一切,它是最终阐明意义的基础。②

由于这个意识,更兼这意识处于其生理缺陷之痛苦的压力下,尼采就变成了生物学者,就是说,他成了仅从生物学单方面进行思考的斗士,反对所有本是文化方面的评价方式,同自己过去的观点决裂,以便神化那神"力":他在其中愈益难以自控的力。③ 因反作用力之故,平衡势必被打破,于是产生他那心理变态的肆无忌惮的谩骂癖,最终的结局就是这样。

[原注 16]在《不合时宜的沉思》第二部分(Abschn. 10)当中,人类精神的"基石"还是"对……永恒之物的信仰":在这里,这种信仰(和更适合产生瓦解作用的科学认识不同)恰好被称为是"生命"的利益所必要的。但是,在《人性的,太人性的》(I, Aph. 224)当中,保守的文化元素就被放在了自由的文化元素的对立面,这种自由的文化元素即"自由精神"(Freigeist,参见 Aph. 225)个性的、独立的思考,能够产生"轻松活泼"的作用,从而促成"精神进

---

① [原注 14a] Klages 认为可以推出,"尼采终生都在和最激烈的自杀情绪做斗争"(*Die psychologischen Errungenschaften Nietzsches*[1926],页 213)。参见 1883 年 8 月初尼采致妹妹;另外:*Morgenröte*, Aph. 114(让这位"长期且可怕地"受到痛苦折磨而消瘦的病人得以"抗拒一切自杀的诱惑"的,唯有"智识的"权力);亦见 Bernoulli, II,页 213 及下页。

② [原注 15] 参见 *Wille zur Macht*(ed. Brahn), Aph. 149。

③ [原注 16a] 在这个意义上,Windelband(*Lehrbuch der Geschichte der Philosophie*[12] 1928,页 566)说尼采是一位"神经质的教授,希望自己是个粗野的暴君"。

步"。在这种"更自由"和"更多变"(相对"自由漂浮的")的智识分子当中，重要的恰恰是生物学上"更虚弱的天性，而不是更细腻的天性"：恰恰是"身体上的……损失"可以对应"另一方面的优势"。尼采不无道理的认为自己就属于这种自由多变的智识分子(见本书页 32 及以下)，而在社会和精神上有根基的布克哈特则不属于此列。这一格言的标题是"通过退化而变得高贵"(*Veredlung durch Entartung*)。《权力意志》(WW., Naumann, XVI, 页 358；Aph. 996)中有一句话："崇高雅致的人拥有最高的价值，哪怕他非常柔弱易碎"；(XV, 页 432 及下页；Aph. 401 III)"假如说，强者成了一切的主宰，包括在价值观方面……，也许这是我们所希望的世界？——难道我们真的希望有一个没有弱者影响的世界，没有弱者的细腻、体谅、智慧和灵活性？……"

　　布克哈特那适合于美之准则的伟大健康也表现在心灵层面上。在他那里，一切都是均衡的。他也有过抑郁的时光，但这未破坏均衡，胜利地征服抑郁便是明证。他强有力的健康让他总是觅到内心和谐与美好安详。他秉持坚定不移的"古典"规范意识而生活，依从歌德对这些规范的敬畏而自谦自励，从这些规范中找到了那个总是教给他行"中庸"处事原则的支撑点。他的思想发展路线是十分笔直和平静的，尤其与那个永远是柏洛托士([译注]Proteus，希腊神话中变幻无常的海神)的尼采相比。

　　借用布克哈特自己的一句话说，他的思想"很早就是完备的"。他过的是一种以超个体标准为取向的生活。尽管他同少数人一样，长相有些独特，但没有什么比有人因为尊崇特殊性和多样性而推导出某种主观主义的、带有个人专断特权的理论更让他排斥的了。他被有序世界这一理念掌控着，生活中须臾不离对更高准则的尊敬，这些准则对天才人物也划定界限。在历史的大框架中，尤其在个人生活的小范围内，他认为"我"绝不是尼采心目中万物的中心，无论何时何地，他总是设法退避得尽量远一些，远离尘嚣。

　　有人用无求和谦逊对他的外部生活做过实事求是的简要总

结,那正是他卓拔高蹈之处;与之形成反差的是,尼采对自己类似上帝的作派无所忌惮,"瞧,这个人"([译注]〈Ecce homo〉尼采著作)骄横狂妄。① 有人对两人做了如是对比。布克哈特"既不给公众对他本人关注的权利,也不给他自己在公众中突出他本人的权利"。一如有人对另一位谦逊的伟人莫尔特克([译注]Helmuth von Moltke, 1800-1891,一译毛奇,普鲁士帝国元帅和德意志帝国总参谋长)所做的评价。在布克哈特那襟怀开阔、谦卑自抑、唯适而安的个性中寄寓着道德风纪,对此,尼采永远只有向往的份儿。布克哈特秉承积极的自我克制思维,这放弃式的生活智慧便是歌德老年时的睿哲。

1846 年,布克哈特青年时代的一个朋友不幸早逝,他在致金克尔([译注]Gottfried Kinkel, 1815-1882,德国诗人)的信中谈及那位朋友——信中所言又再次让人想起尼采——给他留下的印象:"歧嵬不凡",但自私自利,"怪异有趣",但"生性轻浮","最终自我膨胀得可怕,愈难自控,势必碎裂"。就是说,此人一方面令人钦佩神往,另一方面不能让人"真心喜爱","我觉得他过于强势,过于奔放不羁","大有舍我其谁之概",缺少平和稳重。布克哈特把拥有"强大的神经"和"坚强意志"说成是此君的过人之处。

[原注 17]布克哈特致金克尔(1846 年 8 月 15 日)的信谈到了其青年时期的朋友 E. W. Ackermann。此人属于布克哈特在波恩时的朋友圈子,尽管很天才,但他"把一切都引向自身的自私天性"无法在布克哈特那里唤起"好感",因为这种天性虽然有天赋,但其恶魔式的、拜伦式的品质和布克哈特人本主义和古典的人类理想反差过大。参见布克哈特为 Ackermann 之死所作的诗"In Neapel"(*Gedichte*,ed. Hoffmann,页 64 及以下),在这首诗中,布克哈

---

① [原注 16b] 尤其见:前言, 4(《查》书是"世上存在的最高端,最深刻的书"),序言
    ("……是不朽的"), *Warum ich so klug bin*, 10("全是一流的东西,没人可以模仿
    我"),《查》书, 6(意义类似),《偶像的黄昏》, 3(作为"神"的尼采;参见 1889 年 1
    月 6 日尼采致布克哈特)。尼采所撰的整个一系列自传,参见 Hofmiller,
    Süddeutsche Monatshefte, XXIX, 101。

特称 Ackermann 为一个"恶魔"（Dämon），虽然"出身于众神之间"，却没有爱的能力，通过他自身自私所筑成的"大理石墙"和人类分隔，另参照布克哈特的另外一位青年之友 A. Wolters 和 Johanna Kinkel 所描述的性格特征。

Wolters 形容这位 Ernst Ackermann，"一切对一个道德的世界秩序的信仰，他都要嘲讽"，"像普罗米修斯反抗众神一样和救世主作斗争"（见 W. Beyschlag, *Aus meinem Leben* I ［1896］，页 230）。Johanna Kinkel 说 Ackermann："太不羁，无法创造纯粹的美的形象，太病态一般地敏感，无法达到其天性所追求的极致"（参见：*Jacob Burkhardts Briefe an die Brüder Schauenburg*, o. J. ［1923］，页 74 及下页）。同样是布克哈特青年朋友的 Beyschlag，和布克哈特一样，在面对"富有天赋，却受到恶魔般天才的驱使""不安宁的" Ackermann 时，体会到"一种钦佩和恐怖混杂的感觉"。Ackermann 是一位"生活和活动在泛神论之中的"神学家，"让神圣者和有罪者之间的对立消失在了高贵者和普通者之间的程度差别之中"。

Ackermann 是一个"现代人"，在他身上，几乎只燃烧着"颠覆社会和颠覆宗教的火焰"，特别钟情于生命"恐怖、疑难和深不可测"的一面，因此对布克哈特这样的人来说，Ackermann 是恐怖的，布克哈特"不会"尝试"和他进一步交往"（Beyschlag，出处同上，页 147 及以下）。这一切都和尼采一样：他和 Ackermann 都是不羁的天性。

布克哈特写道："放错了地方的天才是来自魔鬼的。"（1849 年 9 月致 H. Schauenburg）根据布克哈特着眼于和谐的天性，年轻的 Ackermann 身上如此负面的地方，在于其完全缺乏持续性（Stetigkeit）。尼采也拥有一种"在最深处的内部不平静、无法持久的天性，这种天性无法忍受长期停留在某一事物上"（Deußen, *Erinnerung an Nietzsche* ［1901］，页 80）。其外在表现就是格言风格，喜欢"随口说出"的思想，倾向于思想"碎片"。

——有人把尼采《不合时宜的沉思》第一部分作例子，书中，尼采把达维德·弗里德里希·施特劳斯（［译注］David Friedlich Strauß，1808-1874，德国基督教哲学家、神学家和传记作家）当作德国"教育市侩"的典型加以嘲讽，尽管施特劳斯反叛基督教道德世界的神学，此外还以德国古典主义理想为依归。维系布克哈特与施特劳斯关系的东西肯定多于维系布克哈特与尼采——至少晚年尼采——关系的东西。

布克哈特也是追随那个"古老"信仰的人,即信仰真善美理想,那是更崇高的人性标志。它们作为具有永恒内涵和永恒作用的准则与世俗脱离,要求人们普遍认可,是它们决定着布克哈特的全部思想。他喜欢和崇尚那和谐的明晰,就必然厌恶和拒绝所有暧昧的迷醉的东西;精神自由是他的生存条件,他就必然反对一切强权和暴力行为;他也就不会像尼采那样,在酒神狄奥尼索斯与伏尔泰([译注] Voltaire, 1694–1778,法国启蒙思想家、作家、哲学家)之间摇摆。他同样远离启蒙运动的理性主义和令人迷醉的幻想癖,恪守古典主义路线:歌德的路线。

反观尼采,尽管他也提阿波罗([译注] 希腊神话中光明与艺术之神),但总是意指主观和心理方面的东西,总是意指在个体内心起作用的种种欲望,属于这些欲望的自然还有被服从的欲望。他是个双向人格的人,正如胡赫([译注] Ricarda Huch, 1869–1947,德国女作家)对这个典型的浪漫主义者所做的理解那样。① 他从自我认知中意识到浪漫主义者由于"对自己大为不满"就会被引导去到其内心潜藏的"创造性"能力处。②

惟其如此,所有的浪漫派本身无不具有深奥的"暧昧"特质,"所有的现代派亦如是"。

[原注 19] *Wille zur Macht* (Brahn),格言 536。尼采被禁锢在两个世界的张力之中,任何一个世界都不是他的故乡(Roos,页 59 及下页)。"在诗意的自我(lyrisches Ich)和教育的自我(didaktisches Ich)之间不存在和谐"(同上,页

---

① [原注 17a] *Blütezeit der Romantik*,„Apollo und Dionysos"一章。Bertram 的论述以及 Klages 尼采分析当中的不同论点,其基本主题都是尼采天性的两极化紧张态势。

② [原注 18] *Wille zur Macht* (ed. Brahn), Aph. 537。参见 Roos,同一出处,页 46:"经过反思而发现的一种双重自我(Doppel-Ich),由'第一'天性和'第二'天性构成,这种自我饱受分裂之苦,如果正确理解,这种分裂正是财富取之不竭的源泉。"

79）。而尼采自己所说的话（*Jenseits von Gut und Böse*，格言 270）无异于一番自白："存在许多自由的、放肆的精灵，它们想隐瞒和否认自己是破碎、骄傲和无药可救的心灵。"与此相关的，还有在尼采身上也起作用的，自我毁灭的浪漫反讽，如蒂克（Tieck）*William Lovell* 的风格（包括 Jean Paul 的 *Titan* 和 *Hesperus*，以及 *die Nachtwachen des Bonaventura*）。参见尼采的青年诗作 *Euphorion* （1862；WW.，*Historisch-kritische Ausgabe* II，页 70 及下页）。

　　德国浪漫派诗人已感到是"现代派"了；尼采自己感到被司*汤达*（［译注］Stendhal，1783-1842，19 世纪法国批判主义作家）的浪漫主义风格，也被那种以病态为底色的"敏感的"形式主义艺术趣味深深吸引——此艺术趣味是他从自德拉克洛瓦（［译注］Delacroix，1798-1863，19 世纪上半叶法国浪漫主义画家）到波德莱尔（［译注］Baudelaire，1821-1867，法国诗人）的法国晚期浪漫主义那里觅到的。也就是说，他被这种典型的高度精细化的"文化"①强烈吸引，②于是在他内心，现代社会的全部问题就起来反抗古典时代精神了。而布克哈特即属古典时代的晚生子。他代表着本质上为非现代的，其意识和意志是反现代的类型的人。

　　对布克哈特来说，现代派，无论是德拉克洛瓦还是瓦格纳，均为颓废的代表。纵然他在客观上不得已认可现代派的某些东西，但他本人已清楚表明了拒绝的态度。③ 这也属于他"古典的"健康之特质。而一直生活在"临界状态"中的尼采，由于他一贯的"冒险"癖，故恰好受现代派"危险"因素（比如，特里斯坦音乐剧中的）④（［译注］《特里斯坦与伊索尔德》为瓦格纳的著名歌剧）的吸引，以至心理变态的东西难以祛除。

---

① ［原注 20］*Ecce homo: Warum ich so klug bin*，5；比较 *Wille zur Macht*（Brahn），671。
② ［原注 20a］对尼采而言，"折磨着他的直觉悖论"不断尖锐化，"发展成了古代和现代之间的对立"（Lou Andreas-Salomé，71）。
③ ［原注 21］关于德拉克洛瓦：1881 年 6 月 14 日致 Alioth。
④ ［原注 22］*Ecce homo*，出处同上，6。

　　尼采与布克哈特内心代表着两代人的典型,他们受此制约,人们可以将其视为两代人的表达方式。布克哈特仍为歌德时代的人,他在柏林读大学时,曾在阿尔尼姆([译注] Bettina von Arnim, 1785–1859,德国女作家)那里度过了许多怀念歌德的时光,彼时歌德已辞世约 10 年光景。①

　　这位青年那时就已自觉地拒绝与那个自 19 世纪 40 年代起愈益清晰临近的新时代共生共存,②他一直保守,反对革命,活在 1848 三月革命之前和俾斯麦之前的时代里。对"青年德意志派"文学,他不大愿意理睬,对瑞士的"义勇军"民主运动亦如是;为了逃离那个时代,当时这位"对现代化深感厌倦的人"③迁徙去到"不问政治"、古风犹存的南方,去寻找歌德笔下的意大利。他是即将寿终正寝的"时代"的"少量遗民"之一,歌德 1825 年向泽尔特(Zelter)谈及那些人,④告诫说"要尽量恪守我们成长于斯的那种理念",亦即人本主义理念,重视培育精神人格的理念。然而这理念的前提条件随着歌德所预见的,现已强势崛起的经济—技术文明越来越不具备。此文明不允许人再有时间和宁静心态去构建一种符合人文的、"有教养的"生活。歌德说过,当下,所有的人都很激进,"都超验得无药可医";歌德同时还联想到"拥塞不堪的音乐",这让人不由得想起瓦格纳及其初始受瓦格纳激赏的门徒尼采。

　　尼采是一个变化无常之时代的产儿。他在"青春"时代就看出自己"被抛进"⑤一个时代,在这个时代里,没有什么还能"站稳

----

① ［原注 23］1842 年 3 月 21 日布克哈特致 Gottfr. Kinkel。

② ［原注 24］1846 年 2 月 28 日致 H. Schauenburg。

③ ［原注 25］同上。

④ ［原注 25a］1825 年 6 月 7 日歌德致 Zelter(*Briefwechsel*, ed. Hecker 1915, II,页 339 及下页)。

⑤ ［原注 25b］值得一提的是,在某种程度上,这是一个夺海德格尔先声的表达方式。

脚跟"，①他于是成了力本论（［译注］Dynamismus，用力与其相互关系来
解释宇宙的理论）哲学家。他认为永恒变化和不断转换的动乱就是
一切，而既成的平静的存在不值一文。尽管他还喜欢——但大多
不当——援引歌德，竭力表示对歌德的景仰。

　　［原注 26a］如果说尼采在《权力意志》（ed. Brahn，Aph. 8）当中仍然信
奉歌德身上所"达到的人本主义"的图像，那么这种对歌德的看法似乎与尼
采同时对布克哈特的态度类似（参见本书第二章，原注 39）。在《偶像的黄
昏》末尾，歌德与布克哈特的名字几乎并列出现：这看上去是一种标志。

　　然而，他是"摩登"一代的典型代表，这代人已失去与歌德时
代的内在联系，瓦格纳亦如是。早年尼采对歌德类型的人就颇有
微词。

　　［原注 26b］把歌德，包括 Andler 归于"尼采的先驱"，只在某种程度上是
不可能的，即歌德的博大可以给每个人带来一些收获。而尼采的类型是"对
歌德最陌生的浪漫主义的后嗣"（Ernst Betram，见为 Berth. Litzmann 所撰纪念
文集［1920］，页 336）。施本格勒（［译注］Oswald Spengler，1880-1936，德国
哲学家，史学家，著有《西方的没落》）称之为（出处同上，页 116 及下页，页
122 及下页）"浪漫主义者的命运"，尼采之关照，其曲调"在他自己身上都无
法终结——浪漫的思考是无限的"，而歌德"古典"的一生是"上升、成熟、尾
声之和谐"的一生，一切都归于"圆满"。如果说歌德的人生是"一种快乐的
近处和圆满的当下之象征"，则尼采身上的一切都是"远方"。

　　［原注 27］《不合时宜的沉思》第三部分，Abschn. 4：对尼采而言，歌德是
一种过于"直观"和"守成"的天性。歌德"痛恨一切暴力，讨厌任何跃进"，
不愿意"任何'秩序'遭到颠覆"，对尼采来说，"这意味着歌德厌恶任何行
动"："秩序"这个概念就让尼采变得反讽，他看到这个概念与庸众之接近，因
此歌德对他来说过于"市民气"（bürgerlich，在此，我们也许可以将其与托马
斯·曼关于"市民"歌德、"作家"歌德的论述对比，与尼采相比，曼的论述恰
好是一种相反的积极的看法）。参见尼采早在 1873 年就写下的对歌德性格

———————————

①　［原注 26］*Wille zur Macht*（Brahn），Aph. 12.

的描述,他称其为"软弱,没有男子气概"(WW., Naumann, XII,页246)。

尼采间或引用具有布克哈特古典风韵的荷马—鲁本斯—歌德三体合一(Trias Homer-Rubens-Goethe),但他也能把歌德与俾斯麦相提并论,①这在布克哈特看来真匪夷所思。他大概想把歌德抬高,让他成为"狄奥尼索斯式"的狂热者,以反对他的时代。但他认为歌德的"智者"理想很"苍白",对基督教的各种关系虽怀疑,但歌德本人显示的"异教"味儿过于淡薄,②过于人性化。

所以尼采抬升他的理想,以便让它以"充血的"、生理足够"健康"的面目出现,于是有意识地让它从文化层级降到自然层级,把人当作具有各种"本能的""动物"。③ 这是公然反驳叔本华,④反驳这位同歌德关系密切的智者。由于尼采反古典的情绪化,所以人的概念要从"动物学"方面来理解了,⑤"野蛮人""未开化民族"这一类观点就变得符合规范了,⑥"野蛮"就不再是个负面概念了。

[原注34] 同上,559,669。即便阿波罗式思维的希腊人"觉得狄奥尼索斯气质的影响'野蛮'",可"'野蛮'毕竟与阿波罗式的东西一样,是一种必要"(*Geburt der Tragödie*, 4):在尼采那里,这一点是理所当然的,而且不停留在语文学–历史的层面上,而是在哲学–原则的意义上。尼采的一位学生简略地说道:"现在需要野蛮!"(Maintenant il faut des babares!,出自 Charles-Louis Philippe 青年时代的一封信,引自 Jul. Wilhelm, *Friedrich Nietzsche und der französische Geist* [1939],页85)。

---

① [原注28] *Wille zur Macht* (Brahn), Aph. 605.尼采看得透彻的地方,他就在歌德身上看到了"自身不和谐天性的反面"(参见 Lou A-Salomé,页25,以及该处所引的尼采为莎乐美所写的格言)。

② [原注29] *Wille zur Macht* (Brahn), Aph. 133.

③ [原注30] 同上,58。

④ [原注31] 同上。

⑤ [原注32] 同上,169 末尾。

⑥ [原注33] 同上,91。

对人来说,比较自然史就取代文化史了。① "肉体"获得对"古老灵魂"的优先权;② "我们至圣的信念便是我们肌肉的判定",③而强者"去虚伪"的权利就意味着被恢复的"自然"权。④ 此外,被选中为不可分离的孪生神明的海涅和拜伦([译注] George Gordon Byron, 1788—1824,英国浪漫主义诗人)与尼采颇为契合,前者浪漫主义化的怀疑论与尼采一致,尼采感到后者的"曼弗雷德"与自己"十分类似",相反,他对歌德的"浮士德"则侧目而视,鄙夷不屑。

[原注 39]*Ecce homo: Warum ich so klug bin*, 4。尼采以颂诗起头,"却以文字游戏收尾","以丑角的一个跟头"结束(Büscher,出处同上,页15),这直接让人联想到海涅。参见 1888 年 5 月 4 日尼采致勃兰兑斯:"我跟最严肃的事物安上一条玩笑的小尾巴。"

[原注 39a]*Ecce homo*:出处同上,尼采 17 岁时就已"被这位统御众精灵的超人那令人畏惧的庄严崇高所震撼"(*Historisch-kritische Gesamtausgabe*: WW. II,页 10),让他震撼的还有这部著作,"可称是在任何一个意义上都跨越了寻常事物之边界,几乎是一部超人之作"(同上,14)。拜伦是 18 岁的尼采"最喜爱的英国诗人"(同上:*Briefe* I,页 202 及下页),而非莎士比亚。后来在尼采的人生中具有"时代"意义的司汤达,其笔下巨人般的姿态,无视道德的主人公的超人气质,也是追随拜伦。

[原注 40]*Ecce homo: Warum ich so klug bin*, Aph. 4。"尼采身上的浪漫主义者"把"曼弗雷德"抬得比浮士德还高(E. Betram, *Festschrift für Litzmann*,页 350)。见尼采对"浮士德"思想的揶揄:*Menschliches, Allzumenschliches* II 2, 124, 以及 " Lieder des Prinzen Vogelfrei " (*Fröhliche Wissenschaften*)当中那首嘲讽的诗《致歌德》(*An Goethe*)。撰写《查》书时期遗稿中的一处笔记说:"我笑《浮士德》"(WW., Naumann, XII,页 246)。

---

① [原注 35] *Wille zur Macht* (Brahn), Aph. 661 末尾。
② [原注 36] 同上,436。
③ [原注 37] 同上,110。
④ [原注 38] 同上,104 末尾。

另外,参见撰写《人性的,太人性的》(Bd. XI,页25)时期以及重估一切价值(Bd. XIII,页335,页361)时期的遗稿。对尼采来说,"浮士德"过于"基督教化":浮士德让自己被"引向""更高"的世界,因此"背叛了尘世",而查拉图斯特拉"教导我们要忠于尘世"。"《查》书是针对福音书以及《浮士德》的一种有意识的对立"(Roos,出处同上119),查拉图斯特拉身上马基雅维利的特征也构成了对立(同上,122),尼采的"恩培多克勒"(Empedokles)(在早先的草稿中作为浮士德而登上舞台)也同样不乏这种色彩。

出自歌德的"超人"(Übermensch)一词,在《浮士德》当中被"当作一种错误"而加以否定,但却被尼采的浪漫主义所认可(Johs. Klein, *Die Dichtung Nietzsches*〔1936〕,页140)。尼采对拜伦和波德莱尔风格的"替代造物主的浪漫主义人格"之推崇,恰与布克哈特"为更高事物司铎布道"的"古典"立场相对立(见Carl Neumann, 96)。

说到底,这种"形式主义艺术趣味"①只有"当下巴黎那些好奇而敏感的心理学家"、现代派中最现代的人才觉得有趣。② 粗野之最、现代之最在巴黎跳着那实属鲜见的反古典轮舞。布克哈特明确地站在歌德意识中的那种文化一边,它既不愿降格为纯自然,也不愿降格为纯文明;任何"超人"理想对他这个从不自傲的人都没有吸引力。他想要的是这样的人:懂得自己被上帝赋予的界限,懂得自己只是一个人而已,但另一方面,断不可自我降格在"真实的符合人性的人"(homo vere humanus)本可达到的最高水平之下。而"永恒"价值这一理念属题中应有之义。

歌德的对立极海涅乃是误打误撞沦为写诗的新闻报刊文体;布克哈特对海涅深恶痛绝,③对拜伦那伤人害世、"神秘莫测"的怀

---

① 尼采就是这么说自己的,见 *Ecce homo*,出处同上,3。

② 同上。

③ 1852年5月21日致Emma Brenner-Kron:"请您小心海涅;他看起来有可爱的天性,但在根本上完全是人为技巧的三重提炼物(Triple-Extrait)。"参见1855年12月2日致Alb. Brenner。

疑论也同样反感,纵然拜伦把自己打扮得那么"妙趣横生"。① 布克哈特不赞成那种以"撕碎和分裂",以及以恶魔为代价的"情趣",②而拥护"和谐"之中的"美"的事物。③ 然而,身为真正的歌德人士,浮士德的精神从未在他身上失落。他把深刻严肃地探讨"浮士德"视为"德国有教养青年那固有的、拒绝不了的命运";在他,这还意味着"查明了一种规律"。④

古典艺术,只有古典艺术,布克哈特才认为是具有最高意义的艺术,对布克哈特而言它意味着"形而上"的安慰,⑤亦即人本主义的宗教替代品。年轻的尼采对这个观点也不陌生,那时他还是叔本华的门徒,是著有《悲剧的诞生》,具有浪漫气质的悲观主义者。可是,这个晚年充满幻想的乐观主义者却要让"所有的形而上安慰"见鬼去,作为反基督者,作为狄奥尼索斯的信徒,他只允许一种"欢笑的""对尘世安慰的"艺术。

[原注 49] *Versuch einer Selbstkritik*(《悲剧的诞生》1886 年前言),7。艺术接受力和艺术能力主要位于音乐领域的那些人,尤其可能"狄奥尼索斯式"地理解艺术(与阿波罗式相反),尼采就是这样。在各类艺术之中,唯独音乐可能放纵人喜爱"不清晰"和"无纪律",尼采本人也曾有一次这么说(见《朝霞》写作时期遗稿的笔记:*Werke*,Naumann,XI,页 339)。对于瓦解一切形式的浪漫主义者尼采而言,具有典型性的是他自己的音乐。1872 年 Hans von Bülow 这样形容尼采的"曼弗雷德"冥想曲(Manfred-Meditation):"想象力铺张最极端、最令人不舒畅和最反音乐的",是一种"狂热的产物"(致尼采的信,见 *Briefe und Schriften*,出版人 Marie von Bülow,V [1900],页 553)。

在音乐上,布克哈特也毫不动摇地只喜欢"古典";虽然音乐足够贴近他,于他的人格而言不可或缺,但在布克哈特的生命中,更重要的仍然是文

---

① 同上,布克哈特同样把海涅与拜伦联系到一起。
② 同上,末尾。
③ 同上,末尾。
④ 1855 年 11 月 11 日致同一人。
⑤ 参见尼采《悲剧的诞生》,Abschn. 18 末尾。

学,特别是造型艺术:正和"古典"人格类型相符。尼采则恰好相反,欧维贝克夫人指出,"对尼采来说,造型艺术……几乎不存在"(b. Bernoulli I,页237)。甚至尼采和"英雄风景画"([译注] heroische Landschaft 油画和风景画的一个类型,多表现原始荒凉的风景,17、18 世纪时,其中的人物多为古希腊神话中的众神和英雄,或者是圣经中的英雄)之间是"直接的"关系(Wilh. Stein, *Nietzsche und die bildende Kunst* [1925],页 19),而不是一种派生出来的关系,这一点也值得怀疑。

尼采给 Malwida von Meysenbug 写道(1875 年 3 月 24 日):"我很少在视觉的展示上发生兴趣。"意大利? 大概尼采的"导游"懂得珍视意大利;但是:"意大利的自然在尼采的作品中有着重要地位,但其艺术则不然"(Möbius,18;参见 Elis. Förster-Nietzsche, *Leben Nietzsches* II, 89)。尼采对罗马的厌恶(参见本书页 167 及下页),相对于布克哈特对罗马的热爱,就已经"足够"说明问题。在某种非宗教,而更倾向文化的意义上,尼采属于"新教"类型的人,正如布克哈特(在同样的意义上)属于"天主教"类型。

但他被拘囿在浪漫派的社团中,尽管很想脱离干系,却无计可施。当他醉心于狄奥尼索斯,或热衷于瓦格纳音乐那令人迷醉的魔力,[1]或倾心于文艺复兴时期的强权者以及那原则上百事可为的超人,那他就一直受浪漫主义的牵连;当他沉醉于那些连他自己也感到陌生的义务,当他被瓦格纳搞得心烦意乱,转而突然为莫扎特(Mozart)唱赞歌之时,那他就一直是个浪漫主义者了。

[原注 49b]对于莎士比亚笔下的"强人",尼采在内心"迫切需要,……即便这些人都是怪物",但"每一种强大本身就是立刻让人振奋,让人愉悦的东西"(1883 年 11 月致妹妹),但是尼采在生活中实际上无法忍受他理想中的那些人。关于这点,尼采的妹妹恰当地评论称:这样的人对尼采来说是"讨厌的"。"在书里,这些人看起来非常美好,但在日常生活中","感觉过于细腻的"尼采也许会"因他们而毁灭"(*Leben Nietzsches* II,页 466 及下页)。她

---

① [原注 49a]尼采 24 岁时就强烈地受到贝多芬第 7 交响曲最后一部分"巴库斯-俄耳甫斯"般"生命的激荡"的吸引(WW. *Historisch-kritische Ausgabe* IV, 121)。

用尼采本人的坦白证实了这个说法(467)。

尼采与瓦格纳在精神史方面极为相似,他俩初始一度志同道合,对此就不难理解了。两人都是带有世纪末趋于颓废特征的典型的浪漫主义者——两个"现代派"。他们都有心醉神迷和病态激昂的爱好,其艺术家禀性表现为无节制,乖僻("我只能活在极端里",瓦格纳在致李斯特[Liszt]的信中如是写道,尼采本来也可以这样讲),狂放不羁,没有分寸故而强悍,极端主观主义,全盘违和古典。

此外,他们是世纪晚期和颓废文化的典型代表,带有明显的病态特征。尼采——他的"真诚的"瓦格纳是《特里斯坦》的创作者——心里"只知与什么样精妙的形式主义艺术家对话,只与瓦格纳艺术旨趣的世界主义对话";①他觉得瓦氏艺术就是针对他的:颓废音乐与尼采内心的颓废者对话。他与此艺术的关系就是他病历的一个章节。

[原注51]参见 *Fall Wagner*, Aph. 5;*Ecce homo: Warum ich so klug bin*,页5 及下页。Möbius(页34)强调,尼采对颓废艺术的偏爱,对舒曼、瓦格纳、司汤达、福楼拜、陀思妥耶夫斯基和波德莱尔的偏爱具有典型性,尼采晚年尤其爱读"堕落的法国人的作品,包括那位退化心理学家布尔热(Bourget)"(Möbius, 36);参见本书页 164。在尼采看来,布尔热([译注]Paul Bourget,1852–1935,法国小说家,文学评论家)的长篇小说《爱之罪》(*Crime d'amour*)尽管是一个"腐朽的产物",但在"形式艺术"的意义上,是一种"室内音乐式的文学"(Kammermusik-Litteratur)(1886 年 4 月致欧维贝克)。布尔热与尼采在"精神上的亲近之处"(Jul. Wilhelm,页 19 及下页)在于,他和尼采一样,既是颓废的一员,也是颓废的批判者———位批判沙龙心理学(Salonpsychologie)的沙龙心理学家(F. Kröbel, *Europas Selbstbesinnung durch Nietzsche*

---

① *Ecce homo*:关于《人性的,太人性的》, Aph. 2。作为颓废艺术的瓦格纳音乐、德拉克洛瓦的绘画、波德莱尔的诗歌(参见本书页 164 及下页),都是那个时代典型的艺术,是"现代"艺术。

[1929]，141；Herm. Platz，见 *Neuphilologische Monatsschriften* VIII ［1937］，
177，185)。

在尼采心目中，瓦格纳究竟为何人？他曾一度认为他是"现
代风格"的化身。① 尼采"初始作为希冀者曾向这个现代世界突
进"。② 但同时他也在此觅到一种他无法抵御的麻醉剂，以治疗生
活中的痛苦，他在叔本华那里见出此痛苦的反射。他需要《特里
斯坦》歌剧音乐这剂迷醉"毒药"，否则他就"忍受不了他的青春时
代"，这音乐直到很晚时还对他有着无可比拟的、"危险吸引"的影
响力，以至于他在《瞧，这人》中还"快意地"额手称庆自己被这音
乐搞得"神魂颠倒"；不管这种"可怕而甜蜜的无终极"浪漫风格多
么"可疑"，但瓦格纳在工匠歌手演唱中，在"倒退"循环中却"变得
更加健康"了。

　　[原注 54、55]*Ecce homo: Warum ich so klug bin*，Aph. 6.称《指环》一作说
明瓦格纳"倒退"到了更"健康"境地的那个句子，恰如写作《人性的，太人性
的》时期遗稿笔记（*Werke*，Naumann，XI，页 97)："沃坦……，布吕恩希尔
德……，齐格弗里德……这一切多么让我厌恶！"都证明了 Bäumler 的阐释
（*Nietzsche als Philosoph*，148）经不住反驳。Bäumler 认为，尼采（偶尔）对齐格
弗里德这个人物的喜爱（见本书页 167）表达了"尼采真正的观点"，"消除
了"一切相反的表述。但我们不能这样简化尼采，对尼采的理解，只能从他
典型的浪漫的两极性（Bipolarität）出发。

瓦格纳的艺术，与所有消除任何形式的、沉湎于无边无际的感
觉与激情中的浪漫风格一样，都与布克哈特所理解的艺术相抵牾。
对此，布克哈特一开始便与叔本华同调，他俩宁愿"忠诚于罗西尼
（［译注］Gioacchino Rossini，1792–1868，19 世纪意大利歌剧作曲家）和莫

---

①　［原注 52］*Fall Wagner* 前言，末尾。
②　［原注 53］*Nietzsche contra Wagner: Wir Antipoden*.

扎特",这话是当瓦格纳设法结交叔本华时,叔本华让人转告瓦格纳的。瓦格纳此时与叔本华维持着一种双重关系,一方面叔本华所彰显的生活理想对他影响甚巨,另一方面这理想与他的天性又南辕北辙;尼采初始也是追随叔本华和瓦格纳的,尽管这两位天才相互间严重对立,姑且把两人计入"病者"之列吧,但尼采对这些是不管不顾的。①

[原注 56]布克哈特的"古典"天性自发地抵触瓦格纳式的"过度活跃","不羁的感官和灵魂冲动"(Bernoulli I,页 56)。布克哈特绝对追求形式的意志也体现在他对普拉滕(Platen)诗作的推崇备至上;参见 1855 年 1 月 16 日致 Emma Brenner-Kron。

布克哈特那健康而明晰的思想任何时候都明白自己的立场,即依据其本性忠叔反瓦的立场。尼采那夹带先知先觉传令官习气的对瓦格纳的迷醉,一开始便让布克哈特生疑,之后,这位颓废者的狂热就让布克哈特心生恶感了,布克哈特诚为所有狂热气质之大敌。这里显现的只是,一个典型的浪漫主义者怎样从开始时遵循自己的本能性格,到后来将其自觉的意志转而对付自己的天性,有意同自己过不去,越来越与自己作对。

[原注 58]参见 Bernoulli II,页 255:"根据可靠消息,布克哈特之所以对尼采愈加不信任,其主要原因是 1870 年尼采在 Tribschen 的一次拜访","布克哈特不可能面对一个瓦格纳的狂热崇拜者敞开心扉"。更严重的是,布克哈特在苏黎世与瓦格纳有私人来往的时候,产生了最差的印象:"瓦格纳的出现使他从内心深处生出反感"(Bernoulli I,页 55)。瓦格纳在莱比锡给欧维贝克留下的印象,可能和布克哈特获得的印象类似:一位"激情澎湃"的"空话大王"(Bernoulli I,页 61)。

对于布克哈特基本的古典情感而言,瓦格纳那肉欲情色的、旨

---

①　[原注 57] *Fall Wagner* 前言。

在"陶醉"的、装腔作势的浪漫风格从一开始就是不可接受的;同样,尼采那激情难抑、强悍的浪漫作派也旋即被他否定。他对瓦格纳简直就是峻拒:这也是瓦格纳和尼采二人最深层本质之怪异的标记。布克哈特认为,瓦格纳意味着对歌剧的"谋杀",①意味着颓废和"逢场作戏"。② 他在算计"大众",追求大众效果和大众心灵感应,就是说,此乃一种粗俗、蔑视人格自由的艺术,缺乏真诚的文化,盖因缺乏"美的意识",③本该进入像柏林这样的现代大都会的文明之列④——布克哈特将其贬低得无以复加(non plus ultra)的评价!

引起布克哈特内心反感的,不仅有瓦格纳善于开发经营的商业性广告,还有瓦氏艺术意欲对现代观众施加影响并且已经施加影响的胆大妄为。在布克哈特看来,瓦格纳就是这个"可爱"世纪的代表人物,一如他喜欢讥讽的那样;瓦格纳没有想过把自己算作被统治民众中的一员,他不愿让人剥夺他的自由及其良好的健康;但他的音乐却惹怒了布克哈特"平素堪称坚强的神经"。⑤

久而久之,尼采也慢慢与布克哈特对瓦格纳的这些反应和认知接近起来,他这个"叙事文学作家"以敌视所有"逢场作戏"自诩,这势必让人不由自主地想到布克哈特,而不是想到那个伟大的装腔作势的"柏拉图",柏拉图的大名就像瓦格纳的假面具。⑥ 在尼采的内心,贵族的"自由精神"⑦对"大众催眠"

---

① ［原注 59］1876 年 2 月 27 日布克哈特致 Preen。
② ［原注 60］*Jacob Burkhardt-Gesamtausgabe* XI, 380.
③ ［原注 61］1883 年 3 月 12 日致 Alioth。
④ ［原注 62］1871 年 3 月 6 日致 Preen。
⑤ ［原注 63］1875 年致 Grüninger,引自 Löwith,页 352。
⑥ ［原注 64］*Jenseits von Gut und Böse*, Aph. 7.
⑦ ［原注 65］*Fall Wagner* 附言。

艺术，①对一个"暴君"②的"逢场作戏"③造反。尼采认为，旨在获取大众效果和大众成就的瓦格纳就不再是"高贵的"艺术家了。

[原注 69] *Nietzsche contra Wagner: Wagner als Gefahr*, 2 末尾。对布克哈特而言，瓦格纳也过于"合乎时势"（参见本书"对时代的批评"部分），顺应这个时代。在这个时代中，他可以用花费巨资的"机构"（庆典文艺剧院）来建立自己相对于广大受众的权力。

　　瓦格纳的观众也就与 18 世纪和"单纯的 19 世纪"的贵族观众④相反，就是尼采和布克哈特不能容忍的节日剧院观众了。在这里，个体由于舍弃了自己"最个性化的东西"和自己的评判，⑤所以成为"魔幻"、逢场作戏（mise en scene）效果、⑥大型魔术和大众精神变态的牺牲品了。

[原注 73] 参见同上，6，11。尼采早在 1874 年的一则私人记录（*Werke* [Naumann] X，页 432）当中就说，"在一个因其迟钝而使用非常粗粝和强烈的手段的时代，瓦格纳搜集一切有效的元素"。瓦格纳的艺术"是一种民众集会的演讲，即便是最高贵的事物，在他那里如果没有最强的粗糙化，是无法设想的"（同上，449）；"人们必须思考，什么样的时代在这里造就了自己的艺术：……没有形式、不高贵、暴力……"（同上，448）。

　　当尼采谈到瓦格纳的艺术时，他同时希望击中"整个不真实的浮夸、粗糙的效果和巨大影响"，而这些特征在 1871 年之后成了时代的风格（Hildebradt, *Wagner und Nietzsche* [1924]，页 270）。瓦格纳曾多次称整个拜罗伊特

---

① ［原注 66］*Fall Wagner*, 7 末尾。
② ［原注 67］同上，附言。
③ ［原注 68］同上，8。参见 *Wir Philologen*（见 *Werke*, Naumann, X，页 399）关于作为"暴君"的瓦格纳的论述，称瓦格纳"不允许他本人个性之外的个性起作用"，不论是勃拉姆斯还是"犹太人"，并视犹太人为"一大危险"。
④ ［原注 70］*Fall Wagner*, Aph. 9.
⑤ ［原注 71］*Nietzsche contra Wagner: Wo ich Einwände mache*，末尾。
⑥ ［原注 72］*Fall Wagner*, 8.

的事业的主要支柱竟是舞台装置负责人！（同上，333）

　　尼采也就把瓦格纳视为一个适应新德意志帝国粗野文化的人物了。归根结底，尼采对瓦格纳音乐的诟病就是从生理学方面所作的诘难：①"瓦格纳把人搞得心烦意乱。"②

　　［原注74］因为瓦格纳无论如何都"需要成功，需要掌声"，他也尝试"热心地对接""民族运动"：自从克尼格雷茨（Königgrätz）之役以后，他就支持俾斯麦，他希望站在胜者的一边。显然他没有受到俾斯麦的待见，从此瓦格纳就开始恨他（同上，142、159、323、326）。但尼采永远不能"原谅"瓦格纳向帝国的"妥协"（1887年2月24日致Seydlitz）：尼采认为这是瓦格纳的一次"降格"，堕落"到了一切他所蔑视的事物中，甚至到了反犹主义的地步"（*Nietzsche contra Wagner: Wie ich von Wagner loskam*, Aph. 1）。

　　尼采在摆脱瓦格纳的影响之前，瓦格纳那种"使神经失常的音乐"肯定"损害了他的健康"（正如他在致妹妹的信中所言）。布克哈特一向明白，什么东西对他良好的健康有益，他要保持镇定，所以对瓦格纳音乐本能地完全否定。他无需麻醉剂；在没有麻醉和幻想的条件下秉持禁欲态度，以智者的愉悦心绪度日。

　　当尼采宣布脱离瓦格纳，在《悲剧的诞生》中表白③脱离自己的"反希腊化"，脱离"混乱""无旋律""无美"，④脱离一切浪漫病态，以便为自己伟大的健康意志而生存时，他自以为是十分服膺"古典主义"的。可是，他祭起这一切同自己的天性做斗争时，这些东西对他这个天生的浪漫主义者——即便他一度真的跻身于另一种（文艺复兴—拿破仑式的）浪漫主义潮流，也真的看到真正的

---

① ［原注74a］*Fröhliche Wissenschaften*, 368.
② ［原注75］*Nietzsche contra Wagner: Wo ich Einwände mache*，参照1882年2月3日致妹妹。
③ ［原注76］1886年《悲剧的诞生》前言，7。
④ ［原注77］*Fall Wagner*, 6.

古典主义——而言，只不过是一种富于浪漫情调的渴望罢了。鉴于他的浪漫天性，他对古典主义的渴望必然无从实现，必然只停留在单纯的渴望里。

[原注 77a] 值得注意的是，尼采一再（写作《朝霞》时期的遗稿笔记，WW. XI，页 363 及下页）把古典主义者歌德放在浪漫主义者贝多芬的对立面，而且（*Fröhliche Wissenschaften*，Aph. 103）被歌德称为"狂放不羁"之人的贝多芬站在歌德身边，就像"半野蛮状态站在文化旁边"，或者在心理层面，就像"一个需要慰藉之人站在一个已经得到慰藉之人的旁边"；一个是"没有成形的"（和"革命"相关！），另一个则是"合乎规矩的"。很清楚，尼采不属于歌德（见本章原注 26b），而属于贝多芬（见本章原注 49a）。

尼采把他"自己的天性"特征说成是"与最光明力量和最危险力量对立的东西"，①同时将他奔向光明、渴望光明的意志当成一种"力量"。他渴望和谐平静的"完美"，②但这种渴望仅仅是一厢情愿，仅仅是一个无可救治、知道自己病入膏肓之人的健康诉求，他保存自我的欲望促使他寻找"休养生息"之地。"我的整个躯体究竟意欲何为？"（因为不存在灵魂）它要的是"轻松"。③

[原注 80] *Ecce homo: Warum ich so klug bin*，8。病者和弱者为了"更轻松"地存活，一方面追求一种"古典"美和愉悦的艺术，另一方面则认为自己需要"自私自利"，这正是病者和弱者保存自我的欲望：过于易变和不稳定，并且意识到自己不断受损的一种存在，其自保的本能相信自己无法承受不断的"付出"，因为这种"无私"（在病弱的例子中！）无异于自杀（见 *Ecce homo: Warum ich so klug bin*，8 及下页）。

由于当今——瓦格纳是当今的真正典型——患病，不能提供轻松，所以尼采需要比较健康的时代：古希腊罗马时代，意大利的

---

① ［原注 78］*Ecce homo: zur „Geburt der Tragödie"*，4.

② ［原注 79］*Fall Wagner*，10 末尾；*Nietzsche contra Wagner*，出处同上。

③ ［原注 81］*Nietzsche contra Wagner*：出处同上。

文艺复兴,拥有"健康的"伏尔泰(他与浪漫"病态"的卢梭相反,仍与文艺复兴紧密相连)①和莫扎特的 18 世纪,他甚至需要古典主义的歌德和必不可少的罗西尼,②以及比才([译注] Bizet, 1838-1875, 19 世纪中叶法国最具才华的作曲家)。

[原注 84] *Fall Wagner*, 1 及下页;1881 年 11 月 29 日致妹妹, 1881 年 11 月 28 日、12 月 5 日, 1881 年 12 月 8 日、1882 年 1 月 5 日、1883 年 3 月 22 日、1888 年 1 月 15 日致 Gast。这些大部分是纯私人的证据,证明尼采在超过 6 年的时间里,直接对《卡门》的音乐感兴趣,且一再因此而感到新的陶醉,这说明尼采对比才有一种真正的持久的偏爱,以至于后来尼采尝试(1888 年 12 月 27 日致 Carl Fuchs)把对比才的赞美说成不是"认真的",说成单纯"讽刺的""对瓦格纳的反抗"(尽管 Jaspers 的论述与此不符, 27),则完全是不可信的。其他的证据(1888 年 9 月尼采致 Gast; Spittler, *Meine Beziehungen*, 35;参见 Bernoulli II,页 483)只能说明,对《卡门》"无尽的"赞美其实"更加"尖锐地释放了"对瓦格纳的恶意"(瓦格纳此时已经去世 5 年)。尼采所需要的,恰恰是瓦格纳以及他自己的对立面。布克哈特对比才的批判,见 1882 年 12 月 23 日致 Preen。

由于德国北部的气候十分残酷,多雾寒冷,以至那里极有可能被沃坦——"恶劣气候之神"③——统治着;由于那些深受气候之苦的人如若拘守瓦格纳特有的浪漫风格就会加重病情,所以尼采渴望能助他获得健康的太阳神阿波罗,该神能赐予那些他本人和与他类似的人不曾拥有的东西,尤其在瓦格纳那里无从觅到之物:"美,明朗,优雅"。

[原注 86] *Jenseits von Gut und Böse*, 240(关于《工匠歌手》的序曲,布克哈特[1883 年 3 月 12 日]进行了更加激烈的评判)。"和我同类的深刻忧郁之人无法长期忍受瓦格纳的音乐。我们'不惜一切代价'需要音调中的南方

---

① [原注 82] *Wille zur Macht* (Brahn), 7.
② [原注 83] *Ecce homo*:出处同上, 7。参见 *Fall Wagner* 第二则附言,末尾。
③ [原注 85] *Fall Wagner*, 10.

和阳光,明朗、无害、无辜,莫扎特式的幸福和温柔"(1886 年 2 月 23 日致洛德)。"拥有忧郁而癫狂的灵魂的人,如果没有带来幸福的音乐家,就永远无法忍受尘世":因此"需要司汤达,也不能少了契玛罗萨(Cimarosa)和莫扎特"(1885 年 3 月 30 日);当然尼采本人也属于这一类人。

　　笨拙的北方是难于消受的,它致使人性情忧郁;尼采的著作《快乐的科学》就已要求"一个更好、更轻松、更南方、阳光更多的世界"。"地中海区域的南方",这轻快、无忧无虑的南方激励着人生,使生活轻松愉悦。①

　　然而,对健康的渴望外加相应的力量并未使尼采健康,那纯粹的理想作为一种渴望的表达也未达到健康的目的。尼采之所以做出那样"心神迷醉"的举动,是因为他内心潜藏着太多的"苏格拉底"(Sokrates,他自己也承认,他在苏格拉底那里进行自我斗争),②另一方面,他之所以喜欢做出"太阳神和谐有度"的举动,是因为他内心拥有太多(维系他与瓦格纳关系)的浪漫情怀。

　　[原注 89]*Wille zur Macht*(ed. Brahn), Aph. 538."怀着一种真正的惊吓,我意识到自己实际上和瓦格纳多么相近"(1882 年 7 月 25 日致 Gast)。莎乐美(页 75)所说的"瓦格纳-叔本华式的世界观",指的是这种世界观和尼采的"整个天性相合"。尼采对抗瓦格纳,其实是在对抗他自己的天性。

　　他的浪漫灵魂是不安稳的,强大的,这便是尼采的本相。这个全然非古典之人于是又试图用酒神狄奥尼索斯式的迷醉理想扭曲太阳神阿波罗式的和谐有度的理想,用"动物"的"力量"扭曲那体现最高意义上的人类文化的"古典主义"艺术。他恰恰把那些至伟的艺术家——他列举一些布克哈特也至为喜爱的艺术家姓名,

---

① 　[原注 87]参见 *Fall Wagner*, 2。
② 　[原注 88]1875 年关于 *Philosophenbuch*(*Werke*, Naumann, X,页 217:处于斗争中的学术与智慧)。

不仅有鲁本斯、荷马,还有拉斐尔①([译注]Raffaels, 1483-1520,文艺复兴时期意大利画坛三杰之一)、莫扎特和歌德②——理解为"肢体方面""健壮有力的动物",他完全本着弗洛伊德晚期的性"升华"理论说道:"艺术使我们忆及动物活力之状况",艺术家们的陶醉便是间接的性的陶醉。

[原注 92、93]同上, 523,最后一部分。柏拉图就曾指出,"对认识和哲学的爱,是一种升华了的性欲"(遗稿, 1881/82;*Werke*, Naumann, XII,页149)。尤其是鲁本斯"有益于他那消沉的人格"(1876 年 5 月 13 日致 M. v. Meysenbug)。

"陶醉"赋予人一种"更强的力量感",亦即"过剩之力",③然后,这过剩之力在"自身丰沛"的辐射中使缺乏圆满的美成形。这种纯生物学观念既没有指出"前景",也不存在"背景"。一件具有典型性的事,是他尤其注重对拉斐尔的评价,说应该从"特殊的非基督教"方面去理解他,这事很典型。

[原注 95]同上, 538。参见 *Götzendämmerung: Streifzüge eines Unzeitgemäßen*, 9 末尾:"拉斐尔不是基督徒";亦见对西斯廷教堂的评论(Elis. Förster-Nietzsche, *Leben Nietzsches* II,页 564)。关于拉斐尔,里卡达·胡赫发表过绝妙的言论:"拉斐尔永远描绘……隐形完美的、超脱尘世的面孔……他有意描绘圣母……圣母像与自然之间的亲近,恰似我们的心灵与摩西诫律之间的亲近"(D. Sinn d. Hl. Schr., 218)。早在《人性的,太人性的》(I, Aph. 131)当中,尼采就反对拉斐尔圣母像当中"宗教的余孽"。但另一方面,就在同一处(Aph. 220),尼采也承认,中世纪和文艺复兴的基督教艺术(哥特大教堂和但丁、拉斐尔、米开朗琪罗)之所以能够有"最高的繁荣",全赖那些艺术家对他们所美化的"宗教……谬误"所代表的"绝对真理"之"信仰"。

---

① [原注 90] *Wille zur Macht* (Brahn), 523, 538.
② [原注 91] 同上, 539。
③ [原注 94] *Wille zur Macht* (ed. Brahn), Aph. 523,开头。

　　布克哈特除赞赏拉斐尔作品的形式价值外,还善于评价其精神价值。在尼采和布克哈特对这些大师一致钦仰,在他们同说"古典主义"之时,二人的意见却如隔霄壤。尼采总是强调人与兽的联系,布克哈特则一直着重人与一个"更高"世界的关联;尼采说的是艺术生物学,①布克哈特说的是艺术形而上学(这位叔本华的门徒以艺术形而上学取代宗教形而上学);②在尼采看来,万物只是"力"而已,而布克哈特则认为一切均为"上方"的赏赐;布克哈特说古典风格是与更高"律则"完美联系的具体化,③尼采说古典风格就是艺术家个体不受限制的主观主义,其依据是"强大的种族"和"外溢横流的动物性"④——voila tout[如此而已]。布克哈特与尼采一样也喜爱亨德尔⑤([译注]Händel,1685-1759,英籍德国作曲家),甚至喜爱洛兰([译注]Claude Lorrain,1600-1682,法国17世纪风景画家)。

　　[原注100]布克哈特最美的十四行诗(见*Burkhardts Gedichte*,K. E. Hoffmann出版,页99)是献给洛兰的。布克哈特(在"Cicerone"中)称洛兰的艺术"尤其"有"抚慰人心"之功,而且一直认其为自己最喜爱的艺术家(H. Trog,*Jacob Burkhardt*[1898],页63)。对尼采而言,洛兰也是"不羁的完美"(„unbändiger Vollkommenheit") 的 一 个 象 征 (*Ecce homo: Zur*

①　[原注95a]关于"美学的生理学"(„Physiologie der Ästhetik"),尼采还计划了其他的文章(*Genealogie der Moaral*,III Abhandlung,8末尾)。福楼拜代表了与发自"强大的生命"而创作的艺术家相对的禁欲型作家(*Nietzsche contra Wagner: Wir Antipoden*,末尾)。

②　[原注96]*Burkhardt-Gesamtausgabe* VII,页45及下页,XIII,页25及下页,28("艺术的本质"是"一种密教",它拥有"一个形而上学的根基"),XIV,270,273(艺术为我们"指出了第二种存在"),278(艺术给了我们"一个更高世界的图像"),496("启示"我们一种"永恒之物")。

③　[原注97]同上,XIV,305及以下。

④　[原注98]*Fall Wagner*第二则附言,末尾。关于亨德尔,亦见:*Nietzsche contra Wagner,Eine Musik ohne Zukunft*。

⑤　[原注99]布克哈特显然认为亨德尔的音乐(更加"如歌"[cantabile])要位居巴赫之前。

„*Götzendämmerung*" , Aph. 3 末尾)。在布克哈特看来,洛兰在绘画中的地位,就相当于格鲁克([译注]Gluck, 1714-1787,18 世纪歌剧改革家)在音乐中的地位(1880 年 12 月 29 日致 Preen)。布克哈特论格鲁克,见 1882 年 12 月 23 日致 Preen, 1895 年 5 月 26 日致一位神学学生。

　　但这无关宏旨,关键倒是,当尼采着重谈及莫扎特(他称颂莫扎特是克劳德的最终实现)时,说莫扎特"索性不是德国人"①——我们还可补充一句,瓦格纳也这样认为。尼采最后硬是对瓦格纳说"不",但这不代表他对新的、古典的,或对"莫扎特"的纯粹肯定,而是用莫扎特的大名打笔仗,反对另外一种东西,作为一种新的否定:亦即否定"德国的"和所有"形而上学的"东西。此为改变宗教信仰者的心理。这个德国浪漫主义者不再要这个身份,他表白自己信仰"南方的"文化,于是必然借用这个文化粗暴地、满怀敌意地反对德国文化。
　　布克哈特基于有机的关联和古典的个性,没有坠入这一类诱惑的罗网,他从未被瓦格纳音乐那浪漫的"晕眩"②搞得六神无主,③在他,浪漫主义的文化元素——主要显现在古代意大利人,但绝非现代法国人的艺术形象中——毋宁说是对德国人的必要恭维,以使其达到内心平衡,本性和谐。患病的尼采总是用新的"力"格言对自身的衰弱造反,但另一方面又执着地自恋于自己的病态;与他相比较,布克哈特内心一贯保持脉脉温情,但却比尼采强大得多,原因是他内心更健康,更平和。

----

① 　[原注 101] *Nietzsche contra Wagner: Wagner als Gefahr*, 2.
② 　[原注 102] 1875 年致 Grüninger(bei Löwith,页 352 及下页)。参见 Arnold von Salis
　　(*Basler Jahrbuch*, 1918,页 286)对布克哈特表述的再现,布克哈特论述了瓦格纳音乐中"任性专断""花招诡计"和"遮人耳目"的东西。
③ 　[原注 103] 1883 年 3 月 12 日致 Alioth。

六　对生命的静观默想与唯意志论思维

对布克哈特而言，致力于对"高于"自己的客观真理的认识和把悟，这是理所当然之事，他属"古典的"思想家类型；而那位典型的"浪漫派"思想家尼采则只相信被他创造的和被他确定的价值。前者自我感觉是服务于一种更高的理念，后者确立其精神方面的"我"是独立自主，不受限制的。布克哈特是"古典"类型的代表，他把年长于尼采的哲人和科学人的特点集于一身。他把那位"迄今"如此表现的"哲学家"当成十足的颓废类型而加以抵制：对这位"哲学家"而言，他的"客观性"只意味着一种缺失，即缺失"正常的""强烈欲望"和"意志"。

［原注 1］对生命哲学（Lebensphilosophie，见本书第 7 章）而言，唯有提升"生命"的认识才是"真"的。但是，"千百年来，哲学家们所探讨的一切，都只是概念的僵尸"（*Götzendämmerung: Die „Vernunft" in der Philosophie*, 1）。如果说黑格尔最终试着把"某种理性"带入了"发展之中"，那么尼采自觉站在了"相反的立场"：他"甚至在逻辑学上看到了某种非理性和偶然"（*Nachlaß*, 1882 及以下；*Werke*, Naumann, XIII, 页 89）。尼采的认识论批判认为，"我们的智识分子并不适合领会发展（Werden），而是在努力证明一般意义上的停滞（Starrheit）。"（*Nachlaß*, 1882/82；*Werke*, Naumann, XII, 23）；尼采独特的思考欲对一切停息不动的存在都怀有敌意，与此相对，这种欲望的力本论也希望使对世界的理解动态化。

尼采在卡莱尔(Carlyle)的图像(*Götzendämmerung: Streifzüge*, Aph. 12)之中描绘了自己,他说他有"追求强大信仰的需求";但是"追求强大信仰的需求并非一种强大信仰的证明,而是其反面之证明",证明了"这方面的无能之感",以及用"强烈的言语和姿态"去盖过这种感觉的要求;总体观之:这是"一个典型的浪漫主义者对消化不良状态的英雄–道德式解读"。如此"强烈"(Fortissimo),如此"聒噪"地宣扬"推崇拥有强大信仰的人",其原因是"持续而狂热的对自身的不诚实"。

这幅卡莱尔肖像,是一幅清楚的自画像,对卡莱尔的批判,就是自我批判。参见 *Nietzsches Selbststilisierung*:Roos,页 19, 43 及以下。与受到符合自身本质者所吸引的"古典"人类相反,浪漫主义者恰恰会被与其本质相异者吸引。尼采完全是过着臆想之生活(vita speculativa)的人,是一个羞涩地从外部生活中隐退的人,"远离一切行动":"没有第二个德国人如此狂热地作为一个私人生活过"(Sprengler, 117, 122)。他在"解放私人"之中,看到了民主制的"使命",而以往他只把民主看作"堕落"(*Menschliches, Allzumenschliches* I, Aph. 472;*Götzendämmerung: Streifzüge*, Aph. 39)。

当浪漫主义者尼采狂热地崇拜征服的、革命的、不怕犯罪的"超人"之时,这些"超人"则必须停留在脱离当下残酷现实的浪漫远方;尼采不仅无法长期忍受俾斯麦,"他也许也无法忍受拿破仑:对他而言,拿破仑看起来也许是粗糙、空虚和平庸的"(Spengler, 114)。参见本书第 5 章,原注 49a。尼采(正如 Klages 研究其手迹之后所证明的那样)并非他所宣扬的那种"行动的人"(Tatmensch);尼采的字迹"纤瘦到几乎可称脆弱",是拿破仑或俾斯麦字迹中透露的"暴力,乃至有些残酷"的特征之对立面(Ludw. Klages, *Geschichtliche Abbildungen* [1927],页 361)。尽管 Klages 不愿意承认,"要从尼采本性的对立面去解释其价值体系"(352),他仍然把尼采描述为拥有"内敛"和"完全生活在精神"之中的天性,"其意志不可能在行动之中表达出来"(327 及以下)。

"充满了审美的细腻感受","对每一个不和谐的音符和不恰当的单词都很敏感",但却"没有积极主动的天性",Jul. Kaftan(页 257)就如此形容尼采:"他那无能的意愿停留在思想和语言上",而他"本身痛感于缺失的品质,却被他全部赋予了自己的理想"。于是,以才智和语言艺术见长的尼采赞美直觉的确定性,因为他的大脑"饱受反思的拷问"(同上),也正是出于这个原因,他期待着生命"上升"的时代:"直觉的人不会去冥思苦想直觉的意义"(Hofmiller, 76)。"他有意识地、故意地想成为一个巨人";但这并不是"有力的标志",而是"缺乏力量的表征",不是"充盈",而是"对充盈的渴求"(同上, 108)。

但凡尼采暂且认为感觉到了健康之处,随之而来的永远都只是更激烈的、令人沮丧的反击。尼采的朋友 Deußen 也认为"某种对外部世界的背离"是尼采的特征(Erinnerung an Nietzsche, 99)。毫无争议,尼采是一种内向的性格,而"向外"只表现为一种论战者的面貌:在这个领域,所有人都在寻找对自己的过度补偿(Überkompensation)。当尼采收到《北德意志汇报》(Norddeutsche Allgemeine Zeitung)当中洛德关于《悲剧的诞生》的通告之时,他答复说:"战斗!战斗!战斗!我需要战争!"(1872 年 5 月 27 日致洛德)这刻画了他的精神秉性。他的每一部作品"都必须分别从某种战斗立场去理解";"重要的不是真理"(在尼采那里往往是主观的真实性),"我们处于战斗之中!"(Bäumler, Nietzsche als Philosoph, 63, 138)。

因此,真理的原则或者追求真理的原则失去了价值,让位于战斗的原则。对论据的评价就取决于其适合论战的程度:以便恰当地"投入"论据和"打出"好牌。认识论本身并非唯意志论的:"个人只有参与战斗,才能够认识"(同上, 77)。在这里,尼采涉及了马克思主义:左派和右派立场在反对市民阶层上是一致的。遭到贬低的还有客观的善的概念:"你们说,使战争神圣的东西是善的?我告诉你们,善的战争使一切神圣"(Zarathustra: Vom Krieg und Kriegsvolke)。"正义战争"(bellum justum)的古老学说被唯意志论地扭向了其反面:《权力意志》(Aph. 585:Großoktavausgabe XVI, 页 84 及下页)宣告,"意志力"恰恰通过"舍弃""事物中的意义"来证明自身的强大;世界是"无意义"的,如果人们"自己去组织世上生活的一部分",那么世上的生活就只堪"忍受";只有"无意志或无力量者"才会去寻找事物中的"意义"(同上)。

这种纯粹的唯意志论是精神虚无主义。对这种纯粹动态的思想而言,"善"什么也不是,或者也可以说什么都是(Zarathustra:同上);伦理道德被完全主观的权力感所吞噬:"当人处于权力的感觉之中,他就感到自己是善的,也称自己是善的;但他必将把自己的权力施加在他人身上,而恰恰是那些人,便感到他是恶的,也称其为恶!"(*Morgenröte*, Aph. 189)。对尼采而言,重要的是那种位于行动本身之中的幸福,而这指的不是任何一种"目的",而单纯是"想 变 得 强 大 ⋯⋯ 以 及 想 要 那 些 方 法"(*Wille zur Macht*,675:*Großoktavausgabe* XVI,页 137 及下页)。Bäumler 表述称,这条"通往权力的道路""面前永远无尽","其特征纯粹是力量的爆炸"(Bäumler,页 47 及下页),他认为尼采的"日耳曼主义"在这里得到了"最完美的"表达(页 49)。布克哈特的态度与这一切完全相反。

    与尼采相比,"科学人"类型是"健康的",是"强势种族",因为他至少未作为整体被分离肢解;而尼采那迫不得已的单边行动方式(在肢体意义和精神意义上)又有点矫揉造作,①其低下的等级标志着作为知识王国里"群居动物"学者的特性。

    [原注 2]*Wille zur Macht*(Brahn),Aph. 190。参见本书页 59 下部。在其思想发展的决定性阶段(《悲剧的诞生》以及《道德的谱系》III,Aph. 25),尼采把艺术家抬到高于科学人的位置;"最高的道德和宗教价值差异,就源出于艺术的原则"(莎乐美,页 208)。

    尼采与哲人和科学人这两种类型,包括以布克哈特为代表的这两种综合类型相比较,便是被他所臆造的新的哲学家类型,这种哲学家由于处于"绝对""自由飘浮"状态,简直"脱离一切",从一切中"脱离"和"突破"出来,②所以他并非踯躅于抽象中,而是作为立法的"创世者"在"发号施令"。③ ——"当立法者",尼采很早就提出"这个被美化的专制制度形式",④尽管彼时他内心对"法律"和"立法"的"客观性"已提出质疑,对"专制制度"喜做批判性

----

① [原注 1a] *Wille zur Macht*(Brahn),Aph. 192.尼采转而反对"不惜一切代价去认识"的禁欲态度,他自称其原因是这种禁欲"败坏了他的健康"(*Nachlaß*,1885 及以下;*Werke* XIV,页 386)。

② [原注 3] *Wille zur Macht*(Brahn),Aph. 192.

③ [原注 4] 同上,191。

④ [原注 5] *Menschliches*, *Allzumenschliches* I,261.

的揶揄;甚至在他变成"对一切价值进行重估的人"后,在让古老理性失势的情况下他也是满腹狐疑的。

这种"哲学"和这种"哲学家",正是尼采类型,布克哈特势必对其"厌恶",而且这厌恶不是单方面,而是在人性和客观事实方面全都厌恶。这个极度谦逊并心怀嫉妒似地管控自己精神自由的"智慧"之友断不能忍受一种纯物力论世界观及其要求甚高和强制命令的任性,他一贯以历史为基础的思想必然反对自由飘浮的哲学,他在文化连续性和文化传统方面的保守意识必然反对彻底革命的思维。

在一个时期内,尼采秉持"古典主义"立场,还没有把理想定在"过度""极端"追求"权力"上,而定在"均衡地"培育人的力量上,还能发表反对"过高评价大人物"的意见——人们"因为习惯而听命于"大人物,[1]那时的尼采也把希腊哲学家们称为"暴君",并把他们用来"征服"别人的"坚强的自信及其真理"称为"狂妄""邪恶"。

[原注7] 同上, 261。在那个时候,尼采想要的还不是那种"暴君",而是一种精神的寡头共同体,由通过精神而相互联合的人构成(同上)。在《朝霞》(547 及下页)当中,尼采还认为"谋求精神之暴君统治"的哲学"奋斗"具有"道德局限性",他不为"力量"鼓吹,而为"理性"辩护。尼采在《人性的,太人性的》所引之处给"每一个希腊人"下了判决,称每个希腊人都"想成为暴君",而且"只要可以,就会是暴君",这种说法和歌德的相关判断(1813 年 11 月 20 日致 Riemer [*Goethes Gespräche*,hhg. v. Biedermann, II, Nr. 1522])毫无二致。歌德认为,因为每个希腊人只认同"其自身的"自由,所以都是潜在的暴君。

布克哈特的判断(*Gesamtausgabe* VIII,页 169)也是如此。当时的尼采自称还不知道"暴君一般""思想上的肆无忌惮"(*Menschliches*, *Allzumenschliches* I, Aph. 581),还觉得"对思想不同者采取暴力"的"丛林法则"是"落后思维"的标志(同上, 614)。

由于"每个伟大思想家都成了独裁者",所以"在希腊人那里,

---

① [原注6] 同上, 260。

思想史就带有暴力和危险的特性,这,已被他们的政治史证明"。①
"精神暴君"②——这也正好是布克哈特对希腊人及其哲学家类型
的看法。所以,布克哈特一般也不怎么喜爱哲学家,就是说,哲学
家与这种"精神暴君"类型相当,而不是叔本华的"人文"类型,他
就不喜欢他们。在他心目中,人本主义哲学家才是哲学家,正如中
世纪认为亚里士多德才是哲学家一样。

　　自由人士的人文关切反对任性的思想家的"专制性格",③他
们渴求"以聪明的方式使别人对其依附";④也反对那些"实际上
暴虐的教条主义者",⑤倘若教条主义哲学家还显出一副"臭气熏
天的自负"派头,那么,反对的激烈程度就双倍增强。⑥ 对此,年轻
的尼采与布克哈特同调。尼采这时还没有他后来那样埋怨柏拉图
太过"基督教",只责难他太过"专横":说他是"宫廷中典型的社会
主义者"——社会主义以反个人主义为特征⑦——还说他是敌视
教化的古希腊城邦的典型代表。⑧

　　在这一点上,尼采尚与布克哈特的评价雷同,⑨布克哈特十分
厌恶那些人:他们对强制国家连同强制性宗教、艺术和一劳永逸被
固化的(故而停滞的)文化做"强悍的"辩护;他认为,对"人的外部
生活和内心生活"拥有不容异说的绝对权力,⑩那更是彻头彻尾的
不人文。

　　15 年之后,在收到尼采著作《快乐的科学》时,布克哈特这个

---

① ［原注 8］*Menschliches*, *Allzumenschliches* I, 261.
② ［原注 9］同上。
③ ［原注 10］*Burkhardt-Gesamtausgabe* VIII,页 178。
④ ［原注 11］同上, X, 348。
⑤ ［原注 12］同上, X, 366。
⑥ ［原注 13］同上, XI, 618。
⑦ ［原注 14］*Menschliches*, *Allzumenschliches* I, 473.
⑧ ［原注 15］同上, 474。
⑨ ［原注 16］*Burkhardt-Gesamtausgabe* VIII,页 271 及以下。
⑩ ［原注 17］同上, 272。

"激烈反对偏激"的人不得不花力气抵制尼采,不让尼采那愈益明
显的"喜爱专制"的苗头把自己"扰乱"。① 再者,既然布克哈特对
廊下派那过份的"智慧与优越"的自我感觉,亦即"过高估计""自
己力量"的自我感觉提出指责;②既然他对苏格拉底因其彰显"优
越性权力"的"傲慢",③因其"嘲讽的"态度和以引人瞩目的基督
教表达方式显示他作为牧师之子的"个人声誉"④提出责难,批评
他缺乏"忏悔的诚意";⑤既然他最后谈及希腊哲学家们那种"被
拔高至狂妄程度",将自己类比为神明的意识,⑥那么,尼采难道对
布克哈特还能产生什么影响? 在尼采极端、没有节制、肆无忌惮的
权力意志中——布克哈特认为这权力意志在精神领域"本身就是
邪恶",在尼采那"宏大的虚荣心"中——尼采的著作《善恶的彼
岸》问世后,洛德(向欧维贝克)指出这虚荣心,在尼采那"救世主
诉求"中,简言之,在尼采那自我中心、自我抬高中,布克哈特看到
的只是古人和基督教中世纪所讲的固执与傲慢,亦即人的基本罪
过 superbia(傲慢),也就是尼采自己对其他人心目中"依旧"神圣
之事加以嘲讽和痛骂时所说的恶行和下作。

　　与这种主观主义相适应的是,尼采用"生活"的浪漫类型反对
"真实"和"公正"的古典类型,反对一种竭力谋求"客观"真实和
公正描述的历史,而这种史述在尼采看来(已表现在《不合时宜的
沉思》第二部分里,布克哈特首次感觉受到此书的挑战)"还一直
停留在中世纪",乃是"伪装的神学"。

　　[原注 24]II. *Unzeitgemäße Betrachtungen*, Abschn. 8。布克哈特把"自由
的精神工作"在"我们时代"所取得的地位和中世纪教会传给学术的"超世俗

---

① 　[原注 18]1882 年 9 月 13 日布克哈特致尼采。
② 　[原注 19]*Burkhardt-Gesamtausgabe* X,页 367。
③ 　[原注 20]同上,355。
④ 　[原注 21]同上,357。
⑤ 　[原注 22]同上,355,注 39。
⑥ 　[原注 23]同上,349。

的微光"联系起来(*Die Zeit Constantins; Gesammtausgabe* II,页 320),因此他把
自己的认可献给了那个以神学为导向的时代,因为那个时代积攒了精神资
本,让我们这个世俗时代仍然从中汲取养分。

尼采认为,客观性与"去自我"同义,或与内心冷漠的中立意
识中的"主体失落"同义。①

[原注 25] *Wille zur Macht*,ed. Brahn(*Klassische Ausgabe*),Aph. 355。仍
有人本主义思想的青年尼采尚能积极评价沉思的生活(vita contemplativa),
并且在"非动物性"(Nicht-mehr-Tier,其中除了哲人、艺术家之外,还有圣人)
之中看到"真正的人"(III. *Unzeitgemäße Betrachtungen*, Abschn. 5),而后来的
尼采却不认可关于"客观"或"沉思"是"最高状态"的评价,而是将其作为禁
欲态度而加以拒绝(*Nachlaß*, 1882 及以下;*Werke* XIII,页 16),以便将这种
"禁欲哲学"和"酒神"状态对立起来。他认为,在"酒神"状态中,"完美和发
展良好的人"本身经历了"一种身体的神化",作为"生命"的顶峰(*Wille zur
Macht* [*Großoktavausgabe* XVI, 388 及下页],Aph. 1051)。

顺便提一下,在这一阶段,尼采似乎还不想完全排除这种可能
性:"客观性具有正面特性";好像他在他的网中还想给史述留下
一个开放的网眼似的,宛如史述是"从那些罕见奇才的头脑中突
然冒出来"的,②作为"罕见的"例外,既"深邃"又"简朴"的"真正
史学家"致力于谋求真实和公正,他们的良苦用心应被视为"美
德"。③ 这话似乎特指布克哈特,因为在其他地方,布克哈特曾作
为"特例中的特例"被网开一面。④

---

① [原注 26] II. *Unzeitgemäße Betrachtungen*, 5 末尾。
② [原注 27] 同上, 6。
③ [原注 28] 同上。
④ [原注 29] *Götzendämmerung: Was den Deutschen abgeht*, 5。布克哈特对尼采来说毕
竟是一位"唯一"的史学家(*Wir Philologen; Werke* X,页 401)。但尼采对布克哈特
历史观(对希腊人的看法,对文艺复兴的看法)的"乐观"阐释[Rehm,页 189,页
247 及下页]是对原阐释的一种彻底改变。

　　然而,在尼采《不合时宜的沉思》第二部分里,他的中心断语已经到了这个地步:"历史的公正,即便它真的是在纯洁的观念中所实施",那也是一种"可怕的"美德,"因为它总是毁坏活生生的东西"。① 当有人把"生活和不公"混为一谈,②并且把"幻想情绪"这"强烈的荒唐想法"解释为生命在其中繁荣的唯一"环境",③那么,每一种客观的历史态度就都成疑问了。自认为年轻的一代以"memento vivere"［牢记生命活力］④为口号,把 19 世纪的"历史意识"认作"疾病"和"颓败"并与之斗争。

　　反观布克哈特,他平时对这个"可爱的"世纪并不怎么愿意指责,他属于被尼采直呼为以"历史意识""自豪"的人士之列,⑤此历史意识是被尼采讽刺性地加了引号的。在布克哈特眼里,历史意识恰恰是这个特殊时代所具备的一个优点,一个"除一切阴暗面之外"的优点。⑥ 赫尔德(Herder)思想中⑦"对万事万物均怀客观的兴趣","对往昔之事乃至陌生怪异之事做总体客观的理悟",这在布克哈特看来,诚为一条抵达拥有"全面"和广博精神的人本主义的道路——从"吸纳万类"方面说是这样。⑧ 尼采认为"史学教育"具有某种"使人丧失活动能力的影响",⑨因为对往昔的观照意识简直就是抛弃当下世界的意识。

　　布克哈特则认为,对世界历史的静观默想恰恰是一条适宜的通途,它引人向上达到一个高位立足点,在此,人能对辽阔无垠的

---

①　［原注 30］II. *Unzeitgemäße Betrachtungen*, Abschn. 7。

②　［原注 31］同上,3 末尾。

③　［原注 32］同上,7。

④　［原注 33］同上,8。

⑤　［原注 34、35］*Ecce homo: Die Unzeitgemäßen*, I.

⑥　［原注 36］参见 *Burkhardt-Gesamtausgabe* VII,页 9 及以下,页 51,页 162 及下页,XIII,页 23 及以下。

⑦　［原注 37］*Gesamtausgabe* VII, 51, XIII, 25.

⑧　［原注 38］*Gesamtausgabe* VII, 162.

⑨　［原注 39］II. *Unzeitgemäße Betrachtungen*, Abschn. 8.

世界做概要式总览,而不再囿于只见当今,或只见往昔,或只见未来的狭隘视域:不仅"摆脱""对未来的愚蠢期望",而且也放弃愚蠢地高估某个历史,或避免因为当代而愚蠢地沮丧,①也就是摆脱"使人丧失活动能力的"种种影响——尼采将此影响归因于在历史观照中人们仅执着于那种被世俗化了的"神学"信仰,②亦即对"迫在眉睫的世界末日"的信仰。

尼采认为"史学教育"巧妙地诱人进入来世论,布克哈特则认为"史学教育"正好引导人摆脱种种偏见,当然包括摆脱尼采极易理解的"愚蠢地高估某个历史"的偏见,比如对意大利文艺复兴运动的偏见,尼采认为它应该受到普遍的赞扬;又比如摆脱愚蠢地期盼未来"超人"统治的偏见。

然而,对时代的"观察"要实现这个观念:给人提供超越短视局限,升华崇高、自由而开阔的眼界。这需要一个条件:乐于献身"纯粹的"观察,避免各种主观的(亦即倾向性的)愿望和各种激情的掺杂,③也就是"客观"地进行观察,通过升华至精神"自由"境界使人变"聪明"起来。但布克哈特绝不是像尼采④对这一点所提的异议那样,说布克哈特所要的,无非就是让"历史意识把它的仆人搞得消极无为";布克哈特回答说:"人生在世,必须要某个东西,并代表某个东西。"⑤他本人不论何时全都是这样做的。他知道,"西方国家的人生就是战斗"。⑥ 这是使西方国家优于"东方"的荣誉特权。"史学家""为自己的人格起见"必须要某个东西,并代表某个东西;然而当他在学术研究中,也就是在他为超时代的宏

---

① [原注 40] *Burkhardt-Gesamtausgabe* VII,页 227。
② [原注 41] II. *Unzeitgemäße Betrachtungen*,Abschn. 8.
③ [原注 42] *Burkhardt-Gesamtausgabe* VII,页 374,478。
④ [原注 43] II. *Unzeitgemäße Betrachtungen*,Abschn. 8.
⑤ [原注 44] *Burkhardt-Gesamtausgabe* VII,页 368。
⑥ [原注 45] 同上,374。

大志向服务当仆人时,就不能仅仅是个"时代人物",还必须得保留更高层级的观察。① 这样,他就事先说出了韦伯([译注] Max Weber, 1864–1920)科学理论的主导思想。

由于布克哈特在历史的观察方式中,在超越各时代的观察方式中寻找并且找到了升格为超时代的知识,所以在他面前展现了一条被优先选择的、摆脱所有植根于时代的主观性的"永远"智慧的道路。意欲永葆青春,只热衷"与生活和现实贴近"的尼采只会把"史学教育"视为"天生的皓首穷经的方式"。②

布克哈特因年岁渐增,而且得益于历史地观察世界而变得贤明理智起来,他以卓尔不群的安详姿态对付过于笼统行事的"生命哲学"。具备此安详姿态的他受益于澄明的思想教诲;受教尤深的,乃是面对客观力量保持谦卑的智慧。

尼采担心,历史地观察世界会使原本"活生生的东西"失落。然而,"活生生的东西"究竟是什么呢? 尼采不也在寻找这东西吗? 比如他颂扬"文艺复兴时期的人",尽管不在历史中寻找,但也源于历史。布克哈特在这一点上自然与尼采的看法相左,布克哈特不把尼采"尊崇强权者和历史上被排斥者"算作那种他惯于追随的"活生生的东西"。尼采视强权之人为"鞭打神"(flagella Dei),布克哈特则认为"使人快乐的创造性东西"在别处。③

在回答尼采的第二篇《不合时宜的沉思》时,④布克哈特就谈到"使人快乐的东西"在于:"每个人"感觉到自己与某个他本人恰好容易理解的历史部分有关,这个历史部分恰好有某种独特的东西要告诉他。"使人快乐的东西"乃是对个体有益的东西,完全适

---

① ［原注 46］同上，375。
② ［原注 47］II. *Unzeitgemäße Betrachtungen*, Abschn. 8.比较 Jaspers，页 251("青年时期"的典型态度)。
③ ［原注 48］1896 年 1 月 23 日致 Pastor。
④ ［原注 49］1874 年 2 月 25 日致尼采。

宜他的特殊本性,是恰恰促进他、引领他达到他可以达到的更高更丰富之人性的东西。——布克哈特也用这种表述来解释伟大艺术的作用。① 这里居统摄地位的是人的完全自由。诚然,"快乐的"以及"使人快乐的东西"也只有当它们在高级精神层面"健康"之时才起作用。②

身为植根于社会的人,布克哈特也植根于历史。他深知文明传统的种种价值,故以历史为出发点做思索。尼采装出"创世者"的姿态,认为必须先来一次彻底"扫荡"(tabula rasa),方能在所有现存的文化废墟上创建他自己的精神强权形象。

[原注 52] 尼采给布克哈特的最后一封信(1889 年 1 月 6 日)中提到的"创世"和"我是神"(son dio)只是对早已存在之物的最后"漫画"(caricatura,同上),这种倾向偶尔已有公开的表达(比较 *Ecce homo: zur „Götzendämmerung"*, Aph. 3 末尾)。"敌基督"最后所说的话,也在为敌基督的世界要求新的纪元。

然而,在他内心,摧毁的欲望实在过于强烈,以至于他的天性不会仅局限在认识上。于是,这位"使徒"(布克哈特间或③以此指称尼采)的"煽动宣传之火"因革命性的攻击而折磨自己,不管这些革命性的攻击(比如在《不合时宜的沉思》第二部分中)打着生机活力—唯意志论的旗号与支离破碎的心理学至上论方法合流也罢,也不管这些革命性的攻击在"贵族的""自由精神"口号下动用革命的理性主义论据取代寻常的浪漫主义论据反传统也罢。

[原注 54] 在写作《人性的,太人性的》时期(1875/1876),尼采带着显著的同情,把出身于希腊贵族并涌现了第一批散文作家(哲人、演说家、史学家)的智识阶层当作希腊启蒙(意指"理性、批判和学术"之"进步")的开创

---

① [原注 50] 参见 *Burkhardt-Gesamtausgabe* X,页 3。
② [原注 51] 参见 *Burkhardt-Gesamtausgabe* XIV,页 179。
③ [原注 53] 1877 年 2 月 8 日布克哈特致 Marie Baumgartner(书信印于 Salin,页 242)。莎乐美(122)也曾评论称尼采天性里的"使徒"一再获得成功。

者,将其置于迷信泥古的诗人的对立面,称这些诗人属于"中间阶层",继续崇尚神秘的迷信。这些贵族是背叛自身"等级","解放了的"个体,他们脱离了等级的利益和等级的世界观,在他们身上,一种天生的"独立意识"以怀疑论的激进主义之面貌个性地表达出来,这种激进主义不愿承认任何"高于"自身的存在(*Philologica*,*Werke*,Kröner,XVIII,页 188-192)。

在这里,以往被尼采作为"苏格拉底式的"而抨击的唯理智论(Intellektu-alismus)成了贵族革命者的武器。脱离传统的天才个体,通过"自由思想的行动"去引导一场精神运动,从而创造了历史(*Nachlaß*,1875 及以下;WW. XI,138)。勃兰兑斯(1887 年 11 月 26 日致尼采)将尼采的基本态度称为"贵族的激进主义",而尼采(1887 年 12 月 2 日致勃兰兑斯)认为,这是"他听过关于自己的最有判断力的话","措辞和感觉都很到位"(1887 年 12 月 20 日致 Gast)。

身为热爱自由的人士,布克哈特反对这位"专横独断的"哲学家;他作为保守人士也是与这位"革命的"哲学家对抗的。他的"历史"思维方式充分理解一种文化相互关联的有机价值,[①]而对像尼采这样的超级个人主义者必然不能理解。

[原注 55a] 和具有历史思维的布克哈特不同,尼采对民族性和民族文化(风俗习惯等)的独特价值缺乏一切理解。在《悲剧的诞生》(Abschn. 3、4、6)当中,"民族智慧""民族哲学"和民族文学虽然还发挥着作用;"对民族心灵的发现和尊重"在当时也还是"历史-语文学科最有成果的发现"(*Homer und die klassische Philologie*),但对"超人"来说,民众只是尚待"塑造"的"材料"(按照马基雅维利的理解):见本书页 153。

与尼采相比,[②]他更加坚定地拒绝营养过度的唯理智论,此理

---

① [原注 55] 关于中世纪民族文化也是如此,布克哈特曾惋惜"宗教改革"的革命性运动破坏了这些文化(*Gesamtausgabe* VII,330)。

② [原注 56b] 尼采虽然赞美原始的"直觉",但相对于这种"由来之物",在以往本来只有阶段性的"史前史"的地方,恰恰是"脱离"传统,恰恰是"自由精神,创造了历史"(见原注 54)。

论相信可以脱离一切历史联系,以便自由放任、喋喋不休地侈谈
"哲理"——抽象的思维、推理和空想。

[原注 56]《希腊文化史》(*Gesamtausgabe* IX, 316, 334 及下页, XI,
168, 211, 264 及下页, 268, 289, 383 及下页)当中也是一再如此。Rud. Sta-
delmann(见 Zeitschrift „Die Antike" VII, 49 及以下;参见页 54)的论述,认为
布克哈特不懂"一切历史永远有得有失的两面性",显然陷入了错误的前提
($\pi\rho\tilde{\omega}\tau o\nu\ \psi\epsilon\tilde{\upsilon}\delta o\varsigma$)。

　　他也看出,尼采极端反唯理智论是反对"苏格拉底"的,就是
反对逻辑思维,反对归功于苏格拉底的道德观念。他援引历史早
期甚至史前时代,援引纯本能直觉,这些都表现出特别的革命性。
作为循古守旧①的"公民",布克哈特感到自身一直面临着双重战
线:来自下层革命和来自上层革命,不管走上前台的是哪一种革
命。总之,自 1789 年起,各地革命频发②(1815 年后的复辟时期除
外)。

　　这样的"革命时代"还在持续,它逼迫人们"急切地"做紧扣历
史的思索:如此"动荡不安的时期"倘若不愿失去所有的理智,③就
急需一种"反作用力"。布克哈特于是赞同保守的伯克([译注] Ed-
mund Burke, 1729-1797)在 1789 年后所秉持的立场。在这个激进的
革命蔓延到文化领域的时代,布克哈特的文化良知首先感觉到要
强制人们具有文化历史的"知觉"。谁只认识"无历史的当代",谁
就无可救药地卖给了"当下及其混乱不堪的喧闹行为";无历史而
活着的人就是"蛮仔"(不管是未开化的还是现代的),就是"无文
化"的人。④

---

① ［原注 57］参见 Meinecke 纪念文集(*Deutscher Staat und deutsche Parteien*)本书作者
的论文, 1922;*Weltanschauliche Motive im altkonservativen Denken*。

② ［原注 58］*Gesamtausgabe* VII, 453("die beiden Klammern der Zange")。

③ ［原注 59］*Gesamtausgabe* VII, 11.

④ ［原注 60］同上, 6、226、228、283。

依布克哈特的见解，只有这样的人才有文化：他们知道要适应某个伟大的精神史环境，知道要有这种生活意识：保持和维护传统的精神遗产，如有可能则丰富此遗产。

［原注61］如果说尼采曾谈到，一切时代的"伟大"都有超越过往的崇高，因此在这个意义上，一切伟大之间有一种共属性（Zusammengehörigkeit），那么这也只是尼采在他感觉自己独有的观点之下的一种归纳，其主观性和布克哈特所认为的客观的文化"延续性"（Kontinuität）思想几乎没有关系。

瓦克恩格尔（［译注］Wilhelm Wackernel, 1806–1869，德裔瑞士语言学家，专研古典文学与德语文学）曾说，基督教精神和旧古典主义教育是我们精神的两大要素，没有它们，我们就无法"呼吸"；①青年尼采认为这句话至少还值得人们"好好思考"，②甚至到晚年在谈及基督教"数千年疯人院世界"时，"对过往的历史"还颇能"包容"；在其著作《瞧，这个人》中，他将伏尔泰反基督教会的战斗口号"Ecrasez!"（［译注］意谓"击溃有失尊严者!"）扩大变成自己的道德伦理。

［原注64］*Antichrist*, 38。尼采18岁时，就曾说过"和一切现存之物决裂"，"怀疑人类是否在两千年中都被错觉所误导"；早在那时，一种能够"颠覆整个世界历史"的"强力意志"的思想就在吸引着他（*Musarionausgabe* I，页62、65）；恰如他在最后一刻仍然代表着"对人们至今所尊敬和喜爱的一切进行的无情的地下斗争"（1888年2月12日致 Seydlitz）。

面对历史，这位独立自主的"哲学家"要求"异教徒"的那种权利，亦即消除与其"新"价值相违背的东西的权利；对于原则上做"价值重估"而言，不存在必须重视，甚至必须高度重视的"连续性"，不存在必须承认的有机关联，不存在担当责任和义务的文化

---

①　［原注62］引用见 II. *Unzeitgemäße Betrachtungen*, Abschn. 8。

②　［原注63］同上。

遗产。

[原注 64a]"如果过去的努力构成的整个内在相关的循环已经遭到审判,那么历史科学……就成了多余。取代历史科学的将是关于未来的科学"(*Wir Philologen*; *Werke* X,页 417)。参见 *Nachlaß* XII, 400；XIII, 362。

　　这一切只对那些做历史思考的保守人士存在。尼采的道路引领他这个"自由飘浮"故而做彻底颠覆的英才从牧师之家走出直至奋力反对基督教。布克哈特则认为,除了古希腊罗马文化,基督教是最重要的决定性要素,①从道德方面说,它是欧洲文化永恒的基石。他本人的道德一直保持特殊的基督教色彩。尘世万物的短暂性,此意识对于这位叔本华门徒是不言而喻的,在他 12 岁时便深深印入脑海,彼时其母仙逝,他经历"人生中首次巨痛"。②

[原注 65]Salin(页 181)的论述把一切都搞错了。布克哈特,在另一种意义上说,还有巴霍芬,都不是纯粹通过研究古代而将其无害化的学者；当尼采认为："对希腊的感觉一旦醒来,就会立刻变得具有侵略性"(*Über die Zukunft unserer Bildungsanstalt*, 2. Vortrag),而且"严肃的对古代的好感使人在基督教意义上不虔诚"(*Wir Philologen*; *Werke*, Naumann, X,页 367),而布克哈特和巴霍芬的态度则根本不同。巴霍芬真正新教式地区分学术和世界观,古代和基督教,尤其是"自然"阶段和"精神"阶段；而对尼采把古代阐释为反基督教的行为,布克哈特也态度鲜明地反对。如果说对尼采而言,每一种合题都是一种犹豫不决、动摇不定、模棱两可,一定要进行"激进"的决断,则布克哈特承认基督教和古代的合题,这种合题一再与天主教思维(从教父对"自然法"的接受到伊拉斯谟的人文主义)很接近。参见本书第五章,原注49a 末尾。

　　深切的心灵震颤一直与布克哈特相伴,以至白发苍苍的暮年,

---

① [原注 66] 参见 *Burkhardt-Gesamtausgabe* VII, 67 及下页, 234, 238, X, 336, XI, 83, 277 及下页, 419, 535, 548, XIII, 18 及下页。

② [原注 67] *Autobiographische Aufzeichnungen* (*Gesamtausgabe* I,页 VII)。

他仍未放弃真心确信的不可知论,信仰基督徒那种不是经受洗而得,而是天生赋予的性格(anima naturaliter christiana),即"怀抱受之有愧的期许",以极度谦逊的态度——他一生的标识——信仰那种恩赐。这是他在致盖米勒(Gey-Müller)①这位虔诚的基督徒的信中所言。对文艺复兴诸事的见解,布克哈特与盖米勒的心灵契合远比与尼采的要好。

因为布克哈特的思考是历史性思考,而非革命性思考,所以他对文化保守的天主教越来越寄予同情。② 天主教作为一种力量对抗那愈益咄咄逼人,甚至在"文化斗争"中分明显现的国家万能的革命性诉求。

[原注70]布克哈特认为,天主教由于其原则上独立于国家,因此是一种自由元素,而新教则因其国家教会身份为国家铺平了"通往无限权力"的道路(*Gesamtausgabe* VII, 325)。

[原注71]参见本书作者关于旧保守主义(Altkonservatismus)和政治天主教之间关系的论文,见 *Deutsche Vierteljahrschrift für Literaturwissenschaftund Geistesgeschichte* VII(1929),页489及以下。

布克哈特甚至赞颂保守的中世纪,说它对于现代的"进步"癫狂而言是"有益的延缓"。③ 以这类观点为出发点,他觉得改革——依天主教的阐释④——也是欧洲的一次"灾难";而在尼采看来,⑤这改革理所当然,因为他是从自由思想反基督教的立场出发的。在这一点上,也表明布克哈特是基于历史从欧洲文化发展

---

① ［原注68］1891年5月8日。
② ［原注69］参见1844/1845年布克哈特的报刊报道:见 E. Dürr, *Jacob Burkhardt als politischer Publizist* (1937),页51, 58及以下, 85, 148。
③ ［原注72］*Burkhardt-Gesamtausgabe* VII, 252.
④ ［原注73］参见 *Gesamtausgabe* VII, 312-314, 316, 318, 328及下页, 342-344, 398及下页。
⑤ ［原注74］*Ecce homo: zum "Fall Wagner"*, Aph. 2.

的客观现象出发进行思考的,而尼采作为哲学革命家只以他主观的未来理想为取向。

他们也由此看待各自的使命。置于尼采眼前的使命是从虚无中创造(creatio ex nihilo);人本主义者布克哈特在青春时期就看见"普遍的野蛮"袭来,面对这野蛮,他说:"我要帮助救治"——"亦即救治古老的欧洲教化";这也许意味着自身的毁灭,但无论如何是一种责任。① 这不是高调声张的道德,但从取守势的意义上说,却是战斗的道德。

布克哈特的批评者们对他这种积极主动的理念多有误解,② 但这理念是绝对否认不了的。他年轻时希望"为必然的复辟而工作","帮助重塑欧洲形象",③ 及至壮年,尽管"对尘世的考量"十分悲观,然而就精神层面而论,他一直获取新的动力,甚至形成了一种乐观主义,至少是禀性气质上的乐观主义,这是因为他坚定地相信在这个物质化尘世的"彼岸"存在着一个"美好的世界"。

以此观之,布克哈特绝非是个"倒退的人",而是个"前瞻者,成了那个可能全部物质化的时代的精神代表,乐观勤勉的精神代表"。④ 对于文明的衰落,他尽管心明眼亮,但也不做文明衰落的预言家。⑤

尼采思想的唯意志论是生物学意义上的自卑情结的发泄,此自卑情结源于那生命活力欠缺、一直痛苦着的天性。

[原注 80] 参见上文原注 1。可以理解,疾病所能引发的必然是尼采身上已经存在的倾向。Klages 也说到"自感被生活之充盈排除在外的意志"进行的思想家式的"报复手段"(*Die psychologischen Errungenschaften Nietzsches*,

---

① [原注 75] 1846 年 3 月 5 日布克哈特致 Herm. Schauenburg。
② [原注 76] Salin(页 58)和 Steding 也如此。
③ [原注 77] 同原注 75。
④ [原注 78] *Burkhardt-Gesamtausgabe* VII, 426.
⑤ [原注 79] 同上,"但是人类还没有注定会灭亡。"

页 179）。尼采以对生命的肯定,来应对始终威胁着他的对生活的绝望。同时,尼采无法避免把"能够受苦"称为一种最高等级的价值,既呈现了一种人性高度的准则,也是为了表达精神上的启示(*Jenseits von Gut und Böse*, Aph. 270):一种典型的"禁欲式"的评价方式。尼采感到自己(典型的浪漫主义)天性表现得不似其本身那么有创造力,而是"反动",他将这种自我体验转化为理论,也完全不在精神的唯意志论之列(参见《朝霞》,格言 120:"Du wirst getan!"〔你被做!〕"主动和被动之间"的"混淆"是"永恒的语法谬误")。

　　尼采拥有的哲学是他所"必须"要的哲学(参见 *Wille zur Macht*〔WW. XVI,页 382〕, Aph. 1040):面对"极端的悲观主义",他"必须"给自己"发明一种抗衡之物"(同上,〔XV,页 205 及下页〕, Aph. 91)。但"权力意志"只是一种欲望的作用,也就是一种受驱使的状态,一种来自无意识的对自身能力的永恒尝试。这种"意志"指的仅仅是受到抑制或泛滥的力量,不存在有意识的目标(因此实质上恰好是无意志);这种意志的"自由"只是虚构而已(参见 *Nachlaß*, 1880/1881;WW. XI,页 203)。

七 两种人与两种不同的哲学

　　"古典的"文化概念是与一种信仰紧密相连的,亦即信仰各种超越时代的"永恒的"价值。人们甚至必须提出这些价值来与时代对抗——时代越是"衰败",越要大力强调它们。从这个意义上来说,布克哈特面对报界提出"永恒性的"东西,即"古典的""真善美"价值,以反对"时下"通行的赤裸裸的单一价值。①

　　布克哈特尚被固定在社会中,与人文精神上的关系也还没有显现古典精神解体的迹象。所以,史学家不是"创造历史者",布克哈特毫不动摇地保持那个"古老的"信仰,即信仰这个"尘世"的"彼岸"有个理想的世界和纯洁存在的"形而上"世界,在这世界的怀里安息着永恒的理想和永恒的准则,它们不因"这个"现实世界的不断变动而变动。布克哈特秉持这个人们亟待获取并坚持的坚定立场。失去根基的尼采,这个永远漫游的人,从其社会学状况看,似乎命定成为反叛者和叛教者。

　　[原注 2]参见本书第四章。只在开始的时候,尼采才代表着和布克哈特类似的观点(参见 II *Unzeitgemäße Betrachtungen*,Abschn. 10;IV *Unzeitgemäße*

---

① 参见与 Alb. Brenner 的通信。为"永恒"价值辩护,反对历史主义对其的消解:*Gesamtausgabe* VII,7。关于对艺术的"古典式"理解:*Gesamtausgabe* VII,45 及下页,60 及下页,XIII,25 及下页,28,XIV,270,273,278,496。

Betrachtungen, 6 开头）：即"从前""心忧永恒事务"的观点，与"现在""现代"集中于"当下"利益的忧虑形成对立。当尼采在一种革命性主观主义的旗帜下，根据自己的思想鼓吹"重估一切价值"之时，就把这种"古典"定位成为"开倒车"。

　　"我们这些失去故乡的人……我们讨厌一切理想"——至少讨厌迄今通行的一切理想。"我们什么都不保存"。① 所以，现行的价值须一股脑儿连根拔除，也就不存在"形而上"信仰："另一世界是人生的世界。"

　　［原注 4］*Genealogie der Moral*, Abh. 3, 24。用"生命"去对抗"精神"，意味着否定一切客观和绝对的价值设定。早在《朝霞》（190）当中，尼采就充满反讽地针对席勒、洪堡等人"软弱、驯良、闪着银光的理想主义"发表了意见；早在《荷马的竞赛》（*Homers Wettkampf*）当中，对人本主义思想的瓦解就已经开始了（见本书 86 及下页），在《悲剧的诞生》中，"狄奥尼索斯"元素就已经成为主导。《不合时宜的沉思》第二部虽然还处于叔本华的影响之下，展现出一种复杂的立场，但毕竟和布克哈特的态度尚未完全对立（参见本书第一章，原注 9），但其提纲挈领的标题已经立下了"生命"哲学的尺度。

　　《我们语文学家》（*Wir Philologen*）转而反对人本主义和基督教的传统合题；而自从《快乐的科学》以来，至此为止占据主要地位的时代文化批判过渡到了对一切流传至今的文化的批判。在尼采创作的最后十年中，那种"生命的思想"（正如 W. Brock 的 *Nietzsches Idee und der Kultur*［1930］所承认的）取代了"客观"意义上的文化思想（尽管这种思想在艺术或［正如自《人性的，太人性的》以来］认识上达到了顶峰），这种"生命的思想"除了"提升人的类型"的主观目标之外，对其他一无所知。齐美尔（Simmel）合理地说道，通过尼采，"生命"成了现代思维和现代世界观的专门关键概念和主题词。Meta Schubert（*Das Verhältnis der Vitalitätswerte zu den Geisteswerten in der Philosophie Nietzsches*［Berlin, Dissertation, 1927］）试图区分"尼采作品中思想层次的不同等级"（参见页 15），其根据是所谓尼采身上出现的"生命力价值优先地位

---

① ［原注 3］*Fröhliche Wissenschaften*, Aph. 377。参见本书第四章，原注 9。

的动摇"(44),乃至为了"精神价值的优先地位",即掌握某种"纯粹精神的生命意义"(16),而"推翻"前一种价值的优先地位(54)。

尼采身上所反映的应该不仅仅是心理学的问题和思维上的矛盾性,也即所谓"等级",在这个意义上,我们不得不承认 Schubert 的尝试是"单纯的建构"(57):作者明确地导出了"尼采本人不愿意得出的结果……"(74)。通过这种方式,该文作者"除了"一元论之外,还分析出了尼采所代表的"二元论"(57)。这种结果也许有助于对尼采的各种立场(比如与 Scheler 的关系等)进行进一步的批判性思考,但对于以设身处地体会研究对象的方式进行阐述以及对尼采的精神传记而言,却毫无裨益:因为这种方法不仅将自己与尼采的思想"比较",而且还完全不考虑尼采的某些思想端倪是否有些是纯粹的反讽,有些只是出自一种浪漫主义情感。作者对柏洛托士尼采的理解过于拘泥于"言语"。

"神圣的"东西一概不存在,① "在变化的背后没有'存在'",②不要柏拉图,而要赫拉克利特([译注]Heraklit,公元前540-约前480,古希腊哲学家,认为火是一个有秩序的宇宙的基本物质要素,认为世界秩序是"永远有节奏地燃烧,并且正在有节奏地熄灭的火"。令人联想尼采为何著写《查拉图斯特拉如是说》)。

尼采与赫拉克利特靠近,就感到"温暖,就比在任何别的地方更舒心":他在赫拉克利特那里找到了与他类似的东西,是迄今思考出来的东西。③ 而"永恒的价值"则是一种无根据的"假设"。柏拉图对"善"④和 "真"的(类似宗教的)信仰"也是假设"。这一切无异于研究子虚乌有的"虚构的东西"。⑤ "所以,赫拉克利特

_____

① ［原注5］*Fröhliche Wissenschaften*, 344 末尾。

② ［原注6］*Genealogie der Moral*, Abh. 1, 13.

③ ［原注7］*Ecce homo: Zur „Geburt der Tragödie"*, 3.

④ ［原注8］*Wille zur Macht*(Brahn), 663.

⑤ ［原注9］同上,379. 正如 Deußen(99)所叙述的,尼采的典型特点是能够"在一切真、善和美的事物上"感受到"一种宁静和内在的喜悦"。但当他"脱离自身"之时,就想让这一切都不再作数。

总是有理,说'存在'就是一种空洞的假设"。① 相信客观事物"全部是虚构"。②

尼采的"突然坠落",③也就是从唯心主义向生物学"极限"坠落,这时有两件事在此会聚。

[原注 13] *Wille zur Macht*, Aph. 75。与此相应的是,教育(Erziehung)的思想被培育(Züchtung)的思想所替代。对最大"力量"的美化把尼采从人本主义引向达尔文式选择原则的自然主义,最终导致了尼采对精神的敌视,这种态度可能会坠入赤裸裸的物质主义(参见 *Ecce homo: Warum ich so klug bin*, 1:"完全不同于"上帝的问题,"吸引我的……是营养的问题")。显然,尼采身上的浪漫主义者一再促成了审美上对自然本质的美化。浪漫生物学主义(romantischer Biologismus)也许是概括尼采立场的最短公式。

其一为"失重",④它使尼采把每一个存在的"意义"搞得混乱不堪,⑤使尼采变成了"彻头彻尾的虚无主义者";⑥其二是寄寓在尼采内心的灾难性癖好:他本人谈及自己"在休养生息中对世界做整体观察"让他感到极度厌恶,也谈到另一种思维方式给他带来的"魔幻"和"魅力",此思维方式绝不否认世界"使人惴惴不安、谜团一般的特性"。⑦ 尼采的力本论世界观只是个人天性中做心理调节的思维反映罢了。

尼采一方面是"现代"典型的神经质者,他需要主观的美学情感冲动,以便"享受"人世,即享受作为一出令人兴奋的"有趣"戏剧的人世;另一方面,他的唯意志论又转变成积极精神的能动主

---

① [原注 10] *Götzendämmerung: Die „Vernunft" in der Philosophie*, 2 末尾。一个没有上帝的世界,这是尼采在前苏格拉底的哲学中发现的值得赞美的地方。

② [原注 11] *Wille zur Macht*(Brahn), 275.

③ [原注 12] 同上, 39。参见本章原注 2。

④ [原注 14] *Wille zur Macht*(Brahn), 39.

⑤ [原注 15] 同上, 75。

⑥ [原注 16] 同上, 30。

⑦ [原注 17] 同上, 374, 376。

义,具有因生物学上的欠缺而寻求力量感和"权力感"①最大化的癖好,这种力量感和权力感存在于艺术创造的理念中,直至强化为登峰造极地创造世界的理念。

所以,没有什么东西是"固定的",有的只是不断的新变动,永恒的更替,持续的变化,好让"这个世界"由"自由"创作的"形式主义艺术家"之手来塑造,塑造成他的创造精神的"艺术品"。②

世界不再是一个客观存在的、被上帝创造的艺术品——正如几百年的宗教哲学认为③这世界谦恭而敬畏地沉入宇宙的秘境——而只是混乱一团。混乱中,一位富于哲理,非古典主义本性的"文艺复兴人"依据其浪漫—主观的、摆脱一切客观规律和准则的"自由"理想,按照自己的图像凭空"创造出"一个世界。

因此,当然是"艺术比真实更有价值",一如尼采的"形式主义艺术家福音书"所言。因此,"虚构的力量"比真实更值得珍视。

[原注21、22] *Wille zur Macht*(Brahn),503。Leo Berg 也称尼采是"彻底的形式艺术家"(*Zwischen 2 Jahrhunderten*[1896],页6)。尼采的"艺术"概念并非以古典意义上永恒之"美"的客观思想为导向,尼采理解的艺术更多是人类纯主观的创作可能性的化身。用赫拉克利特的话说,不承认任何何"存在"(Sein),而只认可发展(Werden)的人,是不可能在艺术中寻找"美"(在柏拉图的"理念"意义上)的,而只会寻找意味着"介于两者之间"的"有趣的事"(参见 Ric. Huch, *Die Romantik* I^4, 147)。在尼采那里,甚至对艺术中古典"健康"的非常浪漫的追求,也是生物学意义上的:阿波罗式的气质只是狄奥尼索斯式的"力量"的表达(见本书页 46 及以下)。

[原注23] *Wille zur Macht*(Brahn),Aph. 294."人必须偶尔能够在不真实当中休息",从真实中遁逸(*Morgenröte*,507)。新哲学家的"艺术"任务在于,"为人类奉上一种新的幻想,这种幻想以一种新的、无神的视角也能给生

---

① [原注18] 同上,268。
② [原注19] 同上,511。
③ [原注20] 关于此处存在的思想史联系(从古代,经过奥古斯丁和托马斯,再到莱布尼茨),参见 Paul L. Landsberg, *Die Welt des Mittelalters und wir*(1922)。

命赋予价值"(Roos,72),在这一视角下,一种被抽离了意义的、"混沌的"世界之一元论,取代了柏拉图－基督教二元论的秩序思想。这种"混沌"的世界是一种典型的浪漫构想,我们只能在审美层面上为之"辩护"(*Geburt der Tragödie*, Abschn. 5 末尾,亦见 24;1886 年该书前言, 5)。

　　这种激进的非理性主义,其基础是对哲学的一种完全主观化了的理解:"我的天才就在我的鼻孔里"([译注]鼻孔意指感官和直觉),遗稿(*Großoktavausgabe* XI,页 377)中如是说,"混沌使人预知"(同上, 194);但是,在即使以"灵魂的拯救"(*Wille zur Macht*[同上, XV,页 451,格言 425])为代价而开启的"认识"(Erkenntnis)和单纯的"'审美'游戏的无穷可能性"(Roos,135)之间,尼采没有划分界线。这种哲学没有故乡,没有最终所往,没有纽带,也没有献身精神,它不想要边界(来抵抗混沌)。对解放了的元素构成的世界进行浪漫的美化,对"迷宫般的人"(Roos, 134)进行英雄化,这是尼采的创造,在"这位耗尽了自身的创造者"(139)看来,这种创造最终好似一幅"讽刺画"(1889 年 1 月 6 日致布克哈特:"我是创造了这幅讽刺画的神"[son dio,ho fatto questa caricatura])。

　　尼采的《悲剧的诞生》就已迫使像里奇尔①([译注] Albrecht Ritschl, 1822–1889,德国基督教信义宗神学家)这样富有人情味且胸怀广阔的评论家对其作出批评,说尼采利用艺术来对付认知,尼采本人事后也承认:他的美学和"生命"哲学使所有科学都成了疑问。②这个生命哲学纯粹是在意识之内故意构想出来的,它只承认"这个"世界和"这个"生命。

　　[原注 25a] 由于基督教在"这个"世界和"这个"生命之外,还承认有一个更高的世界和"彼岸"的生命,因此对绝对的活力论(Vitalismus)而言,基督教似乎是反世俗和反生命的。以其针对基督教的反题(Antithetik),尼采的"生命哲学"更像是"生命宗教"(参见 Ludwig Klages, *Mensch und Erde*[³1929],页 61)。

---

①　[原注 24] 1872 年 2 月 14 日致里奇尔。
②　[原注 25] 1886 年《悲剧的诞生》前言,2。

相信某种真实的价值就是"相信一个有别于这个生命世界的另一世界",就是"柏拉图式的基督徒信仰",亦即信仰一种"神圣的"、安居在上帝内心的真实。

对于尼采的怀疑主义来说,这种真实与神明一样少之又少。只要具有"动物特性"的人依赖某些"健康成长"的先决条件,①那么,"认为某事是真的就很有必要",虽然如此,"但那事毕竟不是真的"。②

［原注 26］*Fröhliche Wissenschaften*, Aph. 344(亦见 *Genealogie der Moral*, III, Abh. 24):"我们这些今天的认知者,无神者和反形而上学者,即便是我们"也还在仰赖这种信仰为生;但是,原则上的无神论者也必须一以贯之地拒绝"真理"的思想。

"真实与谬误相似,没有它,人就无法活下去"。③ 它是主观的真实替代品,一个生物学—实用的概念。"为何要认知呢?"这个思想王国里的新独裁者——"生命"问道,"为何不情愿自己搞错呢?"④"为了生活,我们需要谎言",⑤因为真实"败坏生活的兴致"。

［原注 32］同上,356。尼采声称,他自己"对真理几乎一直无所谓"(*Nachlaß*, 1885 及以下;*Werke*, Naumann, XIV,页 380);但在他推崇实证主义和赞成苏格拉底的时期,其最高理想是"真正人文的人"(homo vere humanus),这种人正是通过"认知"而区别于"动物",并变得"智慧"(*Menschliches, Allzumenschliches*, Aph. 56)。这一时期的尼采所赞美的最高价值不是艺术,而是真理,表示人甚至必须牺牲生命去追求真理(*Morgenröte*, 45, 429,

---

① ［原注 27］*Wille zur Macht*(Brahn), 275.
② ［原注 28］同上,272,在此语境下,参见:H. Vaihinger, *Philosophie des Als Ob* (1911),页 771 及以下。
③ ［原注 29］*Wille zur Macht*(Brahn), 268.
④ ［原注 30］同上,103。参见 *Jenseits von Gut und Böse*, Aph. 1。
⑤ ［原注 31］*Wille zur Macht*, 503 I.

550）。

　　尼采在这里仍然鲜明地拒绝"强烈的妄想所带来的幸福"（429），即便"人类在追求真理的激情中灭亡"："宁愿人类毁灭，也不要认识倒退"，"不要回到野蛮"！但后来，尼采对"通往真理的意志就失去了兴趣"（《快乐的科学》第 2 版前言，4）。在《朝霞》（429）中，想到基督教的殉道者还能让尼采激情燃烧，但现在，对他而言，"献身的渴望无非是发展正在倒退的征兆"（*Nachlaß*，1880/1881，WW. XI，页 253）；现在（《快乐的科学》，Aph.344），尼采不愿意承认也许只是"隐藏着的通向死亡的意志"：这类"通往真理的意志"对他来说是一种"敌视生命、毁灭性的原则"。

　　真理的理想被贬斥为是禁欲的，是对生命的弱化（参见 *Jenseits von Gut und Böse*，4；*Genealogie der Moral*，Abh. 3，页 24 及下页）。青年尼采就已下了判断："对真理的一切认识都是没有产出的。"（*Nachlaß*，1870；WW. IX，页 113）在《快乐的科学》和《查拉图斯特拉如是说》之间的时期，尼采写道（致莎乐美；引自莎乐美的书，页 153）："精神？精神于我是什么！认识于我是什么！除了驱力（Antriebe），我（！）什么都不看重。"现在，对他来说，"真正的"哲学家和"学术人"不再有任何共同之处：哲学家是"发号施令者和立法者"（*Jenseits von Gut und Böse*，Aph. 211），"暴君式的欲望"赋予了其灵魂（同上，9）。

　　所以，我们恰恰需要"无知的意愿"①做生存"条件"，需要"自由精神"对"幻想"的赞美。② 因为那些"还相信真实"的人都是柏拉图的信徒，自觉或不自觉的基督徒，简言之就是一些"远非自由的精英"。

　　［原注 35］*Genealogie der Moral*，Abh. 3，24。"自由精神"是这样一种精神，它说："没有什么是真实的，一切都是允许的"（*Genealogie der Moral*，Abh. 3，Aph. 24），"非道德者"（Immoralist）不知道自己"之上"还有任何事物：没

---

① 　［原注 33］*Wille zur Macht*（Brahn），352.
② 　［原注 34］同上，503 III，《悲剧的诞生》已经反认识了："认识扼杀了行动，被幻想围绕才属于行动"（Abschn. 7，末尾）。

有能够提出要求或者发布禁令的真理。"绝对的认识是德性时期(Tugendpe-riode)的一种虚妄……我们必须为谎言,……以及不公正辩护"(*Nachlaß*,1882:WW.,Naumann,XIII,页124)。因此,在尼采那里,真理问题直接与道德问题相关。

对于浪漫的主观主义来说,"只在审美层面上能够站得住脚的"(本章原注23)世界是如此脱离道德和逻辑范畴;正如"通往表象的意志",通往"恶"("通往权力")的意志可以有助于提升"生命的"强度。在这个意义上,充满力量而百折不挠的"罪犯"可以得到赞扬:至少在和基督徒相比的情况之下(*Wille zur Macht*[WW. XV,页313],Aph. 233 末尾)。

对于这种怀疑此岸世界的梦幻癖而言,"存在着形形色色的'真实',但结果确是不真实",①有的只是主观的真实态度作为最高的美德,②而主观的假设和"意愿"是"这种"哲学的真正内涵和精义③——与对真实的认知南辕北辙。"这种真实"④与"我的真实"⑤是同一个意思。这个必然反保守的"无故乡者"再也不知"保存意志"为何物了,只一味扬扬得意于"不断创造的"主观主义⑥和"创造的假设"⑦。

那么,这种与生活紧密相连的"真实",其相当主观的标准自然仅是"权力感的增强"罢了。⑧ 因为此权力感仅为增强的自我感觉,因为"享受力量"仅仅是享受增强的自我,因为这一切都是从

---

① [原注 36] *Wille zur Macht*(Brahn),292,326,末尾。关于尼采的相对主义和心理主义(Psychologismus),亦可参照 1873 年的断篇《论道德意义之外的真理与谎言》(*Über Wahrheit und Lüge im außermoralischen Sinne*)。

② [原注 37] *Ecce homo: Warum ich ein Schicksal bin*,3.

③ [原注 38] *Wille zur Macht*(Brahn),274.

④ [原注 39] *Ecce homo: Zum "Fall Wagner"*,3;*Warum ich ein Schicksal*,1.

⑤ [原注 40] 同上。

⑥ [原注 41] *Wille zur Macht*(Brahn),683.

⑦ [原注 42] 同上,274。

⑧ [原注 43] 同上,269。

最初原的"动物"角度思考出来的,因为这种新创造是一种"持久的"创造——真是浪漫透顶,所以结论必然是:狄奥尼索斯(酒神)的"残酷"属于"狄奥尼索斯的"感性生活,所以也要"享受"那"摧毁的力量";而"阿波罗"(日神),这古典主义的、总是思考"永恒"之神说到底只是一种"幻觉"罢了。①

　　尼采在教授"一种坚定的虚无主义"。② 在他,"对毁灭的肯定",恰恰是他哲学中"具有决定性的东西":③"我们必须做摧毁者!"④他们内心分明充溢着破坏的快意。他知道,"群居人群的保存条件在于,它们感到这种价值是不容讨论的",⑤所以他用极端的权力意志取代保守意志。这不取决于现存事物是多么"高贵",多么"好";革命者尼采要的就是 tabula rasa［白板］——布克哈特⑥因为其历史—保守意识而对此极度反感,尼采正是对"毁灭至珍之物"和"现存的美好之物"感"兴趣",⑦此兴趣也与"对将要到来的事物和未来的事物感兴趣"相勾连,这是肯定的,而且怀着一种无政府主义者的"胜利感"。

　　对布克哈特来说,最不合他心意的事,莫过于那"持续修正"的意志,他认为这个意志便是 1789 年以来仍在延续的"革命时代"的本质特征,⑧他自知与其格格不入,而尼采越来越以精神智者自居,"不再与时代合宜"。布克哈特必然深度触及尼采在美学上的反科学态度,必然触及尼采对本来毫无疑问具有最高价值之

---

① ［原注 44］同上,677。

② ［原注 45］同上,264。

③ ［原注 46］*Ecce homo: Zur "Geburt der Tragödie"*, 3.

④ ［原注 47］*Wille zur Macht*, 202.

⑤ ［原注 48］同上,108。

⑥ ［原注 49］*Burkhardt-Gesamtausgabe* VII,页 479。

⑦ ［原注 50］*Wille zur Macht*, Aph. 202.

⑧ ［原注 51］*Burkhardt-Gesamtausgabe* VII,页 421、426 及下页、431、433 及下页、452 及下页、477、480。

物的瓦解性质疑,比如真理认识论,比如智慧——尼采对"智慧"是加引号的,将其称为"一个反人生、废除性的原则"。①

布克哈特正是因为把静观默想(kontemplierende sapientia)同强有力的艺术元素结合起来才成了真正的人本主义者。他对艺术诸事和对认识论问题均有高度的理解能力,但也善于保持可贵的平衡:一种"古典主义"天性。他是具有艺术想象力,②具有"图像"意识的非凡之人,是仔细进行观察和审视的智者,③而且也不乏"神秘"④意识,所以他拒绝承认某种枯燥的、理性主义批评的科学思想是他自己的思想。

布克哈特有着强烈的诗意感觉,对真正创造性的东西他全部吸纳。其内心与变得客观起来的晚期浪漫主义紧密相连,但是远离早期"浪漫主义流派"的主观主义及其美学倾向和不道德倾向,尼采便是此流派的革新者。如此,布克哈特的艺术概念也就成了与锋芒毕露的任性相对立的东西,它是与美与和谐的古典主义法则相关联的。

---

① ［原注 52］ *Wille zur Macht*, Aph. 354.

② ［原注 53］因此,他也非常希望(1863 年 10 月 10 日致 Geibel)能有一个同样具备想象天赋的人来巴塞尔。

③ ［原注 54］1842 年 6 月 14 日致 Beyschlag, 1842 年 6 月 19 日致 Fresenius。

④ ［原注 55］1889 年 7 月 24 日致 Preen。参见布克哈特《希腊文化史》中关于神话的绝妙章节。

对时代的批评

八　否定与立场

　　对自己的时代提出批评,是尼采和布克哈特观点相近的要点之一。对于这个时代代表着所谓"进步"的论断和诉求,他俩的答案正与此相反,断定为时代"衰败"。不管着眼于资本主义还是社会主义,也不管着眼于民主还是军事化强权国家,抑或最终观察这个时代越来越成问题的"教育",他们都在处处发现并确定衰败的症候。

　　面对时代显现出的日甚一日的"野蛮",两人都为欧洲未来的文明担忧。原因是他们同样确信:文化不同于单纯的文明,只有当富于创造性的人格连同其自由的主观能动性得到确保之时,文化方能繁荣。然而,这种人格受到这个资本主义时代里个性普遍丧失,受到人的政治化和军事化以及受到同一切平静成熟相敌对的"速度"的最严重逼迫——这一点他们的意见是一致的。但,他们批评的立场和出发点如何? 他们的立场真的完全一致吗?①

　　在他们对财富和才智的价值评估中,存在两个具有决定意义的范畴:"贵族的","平民的"。从文化史的角度看,布克哈特认为"平民的"是最重的贬抑表达方式。

---

① 　Salin 完全没有提出这个决定性的问题,因此他在此处的论述也是扭曲的。

[原注 2] 其中起作用的还有"社会-阶层以及审美上的反感"(Carl Neumann, 34)。布克哈特在德拉克洛瓦那里遇见的"深刻的平民特征",在"一个著名的雅各宾派之子"身上并不奇怪(1885 年 5 月 26 日致 Alioth)。正如德拉克洛瓦"冒犯"了布克哈特的"审美感觉"(1881 年 6 月 14 日致 Alioth),伦勃朗也丝毫不弱于德拉克洛瓦,布克哈特一再(*Gesamtausgabe* XIV, 191, 193)称其艺术为"卑下的"(参见 *Gesamtausgabe* XIV, 304 及下页)。在布克哈特眼中,"粗俗""下流"的尤其是"可怕的自然主义"。关于左拉,他说出了文学评论家的"赞美之辞":"如果狗会读书,它们会把左拉宣告为自己的莎士比亚"(1880 年 9 月 20 日致 Alioth)。尼采说:"左拉:或者说'散发臭气的喜悦'。"(*Götzendämmerung: Streifzüge*, Aph. 1)自从文艺复兴结束以来,布克哈特在历史上看到,通过整个近代,"平民"特征已经初现端倪。

位于这种发展趋势之初的是路德的宗教改革。和"宗教狂热主义者"们相比,布克哈特支持"有教养和更高贵者"(*Gesamtausgabe* VII, 页 387),站在人文主义和天主教会的一边。对尼采来说,路德也是"粗野的家伙"(*Genealogie der Moral*, Abh. 3, Aph. 22),煽动了一场精神上的"农民起义"(*Fröhliche Wissenschaften*, 358),一场"暴民一般的嫉恨运动"(*Genealogie der Moral*, Abh. 1, 16)。

同样,对尼采(*Wille zur Macht* [ed. Brahn], 7)和布克哈特(*Gesamtausgabe* VII, 页 443)而言,为法国大革命描绘了道路的卢梭也是"平民的"。在古代的发展当中,尼采认为,苏格拉底意味着"乌合之众"的崛起(*Götzendämmerung: Das Problem des Sokrates*, Aph. 3、5、7);布克哈特无法否认苏格拉底的辩证法之中存在某些不高雅的特征(*Gesamtausgabe* XI, 页 211)。

置身于"资产阶级"世界之外的尼采认为,"资产阶级的"和"平民的"这两个概念恰好契合,而布克哈特对文明退化阶段资产阶级文化的批评基本上还局限在资产阶级内部:只批评导致过于"市民化"的浮浅以及将资产阶级优良水准降至资产阶级低级水准的颓势。布克哈特在社交和思想方面一直有意识地置身在资产阶级这个具有文雅教化的世界里,故而恪守"古典主义"时代资产阶级教化的各种价值和价值评估,恪守其人本主义传统——他的所有理想就包含在此传统中。正如他在社会活动中一直以"绅士自由主义"——反民主的自由主义——为保守的立足点①一样。他从肯定旧价值的坚定动机出发,决心恢复这种价值的纯正和生机:人本主义文化价值。

只要尼采与布克哈特②一样还信奉"我们伟大的席勒",那么,他们对时代批评的出发点就是相同的,只可惜后来尼采以"萨岑根道德吹鼓手"③(Moraltrompeter von Säckingen)的俏皮话而自鸣得意,并以此对德国古典主义伦理进行讥讽,这样,他就摧毁了所有通往德国资产阶级最高文化传统的桥梁。

[原注5] *Über die Zukunft unserer Bildungsanstalt*,1871年计划导言。在那里,尼采还一再在积极的意义上引用席勒(第5篇演说末尾)。那个时候的尼采还把席勒算作"我们时代真正的伟人"(1869年9月28日致Gersdorff末尾),而且让席勒的"理想主义""崇高心灵""骑士风范"对立于"我们平民政治的噪音"(1870年3月11日致Gersdorff)。1872年,尼采(和Deußen的谈话[*Erinnerung*,页87])还把"席勒与歌德并立,如果不是让席勒高于歌德";但是后来,尼采对"德国人"的这种倾向无休止地进行嘲讽。那个早期的尼采还按照席勒的意义,赞扬"因启蒙时代"而传播开来的"温和的人性"。这种人性虽然"弱化了人类,但这种弱势转化为道德,其结果恰是好的,并让我们感到自豪"(*Wir Philosophen*;WW.,Naumann,X,408)。当尼采(同上)想"最终还是更喜欢生活在启蒙时代,而非其他时代",因为(在那个时代)"只有对我们这样的人有这么多高贵的欢乐",他完全遵循着席勒式的启蒙乐观主义。

---

① [原注3] "有限的投票权,敬可敬之人"是布克哈特的政治信念(1885年圣诞节致Preen)。参见Herm. Bächtold, *Jacob Burkhardt und das öffentliche Wesen seiner Zeit*:引自Meinecke纪念文集(1922),页118及以下。
② [原注4] 参见布克哈特纪念席勒的大学演说(*Gesamtausgabe* XIV, 69及以下)。
③ [原注6] *Götzendämmerung*,出处同上。

　　由于尼采提出资产阶级"善与恶"的"彼岸"——布克哈特认为这有如家庭烘制的面包一样平淡无奇,①他就远远超出对当代资产阶级文明的批判范围,而成了反对迄今整个资产阶级文化及其人本主义价值和基督教价值的激进者。在他,"基督教化"和"平民化"从"乌合之众的道德和奴隶道德"观点看,是意义等同的概念。② 他坚持原则上反资产阶级或市民阶级的立场,所以对时代的批判只是片段式地对文化做一般化评论,从而大大超出对时代的批评。

　　对时代精神(毋宁说对野蛮的时代精神)持否定态度,在这一点上尼采与布克哈特可谓不谋而合。但他们的批判立场不同。在尼采断绝同传统的文化评估的最后联系之后,他们对一个愈益非贵族的时代开展"贵族的"批判;人本主义者布克哈特,尼采对其心怀感谢的巴塞尔城市贵族布克哈特,其批判始终是保守的资产阶级性质,反观哲学家"自由天才"尼采则以革命的主观主义反对"所有的资产阶级制度",③包括宗教和道德制度,以"人生"的"新"价值和生物学的名义向那些制度和一切根植于"历史"的文化宣战。他意欲让新价值生效,开启尼采的新时代。

　　布克哈特的批判是相对的,有节制的,因为它以客观的文化状况为取向;尼采的批判则突变为激进,原因是他除绝对的主观纲领外别无所知。即便他间或提及古代那些保守的价值,④那也只是反当代的笔战形式。那些保守价值活生生的意义全都与他本人不搭界。在他,"贵族的"天性与"无政府主义的"本能结合太过

---

① ［原注 7］1856 年 3 月 16 日致 Alb. Brenner。
② ［原注 8］*Genealogie der Moral*, Abh. 1, Aph. 9.
③ ［原注 9］*Wille zur Macht*, ed. Brahn, 88.
④ ［原注 10］比如"年龄和传统",对"权威"的"敬畏","流传的意义"(*Jenseits von Gut und Böse*, 260、263; *Wille zur Macht*［Brahn］, 15)。参见本书页 94。

紧密。①

　　至于对 19 世纪的评价,凡布克哈特判定为典型的腐败现象,尼采都做了正面评价。也就是说,凡是这个最新时代对所有的理想"原则"、法律和道德变得更怀疑、更嘲讽、更冷漠、更"野蛮",②就都会受到他的正面评价,也就是说,只要这个时代迎合尼采的"非道德主义"说教,就会得到他的肯定。尼采将这样的时代视为变得"更符合自然"的时代;③而布克哈特不仅将其视为旧资产阶级生活方式的颓废标志,也视为文化分化瓦解的征兆。

---

① ［原注 11］参见 *Wille zur Macht*（Brahn）, Aph. 671（"Resultat"之下）;亦见本书第六章,原注 54。
② ［原注 12］*Wille zur Macht*（Brahn）, 72 及下页。
③ ［原注 13］同上, 72。

九 大 众

　　不管是以人文和人本主义标准还是以非道德主义的超人标准来衡量当代人,两者之间存在天壤之别,但尼采和布克哈特都对19世纪愈益变成主流的"中不溜""平庸"类型的人感到异常愤怒。在这一点上,他们是一致的。现代文明是由平凡大众决定的,这是他俩的共识。

　　[原注 1] 对尼采和布克哈特而言,"大众"是一切无个性和反个性的东西。单纯的"占有"绝不是突出的特征(*Menschliches*, *Allzumenschliches* II 1,304);同样,不是为了人格培养的卑劣"教育",也属于"大众"。(参见同上 I,473)。对尼采来说,"工业文化"是"曾经有过的最粗俗的存在形式",他谈到过"臭名昭著的工厂主式的俗气"(*Fröhliche Wissenschaften*, 40)。"从事贸易的社会"想要的"最高、最重要的东西,是去除生命中原有的一切危险……:因此,只有意在服务共同安全稳定的行动,才能加之以'善'的定语"(*Morgenröte*, 174)。

　　布克哈特也不愿意承认这种纯粹"安全"(Sekurität)上的文明进步是文化成就(参见本书第十四章)。他所重视的是道德文化和精神文化,而尼采身上则到处响彻唯美主义。在尼采看来,"商业工厂主和大企业主"的"无趣人格"所缺失的是"优雅的形式"。他的非道德主义和这种唯美主义以及反基督教情感一样,是非布克哈特式的。尼采认为,关于上帝面前人人平等的学说为政治平等的民主要求铺平了道路;由此,"权力意志"在"施令者和听命者"的区分当中所看见的各种力量的正确"等级秩序"就受到了侵蚀。尼采反对有利于"弱者"的人本主义思想,布克哈特也反对弱者的统治,但却并不因此而违背人本主义思想。

　　平凡大众的崛起大约始于法国大革命;①布克哈特认为"自19 世纪 40 年代"以来,时代的"平庸化"尤甚,②其后,"普选"(suffrage universal)对"平庸化"又起着推波助澜的作用。③ 对于导致"普遍的浮浅"④和日趋"平庸"⑤、"无可救药"的平庸"颓势",⑥"民主"实难辞咎。民主的平等原则总与"精英"的自由背道而驰;⑦而社会化的趋向,其关注点是让那些"才具平平"的中庸人士也获得"一般的保障"和保险。⑧ ——然而,当尼采宣布要对这一类人废除人本主义⑨并向他们宣讲他自己的非道德主义时,尼采就与布克哈特分道扬镳了。

　　然而他们二位都有某种鄙夷"金钱"的贵族高雅精神,⑩凡是一切围绕"利益"和"成功"转动的地方,那里就是"庸人"的地盘。文化史学家布克哈特曾说,"在新时代,成功变成了神"。⑪ 尼采也一味"蔑视"源于英国的功利主义,⑫它带有现代资本主义"大气"

①　[原注 1a] *Wille zur Macht*,ed. Brahn, 14.

②　*Burkhardt-Gesamtausgabe* VII,页 150 及下页。

③　尼采,同上, Aph. 622, 653;重估一切价值时期的遗稿笔记(*Werke*, Naumann, XIII,页 349):反对"看人数的蠢事","对大多数的迷信"。

④　*Burkhardt-Gesamtausgabe* VII, 191.

⑤　*Genealogie der Moral*, Abh. 1, Aph. 12.

⑥　*Jenseits von Gut und Böse*, 262 末尾;*Genealogie der Moral*, Abh. 1, 11;参见 *Wille zur Macht* (Brahn), 429。

⑦　*Burkhardt-Gesamtausgabe* VII,页 287。

⑧　同上, 190。

⑨　*Fröhliche Wissenschaften*, Aph. 377;*Wille zur Macht* (Brahn), 205.

⑩　参见本书作者关于"人本主义作为社会学现象"的论文,见 *Archiv für Sozialwissenschaft* 1931,页 441 及以下。

⑪　*Burkhardt-Gesamtausgabe* XI, 35A.

⑫　*Genealogie der Moral*, Abh. 1, Aph. 1 及以下。

而"危险"的特征席卷全世界,尤其风行于新德意志。①

是的,尼采每每用叔本华的方式进行评价时,就总会谈到资本主义那"可恶""自私"和"利己"的推动力,②而他的话语布克哈特本来也是可以使用的:"这人世已非人世。"③后来这话自然而然又变成另一种说法:④当人被物力论世界观所左右,物力论成了着眼于经济的人的标识,人世就面目全非了。而布克哈特以一种再明显不过的社群的精神本能反对现代社会那变成赤裸裸金钱的经济生活以及贪图无厌的获利欲望,反对由此产生的暴发户(nouveaux riche)资产阶级,他们是古巴塞尔城市新贵的后裔。

布克哈特深知古老的家庭财产是一切传统,尤其是文化传统的既定基础,⑤他把现代"资产者"(Bourgeois)看成是在经济和社会层面对古老财富形成威胁的新兴力量,也是特别没有文化的元素。布克哈特认为,从本质上说,文化具有保守的特性。

[原注18] 鉴于布克哈特的保守态度,他完全没有 Steding 强加给他的反农业社会倾向;布克哈特完全懂得重视农业种植和健康的农民阶层的社会价值(参见历史判断,*Gesamtausgabe* XI, 126 及下页, 162,以及429;非常清楚的当代判断:VII, 246)。

这两位坚决维护"高雅的"人生态度的人认为,资本主义"精神"以及现代庸人的野蛮意识,已经彰显在现代那"匆忙"的时间和生活节奏中,匆忙是由资本主义引发的。

[原注19] 参见布克哈特为系列报告"über die Zukunft unserer Bildung-

---

① *Der griechische Staat*;III *Unzeitgemäße Betrachtungen*, Abschn. 4.
② 同上。
③ III *Unzeitgemäße Betrachtungen*, 4.
④ *Wille zur Macht* (Brahn), Aph. 64.
⑤ *Burkhardt-Gesamtausgabe* XIV,页 269 及下页,页 500 及下页。

sanstalt"所作的前言。歌德就已看到新"时代"(以其新的、专注于"实用"的
"态度")正在兴起,是商业和交通的日益普及("让世界惊异的是财富和快
速")和民主平等原则的影响相结合所带来的必然后果;他也预料到,"这种
过度急促的发展",其结果只能是"平庸"和日益流行的"平庸"文化的胜利
(1825 年 6 月 7 日致 Zelter;*Briefwechsel*,ed. Hecker 1915, II,页 339 及下页)。
参见 1877 年除夕布克哈特致 Preen。

　　这个"追逐利益的世纪",①其"急吼吼"的精神让一部分优秀
人士生无宁日:"普遍的匆忙毁掉了真正伟大的心绪",②布克哈特
如是说。关于这"普遍的匆忙",青年尼采说,它毁掉了"大众的闲
适自安",③他说此话时尚处在叔本华的影响下,完全是布克哈特
的口气。在《人性的,太人性的》这本书中,尼采也以布克哈特的
口吻说,面对欧洲愈益美国化的"现时动荡不安","有必要极度强
化安闲的处世态度"。④ 尼采到晚年即使绝口不再提闲适,但还是
断言,极速(prestissimo)中堆积的印象造成了极度削弱本能自发
行为的后果("本能自发行为"也是布克哈特的口头禅);所余者,
仅为"反应性行为"而已。⑤
　　凡真正的教育都需要"时间",而且这种教育的服务对象是那
些"少数人","他们尚未被拖进我们这个轰然转动的时代那令人
发晕的匆忙中,尚不习惯于按节省时间或耽搁时间来衡量每个事
物的价值。"⑥青年尼采还把这样的人称为"悠闲者"。⑦ 从这个意
义上说,尼采《论我们教育机构的未来》专题报告是反对那种教育

---

① ［原注 20］*Burkhardt-Gesamtausgabe* VII, 462.
② ［原注 21］同上, 287。
③ ［原注 22］*Menschliches, Allzumenschliches* I, Aph. 285.
④ ［原注 23］III *Unzeitgemäße Betrachtungen*, Abschn. 4.
⑤ ［原注 24］*Wille zur Macht*(Brahn), Aph. 17.
⑥ ［原注 25］*Über die Zukunft unserer Bildungsanstalt*,前言和文中规划的引言末尾。
⑦ ［原注 26］同上,前言。

的:即要尽快挣钱,所以要尽快"毕业",而且还要适应尽量多大众的所谓教育。①

　　布克哈特对民主的"普遍"教育的评语是,一切教育在普遍的半教育和非教育中消亡了。由于报纸教育,亦即一天的教育和"瞬时"教育剧增,所以他俩认为这是精神堕落的第二个原因。② 于是产生了一个"读报的半个精神世界"。③ 作为古典主义门徒和人本主义者的布克哈特用"长久"与"报纸"比较。④ 他尽管是个杰出的"历史思想家",但绝非是把"永恒价值"消解在纯历史中的历史至上主义者。

　　至少早年尼采还是与他的看法十分相近的,尼采还知晓"存在的永恒的东西",他在艺术和宗教那超凡绝俗的力量中还承认一个"超历史的"永恒的价值体系。⑤ 由此看来,今天的"教育"是颇成疑问的:⑥"高等学校"在"不得体的匆忙"中教育着一群"资质平平"的学生,⑦更兼"新闻界误导民众"的可耻行为。⑧

　　此外,现代的科学也属此类弊端,科学"纵深开广"的发展造就了一批浅薄的专家,他们同真正的教育越来越不搭界。⑨ 在科学界,人们"艰辛地"工作,一如资本主义社会获利的人生目的,宜于充分利用时间。

---

① ［原注 27］同上,规划的引言和第三篇报告。不是"大众"教育,而是"单个的、被选中"之人的教育,也即少数人的教育才是目标。参见 *Götzendämmerung: Was den Deutschen abgeht*, 5。

② ［原注 28］*Über die Zukunft unserer Bildungsanstalt*,第一篇报告末尾。

③ ［原注 29］*Jenseits von Gut und Böse*, 263 末尾。

④ ［原注 30］布克哈特很早(1843 年 8 月 25 日致 Johanna Kinkel)就把"新闻式的""永远的捉襟见肘"和"长久"相对立。

⑤ ［原注 31］*Der griechische Staat*.

⑥ ［原注 32］*Über die Zukunft unserer Bildungsanstalt*,前言。

⑦ ［原注 33］*Götzendämmerung: Was den Deutschen abgeht*, 5.

⑧ ［原注 34］*Über die Zukunft unserer Bildungsanstalt*,最后一篇报告。

⑨ ［原注 35］同上,第一篇报告末尾。

［原注 36］布克哈特(1870 年 7 月 3 日致 Preen)"鲜明"地区分"公务"
(Amtsgeschäft)和"生意"(Erwerbsgeschäft)。前者能够和"与事务无关的阅读
和精神存在"相容,而后者"完全在消费人,使人对事务之外的一切冷酷无
情"。这种现象,布克哈特在巴塞尔已经亲身经历,可以说是一种"鲜活"的
经验:"我们在这里确实有一个商人阶层,他们对生意之外的事情的参与,构
成了一个了不起的例外,但我也见到许多正式宣布反对一切阅读的人。他们
'不无遗憾'地说自己没有时间,但实际上是没有心情,而且鉴于当今生意的
运营,我们甚至无法责怪他们。我不时窥探到一些大商人的生活,他们的生
活是无穷的忙碌……在他们当中,不时有人对我说:你们教师过得好,你们有
假期。我回答道:你们公司里的三四个股东也可以通过消遣给自己制造假
期,但你们的灵魂内部不存在闲暇。"如果有内心的宁静,则人们也可以让自
己享受外部的宁静。

　　这种"匆忙"与在"工厂"里干活一个样,没有喘息、思考和选
择,也不问干活"会对文化产生什么结果"。①
　　由于晚年尼采批判这个时代(还是叔本华的标识),②所以后
来他从原则上就被开除出学者(知识王国的随大流人群)和"科
学"的范围——科学为中庸人士专有。③ 纵然他承认"一个"雅各
布·布克哈特是例外——布克哈特已被德国史学家们(尽管布克
哈特名气大)和德国教育家们"革出教门",④但本着布克哈特精
神而使用的"人文"这个字眼,在迟暮之年的尼采看来已如流散迷
失的块状物了,尼采理想中的人格类型早就与布克哈特的截然不
同了。在尼采的人生最后阶段,布克哈特理想中的人更多代表着
对过往历史的浪漫回忆。

---

① 　［原注 37］I *Unzeitgemäße Betrachtungen*, Abschn. 8;参见 III *Unzeitgemäße Betrachtun-*
　　gen, 4。
② 　［原注 38］*Wille zur Macht* (Brahn), Aph. 190.
③ 　［原注 39］同上, 671。
④ 　［原注 40］*Götzendämmerung: Was den Deutschen abgeht*, 5.

科学已演变成毫无创意的"亚历山大文体格式",只限于"知道和收集"。对这科学,布克哈特的想法①与尼采并没有什么不同——这恰恰关涉历史和古代科学。

[原注 42]布克哈特的"文化史"概念试图把真正"教育的"(品质)(das wirklich Bildende)从"古旧"的"渊博"(*Gesamtausgabe* VIII, 8)所代表的"单纯外部事实所构成的垃圾"(VII, 374, VIII, 4)当中分离出来。相应地,他的文化史方法也和单纯的古代"批判"(VIII, 5)不同,后者还是倾向于发展为吹毛求疵的过度批判(见 XI, 24 及下页,针对 24 页的注 7)。布克哈特偏爱倾向性,甚于"政治的"历史(参见 IX, 320,布克哈特旁敲侧击地嘲讽"某些新人笔下完全片面的历史描述",亦见对 Treitschke 的讽刺性评论:1872 年 6 月 28 日致 Preen)。

尼采较早时候说,我们学者写呀写呀,其著作数量剧增,这委实荒唐,②布克哈特也许会同意这个观点。③ 布克哈特喜欢将这些学者称为"最博学的人"(viri eruditissimi),④以讥讽的心态与其保持距离。在巴塞尔,他只要与大学同事交往,就宁择自然科学家作交际对象;⑤在旅途上,他有意回避与专业同行接触。他将"资产阶级的"辛劳勤奋用在自己的科学责任上,这时,与其说他是学者,还不如说他是人本主义者;他根本就不是艺术学者,⑥在艺术领域,他的主要角色是"导游"(cicerone)。他决意成为人本主义者时,他也不是强调个人精神,而是做巴塞尔市的人本主义者。

---

① ［原注 41］参见 *Burkhardt-Gesamtausgabe* XI,页 576 及下页, 594, 598。

② ［原注 43］*Über die Zukunft unserer Bildungsanstalt*,最后一篇报告。

③ ［原注 44］参见 1874 年 10 月 5 日致 Bernh. Kugler。

④ ［原注 45］见 1870 年除夕致 Preen。意在讽刺这些"博学的先生们"所代表的类型将单纯的"博学"替代了他们所缺少的精神"修养",而重要的显然是后者。

⑤ ［原注 46］如化学家 Schönbein、动物学家 Rütimeyer、植物学家 Klebs。尼采也曾将 Rütimeyer 与布克哈特一道列为自己在精神上可相互匹敌的人(参见本书页 21)。

⑥ ［原注 47］Gg. Klebs 在其对布克哈特的回忆(1919,页 30)中诙谐幽默地叙述了这位艺术史教授是如何对艺术史学生怀有偏见的。

十 强 权

体现人文教育,也即体现古代贵族教育的布克哈特是高层资产阶级的精神代表。在瑞士国内,尤其在巴塞尔市内的政治斗争中,他总是站在保守力量一方与新兴的民主势力对抗。

[原注 1] 见本书第六章,原注 70 提到的 Emil Dürr(以及 Werner Kaegi) 的作品。Gelzer (*Zeitschrift für Kulturgeschichte* VII [1900] , 页 32 A.) 叙述的一则有趣的轶事生动形象地刻画了巴塞尔保守主义和普鲁士保守主义(包括前俾斯麦时期保守主义) 之间的区别。

布克哈特的反民主情绪一以贯之地决定着他的历史评价。[①]面对"大众",布克哈特即使自我感觉是那个自古以来均为"统治"阶级的城市贵族中的一员,并一直设法为其统治地位辩护,但他也是十足的"市民",再保守也是十足的"自由主义",以便在"下层"——在此,敌视自由要求平等的声浪高涨——也在"上层"——在此,同样敌视自由的权力和强制欲在窥伺时机——寻找个体自由的敌人,也包括寻找教育自由的敌人。

---

① [原注 2] 参见 *Burkhardt-Gesamtausgabe* VIII, 80、83、209、211、229 及下页、233 及以下、241、243、250、256、315 及以下;XI, 97 及下页、122 及下页、131 及下页、153、209、250 及下页、324、333、484、496、507、509、518、522。

　　然而,这位具有国家意识的人不可能反对所有形式的"权力",他身为保守的城市贵族必然拥有"权威",这只是因为,"任何权力"中都存在"贪欲",亦即贪图更多的,说到底是独裁的权力,所以"任何实际的权力从这个意义上说都是邪恶的"。正如布克哈特在谈及法国国王路易十四时所言,①在他看来,此君是个历史怪胎。② 布克哈特的观点从根本上说就是中世纪教会的国家理论观:国家是从罪恶中产生的,③然而,正是在由人的罪恶造成的环境中,国家的存在又是一种"善举"。④ 只是,国家必须规定其行使权力的界限,就是说,国家不能像"我们这个权欲熏心的世纪"中的国家那样去牺牲由它创造的"统一体",即大众的自由。⑤ 权力的"邪恶"一向在于——至少潜在和倾向于——欲壑难填、(反古典主义的)没有尺度,亦即从贪得无厌过渡到极权的无止境的追求。⑥ 但权力可以并且应该具备更高的功能:成为文明的开路者,成为至少某种"权威"的保证。

　　[原注9] 见 *Burkhardt-Gesamtausgabe* VIII, 95:"权力在尘世上可以拥有一种崇高的天职",即"保障和巩固""根基",促使土壤中滋生出各种高尚的文化。

　　当然,真正的权威从来不是建立在纯粹的现实权力的基础上;因为权威从高级意义上说是一个保守的概念,在布克哈特看来,此概念是与自由主义的自由概念相结合而组成反对革命的双重音响。布克哈特认为,"纯"权力观的专制主义意味着一种革命原则,其危害性不亚于用要求平等危害"精英人士"之自由的民主主

---

① ［原注3］*Gesamtausgabe* VII, 73, 411.
② ［原注4］同上, 71。
③ ［原注5］同上, 22。
④ ［原注6］同上, 28,参见26及下页。
⑤ ［原注7］同上, 69 及以下。
⑥ ［原注8］尤见同上, 72, 101。

义。布克哈特打算用旧保守主义和复辟思想对抗这个革命时
代。① 作为保守权威的维护者,权力有了一个好的含义。但"精英
人士"的"不问政治"是颓废时代——民主的或无限制的统治强权
的颓废时代——一个典型的征兆。②

[原注 10] 在后来(革命后)的"复辟"(Restauration)之中,年轻的布克
哈特曾明确希望自己能够"参与"其中;他认为自己原本的"使命"在于"帮助
拯救"和"帮助重塑"(1846 年 3 月 5 日致 H. Schauenburg)。

布克哈特的内心从未有过一丝一毫要从事政治活动的愿望,
从这个意义上说,他肯定是个不问政治的人。但是,当他清楚地意
识到自己的政治能力和可能性时,也就随之发出某种类似于听天
由命的声音。③ 再者,他对这个时代的革命精神是很厌恶的。但
是,像施特丁(Steding)那样,把原则上个人信仰"不问政治",甚至
把不问政治客观抬高为一种模范态度硬是加到布克哈特身上,好
像布克哈特是从纯"私人"立场和从不问政治的文化史学家的立
场做评价似的,那就没有什么比这更荒谬的了。事实上,布克哈特
代表的是一个内涵广博的"文化史"概念,特别将政治状况囊括在
内,这与哥特海因(Eberhard Gothein)"排除政治史"的文化史概念
是对立的。那么,布克哈特对"不问政治"这个问题究竟谈了些什
么? 他所说的与黑格尔(Hegel)这位卓越的"政治"哲学家所说的
意思完全一样,黑格尔在评价苏格拉底时讲:"在腐化堕落的时
代,可以允许优秀人士从外部现实世界退回到活跃的内心世界。"

[原注 14] 由于空间距离之近,布克哈特和哥特海因之间的关系也许理

---

① ［原注 11］参见本书页 55。
② ［原注 12］参见 *Gesamtausgabe* VIII, 259 及下页, IX, 358;另参 XI, 160 及 XI, 376
　　及下页。
③ ［原注 13］1846 年 1 月 26 日致 Ed. Schauenburg, 1846 年 2 月 28 日及 3 月 5 日致
　　Herm. Schauenburg。

所当然,但实际上却并不存在。Westphal (*Feinde Bismarcks*)认为哥特海因和布克哈特之间存在精神联系,对此我们只能有所保留地认同。

　　那么,尼采呢? 他认为,在庸众时代,"比任何时候更应允许'少数人'放弃政治,让他们成为边缘人物"。①　当布克哈特认为在这个时代不问政治是精英人士不得已的态度时,尼采最后强调说自己是"一个反政治最差劲的德国人"。他说的有理,因为他是纯正的个人主义者,在政治领域是个"自由飘浮者",一向只以美学和纯"浪漫主义"的态度对待各种事物。

　　[原注 16] *Ecce homo: Warum ich so weise bin*, 3。尼采青年时就曾坦白(1868 年 10 月 28 日致洛德)称自己不是一个"政治生物"(ζῷον πολιτικόν),而且当"几乎毫不涉及政治时",就会感到高兴。《不合时宜的沉思》第三部(Abschn. 7)中说:"一切除了政治家之外,其他人也必须关心政治的国家,都是组织得不好的。"

　　[原注 17] 与布克哈特的思想相比,尼采激进的个人主义思想在更加原则性的意义上是不问政治的。相比之下,布克哈特的思想对政治感兴趣的状态要具体得多,要正确理解其"非政治性",只能在其时间和特征学的限制之下把握它。也许,作为"人本主义者",让布克哈特感兴趣的主要是"人",但这里的人是普遍的人,而不仅限于天才的人,另外还包括具体的人,他们处于具体的、历史形成的、有机的联系之内;而让尼采感兴趣的(在世界观上以及在历史上)永远只是抽象的"个体",特别是这种个体登峰造极之后所出现的天才。"权力意志"是指实现自我权力范围尽可能大的提升的意志。尼采神化了"自我"(das Ich)(*Nachlaß*, 1883;*Werke*, Naumann, XII,页 395):自我是"事物的尺度和价值"(*Zarathustra* I: *Von den Hinterweltlern*)。通过国家,个体的"权力欲望"恰好能被"限制于藩篱之内";至少在"权力欲望"没有"盲目泛滥"的地方,尼采反对任何"对国家概念的盲目崇拜",但这种节制只局限于他比较平和的时期。在这一时期,尼采还不会为任何"既成的肆无忌

―――――――――

①　[原注 15] *Menschliches, Allzumenschliches* I, Aph. 438.

惮"和暴君般的"恶魔行径"辩护,而无所顾忌和暴君行为让所有人和一切事物都成了个人的"傲慢"和"兴致"的牺牲品(*Morgenröte*, 199 末尾)。把尼采的"权力"概念看作一种"政治"概念,把"权力意志哲学"和"政治哲学"混为一谈,没有什么比这种看法更加错误了。尼采认为(III *Unzeitgemäße Betrachtungen*, 7),"哲学的愤怒"(furor philosophicus)和"政治的愤怒"(furor politicus)无法相容。(这一点与 Bäumler [*Studien zur deutschen Geistesgeschichte*, 1937, 页 292 及下页]的观点相反。但 Bäumler 在其他地方曾贴切地断言,称尼采"否定"国家,因为"国家的原则"作为"一种培育群居动物的活动","妨害着个体的自由和成长",而且尼采所重视的只是"统治者"[Herrenmensch],而不是任何"超越个人的事物"[Überpersönliches]。)

尼采的"种族"(Rasse)概念也一直是指拥有罕见价值的个体。他曾在尼斯向 Paneth 表示,不存在"纯粹的"种族;而德国人"最不算"一个种族(1884 年 1 月 29 日致 Paneth 的信,Elis. Förster-Nietzsche, *Leben Nietzsches* II, 485)。尼采认为,"拥有最好和最高贵家族的犹太人"相互杂居,"以便传播他们的优秀品质"(同上, 486)。他也说到过"虚假的种族骗局",并说,"今天还提出种族问题",无疑是一种"捏造"(*Nachlaß*, 1886:*Werke*, Naumann, XIII, 356)。遗稿中还有一处,称"个体(Individuum)只是一个谬误":"不要再觉得自己是一个了不起的自我!"(1881/1882:WW. XII, 128 及下页)。但这则笔记属于尼采人生中的一个篇章,在这个篇章里,他最终对一切最具其本身特点的立场产生了怀疑,包括"超人"、"永恒复返"[die ewige Wiederkehr]、"权力意志"(Jaspers, *Nietzsche*, 357;参见 Roos, 78 及下页)。关于这些,我们在这里也许有必要说些题外话。尼采能失去对"个体"的信仰,同样能失去对"生命"的信仰("我不再喜欢生命……我曾试图亲自赞同生命——唉!"他只能"忍受"和"坚持"生命[*Nachlaß*, 1882/1884;WW. XII, 359];参见本书第三章原注 11 末尾)。

尼采可以"极度怀疑"自己对其思想目标的"权利"(1883 年夏致欧维贝克),毕竟他"过于尖刻,以至于无法相信自己"(*Ecce homo: Warum ich ein Schicksal bin*, Aph. 1.)。尼采"不曾相信过自己",这也是欧维贝克的观点。为了说明这一点,欧维贝克指出自己 1873 年所经历的尼采的"恳切"而"心碎的自我忏悔":这是一种"完全自我绝望的"见证(bei Bernoulli I, 273 及下页；参见 *Neue Rundschau* 1906, 页 217, 以及 *Christentum und Kultur*［posthum 1919］, 136）。典型的"浪漫主义"性格（Ricarda Huch；尤见 I⁴, 135, 143）最后必将"怀疑自身当中什么是真的, 什么是假的, 什么是虚构, 什么是信念"（Tieck）, 这种性格必然（正如瓦肯罗德一样）不得不承认："我自己无法站在坚实的土地上", 这正是真正浪漫的命运。欧维贝克判断道："尼采曾经对自己不确定, 而且一直不确定", "他多少次相信自己不得不重新改变思想观念"（b. Bernoulli I, 245 及下页）。《人性的, 太人性的》当中说："我们不应该因为自己的看法而被烧死；我们对自己的看法并不确定。但是, 我们应该被烧死的原因也许是我们可以有看法, 并可以改变看法。"（*Menschliches*, *Allzu-menschliches*, II₂, Aph. 333）在这种只拥有必然"不确定"的"看法"（Meinung）的意识之中, 存在许多愤世嫉俗的自我反讽, 毕竟在尼采看来, 其自身的精神灵活性要讽刺性地高于一切"信念"——"信念"纯粹是"让激情……停滞"的"精神惰性"的产物（同上, I, Aph. 637；参见 *Morgenröte*, 573）。"这位思想家"重视"可以改变看法"高于一切, 他"不需要其他人去反驳他, 他本身就足以做到这一点"（*Menschliches*, *Allzumenschliches* II₂, 249）。承载其看法的, 只有其"激情"（防止激情"停滞"是他唯一的、非常浪漫主义的关切）；毫不奇怪, 所谓的精神灵活性不过意味着心理上的不稳定性, 难怪尼采会向欧维贝克夫人坦白："我仍然分崩离析；我会因为自己的激情而毁灭, 激情把我抛来抛去"（b. Bernoulli I, 页 250）。这位"自己的刽子手"（关于这个意象, 参见 *Morgenröte*, Aph. 114；亦见本书第五章, 原注 14）自视为"被处死的人"："在自己的绳子上被吊死了", "挂在那里", "一个问号, 一则疲乏无力的谜语"——"蜷曲在两种虚无之间", 那首诗（WW. VIII, 422 及以下）将这两种虚无称为"猛禽"；"它们已经在你周围扇动翅膀……"

在另一幅图像里, 尼采说自己"爬得很高""没有终止", 也即"没有回答'往哪里去'的问题", 因此他"可能很容易一夜之间被风暴刮走"（1887 年 5 月 20 日致 Gast）。早在《查拉图斯特拉如是说》当中（IV, *Der Schatten*）, 尼采就说："我所爱着的都不再活着了……我还有目标吗？……留给我的还有什么？一颗疲惫而放肆的心灵；一个不恒定的意志；扑打的翅膀；断掉的脊梁。""你这自由的精神和漫游者……, 你已失去目标……因此也就失去了道路！你这散漫游荡的人。"还有忧虑；担心"糟糕的白天"之后"还有更糟糕的夜晚!"参见 *Morgenröte*, Aph. 327! ——"我的真理不可能是真理,不然我自己 就 被 它 们 安 排 了 ",根 据 Klages 的 说 法 (*Die psychologischen Errungenschaften*,页 211),这是"尼采绝望之怀疑(Verzweiflungszweifel)的最基本意义"。参见 *Ecce homo: Warum ich so klug bin*, 4:"我们所有人都害怕真理。"至于尼采的消沉在其思想成就上的影响可以有多深,可参考 1884 年 3 月末他写给欧维贝克的信。因此,"他([译注]尼采)后来自我意识的极度张扬",在欧维贝克看来,只是"那种怀疑"的证明(同上, 273)。

在这个意义上,鉴于尼采在心理学上的评论一般都习惯于以对自己的观察为基础,因此他在遗稿中因卢梭而写的笔记(*Nachlaß*, 1882/1884; WW. XII, 311)评点人物,称这些人"所忍受的狂妄之苦,实乃源于其对自身的不信任",可以说恰好暴露了尼采本人的内心。尼采"好像一位无法⋯⋯和自身思想的后果共存的思想家"(Jaspers, 386)。参见本书页 190 下方。1885 年 7 月 2 日,尼采向欧维贝克写道:"现在,我的生命就在于希望一切事物都不是我所理解的样子,而且有人能让我的这些'真理'变得可疑。"(此处"真理"一词的复数加了引号,据尼采本人说,这意味着这些"并非真理"[见本书页 60])。

在和莎乐美的一次对话(*Friedrich Nietzsche*,页 48 及下页)中,出现了这样的话:"——到哪里为止呢? 如果已经跑过了一切,那么接下来该奔向何方? ⋯⋯"尼采的朋友 Paul Deußen 认为(*Erinnerung*, 80),如果上天赐给尼采更长的精神生命,那么也许"重估一切价值本身也将经历一次重估":这种猜测曾多次以不同的形式表达出来(如 Ernst Bertram,页 126 及下页)。

尼采在一封书信中承认,自己"做自由思想家"的意愿大于能力,抛却一切其他因素,如尼采者,究竟多大程度上仍然和基督教密切相连呢? 关于这个问题,我们在这里也许有必要另附按语。当尼采说到"我们所有人血液中存在的基督教气质"(*Wille zur Macht* [WW. XVI,页 199], Aph. 765 II)时,尽管可能完全充满了贬义,但却意味深长。教士们是尼采的"敌人",因此他怀着仇恨追踪他们,而恰好因为这种仇恨是一种自我仇恨,所以充满了复仇的强烈欲望;"但我的血是和他们的血相近的,我愿意知道我的血也在他们的血中受到尊敬。——而当他们离开之时,查拉图斯特拉感到了痛苦"(*Zarathustra* II, *Von den Priestern*)。和教士们的斗争,也即同"苏格拉底"的斗争(参见本书页 47,原注 88),属于尼采对抗自己的斗争。在和欧维贝克夫人的一次谈话中(1882 年秋),尼采称关于上帝的思想是一种"伟大"的思想(b. Bernoulli I,页 250);而且他还"常常表示,基督教的想象方式和情感世界原本如何适合他"(同上,243 及下页)。欧维贝克夫人称,基督教甚至比古代的思想和情感更适合尼采。显然,这和真正的宗教性关系不大,与之关系更加密切的是尼采"对多愁善感的需求"(参见同上,245);在这里,我们应该提到,1890 年当有人提到一位已故者时,精神错乱的尼采说道:"在主之中逝去的死者是有福的。"(*Der Kranke Nietzsche*, ed. Podach [1937], 87)更能说明问题的是,尼采于 1881 年(7 月 21 日致 Gast)把基督教放在他"真正在理想的生命中……所认识的"事物之列,并赋予基督教很高的地位,而且将"最完美的基督徒"称为"最优雅形式的人"(而他以往却认为基督教"庸俗"[*Wille zur Macht*, WW. XV,页 327, Aph. 249],并认为基督教蕴藏着"最粗俗之人的理想"[WW. XVI,页 456]:"把碌碌庸众的道德当做事物的尺度"[*Wille zur Macht*,WW. XV,页 287 及下页, Aph. 200]),或者尼采不得不承认:"'十字架上的基督'仍然是最崇高的象征。"(*Wille zur Macht*, WW. XV,页 303, Aph. 219)

　　然而,我们不能像 Meta Schubert 一样(*Das Verhältnis der Vitalitätswerte zu den geistlichen Werten in der Philosophie Nietzsches* [Berlin. Dissertation 1927],页 74 及下页),过分看重那些首先(或者:只能)从其讽刺意图出发去解读的言论:比如尼采语涉基督,却意在反基督教(如《权力意志》[XV,页 259],Aph. 158 就讲到基督的"神圣"名号;Aph. 160 [XV,页 260]亦然;Aph. 169 [页 264]当中所说的"典范"生活,在 Aph. 168 之中也不乏嘲讽之意)。

　　又因为他是个思想上的革命者,所以他对事物的评估总是很激进的,不管他从自己过度浪漫的天才概念出发断然否定国家权力也罢,或是承认浮现在他浪漫思绪前的最高级别的强力人物恰恰是最伟大的政治天才(恺撒或拿破仑级别)也罢。即使他代表这样或那样的极端,但他总是远离布克哈特的(一直与健康的中庸尺度相近的)"古典主义"思想。

　　在这方面,叔本华又是一座沟通早期尼采和布克哈特的桥梁。

当尼采①也说"权力总是邪恶"时,这话乍听起来比布克哈特更无保留。在他,古罗马是与文明国度相反的野蛮政体。尼采直说:"文明与国家相互敌对。所有伟大的文明时代都是政治没落的时代。"

[原注18]"无法实现其目标的国家习惯于不自然地膨胀。与雅典相比,罗马人的世界帝国并不更加崇高。"罗马是"典型的野蛮人国家",——"谁会对这个庞然大物怀有敬畏!"(*Nachlaß*, 1870/1871: WW. IX, 260及下页)。重要的不是"粗糙的权力",而是"贵族气质的天才"["残暴的"斯巴达式的政权是一种"对城邦的讽刺"。](*Wir Philologen*; *Werke* X, 391及下页)。这里,尼采与布克哈特之间尚有一个很大的共性。还承认"叔本华是教育家"的尼采,认为"邪恶"的东西还包括"逐利者的自私",以及作为政治统治基础的"军事强权"。

[原注19] III *Unzeitgemäße Betrachtungen*, Abschn. 4. 在《人性的,太人性的》(II₂, Aph. 284)当中,尼采在面对军国主义体系的"不人文"时,甚至公然表态支持极端的和平主义,即"解除自身的武装":"宁愿毁灭……也不愿造成互相仇恨和互相恐惧"。

[原注20]*Götzendämmerung: Was den Deutschen abgeht*, Aph. 4. "凡文化意义上的伟大事物,都是不问政治的,甚至是反政治的"(同上)。*Menschliches, Allzumenschliches* I, Aph. 465:"文化上的至高成就必须归功于政治上衰弱的时代",相反,在"追求和维持权力之中","精神"将会萎缩。同上,481:"一个民族的政治繁荣……几乎必然带来精神上的贫乏和无力",因此"整体的这一切繁荣昌盛只表现为其他国家对这个巨人的畏惧,以及从外国夺来的国家贸易及交通之便利,如果粗俗而色彩刺目的繁盛必须牺牲其土地上原来蓬勃生长的一切更高贵、更柔美、更富有精神的植物为代价,那么,我们就有理由问一句:整体的这一切繁荣究竟是不是值得?"就这样,德国人"以一种盲目的热情""把自己的修养抖落干净,仿佛这种修养是一种疾病",而他们以此换取的,"只有政治和民族的疯狂"(*Morgenröte*, 190)。在1870年12月1日的一次对话中,布克哈特在"战争的印象之下"也判断道:"一个

---

① [原注17a] 1870/1871年断篇(*Werke*, Naumann, IX, 152)。

民族无法同时做到在政治和文化上都举足轻重。德国现在把政治当成自己的原则，它将不得不承受其后果。"（A. v. Salis，见 1918 年 *Basler Jahrbuch*，页285）然而其中又存在何等的反差！布克哈特喜爱"曾经的德意志文化（从歌德到默里克)"，而对尼采来说，德意志古典新人文主义和理想主义这整个文化"并不值得人们如此感兴趣，如此效仿和热情地学习"（*Morgenröte*，Aph.190）。在布克哈特那里，否定的另一面是一种立场，而尼采所代表的，则是介于两种否定之间的一种反题。

　　而这时布克哈特的理念似乎也从"历史思考"的相对性提升至"哲学"独裁的绝对性了。尼采甚至用个人的尖刻话语提出只有他才提得出的人的类型："国家是为多余的人而发明的"，"哪里国家消亡，哪里才开始有不是多余人的人"。①"国家"与"民众"，正如尼采一向极端评价（与布克哈特审慎的评价相反②)的那样，二者是对立的两极。他以无以复加的粗暴言词说，国家是"冷酷的巨兽中最冷酷者"，"国家的傻瓜们"③正在对新偶像④做"偶像崇拜"⑤。关于"新的偶像"，他的口头禅是：

　　［原注 22a］有"风俗道德和法权"的地方，就是"民众"（Volk）之所在；如果国家说："我……就是民众"，那么这是国家的一个永恒的"谎言"（*Zarathustra*，同上）。

　　［原注 26］在尼采观察"希腊国家"的过程中，其作品只有一次出现了一种"关于国家与天才之间关系的秘密学说"，就像一个偶然的想法。但这种学说也仍然是"不问政治"的，而是意在审美：其目的单纯是天才和艺术品，国家只是手段。此外，尼采所考虑的仅仅是发动战争的国家，也即处于战争动态中的国家：实际上他所想的不是国家，而是战争。"政治上"使人感兴趣

---

① 　［原注 21］*Zarathustra* I：*Vom neuen Götzen*.
② 　［原注 22］*Burkhardt-Gesamtausgabe* VII，页 22。
③ 　［原注 23］同原注 21。
④ 　［原注 24］*Menschliches*，*Allzumenschliches* II₂，Aph. 232；参见 I，465。
⑤ 　［原注 25］III *Unzeitgemäße Betrachtungen*，Abschn. 4.

的，只有"强大的"主观欲望，一旦其"束缚解除，就十分可怕"，成为"政治贪婪"，被驱逐到"战场"上。

尼采希望在这种唯意志论和"艺术的诞生"之间预感到一种紧张关系，但他在此处所设想的这种紧张关系，仅局限于"希腊国家"的古老状况。针对拥有官僚-军事"机械单位"的现代国家，此处提出了相反的规律。尼采态度鲜明，早在 1871 年，他就这样写道：在"这种"时代，"天才必须成为隐士；可谁又能保证让他在沙漠中不被狮子撕碎呢！"

关于城邦和"修养"之间的关系，尼采的理解和布克哈特在《希腊文化史》当中的观点相同；尼采也对修昔底德关于伯利克勒斯演说的著名描写持怀疑态度。如果说城邦在事实上让"修养"结出了硕果，那么这也是政治生活的某些特殊方式所产生的"间接"影响，这些特殊方式（恰似后世的文艺复兴）"造就了个人的发展"。而且无论如何，个人的发展也不是当时想要达到的结果；因为正如尼采所指出的，城邦"与任何一种进行组织的政治权力一样"，是与修养为敌的；柏拉图的理想国也与此不谋而合（*Menschliches*, *Allzumenschliches* I, Aph. 474）。"文化之存在"实乃一种"不利条件下之幸存"：是"政治上追求'永为最优'（*ἀριστεύειν*）的巨大欲望的一个畸变"（*Wir Philologen; Werke*, Naumann, X, 页 386 及下页）。

"国家尽量少些！"① 不要为"没有价值的"，只对"没有头脑的人"才好得不得了的政治② "浪费精神这至珍之物"。所以也就不要政治化的教育和培训！③

另一方面，晚年尼采又对古罗马感到欣喜了，但这欣喜并非针对帝国的现实，而是针对强制命令观念，更多是针对帝国主义的理念。他神化拿破仑的天才，那也是为了以此说明强权者——一如他在说罗马人时，只集中说天才和伟人——而对国家的权力

---

① ［原注 27］*Menschliches*, *Allzumenschliches* I, 473; *Morgenröte*, 179.

② ［原注 28］*Morgenröte*, 179, 这是典型的早期浪漫主义思想；参见 Fr. Schlegel „Athenäum" (106. Idee).

③ ［原注 29］*Götzendämmerung: Was den Deutschen abgeht*, 5.

意志却"不感兴趣"。对他而言,不是关涉现实——因为"世界
王国"这一理想也只是为"伟人"而燃烧起来的浪漫空想罢
了——而是关涉一种上升为精神革命的情怀。这种强力空想设
计出一个满身强力和富于天才的"强人",主要是"富于创意的
伟大艺术家";以此观之,政治上的创造者只不过是个有着特殊
地位的艺术家罢了。

[原注 29a]参见本书页 153。在拿破仑的案例上,尼采的判断也是不问
政治乃至"非政治"(apolitisch)的。拿破仑的出现作为美学现象,对尼采产
生了一种浪漫的吸引力,相反,民族解放战争对他来说太德意志,太"道德"
(参见本书页 158)。但他对政治局势毫无兴趣,他关心的只有"天才"。如施
本格勒(出处同上, 121, 124)强行解释尼采有一种甚至在民族意义上的史
观,没有比这更严重的误判了。无论如何,通往超人形象的意志背后的浪漫
主义和现实政治其实毫无关系。

　　像拿破仑这样的人物给歌德和黑格尔留下了惊人的印象,这
种印象在尼采那里浓缩成了一种掩盖不住其印象主义特征的哲学
理论。从美学角度看——尼采病态的观察方式,应将下列之事理
解为二律背反。

[原注 29b]尼采觉得当了一年志愿炮兵的自己是一个"被众神嘲讽地注
视着"的"悖论"(παράδοξον),是一头"不幸的动物";对他而言,"这种被人
称为一年军事生涯的制服化冲动"是一种持续性的"恐怖图像","但"——
"作为解毒剂(ἀντίδοτον)""却必然有利于对抗那种使人失去行动力的怀疑"
(1868 年 3 月 1 日—3 日致洛德)。1870 年战争经历的氛围"就像阴暗的迷
雾",笼罩在他周围,而且很久以后,他都听见"永远不愿结束的哀号"(1870
年 10 月 20 日致 Gersdorff)。"在这些可怕的事情之后",他身上再也没有对
"战争之神"的"爱"(1870 年 12 月 12 日致 Gersdorff)。"士兵尼采"
(Bäumler, *Studien zur deutschen Geistesgeschichte*, 261)是一个成问题的想象。
尼采本人虽然喜欢充作"炮兵",而且勃兰兑斯也很快拾起了这个让自己在
文学上感兴趣的主题,但洛德当时就不得不对此进行嘲讽(1890 年 4 月 10

日致欧维贝克）。在军校的大门口,尼采就感到"整个状态的这种固定死板的结构"让人觉得"局促和压迫"（Elis. Förster-Nietzsche, *Leben Nietzsches* I, 105）;此外,尼采也是一个及其拙劣的受训新兵（Deußen, *Erinnerung*, 10）。Deußen 称（22）尼采进行的学生打斗（［译注］Mensur,指德语区国家大学生组织［Studentenverbindung］在大学生之间所进行的,有严格规则的传统打斗）是不适合尼采禀赋的冒险。无论尼采如何赞美战士和士兵以及普鲁士的纪律,人们更看重的仍然不是"他说了什么",而是"他是什么",不是他的"向往",而是他的"实质"。因此,身上具备这么多"游戏"和"舞动"气质的尼采,恰好是典型的"非普鲁士"人格,因为这位"'无纪律'和'犹豫不决'的哲人"作为"浪漫主义者","在美化军事权力的同时是在美化其自身的反面"（Steding,出处同上, 59、91、215 A.）。如果说尼采是出于其"病人视角"（Krankenoptik）而为军事类型的人格（作为"健康"和"富有男子气概"的男性原型）而狂热,那么他情感上的出发点就是对战争之"崇高"的审美经历（战争的"崇高"与"恐怖"是并立的）［1871 年 2 月 22 日原计划为《悲剧的诞生》所写的前言］。正如尼采所说（他显然将自己代入了）,在 1870/1871 年作为战地医护人员所度过的几个星期里,"他的一切军事激情都再次苏醒",但却"无法得到满足"（1870 年 9 月 21 日致 Ritschl）;然而他神经的敏感却无法承受战场留下的印象。但"战争是伟大的生命"（*Götzendämmerung: Moral als Widernatur*, 3）,或者说,是对浪漫主义者意味相同的事物:"战争是想象力最伟大的激荡……"（*Nachlaß*, 1880/1881: WW. XI,页 369）。因此,在希腊城邦间的战争中,"特洛伊的战争和恐怖场景一再上演",当尼采在其中享受暴力欲望的统治时,Bäumler 不无道理地称之为尼采对"演剧"（Schauspiel）的"兴趣"（*Nietzsche als Philosoph*,页 92）。这种完全非理性的、浪漫的主观主义和情感至上主义（Emotionalismus）所谈论的绝非国家与民族,也不是任何一种伦理道德。所以在尼采那里,当要以"男性"德性为代价时,"文化"的观点可能突然就消退了,特别是因为德国文化,甚至未来的德国文化,对尼采而言"只是一个愿望（Wunsch）,而不是希望（Hoffnung）"（*Wille zur Macht*, 108: *Großoktavausgabe*XV,页 221）。尼采夺施本格勒之先声,似乎早已放弃了欧洲的"文化"。欧洲文化已经在"乌合之众的手里"沉沦。因此,"及时把还能拯救的东西藏起来吧!"并且"去标明那些因遥不可及而可供文化退避的国家,比如墨西哥！"(*Nachlaß*, 1882：WW. XIII,页 360)。

　　"反政治"的尼采竟然对"军国主义的"一类人感兴趣：出于
美学心理学家对这类现象的纯愉悦。倘若人们对某个"目标"产
生怀疑,而军国主义是实现这个目标的"手段"和"途径",那么,
这个目标本身就具有惊人的特点了,它就叫做：欧洲的"男性
化"。尼采对此大概愿意"相信"。① 但对拿破仑所开创的军国
主义以及对病态和颓废的"文明"施行"疗法",此"疗法"能否成
功,尼采对此的信念并不牢固。② 至于俾斯麦的"铁血"疗法,尼
采内心对它就很不信任。③ 对尼采而言,"军国主义"只意味着生
物理论的戏剧化,他要用生物理论去攻击"人本主义",④他认为人
本主义也属那种"文明"之列,他瞅见——与他的拿破仑一道——
"文明"中有"某个类似于私敌的东西"。⑤ 说到底,他所关涉的,
就是以浪漫情怀褒奖"英雄",贬斥"奸商",正如他自己所表述
的,提升"男子汉",以反对"商人和市侩",以发泄对资产阶级的
仇恨。

　　[原注 35]*Fröhliche Wissenschaften*, 362. 参见同上, 40. 尼采的反市民情
感植根于其唯美主义,使他觉得工商企业家阶层"无趣"(uninteressant)(参
见本书第九章,原注 1);尼采称他们"低俗",完全是"天生贵族之优雅"的对
立面：首先只有"更高种族的形式和标志"才能"让人变得有趣"。"作为天生
的发号施令者",人必须通过"优雅的形式"来让自己合法化;而后"大众才甘
于接受任何方式的奴役",但并不包括"雇主"的奴役。对大众而言(此处似
乎也包括尼采),雇主只是"人的一条阴险狡诈、敲骨吸髓、利用一切困苦为
自己谋利的狗"(这里涉及左派立场和右派立场对市民阶层的抵触;亦见第

---

①　[原注 30] *Fröhliche Wissenschaften*, Aph. 362.
②　[原注 31] *Wille zur Macht*,ed. Brahn, Aph. 46.
③　[原注 32] *Jenseits von Gut und Böse*, 254 末尾。
④　[原注 33] *Wille zur Macht*,同上。
⑤　[原注 34] 同上。

六章,原注1)。于是,尼采把"建立在军事上的文化"置于"工业社会"之上:"士兵与领袖"之间的关系高于"工人与雇主"之间的关系。他断言,相比屈服于"工业巨头"之下,工人在"屈服于权势显赫、令人敬畏乃至恐惧的暴君或军事统帅之下时,远不会感到这么尴尬"。在这方面,尼采本人自感支持"优雅的"秩序,反对"低俗"和"平民"的秩序。与现代"从事商业的文化"相反,在他看来,似乎古代文化才是典范,其"灵魂"是个人的竞赛(*ἀγών*)和战争(*Morgenröte*, 175. 比较同上, 179)。当尼采自感被迫"偶尔要谱写一曲战争赞歌之时"(*Der griechische Staat*),他其实意在反抗"金钱""股市"和资本主义。在反对"金钱趋势"(Geldtendenz)存在的同时,也许还存在"国家趋势"(Staatstendenz),但这只能在这个意义上成立。由于永远都存在"把国家趋势引入歧途,导向金钱趋势"的可能性,而且也值得忧虑,故而"唯一的反制手段是战争,而且只有战争"(同上)。

　　俾斯麦的形象不具备拿破仑那样浪漫的魅力。尼采认为俾斯麦不怎么够得上"超人",他是过份讲求现实的政客。他对这样的政客"没有兴趣"。和布克哈特一样,他也不怎么崇拜"成功"。"俾斯麦"和成功"是并排站立在他"完全蔑视的"目光下。尼采一贯抗议和反对"黑格尔式理解的历史",反对在任何实际强权前卑躬屈膝,反对"赤裸裸地倾慕成功",反对"对现实的崇拜"。

　　[原注36] *Ecce homo: über „die Unzeitgemäßen"* ,施本格勒首先正确地看到了尼采身上的浪漫气质,但他对尼采的错误解读十分明显,在他看来,似乎尼采认为"事实"和"成功"是"唯一的标准"(同上, 122)。

　　[原注37] II. *Unzeitgemäße Betrachtungen* , Abschn. 8. 这种深受黑格尔影响的"历史乐观主义","站在成功立场且认定理性会胜利"的历史书写,其典型的代表人物是兰克——这位一切聪明的"重史实者"之中最聪明者,"这位一切坚实因果关系的天生典范的辩护者"(*Genealogie der Moral* III, Aph. 19),被作为唯一无"荒谬言论"的史家而与布克哈特相比(*Wir Philologen*; WW. X,页401)。尼采认为,"在事实面前的谦卑"是一种"奴性的想法"(同上, 402);只要他还崇尚"启蒙精神",他也就反对卡莱尔,并指责拿破仑"给我们这个世纪的灵魂当中注入"的"对英雄的浪漫(!)崇拜"(*Morgenröte*,

Aph. 298)。

从这个意义上说,布克哈特也认为,"民族自由分子"这个名号是在表达令他深恶痛绝的东西①——尽管他也为"民族自由党"(及其"反文化的"态度)考虑,也为那一类人考虑:他们只关心"确定强者",他在希腊历史上也发现这种人,并且也是这样叫他们的。另一方面,"伟人"的"能量"②令他们都很敬佩。

[原注 39] 1866 年 6 月尼采致 Gersdorff(另外,很典型的是对"无道德的自由权力"的狂热追捧:1866 年 4 月 7 日致 Gersdorff)。参见:1868 年 2 月 16 日致 Gersdorff:"俾斯麦给我带来无穷的乐趣。"俾斯麦属于"强大的"(*Wille zur Macht*, ed. Brahn, Aph. 605)、"能够命令"并"塑造一个更有力的未来"的类型(*Nachlaßnotiz* 1886 [*Werke* Bd. XIII,页 342 及下页]):"更有力"是指叔本华与瓦格纳所描述的文化而言。也可参见 *Götzendämmerung: Was den Deutschen abgeht*, Aph. 1 末。但尼采对俾斯麦的感觉是一分为二的:俾斯麦激起了尼采"反讽式的好奇心",这里的"好奇心"(在尼采那里本身是一个积极的概念)针对的是俾斯麦"无所顾忌的一时之政(Augenblickspolitik)","反讽"则是针对俾斯麦身上的保守元素:"规规矩矩的保皇主义和基督教根基"(重估一切价值时期的 *Nachlaß: Werke*, Naumann, XIII,页 351 及下页,参页 348)。另外,俾斯麦被比作"一个农民或学生兄弟会中的大学生",因为他也"丝毫看不上哲学,并对哲学一无所知"(*Jenseits von Gut und Böse*, Aph. 241)。当然,这里指的是尼采的哲学。因此其中也掺杂了最私人的东西。结论:俾斯麦"强大! 强大! 强大且绝妙! 但不是伟大!"(同上)

但两人的评论出现巨大分歧,这显现在关于俾斯麦的革命性这一点上,歧见天壤之别,两人的出发点不同,理念各异。

---

① ［原注 38］B.-GA. IX, 304; cf. VIII, S. XXXII f.
② ［原注 40］这是布克哈特致 Preen 书信中一再出现的对俾斯麦的称呼。

尼采在 1866 年这个命运年,①也就是他去巴塞尔前三年,鉴于俾斯麦的"革命"行动及其"摆脱王公诸侯的普鲁士方式",他写道:"我是个狂热的普鲁士人。"

[原注 41] 1866 年 6 月 15 日之后,尼采致母亲和妹妹。尼采当时(1866年 9 月致 Gersdorff)提到自己"主观上对普鲁士的天然好感"。他惊叹于1866 年(1866 年 7 月致 Gersdorff)和 1870/1871 年(1871 年 6 月 21 日致 Gersdorff)的普鲁士军队。亦可参见:1872 年 5 月 1 日致 Gersdorff 及 1871 年 3 月致欧维贝克。在《不合时宜的沉思》第二部试作中,尼采表示:"我的出发点是一位普鲁士的士兵。"(1873;*Werke* Bd. X,页 279)考虑到尼采不仅感觉到,而且不得不感觉到该著作却是"反对"这一出发点的,其上述说法就尤其有意思。后来(1886 年)他又说:"德意志文化的未来全在于普鲁士军官的后代"(*Nachlaß; Werke* Bd. XIII,页 345);"普鲁士贵族拥有当下德国最富男子气概(原文强调)的禀赋",而且:"让最富男子气概的男性来进行统治,是完全正确的。"(同上,347)同时,他也指出了"斯拉夫人的血!"(同上)在疯癫的最后一段时间里,尼采恰好表现出一种"少尉的腔调"(约 1889 年秋,尼采的母亲致欧维贝克[bei Bernoulli II, 307]),说明尼采身上极其夸张地存在转向"普鲁士"(Preußentum)的可能性。但他本人曾经认为,"普鲁士"军官"发明"的"军官德语"作为一种"军事化了的语言",其"令人厌恶的声响"之中是"倒人胃口的狂妄自大",并且从俾斯麦的演说当中已听出一二(*Fröhliche Wissenschaften*, Aph. 104)。我们不难想象,布克哈特会如何看待"普鲁士人"尼采,正如 Peter Gast 在此语境下的判断,称"尼采是个激起南德人反感的北德人"(1899 年 3 月 2 日致欧维贝克;引文见 Bernoulli I,页 53)。但布克哈特给尼采的印象则正好相反,尼采(自感是"波兰贵族"的后裔,因此还拥有"自由否决权"[das liberum veto][*Ecce homo: Warum ich so weise bin*, Aph. 3])觉得,相比之下,布克哈特是一种"浪漫"的类型,因而(正如其妹在对两人书信往来的阐释中所说[III,页 167])对尼采产生了很强的"温和化"的影响。

_____

① 　[原注 40a] 对尼采的浪漫主义而言,他本人与 1866 年的关系,以及与 1870/1871年的关系具有典型意义。尼采的浪漫主义偏爱一切正在发展的事物之动态(Dynamik),但却逃避既成事实。

另外,在尼采的类型之中,实际上"自由否决权"比普鲁士式的"我服役"更加重要。虽然尼采也可能会赞美和"命令"相对的"服从"(*Wille zur Macht* [WW. XVI,页 312 及下页], Aph. 912);但他本人又如何呢?《孤独者》(*Der Einsame*)一诗说道:"服从? 不!""甚至让我领导我自己,也令我厌恶!"另一首《隐者说》(*Der Einsiedler spricht*)写道:"我永远不愿服役"(*Gedichte und Sprüche*, ed. Elis. Förster-Nietzsche, 1916,页 85, 117)。

　　尼采当时对"这样一支军队,甚至——说出来很可怕(horribile dictu)——对这样一个政府"颇为自豪,这些都典型地刻画出尼采的性格特征。他当时的情感不由自主地与民族革命的"纲领"同行,他认为此纲领的矛头是指向中部诸邦君王的"纯王朝利益",它们的"时代已一去不返"。确定无疑的是,尼采对俾斯麦也从未做过毫无保留的肯定;然而,客观上的确存在从尼采退至黑格尔再退至特赖奇克([译注] Treitschke, 1834-1896,德意志史学家和政治家,鼓吹强权政治)的这条线——纵然尼采绝不承认其真的存在。

　　[原注 42、43] 1866 年 7 月致 Gersdorff。尼采在这里的感觉和对待拿破仑时类似:"天才应该做主宰,从前愚蠢的'诸侯'看起来就像一幅讽刺刺画。"(*Nachlaß*,重估一切价值时期;*Werke*, Naumann, XIV, 页 79)

　　[原注 44] 正如 Bruno Bauer 所说(*Zur Orientierung über die Bismark'sche Ära*, 1880,页 287 及下页),尼采始终感到 Treitschke 所谓"分离主义的迷醉"所带来的"压迫感"(参见 *Jenseits von Gut und Böse*, Aph. 251;*Ecce homo: Die Unzeitgemäßen*, Aph. 1)。因为对于"欧洲好人"尼采来说,"纯民族"决定的视角,同时也是"纯地域"的(*Ecce homo: Warum ich so weise bin*, 3),民族国家政治只是"让欧洲小邦林立的局面永久化"的"狭隘"政治(*Fröhliche Wissenschaften*, 377)。当 Treitschke 早在 1864 年("分离主义的童话世界" [„Historische und politische Aufsätze"[5] II,页 81 及以下,尤其页 89 及以下])提出国家权力发展与文化,尤其是与艺术发展之间关联的学说时,尼采在《不合时宜的沉思》第一部(1873)这样解释:"一次大的胜利就是一个大危

险”,对精神文化的危险。相应地,他(1875)将希腊人在波斯战争中“过大”的政治“胜利”描述为“国家之不幸”(*Wissenschaft und Weisheit im Kampfe*；WW. X,页226及下页);参见同上,页228(关于因波斯战争而兴起的“集权化倾向”),230(关于“波斯战争以来的政治怒火”及其文化后果),以及 IX,69(*Nachlaß*,1870):“希腊必将在波斯战争之后毁灭,因为希腊最基本的元素,即相互角逐的小邦,在这场战争中被克服了。”尼采在这里很大程度上涉及了布克哈特(参见 *Gesamtausgabe* XI,211,参见190;264及下页)。关于 Treitschke 与尼采的私交,见 Bernoulli I,81及下页。

　　“普鲁士”元素无论如何存在他内心,至少服务于他的戏剧化需要。让我们想想他一再喜欢使用的炮兵比喻吧！当他把“一位干练的军官之本能”、“纪律”意识和“服从与发令”①的能力也搬到老百姓眼前——他把人分为“命令者和服从者”,宣称这是一种生理“健康的”力量分级,——当他把“进攻性武器”对准“大都市和报刊文化”“法律和选举权平等”,②尤其对准他(标志性地)补充的“道德”,③这些均出于反对民主,支持“军国主义”,亦即拥护“高等人和强人统治”,这一切都表明他的“普鲁士”立场,与布克哈特所持的德意志立场、非普鲁士和反普鲁士的立场形成鲜明比较,尽管在尼采那里关涉的只是一种普鲁士思维的“气质”而已。

　　[原注46]同上,75末尾。“核心”是“在同一个方向上长期服从”(*Jenseits von Gut und Böse*,188)。“正如士兵之操练,人也应该学习行动”,“与此相符的信仰就会自动出现。”组织(das Organisieren)是尼采用来对抗现代无组织的反题(恰如布克哈特所谓的“有机”)。过分有意识的状态和过度的反思消解了一切“天真”,这种危险也被布克哈特视为一种“晚近时代”的衰落标志;尼采那带有“普鲁士”烙印的唯意志论想要通过训练来引入一种

①　[原注45] *Wille zur Macht*(Brahn),Aph. 564.《权力意志》的另一则格言称,“自愿的纪律”(disciplina voluntatis)意味着“意志力的发展”。

②　[原注47] *Wille zur Macht*(Brahn),498.

③　[原注48、49]同上,500。

新的"完美状态"。

[原注 50] 同上，499。尼采对"强大"人格类型，对强调"命令与服从"的秩序以及对"普鲁士气质"的肯定，都来源于一种否定：对任何形式的"颓废"的否定。对尼采来说，与颓废一致的是"自由主义"：作为"每种深刻的哲学和艺术研究的真正敌人"，作为"真正妨害文化的教条"，自由主义是"天才"的绊脚石。在他眼里，解决这种自由主义，正是普鲁士的"文化"使命，自由主义将在普鲁士的"权力"之下"化为齑粉"（1871 年 2 月 22 日原计划为《悲剧的诞生》而作的前言）。显然，尼采在此过程中必定有所感觉，自知自己的想法只是以魔逐鬼，驱虎吞狼，因为在 1870 年 11 月 24 日，他向洛德写道："仔细看，你正在从狂热的、反文化的普鲁士当中脱身！"尼采对普鲁士的态度，表现出他典型的分裂特质。

守旧的巴塞尔人布克哈特在 19 世纪 40 年代就与高涨的瑞士民主进行过笔战，①他感觉自己属于德意志"开化民族"（借用迈涅克的术语），此感觉可谓无日无之。他在德国留学的年代正值浪漫主义晚期，其"民族精神"理论连同基本观点——"让肌体发育"——深深植根在他的文化史观和对现代的思考中。而把一切寄希望于强大有力的国家机器普鲁士，这对布克哈特内心深处的想法而言自然是相当陌生的。他的德国西南部文化思维必定感到俾斯麦民族自由的强权政治是非保守和反保守的东西。在他看来，无论内政外交，都存在法律的神圣边界，任何强权必须对其尊重。越过此界限，他便高瞻远瞩地认为这不是"注重现实的政治"。由"普鲁士政府和军队实施的 1866 年革命"，②政府"对神法（jus divinum）的蔑视，各王朝③相互"吞并"的活报剧，对此等事

---

① ［原注 51］当时布克哈特是《巴塞尔报》（Basler Zeitung）的编辑，1844–45 年。
② ［原注 52］*Burkhardt-Gesamtausgabe* VII，页 155。
③ ［原注 53］同上，422。

件,布克哈特的评论与格拉赫(Ludwig von Gerlach)①和克特勒
(Ketteler)②毫无二致。这一切让他心生恐惧,面对革命的当代把
古老保守的德国抛进垃圾堆,他忧心忡忡,担心未来更加革命。

[原注56] 1866 年大概给布克哈特和他的朋友及大学同事 Schönbein
(著名的硝化纤维的发明者)留下了类似的印象:到 1865 年为止,Schönbein
与卡尔斯鲁厄的宫廷多有来往,但从 1866 年开始,他基本上谢绝了所有前往
该宫廷的邀请(G. Kahlbaum,见 *Basler Jahrbuch*,1900,页 225 及下页)。

[原注57] 在这方面非常典型的,是布克哈特多次表示为意大利君主政
体的存续而感到忧虑。当他在意大利听到公开宣扬共和的演说时,他虽也是
共和国的公民,却也"毛发倒竖"(1878 年 8 月 4 日致 Alioth),而且当他不得
不忍受一通卡尔杜齐式的节庆祝词之时,便为"不幸的国王与王后"感到悲
哀,觉得这种讲话"散发着进步和文化斗争的恶臭"(1888 年 6 月 16 日致
Preen)。当然:"即使人们赶走同类,继承各国,也不会更加安全!"(1878 年
12 月 9 日致 Preen)。关于社会主义对一切现存事物的渗入,以及"放任自
流"(laisser faire)的自由-乐观主义体系:1878 年 8 月 15 日及 25 日致 Alioth。

布克哈特反对下层革命和上层革命,这两条战线把旧自由主
义和旧保守主义的动机结合起来了:他既担心革命的"自由"会破
坏一切权威;又担心革命的"统一"会导致"赤裸的暴力"。③ 在他
作为市民的秩序意识里,某种权威总比无权威好,就是说,总比下
层破坏力的胜利要好。于是,小弊端理论导致他不得已而肯定俾
斯麦"将内部政治危机剪除"④的政策:布克哈特在民族主义中发
现了反社会主义的唯一可能和唯一有效的"手段"。

---

① [原注 54] Ludwig von Gerlach, *Deutsche Annexionen und der Norddeutsche Bund*
(1866).
② [原注 55] Bischof Freiherr von Ketteler, *Deutschland nach dem Kriege von* 1866
(1867).
③ [原注 58] 参见 1871 年 7 月 2 日致 Preen。
④ [原注 59] *Gesamtausgabe* VII, 155 及下页。

[原注 60]同上，286。早在 1848 年之前,革命正在酝酿的几年里,布克哈特的行为就是支持"普鲁士驻军",反对"共产主义草莽"(1845 年 4 月 19 日致 Kinkel):完全符合叔本华的学说和遗嘱。

布克哈特当然不是很情愿承认民族主义的;因为旧保守主义是一种原则上超民族的世界观,所以,他的政治倾向也是超民族的。所以,哈勒尔(Karl Ludwig von Haller),这位伯尔尼贵族和拥护国家法制的保守人士,其政治原则导致他改宗天主教,服务于法国复辟的君主政体,并在弗里德里希·威廉四世身边的普鲁士保守人士中寻觅热情的追随者。① 所以,布克哈特十分正统地支持"奥地利王室",②支持"保守特权"③反民族主义,一如他作为非天主教的保守人士在文化斗争中感觉自己站在天主教一边,以对抗那些"民族自由主义的文化鹰犬"。④

尼采的"自由精神"是反教权主义的,当然也是反保守主义的,尤其是反民族主义的。"德国,德国高于一切"的口号,在他看来有"一点哲学原则"的意味,他认为民族主义乃是一种狭隘的政治,只会"导致虚荣",⑤使人"变愚"。

[原注 65] *Fröhliche Wissenschaften*, Aph. 357 末尾; *Götzendämmerung: Was den Deutschen abgeht*, 1. 尼采认为,"社会主义和民族主义"方向"惺惺相惜":两者都是意在引起"群众影响"的运动,因此要将所有人"融入行列,变成(集体的)部分",也反对个人主义(*Menschliches, Allzumenschliches* I, 480)。

[原注 68] *Jenseits von Gut und Böse*, 251. 对于俾斯麦在德国人身上培养出来的那种"反文化"的民族主义,包括俾斯麦本人的那种自命新帝国"发言

---

① [原注 61] 参见 Meinecke, *Weltbürgertum und Nationalstaat*, I. Buch, 10. Kap。
② [原注 62] *Gesamtausgabe* VII, 302.
③ [原注 63] 同上，151。
④ [原注 64] 参见 *Gesamtausgabe* VIII,页 XXXIII;亦见 1888 年 6 月 16 日致 Preen(本章原注 57)。
⑤ [原注 66、67] *Fröhliche Wissenschaften*, 377.

人"的姿态,尼采只能"带着反感"去"忍受"(*Fröhliche Wissenschaften* , 104 末尾)。这位"欧洲好人"不承认一种只在"民族"框架下的"'伟大'政治"("伟大"加引号是为了对立于拿破仑所推行的"欧洲"政治)配享有真正的"伟大"这个修饰语,因为这种政治没有"伟大的思想"。正如在"面对一切大规模的事物"时一样,在面对俾斯麦创造的"帝国与权力的庞然大物"时,只有"大众""匍匐在地"。于是对这个"大众时代"(Zeitalter der Massen)而言,俾斯麦也可称得上"伟大"了(*Jenseits von Gut und Böse* , 241)。因为"大众"是这样一类人,他们在"任何发出命令的意志力面前都会跌落到尘埃里去"(*Wille zur Macht* [*Großoktavausgabe* XVI,页 194],Aph. 750)。

　　布克哈特在这一点上言论一直比较克制,但他认为民族不是至高无上的、"绝对的有权永远存在和强力存在的东西"。① 身为文化历史学者的布克哈特,他认为每一种文化必然植根于本民族母体土壤,所以他坚定立于德意志古老的"古典主义"文化理念的地基上,不愿除掉这种理念中世界公民文化的这一内涵。另一方面,他的历史性具象思维拒绝一切抽象的哲学空想,②所以,那种基于世界经济的"联合国"思想对他几乎没有什么吸引力。

　　布克哈特为保守人士,其思想是超民族的,但也不是尼采的国际性思维,尼采是典型的自由思想家。布克哈特出于保守本能一直对犹太分子予以拒绝,而尼采感觉自己的"艺术家"血液与犹太人智慧关系很近,③他看出反犹主义是(随着他深恶痛绝的"帝国"而兴起的)民族主义的赤裸裸附属物,铲除④"那些吵吵闹闹的反犹者"⑤连同年轻的皇帝"威廉"和俾斯麦,这种幻想一直在

①　[原注 69] *Burkhardt-Gesamtausgabe* VII, 187.
②　[原注 70] 在《希腊文化史》当中,布克哈特这样批判柏拉图的乌托邦主义及其学派,也批判斯多葛学派的乌托邦世界主义等。
③　[原注 71] 参见 *Ecce homo: Warum ich so klug bin* , Aph. 4:"海涅和我"。
④　[原注 72] 1889 年 1 月 6 日致布克哈特。
⑤　[原注 73] *Jenseits von Gut und Böse* , 251.

折磨他。① 只是,尼采的反基督教偶然也会染上反犹的色彩,②但在这方面他也为犹太人辩护,方法是利用《旧约》同《新约》相争使自己得利。③ 布克哈特和尼采在犹太人问题上都看出欧洲即将做出决断;尼采的预言本身是喜爱犹太文化,④而布克哈特的预见则令人惊诧。⑤

尼采对军国主义难得一见的同情的另一面⑥却"立即"情愿对"有角牲畜—民族主义"(当然不会用其他的称呼)⑦采取容忍的态度,⑧——布克哈特则从他的文化观念出发,看出日甚一日的生活军事化越来越掏空生活的意义。在1870年,他就预见一个德国长此以往"主要操练"下去,"不久以后"就无人过问"生活的目的究竟何在"。⑨ 尼采当时也提起"凶年1870",并认为当下"普鲁士是一个极度危害文化的强权",⑩以至他常怀"忧虑"看未来。⑪

[原注83]1870年12月30日致母亲和妹妹。同时他也向洛德写道:"但愿德国国家权力的发展不要以文化的巨大牺牲为代价!"(参见上文原注50末尾)"在我看来,我们德意志文化的未来似乎正经受着前所未有的威胁。"(1870年12月12日致母亲和妹妹)这与布克哈特的预见完全一致(除夕致Friedr. v. Preen):"到了1871年7月,之前令人欣喜和感兴趣的事物之中有许多永远无法再使人有所触动……唉,有修养人士曾经喜爱的多少事物,如

---

① [原注74]同原注72。
② [原注75]*Genealogie der Moral*, 1. Abh., 7、8末尾,亦参见16。
③ [原注76]同上, 3. Abh., 22;*Wille zur Macht*(Brahn), 233。
④ [原注77]*Morgenröte*, 205.
⑤ [原注78]1880年1月2日、1882年12月25日布克哈特致Preen。
⑥ [原注79]尼采对犹太人和普鲁士军官阶层的这种好感表现在他曾经推崇勃兰登堡边区的贵族和犹太智慧交叉融合,以便"培养出一个统治欧洲的新等级"(*Jenseits von Gut und Böse*, Aph. 251末尾);参见上文原注17和41。
⑦ [原注80]*Wille zur Macht*(Brahn), Aph. 498.
⑧ [原注81]同上, 499。
⑨ [原注82]1870年9月27日布克哈特致Preen。
⑩ [原注84]1870年11月7日致Gersdorff。
⑪ [原注85]1870年12月30日致母亲和妹妹。

今不得不被当作精神'奢侈品'而放弃！正在勃然兴起的世代，与我们又是何等独特地不同。"他之前(1870 年 12 月 1 日与 A. v. Salis)就已在对话中表示过，"现在为普鲁士欢呼的这些博学的先生们，当他们不得不看到 1870 年以来德国经历着何等的精神荒芜，将怎样地睁大了眼睛！"（见 *Basler Jahrbuch*，1918，页 285）。

与此相合，是他后来认为的：当下，大行其道者是"普鲁士的鲁莽"，而不再是"德意志的深邃"；① "获取强权的代价是高昂的——政治吞噬了所有的严肃，那真正的精神事务的严肃"，精神事务才是"主要事务"。②

　　[原注 87] *Götzendämmerung: Was den Deutschen abgeht*，1。早在 1872 年，Treitschke 就一反其 1864 年所作的判断(参见上文原注 44)，写道："在今天，战争的喧嚣似乎养大了一个满是文盲的世代，他们完全扼杀了对艺术和科学的理解。"（*Zehn Jahre deutscher Kämpfe*［1874］，页 385）冯塔纳（［译注］Theodor Fontane，1819-1898，德国 19 世纪著名现实主义作家），1878："到处打着哈欠迎面而来的是一种无尽的乏味和平庸，受过教育的平常人给人一种说不出的单调无聊之感。"

在尼采和布克哈特二人看来，最恶劣之事，莫过于政治上与这个"机器文明"时代相宜的"中央集权"，及其使一切整齐划一的，也就是扼杀个体特点的效应。

　　[原注 89] *Menschliches, Allzumenschliches* II₂，220，参见 218。当尼采有些时候(参见上文原注 50)认为可以在普鲁士身上看到一种"多产的政治权力"，注定"要为天才铺平道路"（原计划为《悲剧的诞生》而写的前言），他大概是沉浸在热情的高涨之中，让人想到青年歌德的"腓特烈"情怀。但是，现在"战斗之福"转而成了以民族"帝国"为化身的统一之祸，而与统一相随的始终是尽可能的"平等"（Gleichheit）："希望看到国家成为可见的、机械的统

---

① 　[原注 86] *Jenseits von Gut und Böse*，Aph. 244.
② 　[原注 88] *Götzendämmerung*：出处同上，4 末尾。

一体,设有出色的政府机构,拥有军事上的华丽阵容",这是一种"拙劣的愿望"(*Der griechische Staat*)。这样一种状态绝非有利于"天才的产生":在古希腊城邦的"狭小"之中,"天才自然显现,他毫不以大众为意,天才得之于小,远多于野蛮人得之于大"(*Nachlaß*, 1870/1871:WW. IX,页260)。因此,普鲁士的状况则恰是希腊城邦的对立面,是"一种蛮子的粗野"。俾斯麦帝国让尼采见怪的,是它与普选权利的民主原则相结合(*Wille zur Macht*);面对这种错误的原则,尼采"必须重建等级秩序"(ed. Brahn, 544)。尼采身上的艺术家人格反抗这种"统一化了的国家文化",于是在1871/1872年作了题为《论我们教育机构的未来》(*über die Zukunft unserer Bildungsanstalt*)的系列演说。

在国家内部,"一切取决于'实用性'";所以当下只是"能人"的时代,而非"自决的伟大天才"①的时代。二人在这方面的评论是一致的。但尼采是个只知主观的文化目的之人,因他具有独创性的才能,他认为"独立自主的"个体就是自我目的,所以他对强权者做拿破仑式崇拜。反观布克哈特,他认为个体只为客观文化而存在,为了进行真正有益的创造,个体必须要有自由,自由包括一种任何强权都不能排除的法制状态。

布克哈特有别于大众,对待强权的态度特别"严肃",认为强权是对个体自由和文化自由的另一种威胁。如果说"大众"这一概念表达的是无价值,在尼采的思想里是"坏","必须蔑视",那么,布克哈特强权至少有点"恶",因其敌视价值而"不得不令人担忧"。布克哈特纵然总保持一派贵族气质,但也一直是个保守的市民,他从未承认强权是如此"恶"的东西,强权更不是表达恺撒式的任性,而只是一种"权威"的保证,这种权威必然比赤裸的强权重要。

————————————————

① ［原注90］ *Burkhardt-Gesamtausgabe* VII,页190及下页。

十一　自由的终结？

在强权与大众的相互钳制中，布克哈特只要自由：个体的自由，以及保证自由不受大众均衡划一倾向和强权压迫图谋的破坏。本着这种意识，他要为资产阶级的人本主义文化辩护。而尼采"粗暴的思想"①要的是强权：亦即"主子"统治大众的强权。布克哈特内心起主导作用的是人文的人格伦理，而尼采一味相信，只要用马基雅维利的"文艺复兴人士"的"非道德主义"就可抵抗大众的僭主政治。至于拉罗什富科（[译注] La Rochefoucauld，1613-1680，法国伦理作家）的伦理，由于它倡导利他主义，所以尼采觉得它代表"基督教的阴暗"，②现在亟待摆脱这阴暗。

对于尼采这种革命性的反小市民阶层思想而言——这思想完全是受非同凡响、独创性的浪漫思维的激励，从"主子"的立场看，小市民与基督教人本主义伦理是半斤八两，都带有平庸和市侩特点。小市民的道德被取消作为大众道德或"乌合之众"道德的资格。而布克哈特由于立场坚定，又有适应的愿望，工作勤奋并忠于责任，所以一直是市民道德的楷模。③ 在他，这种市民类型不仅可

---

① *Wille zur Macht*（Brahn），Aph. 154.
② 同上，153。
③ *Götzendämmerung: Streifzüge*，37.

以与"更高级的"人类(人本主义教育理念意义上的)相结合,而且是人类最值得期许的坚实基础。身为市民,他要求自由,即在"强权"和"大众"之间坚守"中间"立场的自由;作为"人本主义者",他要求自由,即以这个基础为出发点,追求"更高级人类"这一理想的自由,这个理想不应该只给予个人以力量和能力,还应与超个体的"古典主义"准则相结合。

尼采完全消除布克哈特这个中间的"市民"区域,因为他把除"主子"之外的所有人归在一起——他的美学思想把天才概念与纯生理元素连在一起,这很怪异——他把这些人统统诬称为无可救药的"平庸",是天生命定为"服务和服从"的"大众";①尼采年轻时就这么认为。一直存在的自由发展成"更高级的"、真正"人文"的人类,正如基督教的"自然权利"所教导的那种人类(淡泊寡欲然后发展),尼采认为这种可能性根本就谈不上。那种古老的、早期人本主义的理论被尼采篡改,他把人分为两个截然分隔的阶级:②即分为像亚里士多德已讲过的统治阶级和命定为服从的阶级。这与尼采的极端化作派吻合,他甚至刻薄地说:彼处是"高贵者",此处是"牲畜"③——只有一个"最高等"阶级和一个"最低等"阶级(形容词用最高级,只分两等,这含义颇多),二者之间存在一条自觉意识到的、"撕裂得越来越深"的"鸿沟"。④ 这种宿命的两个阶级理论"摧毁了"中间"阶层"。⑤

布克哈特也属此阶层,他生活于斯。当尼采赐给他一份"殊荣",⑥说他把布克哈特本人(连同其学术方式)"排除"在所有的

---

① *Über die Zukunft unserer Bildungsanstalt*, 3. Vortr.
② *Wille zur Macht*(Brahn), 547.
③ 同上, 556。
④ 同上, 547, 638。
⑤ 同上, 638。
⑥ 1888 年 12 月 22 日致欧维贝克。

"市民"外,这,不知是否会让布克哈特高兴？布克哈特是否必然
会由于这一特别的"赦免"——以他所属的市民阶层的名义——
而深受刺激呢？当尼采只看见"公式化的人",①只看见"普通的
人",②总之是令人失望的市民和庶民大众,那么,站在他们对面的
就是那些天生的"主子",这些"主子"——主要在"生理"③上——
拥有"至强的力量"和冷酷的情感,④不过这个"度"是根据"自然"
观点,而不是根据文化观点测定的"数据"。⑤

　　在尼采那里,"主子"对"乌合之众"的强权诉求是通过一种被
吹捧为"自然"的强权道德才得以正名的,某种不受个人良心拷问
的思想、评价和行为,其所谓健康的"幼稚"就是在"自然的"条件
下产生的。这种"幼稚"只有在"政治"道德中尚可维持;⑥这也表
明,它滋生于某种自然土壤,而人本主义总体只能在一种"摆脱
了"所有自然"本能"的纯个人道德的"非自然"中生长。⑦ 所以,
尼采对国家利益和目标根本不感兴趣。"主子"为自我目的、"为
自己"而存在,⑧他们作为自私者和"主子",拥有行使"暴力"的权
利,⑨这权利从属于他们的本质(这对这种纯主观想法而言,乃是
"自然"权力)。作为二等人士的大众则没有同情和人道的权利。
谁在"生理学"上"有价值",谁就拥有奉行"利己主义"的同等权
利;利他主义是颓废的征兆,宗教评判和道德评判占"主流地位",

---

① 　*Wille zur Macht*（Brahn）, 157.
② 　同上, 556。
③ 　同上, 151。
④ 　同上, 155。
⑤ 　同上, 156, 550 及下页。
⑥ 　同上, 479 及以下。
⑦ 　同上, 185。
⑧ 　同上, 95。
⑨ 　同上, 75。

那就是低等文明的象征。①　"使具有人性"是"失去生活乐趣"②和沦为"卑躬屈膝者"③的后果。布克哈特则认为,所有个体道德的利他主义都是理所当然之事;在他,利己主义原则只有在政治领域才成为可讨论的话题,那是在关涉超个体的目标之时,或者在他认为无法消解的悲剧性紧张之时。反之,尼采认为在政治领域关涉的也只是"个体"。④

尼采撰文反对(源于英国的)那种庸俗无聊、"过于市民化"的利他主义道德,就此而论,他与布克哈特的看法完全一致。然而,尼采反市民情绪过激,直至对其诽谤,将其刻画为天生的"奴隶"特性,将市民道德说成"卑劣的乌合之众道德"。⑤　这是一种浪漫主义的主观主义——18 世纪初早期浪漫主义在意识上就确立了它对所有"市民事物"的优越感,比如通过席勒及其《大钟之歌》——但布克哈特用"古典主义"准则与主观主义对抗,这些准则为个体确定永恒的界线,致力于向"更高级的"人迈进的人必须对其神圣地遵循。但尼采的"更高级的"人一心只想更强劲有力,而面临野蛮风险。

[原注 23] 同上, 574, 631. 比较:*Nachlaß*, 1886(WW. Naumann, XIII,页 353):反对"英国模式"和"美国未来"。

[原注 25]同上, 545. 对后期反人本主义的尼采而言,"强大"的人日益取代"有教养"的人,即有文化的人,成为其理想。歌德与布克哈特基于"文化"土地而拒绝任何"野蛮"的立场,尚被青年尼采所认同,但此时,尼采已抛弃了这种态度。

"野蛮力量"一类东西也属于尼采的"健康"理想之列,尼采所

---

① 　同上, 151。
② 　同上, 149。
③ 　同上, 146。
④ 　同上, 545。
⑤ 　[原注 24] *Wille zur Macht*（Brahn）, Aph. 92, 95-97.

预见的"20世纪野蛮人"具有"简单化的意志"，他们将会变得"可怕和残暴"。凡尼采认为是"古典主义趣味"①的东西——他是浪漫主义者，实实在在的浪漫主义者——他一概不予承认。野蛮人将会变得"无所顾忌"，②由于他们的"非人性"③反使自己受益，这些新的"文艺复兴人士"，这些普罗米修斯式的野蛮人，他们将是"征服者和统治者"，④正如尼采的"红人"马基雅维利所言，他们将具有"塑造"能力。

[原注30] 尼采对未来的看法是，只有从这些人中间，才能够"生长出一个具有领袖风范的种族"（同上，640）。除了"种族"（Rasse）之外，尼采也说过为了"治理欧洲"，应当"培养"一个"种姓"（Kaste）（*Jenseits von Gut und Böse*，221末尾）；但实际上最重要的永远是"人格上的优越性"（Personalsouveränität）（*Wille zur Macht*，463末尾）。

尼采预见即将到来的时代将爆发前所未有的战争，这不仅刺激尼采的"艺术家情趣"，因为战争恰好具有"古典主义的完美"，⑤而且这也是他的情绪需要："宁静的时代一去不返"，"真正的战争"将要来临，"届时人们不再搞笑"。"欧洲的军事化趋势"只会给具有阳刚和好战美德⑥的浪漫主义者带来"欢悦"：

[原注32] *Wille zur Macht*，65及下页。一种过度开化的，"因而势必暗弱的人类，像今天的欧洲人"，"需要""最大最恐怖的战争，换言之，有时需要跌回到野蛮状态"，才能实现其重生（*Menschliches, Allzumenschliches* I，477末尾）。

[原注34] 同上，65. 鉴于"当今的文明和大城市的形成"（布克哈特也极

---

① [原注26] *Wille zur Macht*（Brahn），640.
② [原注27] 同上，560。
③ [原注28] 同上。
④ [原注29] 同上，559。
⑤ [原注31] *Fröhliche Wissenschaften*，362.
⑥ [原注34] *Wille zur Macht*，64末尾。

力反对这种现象），尼采"赞成"一切对颓废产生抵制作用的事物。但这对他来说就意味着：一切"更男性的、战争的"东西。而这又意味着："危险地活着"，——"在发布命令上把握十足，并立刻准备好在必要时服从"（*Fröhliche Wissenschaften*, 283）。——"艺术家的偏好"（prédilection d'artiste）是晚年的施莱格尔（Aug. Wilh. Schlegel）用以概括浪漫主义对天主教的偏爱的一个表达（关于这个话题，参照本书作者在月刊"Hochland"1925 年当中的论文）。

　　"将会变得从体格上进行评价。

　　［原注 35］反对自由化的英美文明（见上文原注 23）——亦可参照（*Nachlaß*, 1882 及以下）*Werke* XIII，页 352："与英国功利主义者的情感相比，我在俄国虚无主义者的感觉中看到了更多接近伟大的倾向"——导致尼采选择了"俄国"（*Nachlaß*, 1886［WW. XIII，页 353 及下页］）：在强调"共性"的同时，要求（双方）"无条件地联合"并制定"一个共同的新计划"。"接近野蛮"在这里被看作是正面的：尼采期待与野蛮的靠近会带来"艺术的苏醒"（WW. XI, 375：*Nachlaß*, 1880/81）。他在这里看到"未来在生长"，但不再是在"西方"（*Götzendämmerung: Streifzüge*, Aph. 39）：正如后来的施本格勒。"在当今的法国"，"意志的疾病"最为深重，因为法国拥有欧洲最古老的文化；"'野蛮人'如何仍在或者再度……使其权利发挥影响，古老文化就如何消失。"因此，"欲念的力量在德国更加强大，……但最强大的"是已经——或者说仍然——半亚洲的俄国：俄国极为健康，可作典范，即使它对"欧洲"构成了最具威胁性的危险（*Jenseits von Gut und Böse*, 208）。尼采认为，"野蛮种族""更强硬"的态度是积极的，"我们北方人"就源于"野蛮种族"，特别是因为"我们"不像"天主教的"法国人那样，本质上就偏向基督教，而是更倾向于"反抗"（protestieren）它（同上，48）。非常典型的是，尼采在这里反对基督教时，以"我们"的口吻大谈"我们北方人"，贬斥"非德意志"的事物（参见 *Geburt der Tragödie*, Abschn. 23 末尾），而他在反对德意志时却也不遗余力（见本书第二十三章）。

任何野蛮均会得到我们的肯定,哪怕是猛兽".① 但这个浪漫情怀也不乏理性,比如"普通的防卫义务"和"军事的严格";这一切因为其"简单化"效果,甚至连"民族偏见",当然还有生理学对神学和道德的"优先统治",全都受到尼采的欢迎,只要是反"现代社会"的就行,②这个超现代者对"现代社会"真恨之入骨。尼采对未来做的平民式的幻想中也充满了军事,他那情绪化的神经与之相伴颇具典型性。他在谈及"工厂的未来"时说:"工人应像士兵一样学会感知".③ 他想用可怕的"暴君式师傅"统治他们——这可是他一个关键的理念——二者的关系就是"绝对命令"和"绝对服从"的关系。④ 尼采如是看待"他的""未来"(与后来施本格勒看"他的家人"的未来相似):"多种技术培训。到军中服役:以便差不多每个男子升任较高级别的军官,否则他就平庸得很。"⑤也就是军事领导的技术文明。他于是得出勉强乐观的结论,有"令人鼓舞的"发现,即发现在这个大众时代,"主子"阶层拥有"比任何时候都更为有利"的时机。⑥ 通过"民主"搞平均主义,对"守规则"的人施行越来越强的"驯服";⑦"轻松地学习,轻松地适应——":乌合之众,甚至最聪明的,都已预习好了当"拿破仑之流"和"行使主权的高等人士"的工具。如此,这个不可阻挡的整齐划一的同一化过程获得了它唯一可能的"辩解"。⑧

---

① ［原注36］*Wille zur Macht*（Brahn）,Aph. 65.
② ［原注37］同上,66。"在今天,'普遍兵役制'已经是民主思想之软弱的特殊解毒药(原文如此)"（*Nachlaß*,1886;WW.,Naumann,XIII,页358,亦可参见本书第五章,原注29b）。
③ ［原注38］*Wille zur Macht*（Brahn）,Aph. 495. 这是对以民主方式办理工人问题的解答（比较 *Menschliches*,*Allzumenschliches*）。
④ ［原注39］*Wille zur Macht*,496.
⑤ ［原注40］同上,497。
⑥ ［原注41］同上,63。
⑦ ［原注42］*Dressierbarkeit*,原文着重强调。
⑧ ［原注44］*Wille zur Macht*（Brahn）,672.

[原注 43]同上。歌德就已断定(1825 年 6 月 7 日致 Zelter),19 世纪"其实"是为"没有最高天赋","理解事物简单肤浅,讲求实际"的人而设的;——尼采则看到这类人在 20 世纪正变成一位"强者"手中的"工具"。

布克哈特的人本主义,既不为强权者唱赞歌,也很少为大众辩护。他的"市民"理想不把"主子"人群和"随大流人群"看成是不可改变的永恒现象。他觉得,只跟在某个"大人物"身后跑的大众,①是历史上一出讽刺的活报剧。他要的只是受过良好教育,具有专门知识的"人",但这样的人即便知识和技能再好也不可自视甚高,以为自己是什么"超人"。浪漫主义者尼采必定醉心于某种拿破仑式的幻想;而布克哈特的思想一直保持古典主义的冷静和明晰。

他们俩对当今状况的分析和对被期待的未来的预见都惊人的相似。这令人惊讶的相似性,是因为他们都看出以下事实:世界大战迫于眉睫,②有人要用军事解决大众最大的问题,通过强权国家③解决工人问题,总体上看,世界"即将进入野蛮时代",④即将登台的"可怖而简化的"强权会实施"专制"和"无限暴力",⑤故而导致法制国家寿终正寝。

[原注 50] 1889 年 7 月 24 日致 Preen。参见此前的一些暗示:1845 年 4 月 19 日致 Gottfr. Kinkel("未来的暴力统治"), 1849 年 9 月致 Herm. Schauenburg("越来越粗暴的专制主义"取代了民主–社会主义趋势);此后特

---

① [原注 45] *Burkhardt-Gesamtausgabe* VII,页 191。"这个时代很容易有时让冒险家和幻想家出人头地"(同上;布克哈特所称的冒险家,其基本类型大概是拿破仑三世)。

② [原注 46] *Gesamtausgabe* VII, 147. 布克哈特在 1870 年除夕致 Preen 的信中就已经预料到了一个战争时代的来临;到现在为止(指一年以后:1871 年 12 月 23 日致 Preen)只是"一段非常不稳定的休战期"。

③ [原注 47] 1872 年 4 月 26 日致 Preen。

④ [原注 48] 1885 年 3 月 21 日致 Alioth。

⑤ [原注 49] 1881 年 5 月 1 日致 Preen;1881 年 11 月 19 日致 Alioth。

别是:1881 年 5 月 1 日和 1882 年 4 月 13 日致 Preen,亦见:1883 年 3 月 12
日, 1885 年 3 月 21 日致 Alioth("近在眼前的野蛮时代")。事实绝非像
Bäumler 所称的那样(*Studien zur deutschen Geistesgeschichte*, 282),即尼采"是
他时代中唯一……预感到脚下土地在震动并看到灾难来临的人"(亦见同
上, 247:"他看见了地基上的裂缝,看见了这个世界看似坚固的建筑在动摇,
而当时,除了俄国人陀思妥耶夫斯基之外,还没有任何人预感到什么")。
Bäumler 认为(245),只有一个非市民和反市民的人才有能力做出这等预见;
因为"市民",他定义道,"是感觉不到(整个存在及其一切机构制度的)颤抖,
看不见(一个时代)没落的标志的人"。Bäumler 把市民描绘为"看不见"其所
"畏惧"之事的人,但这幅"市民"肖像是失真的。布克哈特是一个具有市民
性的人,同时也是一个看见了这一切的人。如果说歌德就以一种惊人的洞彻
预见了"时代"的转折——从"文化"走向由资本、交通和机器控制的"文明"
的道路(见本书第九章,原注 19),那么布克哈特就预见了下一个阶段:作为
悲观主义者,但却仍然表示:"……我要坚守"(见本书页 32)。

　　尼采也说即将来临的"简单化""很可怕"。可是,他的恶魔哲
学却对邪恶和恐怖的东西格外予以肯定,对施暴者的野蛮予以浪
漫的美化。而布克哈特"从未""崇尚"这些东西。① 他看出即将
来临的东西是字面上货真价实的"可怕";他与歌德一样,都认为
只存在再清楚不过的二者择一:"野蛮"或"文明"。他认为这是具
有决定意义的根本问题。而经过良好"训练"的"大众",以及不顾
一切道德的"主子",都不是他理想中的事情。

---

① 　[原注 51] 1896 年 1 月 23 日致 Pastor。

表达世界观的历史形象

十二 对希腊文化的评价

尼采究竟算不算一个"人本主义者"？人本主义能不能把尼采和布克哈特长期维系在一起？双方重拾古希腊罗马文化——本源的且在文艺复兴运动和新人本主义中重生的此文化——能否为他们的相互关系搭建一个共同的平台？

在布克哈特一生中，①尼采都把布克哈特看作是"精深了解"希腊文化的当代学者之一，对其敬重有加。他到巴塞尔的头几年，认为②自己还有"很多东西需要学习!"可是，从他的一贯作风看，尼采真是个愿意学习、有能力学习的人吗？抑或是太过自我中心的人？他的表现难道不是显露出太大的野心吗？他把自己的处女作寄给老师里奇尔，③内中附有一信，此信印证了这个小伙子非凡的自信。他本来也想得到布克哈特百分之百的热情夸奖，可布克哈特的科学评价是高度成熟和可靠的，他没有立即被这个年轻同事的"发现"所吸引，

[原注 4] 1872 年 2 月中旬尼采致洛德。对哲学研究中"创造性眼光"的

① *Götzendämmerung*, *Was ich den Alten verdanke*, Aph. 4.
② 1872 年 2 月中旬致洛德;参见:1871 年 12 月致洛德,以及 1872 年 5 月 1 日致 Gersdorff:"布克哈特的夏季授课变得独一无二;你错过了很多你无法经历的东西。"
③ 1872 年 1 月 30 日尼采致里奇尔。

意义(*Nachlaß*, 1869; *Werke*, Naumann, IX,页 30),尼采的理解非常主观主义,以至于他把"历史的"观念看作"降级的"(degradierend),说它是"塑造者"的反面,因此将历史观念排除在外。尼采的一则遗稿笔记(1875 及以后;WW. XI,页 114)写道:"实际上,我叙述历史的方式就是在过去时代和人的机会中(!)叙述自己的经历。"尼采是历史的"偶因论者",同时也是浪漫主义者,这表现为他在历史当中寻找着某种适合"风格化"(Stilisierung)的"远方",有时也许是他"相信能够说出"关于过去各种文化的"灵魂"的"启发"(参见 Klages, *Die psychologischen Errungenschaften*, 10)。当然,施本格勒也视尼采为其先驱(见本书所引其书,页 112、116、118 及以下);他也以历史的方式看待《悲剧的诞生》(118 及下页)。然而,舍弃自我去体会,这不是尼采的本质。亦可参见本书第三章,原注 41。"尽管(尼采身上)似乎回响着来自古代神话的许多特征,但他从来无意于理解这些神话,也未促成对这些神话的理解;相反,他仅仅是在有意识地从中选择可供他自己进行哲学思维的象征。因此尼采的狄奥尼索斯反正是异于古老神话的一些东西"(Jaspers,页 330 及下页)。参见 *Jenseits von Gut und Böse*, Aph. 295:"狄奥尼索斯是个哲人,众神也会进行哲学思考,光是这些就让我觉得是个新鲜事,而且并非不使人感到困惑。"《悲剧的诞生》的主要意图是构拟一种审美世界观,以一种"哲学诗"(A. Riehl, *Friedrich Nietzsche* [1897],页 51)的形式对文化革新进行哲学思考,因此不能在语文学上严肃地对待。当尼采"以勇敢的傲慢"强调"对古代的一种崭新而大胆的感觉","他所注重的不是那种经验的直观"(Bäumler, *Studien*, 228)。因此,尼采笔下的苏格拉底图像是把"历史"提升入"神话"的维度(见 Kurt Hildebrandt, *Nietzsches Wettkampf mit Sokrates und Plato*, Kap. 1:*Sokraktes* [Marburger Dissertation 1922]。这种主观的"神话"是非常"险恶"的,Hildebrandt 也没有否认)。

　　——年轻同事当时几乎不隐讳的反科学态度。布克哈特非但没有在同事手稿上添加自己论酒神狄奥尼索斯现象的"一段话"(尼采曾力劝布克哈特为之),而且对尼采的美学直觉也保留足够冷淡的审慎。正如他对尼采《悲剧的诞生》中的理念一样,他对尼采脑子里的希腊形象及其对整个希腊文化的观点也没留下什么印象。

[原注5]同注1。尼采的妹妹很喜欢传播这一断言,而且这种断言最近又在 Steding 的作品(页470)当中出现,但是已经证明,即便就讲课手稿而言,这一断言也是不贴切的(F. Stähelin, *Burkhardt-Gesamtausgabe* VIII,引言)。

[原注5a]尼采的痕迹(少得可怜),最多见于布克哈特全集某些部分(*Gesamtausgabe* X,页192;XI,页159),此外还有一些带有评注的引用(X,193,注113及以下;228,注197)。至于说他们在希腊文化的理解上存在"一种非常强烈的相互(!)影响"(Elis. Förster-Nietzsche,见对书信往来的阐释[III,175]),则纯属无稽之谈。如果说布克哈特"确认"自己恰好在这方面从尼采身上"学到""很多"(同上,页176),那么这实际上是布克哈特式的礼貌(特别是面对女士的时候),再加上布克哈特式的谦逊。这也与 Andler 的观点相反(*Nietzsche und Burkhardt* [1926],48及下页,115,132及下页);意见一致和引用尚不能证明依赖性。正确的观点见 Rehm, *Jacob Burkhardt* (1930),244及下页。相反,倒是布克哈特对尼采的影响(同上,186及以下,246及以下),"怎么强调都不过分"。

尼采也认为,古希腊文化还是一个"未被攻克的点"。[1] 他也反复在其中寻找某些典范性的东西,以便同当代文明的"进步"——实则意味着文化的"衰落"——相比较。对古希腊罗马文化的肯定,对当代的否定,在这方面,尼采和布克哈特总是志同道合。

[原注7]尼采说,要评价古代,"正确的出发点"是"对现代颠倒状态(Verkehrtheit)的洞彻"(*Wir Philologen: Werke*, Naumann, X, 351)。这一观点完全与布克哈特的思想相符。

可是,"那个"古典文化的各个细部是什么? 它的整体现实根

---

[1]　[原注6] *Homer und die klassische Philologie.*

本就不能作为楷模看待,堪称楷模的只是某些理想的,或被升华为理想的片断。年轻的尼采认为,被他称之为"希腊精髓"的东西,都值得"惊异地崇拜",他画出一条跨度很大又固执己见的轮廓线,此线除伯利克勒斯外居然囊括了彼提阿([译注] Pythia,德尔菲之女祭司),除荷马、品达、埃斯库罗斯和菲狄亚斯([译注] Phidias,希腊雕刻家,生于公元前5世纪)外又把酒神狄奥尼索斯也拉了进来,却唯独排除苏格拉底,因为苏格拉底"否认并修正希腊本质,是另类文化、艺术和道德的先驱"。① 这种观点,布克哈特从未有过。布克哈特精深的学识也是被尼采抬得很高的。强调希腊文化的哪些时期,突出希腊人的哪些方面,喜欢哪些阶段和本质,这都取决于选择的尺度。这尺度,二人存在很大差别,所以他们赞成或反对的理由也各不相同。二人具有决定意义之事,是他们对自己的文化肯定了什么,或见出了文化"衰败"的哪些事情。那么,古希腊罗马文化的高潮便是鲜明的参照,它的衰落时代便是富于教益的对比。"我们在谈论希腊人的时候,也就不由自主地谈论今天和昨天",②尼采这句话也可以作为评论布克哈特所撰的篇帙浩繁的《希腊文化史》的座右铭。

　　二人同样具有的一个特点是,他们不按政治观点,只按文化观点阐发重大事件,也排除民族的和政治自由主义的尺度;即使对民主的批评(二人在此相遇相合)和对老式贵族的赞颂也少有政治意味,更多的是从社会学角度论事,着眼于有利于文化发展的条件以及对文化造成危害的原因。尼采倾向于对各阶段整体做("哲学")绝对的评价,而多方面接受事物的"史学家"布克哈特善于找到每个时代的价值,包括已分明显露衰败征兆的晚期时代。比如,

---

① ［原注 8］ *Geburt der Tragödie*, Abschn. 13.
② ［原注 9］ *Menschliches*, *Allzumenschliches* II_1, Aph. 218.

尼采对亚历山大格式的诗句断然否定,①布克哈特则相反,他除拥有有益的、富于创意的力量观点外,还善于发掘其他保存文化的力量。② 唯其如此,他那细腻多层的评价除了直接贬抑还有褒扬。重要的是,这位"历史"思想家具有一种理所当然的意识:文化生活的各个方面是以其发展可能性的不同条件为前提的,所以不能纠结于一个时代同另一时代的互相牵扯,倘若人们不是从一开始就否定精神生活既有的各个方面的话,一如尼采这个精神专制主义者所为。尼采总喜欢做(非历史的)自以为是的评价。

[原注 10] 布克哈特(见 *Gesamtausgabe* XI,页 211, 264)和尼采(见本书第十章,原注 44)强调波斯战争在社会和文化方面所带来的不利后果和现象,这使波斯战争的胜利所代表的国家荣耀黯然失色。相反,奇罗尼亚([译注]Chäronea,希腊城市,公元 338 年曾被马其顿国王腓力二世占领)所代表的国家独立以及共和自由的丧失,并非彻底的停滞,因为文化的发展仍在继续(见 *Burkhardt-Gesamtausgabe* IX,页 343 及下页)。尼采悲叹"希腊的政治失败",只是因为它"引入了一种令人厌恶的理论,即人只有武装到牙齿,迷恋拳击手套,才能够维护文化。"(*Wir Philologen: Werke*, Naumann, X, 392)

---

① [原注 11] *Wir Philologen: Werke*, Naumann, X, 365.

② [原注 12] *Burkhardt-Gesamtausgabe* XI, 598 及下页——与消极评价(XI, 575–577)并立。

十三　希腊文化与人本主义

　　布克哈特把"希腊"与"东方"和"野蛮"做了区分，从而得出这个特殊"希腊"概念。当尼采把"现代的"与"东方的"进行对比，认为二者都偏爱"大众"效应，而且以"纯朴的"方式把"希腊人的单纯与高贵的尊严"对立起来，[①]这时，布克哈特就与青年尼采契合了。布克哈特的这个特殊概念——在只有希腊人熟悉的那个理想诉求意义上的概念[②]——首先包括对古典主义"准则"的认可和"界定"的艺术：人文诉求，亦即面对非常不人文的外部现实必须要有更大影响力的人文诉求。对布克哈特而言，一种秉持某些"准则"的人本主义文化便是希腊人的理想，也是本原的"人文"理想。而这个在至高文化意义上的人文也被青年尼采用来反对他那个时代所谓的"进步"，这进步已经失去"保护"作用，即保护人们不受新"野蛮文化"的侵害。[③]

　　这自然离不开对希腊人生活，甚至对希腊人思想提出公开的批评。布克哈特敢于反对希腊人的"种族信念"和他们所要求的

---

① *Homer und die klassische Philologie; Morgenröte*, Aph. 169; *Fröhliche Wissenschaften*, 82.

② *Burkhardt-Gesamtausgabe* IX, 页 315; 参见 XI, 221(关于伯利克勒斯)。

③ *Homer und die klassische Philologie*.

"暴力"干预的野蛮行为,即便这种思想是以古代最先的智者柏拉图、亚里士多德等人为代表;他以"我们的"文化之名义,认为必须脱离那种对身体,亦即对"健康的"和"患病的"身体的评价。

[原注4] *Burkhardt-Gesamtausgabe*XI, 6 及下页;参见 VIII, 75, IX, 383 及下页, XI, 288. W. E. Mühlmann (*Archiv für Kulturgeschichte*, 1934)总结了布克哈特关于"种族"话题所发表的言论。生物学的观点甚至和布克哈特非常接近。但布克哈特没有教条式的理论;在这方面,他仍然是个"历史学家"。

    青年尼采受叔本华影响,也认为,希腊人若觉得欲望这个"恐怖至极的东西"即使为所欲为也要为之辩护,那么希腊世界就与"我们的世界"和我们的"伦理概念"南辕北辙了。① 当时尼采把无限制的"消灭欲"称之为"蜕化"和"罪孽",把保护希腊人不受极端侵害的竞争誉为"希腊人最高贵的基本理念"。② 相互竞争处于最佳贵族时代的希腊人的生活中心点,相互竞争也受到布克哈特的赞美,说这个原则一方面"使个体得到全面发展",③另一方面又设置必要的限制,确定了正大光明地进行比赛的"高尚"规则。④

    然而,青年尼采马上就说起"我们"现代"软弱的人本主义概念"来了,把古希腊罗马的人本主义理解为"杂草丛生",是从人"可怕的非人性方面"滋生出来的;要把这些非人性方面当作"可怕的土壤"加以耕耘,以便"从中""长出"人本主义。这个论断他当时也觉得阴森可怖;但他相信有必要认识这种不可避免的现象。是的,荷马史诗《伊利亚特》那些"伤害人的"、"恐怖的"、令人"厌恶"和"战栗"的过程使尼采"毛骨悚然",更不用说先于荷马那个

---

① [原注5] *Homers Wettkampf* (1872)。
② [原注6] 同上,末尾。
③ [原注7] *Burkhardt-Gesamtausgabe* XI, 93.
④ [原注8] *Gesamtausgabe* VIII, 162 及以下。Bäumler 正确地指出,后来的尼采不承认任何"为斗争厘定规则"的"律法"(*Nietzsche als Philosoph*, 62)。

世界的"残酷",及其"令人窒息的空气""郁闷的氛围"和"瘆人的暴行"了。这是尼采公布的一个具有决定意义的注释:他拒绝接受"把人同自然分离开来并称赞人"的"人本主义"观点。他不知道如何区分"原本被称为'人性'的东西"与人的"自然"特性:"人就是自然。"

　　[原注9、10] *Homers Wettkampf*,开头。这种哲学人类学的(纯自然主义)方式意味着在单纯的言论之外,同时还存在一种特定的意愿。一种只认"自然"的一元论世界观,在自然之中也只看到"强者胜利"的永恒的"存在之斗争"(Kampf ums Dasein),这种世界观除了"权力意志"之外,也不会看到别的意志,而为了使力量的影响达到极致,"非人文"(Inhumanität)正是题中之义(亦可参见本书页89,原注28)。"自然的""真实"至高无上,而"与之相对"并可视为一种"更高存在"的任何精神理想,都被否定了:不仅是基督教,还包括所有人本主义。因此也就有了对抗柏拉图的斗争(见本书103及下页):也就是对抗一切在这个糟糕乃至恐怖的世界对面设置了一个"更高"世界的二元论,无论这个更高世界的构思是宗教的,还是伦理的,抑或是审美的。在《人性的,太人性的》(I, Aph. 33, 386)当中,尼采就此发表了极端悲观的看法。

　　以此为出发点,晚年的尼采完成了向一种新的、全然是生理学论的古典主义过渡。因为希腊人懂得关键是"首先把身体塑造好,当然已有这样的思维方式",[1]所以,"作为人,他们已做到了极致"。"人从适合的地方开始搞文化,这是具有决定意义的——适合的地方是身体,而非'心灵'。所以,希腊人是历史上最早的一个文化事件——他们知道做必须做的事情"。[2] 于是,古希腊罗马人成了迄今唯一的"发育良好的人",这样的人可以一直对"强大

---

[1]　[原注11] *Nachlaß* (1882–1888), *Werke* (Naumann) XIII,页363。
[2]　[原注12] *Götzendämmerung: Streifzüge*, Aph. 47 末尾。

的有作为的心灵"①产生"复兴"效应。而"病人"是"社会的寄生虫"。② 希腊人对奴隶不实行人本主义，这是"没有变质的自然""发出的声音"：③——这是"主子道德"，尼采与特赖奇克面对"奴隶的痛苦"称颂"高尚贵族的淡定从容"④不谋而合。一种以此为基础的文化概念，遭到布克哈特的利他主义伦理的峻拒。

[原注17] Salin 断言（页84），尼采早在《悲剧的诞生》中就阐释了奴隶阶层存在的必要性，而布克哈特的想法与尼采毫无二致。这一断言完全是任意专断的。Andler 早就正确地指出（*Burkhardt und Nietzsche*, 105）："在关于奴隶制的探讨当中，布克哈特和尼采的思想完全是泾渭分明的。"

　　布克哈特不否认，"可怕的东西"也是产生值得期许的效应的先决条件，他认为这东西的"可怕"从未消停。千百年来绝非"人文"地对待"最可怜的"阶级，亦即奴隶和矿工，这只表明，人是多么的"铁石心肠"，是多么"胆大妄为地侵犯人的本质"。⑤

　　正如布克哈特设身处地为那些"也是人"的奴隶的处境着想，他也习惯于不光从"行为上"，也从"逆来顺受者"的立场审视历史。⑥ 他认为存在一种要人忍耐的非人文的尺度，这是违反人性的。他就是这样评价古希腊城邦对其民众所施加的导致完全取消"个人自由"的压迫，⑦这种压迫已超出"人性可长期忍受的"限度。⑧ 不管是"清除内部党派"也罢，抵御外部"敌人"也罢，人们都不知"人文标准"为何物。⑨ "最令人惊惧之事""伴随希腊雕刻

① ［原注13］*Wille zur Macht*（Brahn），641.
② ［原注14］*Götzendämmerung: Streifzüge*, 36.
③ ［原注15］*Nachlaß*（1869-1871），Werke IX，页119，151 及以下。
④ ［原注16］*Preußische Jahrbücher*, 1874，页75 及下页。
⑤ ［原注18］*Gesamtausgabe* VIII, 153 及下页。
⑥ ［原注19］见本书第十六章。
⑦ ［原注20］*Gesamtausgabe* VIII, 80.
⑧ ［原注21］同上，85。
⑨ ［原注22］同上，286。

家菲狄亚斯"而发生。① 如果说这类事还只在希腊城邦通行的话，更令布克哈特"怔惧"的乃是个人不受限制的强权意志，它只为满足个人权欲，而肆无忌惮地选择合适的"手段"。②

尼采在《不合时宜的沉思》第二卷中，已表明他对"神圣的动物"这一早期人文理想的赞同，而布克哈特认为，至高无上的，莫过于由导致内心自由的理性力量所形成的人本主义的"人格"理想。这当然会产生与"天性"的紧张，因为所有的文化无一不是与天性的疏离，亦即对"粗野"天性的征服。但天性健康的布克哈特看待所有病态畸形物的目光比尼采坚定，尼采从"病态的观察方式"出发又常常回归此方式。布克哈特以智慧的自嘲，将自己计入"人文晚生子"之列，他完全意识到此处涉及到的疑难问题之所在，疑难问题就是：那种本原的"人性"，那些创造文化的、包含在自然"质朴"中的力量统统受到危害和削弱，亦即受不断进步的智慧与"精致化的"美学的危害和削弱。布克哈特也少不了对唯理智论（抽象思维过于肥大）批判，③他因而对古老的、更接近自然的各时代给予更高的评价；他也因此没有落入尼采片面反对唯理智论的极端。他从尼采所热衷的艺术家作派和他尤其喜欢的心理学至上论中看到文化没落的典型现象，④另一方面，他认为道德的发展是一个错综复杂的现象，早先和后来的时代均被两束天才高光所照耀：荷马和伊壁鸠鲁分别代表青年人的直接和老年人澄明的智慧。

虽然尼采也在"古希腊原始世界"寻觅"伟大、自然和人

---

① ［原注 23］同上，281。
② ［原注 24］同上，83。
③ ［原注 25］*Gesamtausgabe* XI，264 及下页，289；亦参见 383 及下页。Andler（114 及下页）等人把布克哈特理解为"唯智主义者"和理性主义者，和多次将其描述为唯美主义者一样，都是错误的。
④ ［原注 26］*Gesamtausgabe* X，237，336，XI，116，604 及以下。

性"，①而且在希腊人的"天真质朴"里也找到了他们的"人性"，但对他有启发作用的确是：这种"天真质朴"彰显了既成的"非人性"。

［原注28］*Wir Philologen*（*Werke* Bd. X, 367 及下页）："古代向我们展示的人性(das Menschliche)不能和人文(das Humane)相混淆"，而其中"富有教益的"，恰好是"坦诚相对"的"天真"(Naivität，比较页386)，那种人性就出现在天真之中。与此相应，"'人文'和'同情'"只是"整个'人'的类型的缩小化，是其平庸化"：这些品质"是兽群赖以繁荣的德性"，而不是"统治者的"德性(*Nachlaß*, 1886；*Werke* Bd. XIV, 66 及下页)。

而布克哈特强调，在荷马的世界里——以最接近自然为基础——尽管不断出现非人文，然而已达到一种前所未有的高度的道德文明，一种"心灵"的文明，②它显现出这个阶段"早期完整的"人：③不光有内心的"动物性"。布克哈特特别强调，"最可怕"的东西并非产生于本原的"残酷"或"特别的狠毒"，④因为同时也总有伟大的"善意"⑤释放，也总出现一种"善良而亲切的行为举止"。⑥ 他们激情"过度"，这无可争辩，更不能对其美化；但这是"天真质朴"中的"激情作恶"，是可"原谅"的。⑦ 当时公然出现的抢劫和谋杀自然是"令人忧虑的"，但与之相比较的又是怎样的一种单纯和怎样的一种高贵习俗！⑧ 荷马的世界"纵有种种激情和暴力行为"，终究还是"纯洁的"。⑨

①　［原注27］II *Unzeitgemäße Betrachtungen*, Abschn. 8.
②　［原注29］*Burkhardt-Gesamtausgabe* XI, 23.
③　［原注30］*Gesamtausgabe* VII, 196.
④　［原注31］*Gesamtausgabe* XI, 32.
⑤　［原注32］同上。
⑥　［原注33］*Gesamtausgabe* XI, 37.
⑦　［原注34］*Gesamtausgabe* VII, 26, XI, 32 及下页。
⑧　［原注35］*Gesamtausgabe* VII, 197 及下页。
⑨　［原注36］*Gesamtausgabe* IX, 316.

　　布克哈特的这些言论听起来似乎在反驳尼采对残酷的辩解。布克哈特把早期阶段高度文明的伴生现象与纯天性做对比，纯天性亦即寓居在"崇高心灵"中的"高尚天性"。① 这一切不是如尼采所说源自生理学意义上的纯"力量"，这些人的最佳之物是从"柔情"②这道"美味"③中滋生出来的。最佳之物就是"心灵对纯洁的人际交往的理解"，④这种纯洁心灵只有在原始的未被破坏和未变畸形的天性中方能繁茂生长。从这个意义上说，这个"高尚的"荷马世界在道德层面已远高于"当今哲学、文学和修辞学时代的所有道德"。⑤ 那种"尚未被内省反思说烂的情感"和"习俗"能释放真诚的"善良"，它代表着心灵文明，其价值大于后来的"思想精致化"，此精致化会造成"心灵粗野凶残和麻木不仁"。⑥ 心灵文明的价值更大于所有的物质文明，最终也许完全摆脱物质文明。

　　诚然，荷马时代的人们可能由"自私"⑦发展到"犯罪"；⑧但他们"好客"所彰显的"简朴人性"又是何其"美好和神圣"，似在"渴望"一种"纯洁友善的关系"：⑨异乡人和艺术保护的人在当时已然恰好成了"有情者"的兄弟，⑩从直接的人性感知，这远优于"内省反思"，他具有人性的真诚，其中蕴含与"天真质朴"相吻合的理想。与之相比较，"后来"各时代所有派生出来的道德无不从一开始就存在疑问。"美好的人性"⑪在瑙西卡的故事里以华丽的潇

---

① ［原注37］ *Gesamtausgabe* XI, 33.
② ［原注38］ *Gesamtausgabe* VIII, 294, IX, 316, 335, XI, 39.
③ ［原注39］ *Gesamtausgabe* XI, 43.
④ ［原注40］ *Gesamtausgabe* IX, 335.
⑤ ［原注41］同上，316。
⑥ ［原注42］同上。
⑦ ［原注43］ *Gesamtausgabe* XI, 32.
⑧ ［原注44］同上，44。
⑨ ［原注45］ *Gesamtausgabe* VIII, 294.
⑩ ［原注46］ *Gesamtausgabe* XI, 43.
⑪ ［原注47］ *Gesamtausgabe* XIV, 491.

洒、"心灵之美和脉脉温情"得到完美而"隽雅"的表达。① 而奥德修斯的"谎言"②连同所有的"自我夸耀"——那个时代好这一口——全都"消除"了"天真质朴",与我们当下矫揉造作的"谦逊"无异。③ 布克哈特鉴于我们司空见惯的矫情和"虚伪",④总是反复赞赏那种天真烂漫。⑤ 这充分说明,那"高贵的世界"⑥尚未受到——过于市民化、过于着眼"经济"的——实利观点的误导。⑦

一言以蔽之:一种"简单而有力的生活"之古典图景⑧足以对我们当今,以"进步"无端自豪的当今,做多方面的反驳。⑨ "多方面"不等于所有方面。那个早期时代定然不能称之为白璧无瑕,然而在当时,真正的天性与心灵和道德层面上卓越的人性融合在一起——这两个方面在尼采看来是矛盾的——荷马早期时代恰恰在这"融合"中具有某种示范性,⑩布克哈特如是认为;但他也未想过对这融合的整体赋予某个规范化的意义。在他,"规范化"即"尺度",那个早期时代还没有"尺度",后来"竞争的时代"⑪把"尺度"抬高,成了实用标准伦理的原则——出于骑士的感情。最终,后来的生活智慧——犹如秋天成熟的知识果实——将其置于哲学

---

① [原注48] *Gesamtausgabe* XI, 23, 39, 48.

② [原注49] 值得一提的是,当尼采引用荷马时,习惯于想到《伊利亚特》,而布克哈特则显然更钟爱《奥德赛》(这并不能排除他[*Gesamtausgabe* XIII, 135 及下页]将《伊利亚特》第14歌称为"美和生命之梦")。

③ [原注50] *Gesamtausgabe* XI, 39, 44.

④ [原注51] *Gesamtausgabe* VII, 198, XI, 32, 38 及下页, 44, 48, XIII, 137。

⑤ [原注52] *Gesamtausgabe* XI, 39 及下页。

⑥ [原注53] *Gesamtausgabe* XI, 40, XIII, 137.

⑦ [原注54] *Gesamtausgabe* XI, 40, 121.

⑧ [原注55] 在这幅"图景"中,人道的、感觉的印象和诗意的、审美的印象合为一体;见本章原注57。

⑨ [原注56] *Gesamtausgabe* VII, 196, XI, 23 及下页。

⑩ [原注57] 布克哈特明确承认存在文学的美化(*Gesamtausgabe* XI, 32, 40, 121);但恰恰在文学想象力的美化当中,形成了古典的美和印象的深刻性。

⑪ [原注58] 见本书页86。

伦理的中心,以便指出达到内心和谐的途径,这途径只有经由自我
满足方能达到——伊壁鸠鲁。

　　但可以肯定,布克哈特在荷马早期时代才找到吸引他的人文
"肇端",那个时代闪耀着崇高诗性的和谐光辉,散发出清新的人
文气息。布克哈特没有像尼采那样在"酒神式狂热"的昏昧中失
去自我。尼采无所顾忌地退回到仍是半野蛮的古代,目的是找到
化身于其中的不受限制的生命活力的尺度。他的浪漫主义灵魂如
此陶醉于生命活力,以至于认为可以"蔑视理性和科学"。①

　　　布克哈特没有被这个年轻的瓦格纳狂热追随者所奉行的"反
希腊文化"弄迷糊,尽管他是那么的自夸自大。② 布克哈特认为,
希腊人一直是个用"清晰和自觉"的逻辑进行评价和采取行动的
民族。③ 他本人十分厌恶所有"暧昧"、玄妙的史前的东西,厌恶所
有对初原肇端和原始基础开玩笑般的探询。尤其在他印象模糊,
似乎有意抹去对往昔各阶段的回忆之时,他的天性更喜欢把"秘
密"就当作秘密加以尊重。④ 这种特有的审慎态度也说明了他为
何不能苟同巴霍芬观点的原因。他不愿与古代那些生活在"昏
昧"中的"恶魔一般神秘的贱民"邂逅;⑤"热衷于酒神的人"被他
视为"二等"人士。

　　[原注64] *Gesamtausgabe* X, 24, XIII. 56. 布克哈特对希腊的理解涉及
了整个狄奥尼索斯现象,认为它是"半陌生"的,"只是半希腊"的(IX, 80 及
下页, 82)。布克哈特(IX, 150)和尼采(*Geburt der Tragödie*, 1)都涉及了中
世纪的圣维特(St. Veit)和圣约翰内斯(St. Johannis)舞蹈。布克哈特冷静地
证实,这两种现象"显然都是疾病性质的",而尼采却激烈而尖刻地反对将这
些现象归类为"常见疾病"(这种归类方式其实完全是"健康"的):他以狄奥

---

① ［原注59］1886 年《悲剧的诞生》前言, Abschn. 7。
② ［原注60］见本书页 83。
③ ［原注61］据布克哈特讲课手稿,引自 F. Stähelin, *Gesamtausgabe* VIII,页 XXVII。
④ ［原注62］同上,亦参见 IX, 80。
⑤ ［原注63］*Gesamtausgabe* XIII, 136.

尼索斯式"炽热的生命"的名义,拒绝这种分类。

　　尼采也认为至少存在这样的时代:"著名的希腊人的清朗、洞察能力、单纯和讲求秩序",他认为这是正确的理想,可他又把人们从"欧洲的光明"倒退至"神秘、蛮力、黑暗的亚洲"之"野蛮愚昧"视为持续存在的"危险"。所以,"战胜黑暗",突破黑暗达到"和谐",这是求解救精神的持续"要务"。

　　[原注65]*Menschliches, Allzumenschliches* II₁, Aph. 219.尼采认为希腊人真正的价值体现在"和其亚洲主义(Asiatismus)的抗争"之中(*Wille zur Macht* [*Großoktavausgabe* XVI,页388], Aph. 1050)。这个尼采能够理解"审美天性在节制上感受到的愉悦",也可以理解节制之中"美"的享受——当然这都是在其典型的观察方式之中:是"骑士对烈马的兴趣"(同上[289及下页], Aph. 870)。在这种意义上,早期的尼采还要求"首先要战胜主观":"主观的艺术家"就是"坏的艺术家"(*Geburt der Tragödie*, 5)。在这个范围内,尼采还是"人本主义者"。

　　但对酒神的迷醉总具有超强力量,他认为酒神狄奥尼索斯也是"哲学家"。对他这个酒神"门徒"①施加奇特的、浪漫主义和恶魔般魅力的,恰恰是颇成疑问的欲望,即对"残酷"②的欲望,对"消灭"尽管是最优秀、最高贵之物的欲望。在他,对可疑事物的肯定恰恰是"狄奥尼索斯智慧"的应有之义;③阿波罗神则只是浪漫主义者的古典主义渴望罢了。唯其如此,他就必然遵循恶魔主义及其出格的结论,直至公开"支持恐怖和可疑的事物",这些东西被他奉为"强力意志"的顶峰。当"人的一切邪恶、恐怖、残酷、

---

①　[原注66] *Jensseits von Gut und Böse*, 295;*Götzendämmerung: Was ich den Alten verdanke*, 5末尾;*Ecce homo*:前言, 2。

②　[原注67] *Wille zur Macht* (Brahn), 677.

③　[原注68] *Ecce homo: zur „Geburt der Tragödie"*, 3;同上:*Warum ich ein Schicksal bin*, 2;*Wille zur Macht*, 202。

暴力和所有的暴虐行为"全都可以"服务于提升'人'的目的",①
人本主义就被颠倒为恶魔主义了。尼采就"如此这般、原原本本、
毫无选择地把对狄奥尼索斯的肯定带给了世人"。②

　　这完全背离了布克哈特一向遵循的古典主义理想,这绝不能
代表一种非物力论的田园牧歌般的世界观。布克哈特从一开始就
结合深切的悲观伦理将其排除。他既以歌德为取向,他也就必然
趋向于一道审视浮士德和海伦。③ 他深怀和谐理想,这理想是一
切斗争的最高目标;他特别具有这种意识:一切生活——个人的和
历史的——均为不可或缺的斗争,均为持续的运动,这对"欧洲"
人恰如其份。④

　　布克哈特的理想完全可同一种真正的现实主义结合。尽管他
的理想经由希腊的高度智性和阿波罗式的希腊艺术的培育,是老
式"古典主义"理想,但他从历史角度看待希腊文化则很少是老式
理想化的,而是高度现实性的,批判性的。他尽可能远离对任何事
实和对希腊实情的美化。⑤ 现实主义在他看来只是反对物质世界
幻觉论,而不是像尼采那样反理想主义和搞非道德主义。布克哈
特认为自己应有"不搞先入为主的绝对意志",⑥他对这意志的辩
护远比尼采无可指摘。尼采这个人,他要是反对理想主义就为
"现实主义"说话,要是反对追求"真理"就支持幻觉论。⑦ 布克哈
特从不像尼采那样——尼采有时很怪,借用黑格尔口气说话——
在"现实中见出理性",他认为"道德中"无理性。⑧

_____

① ［原注 69］*Jenseits von Gut und Böse*, 44.
② ［原注 70］*Wille zur Macht*, 660.
③ ［原注 71］参见 1855 年 11 月 11 日布克哈特致 Alb. Brenner。
④ ［原注 72］*Gesamtausgabe* VII,页 195 及下页,200。
⑤ ［原注 73］比较 *Gesamtausgabe* VIII, 83。
⑥ ［原注 74］*Götzendämmerung: Was ich den Alten verdanke*, Aph. 2.
⑦ ［原注 75］见本书 59 及下页。
⑧ ［原注 76］如原注 74。

　　布克哈特无论如何不想把现实"理想化",不想曲解现实;作为某种"理性"的表达,他也很少为现实辩护。在他看来,理性不属于外部现实——在原则上,他不想对现实评价过高,①而现实对尼采来说要么是"一",要么是"一切"——理性也不属于最高的"真理",更不属于"道德"意识。如果说尼采吹捧所谓的诡辩家是因为他们"不再是现实主义者",②吹捧修昔底德是因为在此人内心,这种"现实主义者文化"得到了完美的表达,同时也吹捧马基雅维利的那个"原则",③布克哈特还是有限度地同意尼采。他与尼采一样,认为诡辩家的"光荣"在于:他们远离"大言不惭和美德的欺骗",④布克哈特认为,他们是"对付哲学家们道德说教⑤的一副清凉剂",⑥而人们一般对诡辩家因其教唆反习俗反国家而从道德上予以指摘,原因是"早已"有"名声远著的"雅典人,比如忒米斯托克利([译注] Themistokles,公元前527-公元前459,古代雅典政治家)提出过类似的指摘了。⑦ 这,布克哈特觉得不妥。

　　此外,布克哈特对身为史学家的修昔底德也崇敬有加,⑧对马基雅维利的"政治客观性"颇为赞赏,人们以"道德的愤怒"与之相对是没有道理的,他甚至在这种"政治客观性"表现得"很可怕"的时候还称赞它的"诚实"。但他一直把"权利"与"合理"当作永存的道德规范,即使人们——尤其在一个"完全腐败"的时代以及在文艺复兴运动晚期——"不再容易""相信"它们。

----

① ［原注77］见本书页26。
② ［原注78］*Wille zur Macht*（Brahn）, Aph. 183.
③ ［原注79］如原注74。
④ ［原注80］*Wille zur Macht*, Aph. 183.
⑤ ［原注81］诡辩家（Sophisten）不会让布克哈特想起任何"哲人",而是让他想起15世纪的人文主义者,仅凭这一点,诡辩家就让他产生好感（*Gesamtausgabe* X, 页302, XI, 260）。
⑥ ［原注82］*Gesamtausgabe* XI, 257.
⑦ ［原注83］*Gesamtausgabe* X, 302, XI, 253 及下页。
⑧ ［原注84］*Gesamtausgabe* X, 418 及下页。

　　[原注 85、86]*Gesamtausgabe* V, 62. 对各类现实的清晰理解使布克哈特高度评价修昔底德和马基雅利维这类人的坦率,但这不会导致他为了"现实政治"而牺牲道德,并且(见本书页 103)把理想主义只看作是"更高层面的欺骗"。相反,尼采反理想主义和反道德主义的"现实主义"倒是能和对幻想的赞美(见本书页 60)融合起来。

　　尼采,这个颂扬恺撒的人感觉自己在丧失信仰方面与失去信仰根基的马基雅利维"类似"。① 恰恰是一种"恐怖的"现实却被他强调和"肯定",说它表达的是"理性",②这理性是他在修昔底德所著的雅典人与梅利人的谈话录中发现的。③ 与道德"理想"相对立的政治现实——最"现实的"现实及其冷酷无情被尼采说成是"理性"的,"权威性的"。而布克哈特对"尘世的悲观评估"中却缺乏一个包含"理性"的纯粹"现实"。这理性只属于那些更高的、超现实的理想化规范,布克哈特与这规范紧密相连,在相连中寻找着古典主义的平衡。尼采缺少这个平衡。布克哈特不是"自由人"(尼采则是"道德自由的人"),不是像尼采那样"自由飘浮"、脱离所有客观事物的精灵。他不能容忍之事还有:气量狭小、过于市井气的"道德化";激情四溢的道德"说教";"大言不惭的道德骗术"。而尼采认为,"非道德"即属于"强大精神";为此而求知的"勇气"就是"先于现实的勇气"。他在修昔底德和那些诡辩家身上找到了值得击节赞赏的勇气。④

　　如果说尼采曾表现出"保守"姿态——当然只是装装样子——那也只是出于对"亚里士多德"的偏好,以及对"老的、高贵

---

① 　[原注 87] 同原注 74。
② 　[原注 88] 见本书 92 及下页。
③ 　[原注 89] *Wille zur Macht* (Brahn), Aph. 183.
④ 　[原注 90] 同上,且如原注 74。

的情趣"的偏好。①　"传统的权威"②这一类话语从这个革命英才的口中说出来就不是真诚的。背后的意思无非就是对所有市民阶层的自由主义开展浪漫的笔仗,无非就是那种被布克哈特早已发现的"专制"爱好。③　当这种爱好的核心是"权威,不要'理由'只要命令",④那么,这种爱好只不过是对"老的好的道德"加热一下罢了。

卡尔·施米特会说:"专制",不"讨论";尼采在其中见出了"主子阶层人士"的"高贵口味"。尼采《善恶的彼岸》出版后,洛德致函欧维贝克,内中提及尼采的"血脉里总流淌着""对高贵的景慕"。布克哈特也同情民主之前的旧贵族时代。——在那个时代,希腊的教育理想,即对人良好的身心特性进行教育的理想还直接活着,而不是由人(像后来由苏格拉底)说教的;⑤然而他是作为一个真正植根于传统的人作评价的,他的旧等级道德中的"高贵"概念是等级荣耀的道德概念,这种荣耀不准"高贵人士""任性",只能"适度"。

[原注92a]实际上,(*Wille zur Macht*〔WW. XVI, 180 及下页〕, Aph. 731)对"出身、家庭、民族、国家"所承载的"连续体"(Kontinuum)的评价,纯粹是从功利主义和"经济的"角度出发的。

[原注96]*Burkhardt-Gesamtausgabe*, VIII, 164, 168 及下页, 248. 如果人们想说两者都拥有一种"浪漫主义"的看待方式,那么无论如何都必须严格地区分尼采的革命浪漫主义和布克哈特的保守浪漫主义。如果说在布克哈特那里,光芒都聚集在贵族阶层上,那么在尼采那里,一切关注都在"贵族

①　[原注91] *Götzendämmerung: Das Problem des Sokrates*, Aph. 5;同上:*Was ich den Alten verdanke*, 3 末尾。

②　[原注92]同上, 3;或对"通往传统之意志"("Wille zur Tradition")的赞美(*Götzendämmerung: Streifzüge*, 39)。

③　[原注93]见本书页17。

④　[原注94] *Götzendämmerung: Das Problem des Sokrates*, Aph. 5.

⑤　[原注95] *Burkhardt-Gesamtausgabe*, XI,页 211。

的”个人身上。在这里断言“尼采在布克哈特所指出的方向上前进了一大步”（Andler, *Nietzsche und Burkhardt*, 128），是完全不成立的；“贵族式的激进主义”（正如勃兰兑斯所定义的，尼采深感满意，参见本书第六章，原注54）的价值判断和布克哈特的价值判断完全是两回事。

他不让人剥夺他批评高贵的权利，哪怕有人用“冷酷的残暴”与此权利对抗。① 他真正的现实意识与尼采的“现实主义”判若云泥，尼采的现实主义僵化成了思想意识的“教条主义”。② 布克哈特知道，真正的保守主义（此处，人们可能会想到帝国男爵施泰因）（[译注] Heinrich Friedrich Karl vom und zum Stein, 1757–1831, 19世纪普鲁士最伟大的政治家之一）在适当的时候也具有正确的意识，要进行必要的自由主义的改革，改革可防止革命。对布克哈特而言，保持适度不只是古典主义的人文理想，也是政治现实意识的一个要素。所以他赞赏以适度为特色的梭伦式立法（[译注]Solon,古希腊政治家），它不干涉“温和而合理的道德”，③由于它“成功地结合”了自由和限制，④善于处处行“中庸”之道，⑤所以不啻为“政治高度成熟”的明证。⑥

正如布克哈特的人文理想是以古典主义为“标准”，而非尼采那盖过其他一切的纯“力量”，所以布克哈特也就认为“个体”在符合人格的“理想类型”，属于“古典主义”天性时才具有典范性意义。于是，他对希腊思想家的观察，除了完全客观化地询问我们在

---

① ［原注97］*Gesamtausgabe* VIII, 167.
② ［原注97a］（亦参见本书页104, 倒数第5行, 及页107中部）：雅斯贝斯也说到尼采“一再滑向教条”的思想，以及尼采“似乎正在变得盲目的教条主义”（*Nietzsche*, 399, 401）。
③ ［原注98］*Gesamtausgabe* XI, 177.
④ ［原注99］同上，162。
⑤ ［原注100］同上，151。
⑥ ［原注101］同上，177。

"对世界的认知"方面仰仗他们什么外,①再就是观察他们按"理想类型"衡量出来的人格水准:也就是看他们在多大程度上符合或不符合智性人的"完美类型"。这类人展现了一种态度和一种品质,亦即个人思想的独立性与献身于某种思想理念(或多或少的苦行主义)之道德的结合。② 在这个意义上,布克哈特在希腊人那里发现了堪称"所有时代的古典楷模人物"。③ 个人主义者尼采总是只寻找个性。对他而言,即便是哲学家,一切也仅仅局限在具有"个人特点""伟大"而"才华横溢"的概念里。④ 由于这种评价仅仅依据人物给人造成的深刻印象,所以,受尼采欢迎的"红人"都是"先于苏格拉底的那些高贵者"。⑤

苏格拉底和苏格拉底之后的人,在尼采的"鉴赏情趣"前难保"高贵"。在他,苏格拉底乃一介"平民",⑥"这个贱民以辩证法混世而发迹","后来被证明很少有什么价值"。⑦ "市民"苏格拉底——"市民"与"主子"相比,总缺乏一点教养——与亚里士多德一样,只是"陈述",而不"命令"。⑧ 这意味着从"生活"⑨"逃进"思维,逃进"学术"⑩和"道德偏执狂",⑪简言之,逃进远离生活(因为"生活"只是活跃的生命力而已)的悠闲的生活方式(作为一种

---

① [原注102] 参见 *Gesamtausgabe* X, 395, 418。
② [原注103] 见同上, 343, 351, 亦见 XIV, 244。
③ [原注104] *Gesamtausgabe* X, 425.
④ [原注105] *Die Philosophie im tragenden Zeitalter*, Abschn. 1 及两篇前言。关于苏格拉底之前的人们,书中说道:"他们是多么好!"(*Nachlaß*, 1875, „Wissenschaft und Weisheit im Kampfe";*Werke*, Naumann, X,页234)。
⑤ [原注106] *Wille zur Macht* (Brahn), Aph. 196.
⑥ [原注107] 同上, 194。*Götzendämmerung: Das Problem des Sokrates*, 3:"苏格拉底是下等人。"
⑦ [原注108] 同上, 5。
⑧ [原注109] 见本书页94。
⑨ [原注110] 1886年《悲剧的诞生》前言, Abschn. 2。
⑩ [原注111] 同上。
⑪ [原注112] *Wille zur Macht* (Brahn), Aph. 194.

"非生活"方式),逃进"理论者"以及"大智者"最后人生巅峰的生活方式:"衰落时代"这种生活"沉沦"的典型现象,尼采全都对其宣战。① 因为他的"人生哲学"原则上是以生物学"肉体"为出发点(以及在典型的浪漫主义意义上拔高和美化"肉体"),所以,他的哲学就集中火力攻击苏格拉底象征性体现的"精神",攻击原本就反对"酒神"的敌对面。② 浪漫主义者尼采打击苏格拉底,也就开展了一系列攻击,对一切"古典主义"的要求发挥客观作用的价值,对追求最高真理的理想主义精神和对渴求一种最高道德理想的人文精神的攻击。

[原注 113] 我们必须从尼采笔下主导的讽刺出发来理解这一点。在处理苏格拉底的"知识"和"德性"双重问题时(在苏格拉底那里,这在途径与目标的关系之中结合),尼采曾经问道:"为什么是科学?"(*Fröhliche Wissenschaften*, 344),他从"艺术的土地"出发,明确质疑科学(1886 年《悲剧的诞生》前言, 2),并把"道德化"(*Wille zur Macht* [Brahn], 181)导致的科学的衰落归罪于苏格拉底这个"反科学"(同上)的"道德偏执狂"(同上, 194):他看到这种衰落在苏格拉底-柏拉图-教会-康德这条线上完成(同上, 182)。浪漫主义者尼采一方面对自己反智主义的情感放任自流,另一方面(由于"生命、自然、历史是'不道德的'"[*Fröhliche Wissenschaften*, 344])又任凭自己的非道德主义情感发展。

在《悲剧的诞生》中,尼采就把苏格拉底定性为极度"否定""希腊人本质"的人。③ 他后来把这本包含此评价的狄奥尼索斯式处女作称为"反希腊文化之作",④这就奠定了反苏格拉底的基调,但这种评价缺乏明确的立场。在撰写《人性的,太人性的》这本书

---

① [原注 114] 1886 年《悲剧的诞生》前言, 1; *Geburt der Tragödie*, 15; *Götzendämmerung: Das Problem des Sokrates*, 2; *Wille zur Macht* (Brahn), 185 末尾。

② [原注 115] *Geburt der Tragödie*, 12.

③ [原注 116] 同上, 13。

④ [原注 117] 1886 年《悲剧的诞生》前言, 7。

的中间阶段,尼采甚至是赞成苏格拉底的。这时,他把这位"自由的才俊"又捧上了天——当然又是为了论战的目的,即反耶稣和反基督教的目的——吹捧的原因,说苏格拉底的"伟大理智"把他变成了"中不溜儿的智者",也就是说苏氏有利于所有意欲在道德和理性方面提高自己的人;还因为苏格拉底将"智慧"与"欢悦"结合起来。① 苏格拉底和伊壁鸠鲁式的"满足和欢悦"②恰是后来尼采所要的,他那不自然的美学浪漫主义狂热已将古典主义认可的"悠闲要素"彻底排挤,在赞成苏格拉底的那个中间时段,尼采还用"悠闲要素"来反对"现代"市民阶层敌视文明的"动乱"。当时他以否定的强调口吻说,"行动者"就是"不安宁的人",当时他还赞扬"悠闲"是当务之急,是"高尚之事",是"优秀人士"的一部分;"我们的文明若缺少安宁便会重蹈野蛮"。当时他还用充满人本主义精神的阐述为愈益失落的"受轻视的生命力"的"哀歌"定调:"因为没有时间思考,思考中又不安宁,所以人们也就不再斟酌偏离正统的观点:只满足于仇恨它们。"当时他把"大力增强悠闲要素"算作"必须优化的事务"之列,"必须摆在人的性格的显著位置上"。③

　　这里关涉的,并不是尼采"观点"的直接"转变"。1875 年他在为那本哲人书籍而写的格言中"承认":他"几乎一直"在同苏格拉底斗争,因为此人跟他"如此接近"。同苏格拉底斗就是同自己斗。他自己可疑地变成一个"颓废者",④也把苏格拉底视为"颓废者";⑤他坚决反对自己内心感觉到的那种颓废,⑥将其表述为

---

① ［原注 118］ *Morgenröte*, 86.

② ［原注 119］1886 年《悲剧的诞生》前言, 1.

③ ［原注 120］ *Menschliches, Allzumenschliches* I, 282, 284 及下页。

④ ［原注 121］见本书第五章。

⑤ ［原注 122］ *Götzendämmerung: Das Problem des Sokrates*, 2.

⑥ ［原注 123］见本书第五章。

反苏格拉底主义:苏格拉底是"古代文化中最可疑之人"。①

　　那么就可以画出一条思想史线路,从苏格拉底经伊拉斯谟到布克哈特的这条线路。从布克哈特和尼采二人与苏格拉底的关系,就可以明白尼采与布克哈特的关系。由于尼采具有本质的不幸分裂的一面,所以他感到布克哈特与自己已"如此接近",以至于一辈子都离不开布克哈特,然而他本质的另一面又与这一面势必进行"不断的斗争",凡是布克哈特认为神圣的,合成为其生命意义的,尼采都反对。所以他又势必将这个人从自己身边推开——这个人感到必须同尼采的信念和理想斗争。从这里我们就明白了两个方面:一方面尼采坚定地依靠布克哈特,任何失望都不能消减他依靠布克哈特的勇气,因为此人是他本人最佳部分的最高体现者,这,在他一生的最佳岁月里表现得很明显,总是浮现在他脑海中;另一方面布克哈特不可避免地愈益明显地疏远他,尼采的绝对意志迫使他对原本就优秀的自己大发脾气。

　　布克哈特与尼采论苏格拉底的理论也脱不了干系。他对苏格拉底的批评让人颇受启发,而且与尼采的批评多有相合之处。②尼采惯于采取极端性评价,直称苏格拉底为"下等人",布克哈特也有这种感觉,但他的态度局限在讽刺范围,③也就是局限在苏格拉底的作风方面。苏氏"喋喋不休地谈论"道德,以及他强人所难、令人讨厌的作派都是不高雅的,是缺乏礼貌和审慎意识的。在这方面,尼采与布克哈特大相径庭,因而触怒布克哈特神经。但这毕竟还是外表方面。苏格拉底这个喜欢"搞普及"的人,硬要让他"普遍的思想"和智慧"家喻户晓";有愧于他自己良心之事,是他在自己那个时代把实行"普及"教育这一"民主"要求看成是必然

---

① ［原注 124］ *Geburt der Tragödie*, 13.

② ［原注 125］ 参见 *Burkhardt-Gesamtausgabe* X,页 352 及以下。

③ ［原注 126］ 见 *Gesamtausgabe* IX, 306。

导致所有真正的必要的"贵族"教育的消亡。① 苏格拉底在"大
众"中传播的是抽象思想,所以,布克哈特认为他是卢梭之流的先
驱,他②和尼采都仇视卢梭,说卢梭是现代的"古希腊贱民"③和
"一切灾祸的始作俑者",④在政治领域也是一种令人堪忧的现象
(抑或有此实效)。布克哈特作为"历史的"具象的思想家业已本
能地厌恶所有"哲学"的抽象论,当尼采这位哲学家把脱离所有保
守传统的伦理学建立在纯逻辑的基础上并在"大众"中传播,可能
引发一场智性革命,⑤如此,布克哈特的厌恶就激化为敌意了。这
是布克哈特内心保守的本能,像伯克一样,凡散发民主主义气味的
东西,他都反对。然而,尼采和布克哈特在反民主的评论中——亦
即在否定中——即使观点相同,但立场迥异:一个是保守的立场,
另一个是纯个人主义立场。布克哈特对苏格拉底的批评也涉及多
个论点,尼采依据自己的本性及其理论,认为这些论点是无可指责
的。布克哈特的本性及其"人文"概念对苏格拉底的"高傲"不由
自主地表示愤慨,觉得此人"无处不显露自己的优越感"。⑥ 布克
哈特除了对苏格拉底做人文批评外,也还认可他的市民特性。尼
采在他赞成苏格拉底的那些时候,是从社会学角度理解"自由才
子"苏格拉底的,亦即从苏格拉底与克珊蒂帕(Xanthippe)联姻而
产生的社会学状况去理解他,苏格拉底被妻子"赶出家门""变成
了无家可归者";⑦"市民人本主义者"布克哈特则对苏格拉底思
想独立与良好的市民特性的结合赞佩有加,人们在这种"结合"里
重新认出了他。这就是布克哈特心目中苏格拉底形象的两个积极

---

① ［原注 127］见本书页 67。
② ［原注 128］*Gesamtausgabe* VII, 443.
③ ［原注 129］*Wille zur Macht*（Brahn）, Aph. 7.
④ ［原注 130］1871 年 7 月 2 日布克哈特致 Preen；*Gesamtausgabe* VII,页 441。
⑤ ［原注 131］参见 *Gesamtausgabe* XI, 211。
⑥ ［原注 132］*Gesamtausgabe* X, 355 及下页。
⑦ ［原注 133］*Menschliches, Allzumenschliches* I, Aph. 433.

的方面。在布克哈特看来,这个苏格拉底是与庸俗市侩相对立的
"精神自主""个性自由"的人——带有自恋特征——同时在伦理
方面亦堪称"楷模",承认市民责任的"楷模"。他尽管放弃"积极
参与国家事务",却"几乎从未抛弃""他的雅典"。① 他身为哲学
流浪汉型的代表,身为"从故乡解放出来"的萍踪无定者②宣布,
"他不愿封闭在集体里,而愿四处飘泊",苏格拉底的"流浪生涯"
让布克哈特肃然起敬,浮想联翩,③布克哈特如是报导说;人们阅
读着"流浪汉"并想到尼采。

　　正如布克哈特珍视旧市民伦理一样,他这个人本主义者内心
对自己也是信守不渝,他绝不让人贬低沉思者的名气——既不讨
好现代"资产阶级"永远"动乱"的思想,也不阿谀尼采"权力意
志"的美学魅力。如果说布克哈特不可能与苏格拉底在所有方面
取得一致——至少不可能与那个苏格拉底:他如同一个缠人的制
动器,被某个神明扶到雅典这匹漂亮马儿的背上,意在不让它安
宁,又不让它洋洋得意——那么,伊壁鸠鲁就与他的天性,与他这
个叔本华门徒的"真正自由人"④"真正人文"⑤和"高贵个性"⑥的
理想完全契合了,伊壁鸠鲁把自我满足的快乐和谦逊及其"伟大
的听天由命"⑦与"独立评论世事"⑧结合起来,又具有苏格拉底所
不具备的绝对审慎。

　　隐居在雅典小花园里的伊壁鸠鲁——对一切"伟大作风"、一

---

① ［原注 134］ *Burkhardt-Gesamtausgabe* X,页 348、352、354、356 及下页。
② ［原注 135］同上, 348。
③ ［原注 136］同上, 365。
④ ［原注 137］同上, 349。
⑤ ［原注 138］同上, 368。
⑥ ［原注 139］同上, 367。
⑦ ［原注 140］ *Gesamtausgabe* XI, 616.
⑧ ［原注 141］ *Gesamtausgabe* X, 373.

切"自我表演"①十分反感——一直让尼采倾倒,于是,有如伊壁鸠
鲁镜中形象的布克哈特也就离不开他了。布克哈特过着一种快乐
的、不引人注目的苦行生活,这成了一种自然而然的生活方式,但
极致的简朴并不缺乏真正的伟大。他就是曾经的伊壁鸠鲁。尼采
如何呢? 这又让人感觉在谈论他天性中的人文方面了。他既然找
到直通苏格拉底的路,那就更容易找到直通布克哈特和伊壁鸠鲁
的路了。在他写《人性的,太人性的》的那个时期,他还能对人说
教"让自我满足!"②以及"伟大的听天由命之益处",③当时他认为
伊壁鸠鲁是"最伟大的人物之一"。④ 对他而言,"永恒的伊壁鸠
鲁"就是身心的理想营养剂,是最高贵的中庸理想。⑤ 在写《快乐
的科学》时,尼采这个"持续受苦之人"的"幸福"得到他自己的美
化,"在这种幸福前,生存之海也不扬波",他几乎与伊壁鸠鲁"那
个午后的幸福"发生热恋。⑥

　　是的,尼采在《善恶的彼岸》中又称颂"简朴的生活"了。⑦ 由
于这个一直受苦的尼采把伊壁鸠鲁的智慧阐释为"受苦者"的智
慧,所以,一方面他有苦行僧天性,但又渴望动乱生活"静止下
来",这吸引他去过一种因断念而显"英雄气概"的"田园牧歌"生
活;⑧另一方面,当"健康"成为绝对要求,受苦生活"受责备"之
时,一种与积极的唯意志论极端对立的哲学必然失宠,这种哲学的
"田园牧歌"只意味着缺失动力,它的"英雄气概"只是假装的"乐

---

① ［原注 142］*Jenseits von Gut und Böse*, Aph. 7. 参见 *Burkhardt-Gesamtausgabe* IX,页
　358, X, 368, XI, 377。
② ［原注 143］*Menschliches, Allzumenschliches* II$_1$, Aph. 399.
③ ［原注 144］同上, 403。
④ ［原注 145］同上, II$_2$, 295 末尾。参见同时期遗稿,WW., Naumann, XI,页 16。
⑤ ［原注 146］*Menschliches,Allzumenschliches* II$_2$, 192.
⑥ ［原注 147］*Fröhliche Wissenschaften*, 45.
⑦ ［原注 148］*Jenseits von Gut und Böse*, 7.
⑧ ［原注 149］*Menschliches Allzumenschliches* II$_2$, 295.

观主义"罢了。① 凡是把一切调适得与"权力意志"相协和的地方,一种放弃或断念的态度,不管它显示多么伟大的人性,也是会受到人们负面评价的。宣布伊壁鸠鲁为颓废者,于是伊氏受诟病:②尼采这样做,不是因为他否认自己是颓废者,而是因为他不想做颓废者。伊壁鸠鲁"对生活充满热情",因而"最需要""温情、平和和善良",简言之这位最需要"人文"的哲学家反受指责,他"作为狄奥尼索斯式的希腊人的对立面"而受诟病。③ 狄奥尼索斯式的对人世的肯定,此意志公然对抗对世界断念的、"禁欲的"理想,布克哈特的人本主义包含许多此类理想,

[原注153]早在"Constantin"(9. Abschn.)当中,布克哈特就发现基督教禁欲主义者乐于牺牲的"奉献"精神,与宝座上残酷无情之人的"自私自利"针锋相对,后者只知道力争其"权力"的提升。(尼采的态度完全相反,见本书第七章,原注32)。尽管布克哈特的人文天性面对一切极端事物之时均能有所保留,但尤其是"在危机时代",当许多人"对整个尘世生活变得疯狂"之时,他不得不"承认"隐修士一般的存在(Anachoretentum)"是高度合理的"(Gesamtausgabe II,页319、328)。布克哈特对天主教独身者(Cölibat)理解尤深。这几乎属于人本主义者(参见 G. Körting, Petrarca [1878], 549、555 及下页、611、699, Boccaccio [1880], 249、711; Saitschick, Menschen und Kunst der italienischen Renaissance [1903], 158 及下页)。在这方面,布克哈特是悲观主义者。他也许会问,为什么"人类的存续是值得向往的"呢?(见 Gesamtausgabe VII, 258 及下页)——"这是不是我们的遗憾?"(Gesamtausgabe VII, 284)。因此他能够在早年就"下定决心",不组建家庭,避免其堕入"这个不光彩的时代"的"魔爪":"用不着他们来教训我的孩子们"(1846 年 9 月 12 日致 Kinkel)。此外,还有布克哈特的自由意识。"Constantin"(Gesamtausgabe II,页321)当中针对隐士写道,虽然"放弃与人交流是最大的断念";但"保持孤独的人"同时也独立于"这个糟糕的世界"(见本书第三章,

---

① [原注150] 1886 年《悲剧的诞生》前言, 1, 4。

② [原注151] *Wille zur Macht* (Brahn), 196.

③ [原注152] *Nietzsche contra Wagner: Wir Antipoden.*

原注 2)。因此布克哈特激烈地讽刺(*Gesamtausgabe* II,页 319)"想把那些隐士安插进强迫劳动场所"的"现代""忙碌者",而且他们还认为这种立场是"特别健康的"。布克哈特赞美禁欲,特别是称其为"强制国家之外的自由小岛"(*Gesamtausgabe* VII, 278)。对他来说,这方面的一个典范人物是圣塞维林(1848 年 3 月 4 日布克哈特致 Andr. Heusler),或者是置身于意大利文艺复兴丰富多彩的世界之中的某位毫不出名的清苦修士(见本书页 133)。

这类理想对于严肃的人本主义而言从来就不怪异。

曾有过一段时间,尼采赞成伊壁鸠鲁的情绪与布克哈特有某些相似处;后来,尼采对伊壁鸠鲁的攻击越来越尖锐,这也就等于在直接攻击伊壁鸠鲁的双影人布克哈特的立场了。

[原注 154]参见 Fr. v. Bezold, *Historische Zeitschrift* 81,页 440 及下页;K. Brandi, *Die Renaissance in Florenz und Rom*[3] (1909),页 57 及下页;Körting, *Petrarca*;亦见本书作者: *Coluccio Salutati und das humanistische Lebensideal* (1916),页 78 及以下。人本主义和基督教态度之间的关系在于,两者都信仰一个"彼岸的"、更善的、更属精神的、更"高"的世界。

在思想史上,怀疑论者皮浪([译注] Pyrrho,公元前 360–公元前 270,希腊哲学家,怀疑论鼻祖)与伊壁鸠鲁,也与布克哈特靠得很近。但尼采认为伊壁鸠鲁是颓废者,[①]而怀疑论者毕竟属于"唯一值得尊敬的""正直的"和"值得重视的"哲学家之列;[②]"大天才都是怀疑论者"。[③] 但尼采的"怀疑论者"概念特别强调排他性,即把"值得尊敬""正直"和"值得重视"赠给"唯一的"这一类人,这作为一个论战的概念是颇值得怀疑的。"反基督者"尼采只想利

---

① [原注 155] *Wille zur Macht* (Brahn),Aph. 196.

② [原注 156] *Antichrist*, 12; *Ecce homo: Warum ich so klug bin*, 3; *Wille zur Macht*, 175.

③ [原注 157] *Antichrist*, 54.

用皮浪与苏格拉底分子与柏拉图的"早先存在的基督教"①相争相斗而坐收渔翁之利,②不应是尼采,而应是保守的、先验的布克哈特有援引皮浪的权利。布克哈特的怀疑论像皮浪们一样,很少有反宗教的意味,布克哈特作为怀疑论哲学家同时又是埃利斯的大主教,"对整体知识采取嘲讽态度",这也不属于布克哈特的怀疑作派。因为诡辩家们不搞苏格拉底那样的作为,所以很讨布克哈特喜欢,③诡辩家们与哲学家们所说教的大多数东西相对立,恰恰因为他们的具体知识卓尔不群。④

对诡辩家的"一切论题均可持相反的看法,此原则能很好地得到维护",在布克哈特看来,⑤"说到底,此原则只查明事实"。所以,他认为这个根本理念是"很可靠的";⑥怀疑论作风的好处是把人塑造成讨人喜欢的不狂妄,不激烈,⑦避免绝对化或强制实施,避免变成思想专制暴君。凡是同时关注事物两个方面的人,就会处世宽容。所以,布克哈特觉得诡辩家是与他十分相近的类型,尽管他们"缺乏深度"。⑧ 他们从来不搞道德化的、善于把严肃和揶揄结合起来的风格让他这个巴塞尔人十分惬意——与哲学家缺乏幽默感形成反差。身为接近人本主义的思想家,布克哈特或许感到与他们接近是理所当然的。

尼采援引诡辩家、皮浪和伊壁鸠鲁,目的只是为了论战;首先是反柏拉图;但布克哈特对柏拉图的态度也主要体现了论战意味。

---

① ［原注 158］*Götzendämmerung: Was ich den Alten verdanke*, 2.
② ［原注 159］*Wille zur Macht*, 196.
③ ［原注 160］*Burkhardt-Gesamtausgabe*, XI,页 259。
④ ［原注 161］同上,258。
⑤ ［原注 162］同上,252。
⑥ ［原注 163］布克哈特指出(同上,页 275),在这个基本思想上,赫拉克利特可算是诡辩家的先驱之一,而赫拉克利特显然是尼采最喜爱的哲学家。
⑦ ［原注 164］*Gesamtausgabe* X, 257.
⑧ ［原注 165］*Gesamtausgabe* X, 302.

当人们想起柏拉图自文艺复兴运动以降直至施莱尔马赫（[译注]
Friedrich Schleiermacher, 1768-1834, 普鲁士神学家、哲学家）所享有的神
明一般的崇敬和荣誉，就必须承认那个时代尼采和布克哈特这两
位带着希腊问题进行角力的重量级天才人物因其思想解放而做出
了具有时代特征的贡献。他们对柏拉图的反感有一个令人瞩目的
地方，那就是各人的动机不同。

　另一些时代也认为柏拉图首先是位艺术家而对其仰慕。尼采
有意识地反对那些对柏拉图文风所做的"传统"评价。他认为柏
拉图的文风"幼稚"，"冗长乏味"。① 布克哈特原则上不认同对柏
拉图文风的评价："冗长乏味，但有些东西我们觉得有趣"。因为
这评价来源于现代社会的"浮躁"，②被"生活节奏"追逼的浮躁。
他认为柏拉图"详尽的"文风毋宁是"对耐心的一种残酷测试"，
"对当今读者"具有"价值"。③ 诚然，这个"当今的"评价与尼采艺
术家的情绪化相比，听起来有市民化和实事求是的意味。尼采在
柏拉图那里找不到"吸引力"，他习惯于在"优秀的法兰西人"那里
找。④ 但尼采与布克哈特的情感毕竟还有相似处，那就是尼采赞
赏简炼而严谨的文风，这类文风尽量抓住事物实质，不崇尚"华丽
辞藻"，尼采将其当作典范和自己的最爱加以称颂。⑤ 柏拉图给尼
采的印象是"令人惊诧的自恋"。⑥ 尼采由柏拉图又想到瓦格纳，
给瓦格纳戴上柏拉图的面具，强调他们总在表演个人的人

---

① ［原注 166］同原注 158。
② ［原注 167］*Gesamtausgabe* VII, 194 及下页。
③ ［原注 168］*Gesamtausgabe* X, 380.
④ ［原注 169］同原注 158。毕竟尼采也发现，不仅在法国人那里，而且在柏拉图那里
　　也有一种色情基调（erotische Grundstimmung）值得赞美（*Götzendämmerung:
　　Streifzüge*, Aph. 23）。这也是一种典型的"现代"的判断。
⑤ ［原注 170］*Götzendämmerung: Was ich den Alten verdanke*, 1.
⑥ ［原注 171］同上，2。

格①——这种个人特性,反倒是布克哈特有理由对其提出责难。

　　作为思想史上的一种现象,尼采认为柏拉图决定性地延续了希腊思想自苏格拉底开始走向没落的线路,②苏格拉底"无以复加"的"胡闹",③以及"道德和理想欺骗",都打上了"早期基督教的烙印"。

　　[原注 175、176] 同原注 158。与耶稣相比,柏拉图在尼采的评价中显然是"持续上升"的(*Nachlaß*, 1882 及以下;WW., Naumann, XIII,页 36);参见本书页 125。如果参照布克哈特有意识地维护的"连续性"思想,那么尼采在这里所做的鲜明的划分可以让我们认识到两人在历史图景上的整个对立局面。尼采根据纯主观的视角做出选择,布克哈特则直面文化传统的状况,他本人扎根于这一文化传统。因此也能在其中找到意义:布克哈特与尼采之间是(文化意义上)"天主教"与"新教"人格之间的区别。(参见第五章,原注 49 末尾;第六章,原注 65 末尾。)从柏拉图出发,不仅存在著名的通往文艺复兴-人本主义的一条脉络,还有另一条(尤其 Hans Leisegang 的研究所展示的)经过新柏拉图主义汇入奥古斯丁的脉络(参见最新研究 Johs. Hessen, *Platonismus und Prophetismus* [1939],页 135 及以下)。尼采通过抨击柏拉图,触及了人本主义和基督教。尼采用以抵制这些的,是选自古代和文艺复兴的、一切背离和反对基督教的、异教的和非道德的事物。布克哈特代表着"老欧洲的文化",其基础是人本主义精神和基督教伦理的合题。

　　千百年来,柏拉图被人捧为基督教的先驱,即便在基督教中世纪也未因为亚里士多德而被遗忘,而被某些继承古基督教著作研究的柏拉图传统学派所维护,④受到半基督教和基督教的文艺复兴人本主义者们以及神学家施莱尔马赫的欢呼庆贺,可现在却遭

---

① [原注 172] *Jenseits von Gut und Böse*, 7.

② [原注 173] *Götzendämmerung: Das Problem des Sokrates*, 2;参见 *Wille zur Macht* (Brahn), 183。

③ [原注 174] 同上, 185。

④ [原注 177] 参见 Clemens Bäumker 关于"中世纪柏拉图主义"的报告(*Bayrische Akademie der Wissenschaften*, 1916)。

到尼采这位"反基督者"的警句咒骂了。"重估一切价值"的尼采宣布"理想主义"是"更大的欺骗"。①

尽管尼采与布克哈特的意见有分歧,但两人以各自对"希腊人"的看法为出发点,都认为柏拉图是"非希腊式的";两人都指出——也是从截然相反的意义上——柏拉图滞留埃及是远离"希腊人"本性的。布克哈特和尼采所认为的希腊人的特殊本性究竟为何样?

尼采认为,②围聚在伯利克勒斯身边,由怀疑论思想决定并在修昔底德那里找到其高贵表现的文化才是真正的"希腊"文化。这文化是"现实的";修昔底德"面对现实的勇气"也是"希腊式的",③这勇气也存在于奉行"非道德"的"勇气"中,④而柏拉图"胆怯地逃进理想",⑤把希腊人天生的"现实主义"和非道德主义"融解"成非希腊的道德和理想主义,这代表希腊人的思想颓废变成埃及犹太人的思想和基督教禁欲的思想了。

[原注 183] *Götzendämmerung: Das Problem des Sokrates*, 2. 布克哈特认为,希腊文化的衰落在伯利克勒斯时代就已开始(*Gesamtausgabe* VIII,页 211, 214, IX, 326, X, 240 A. 242, XI, 289);但对他来说,"衰落"的含义和尼采的理解完全不同,也就是保守价值的衰落。在他看来,"柏拉图的没落"就是没落本身:与尼采相反,布克哈特认为柏拉图身上缺乏自由(Liberalität)的节制。

这个"反希腊者、本能的犹太人"⑥"偏离希腊人的基本天

---

① ［原注 178］同原注 158。
② ［原注 179］*Morgenröte*, Aph. 168.
③ ［原注 180］同原注 158。
④ ［原注 181］*Wille zur Macht*（Brahn）, Aph. 355.
⑤ ［原注 182］同原注 158。
⑥ ［原注 184］同原注 158。

性",①竟然师从埃及人(抑或师从埃及的犹太人？……)②而"阿
谀犹太人(埃及犹太人?)",他用"善"的概念③——"善"为最高概
念——贬低希腊诸神。④

　　这当然不可能是布克哈特⑤对柏拉图的抱怨了。布克哈特认
为,"个体的发展"和个人自由的观念是"希腊人的本质"——柏拉
图缺乏此观念,⑥他与"希腊人的本质"是对立的。⑦ 布克哈特也
觉得,柏拉图滞留埃及的经历⑧也是引起人们愤怒的原因。埃及
人认为一切恒定不变的思想⑨与柏拉图从政的兴趣一拍即合,这
对造成柏拉图的偏好,亦即造成把一切固定和僵化的偏好至少也
难辞其咎,这种偏好又与他充当具有暴力特性的独裁监察官的思
想十分近似。

　　[原注 194] *Gesamtausgabe* VIII, 273. Karl Joël (*Nietzsche und Romantik*
[1905],页363)在柏拉图式的国家当中发现了尼采的某些独特的社会理想:
两者的国家构思的"上方"都是一个由哲学家立法者行使的命令权力,这一
阶层构成了统治阶层,一个战士阶层为之服务,而"下方"的大众则只需服
从。而恰恰是柏拉图学说中的这种"最不希腊式"的等级秩序(Joël,页364),
被尼采以"完全封建-等级"的方式来强调:尼采的解读表达了一种完全不同
的意愿和目的。"柏拉图的秩序国家追求向上",追求"理想",而对尼采而言
(见本书页102),理想只是"更高层面的欺骗"而已;"尼采的权力国家主要
向下展示其作用"(Joël,363 及下页)。柏拉图的哲学家"观照"客观价值,而
尼采的哲学本身具有立法和构建价值的特征。

---

①　[原注 185] *Wille zur Macht*(Brahn), Aph. 253.
②　[原注 186] 同原注 158。
③　[原注 187] *Wille zur Macht*(Brahn), Aph. 255.
④　[原注 188] 同原注 158。
⑤　[原注 189] 参见本书第七章页 106 及下页。
⑥　[原注 190] *Burkhardt-Gesamtausgabe* VIII,页 272。
⑦　[原注 191] *Gesamtausgabe* X, 49;比较 VIII, 272。
⑧　[原注 192] *Gesamtausgabe* VIII, 311.
⑨　[原注 193] *Gesamtausgabe* X, 50 及下页。

柏拉图对艺术的仇视,尼采初始小觑了这仇视,认为不过是源自对丑角艺术爱好的"变态",①但后来又阐释为"禁欲理想"的奴仆;②而布克哈特将柏拉图的这个仇视理解为一个预谋的纲领之组成部分。布克哈特当然不否认那"已择定的思想";③但这个纲领——强制性国家,强制性宗教,强制性艺术,让所有艺术停滞发展——按布克哈特的评价是"违反希腊人和人的本质的"。④

就像尼采和布克哈特对"希腊人的本质"定性不同,他们对"人的本质"或"人的天性"定性也不一样。尼采认为,人"天生"就是"不人文";他的狄奥尼索斯"现实主义"就是要在其中寻找到可以毫无保留地(亦即无更高的理想和要求)对"原本是那样的"世界说"是"的东西;"非道德"的"现实"被他"非道德"地予以圣化,并将其提升为理想的"超人"世界。这当然不是现实主义;由现实的"非道德"向理想的"非道德主义"过渡只能是浪漫主义空想。叔本华和布克哈特(以及基督教)"对尘世的评价"只是对"世界"的圣化罢了。

人本主义者认为,"人文"状态不仅仅是"更高"人性的理想,而且也是直接要求"人性"的东西。指的是完全具体和纯心理学上的查验,而非从某种抽象的"自然法则"合理地推导出来。于是产生了那种要求,即要求得到某种程度的"自由",这要求源于"人性"直接的欲望;违反人性的是,某种既有的理想强奸了人及其自由,把违反人性的专制暴力行为上升为指导原则。布克哈特认为柏拉图是"乌托邦分子",脱离生活的空想者,因为同生活过于简短和简单地接触会制造出"乐观主义者",⑤而与之相对立的、接近

---

① ［原注 195］ *Der griechische Staat.*
② ［原注 196］ *Genealogie der Moral*, 3. Abh., Aph. 25.
③ ［原注 197］ *Burkhardt-Gesamtausgabe* VIII,页 271。
④ ［原注 198］ 同上,272。
⑤ ［原注 199］ *Gesamtausgabe* X, 366 及下页。

现实的诡辩家们反倒更可爱。

[原注200] 诡辩家主要依托柏拉图(以及柏拉图所宣讲的苏格拉底),布克哈特的时代流行对诡辩家的轻视,面对这种现象,布克哈特贯彻了以下观点:即柏拉图是诡辩家们的"对手",而不是他们毫无问题的"源头"(*Gesamtausgabe* X, 301, XI, 251 及下页);阿里斯托芬也是如此。他把自己奉献出去当"雅典市侩"的传声筒,以便表达庸众对令其感到"厌烦"的一切事物的"偏见"(XI, 259)。

布克哈特的柏拉图不是希腊式(是半埃及式),因为他太不爱自由,作为希腊人太不人文;尼采的柏拉图不是希腊式(也是半埃及式),因为他作为希腊人过于"人文"。那么,希腊人到底有多"人文"呢?

每个希腊人都是爱自由的人,但只爱他个人的自由,所以每个希腊人的内心都潜藏着一个暴君,所以希腊人少有"人文"。这个定理,尼采和布克哈特(还有歌德)都是一致认同的。① 但布克哈特补充道,希腊文明只有在不可或缺的自由得以贯彻实行的条件下方能发展。当然,只有布克哈特,而非尼采,眼里才有客观文明的概念,从这个概念里产生对人——文明的支撑者——的理想要求。所以,布克哈特是"人本主义者",人文理想斗士。有一个时期,尼采还怀有"超越"鄙俗"现实"的"更高"精神世界的这一理念,这时他还能像真正的柏拉图门徒一样做评价,②认为柏拉图能看穿"理想的希腊现实",把"盲目地反对一切希腊现实"的正义感赠予柏拉图。③

只要尼采像叔本华那样否定"现实",他后来把现实当做禁欲

---

① [原注201] 见本书第六章,原注7。

② [原注202] *Der griechische Staat* (当时,尼采相信,他自己甚至比"热血的柏拉图崇拜者"还推崇"柏拉图最完美的国家。")

③ [原注203] IV *Unzeitgemäße Betrachtungen*, Abschn. 7.

的基督教加以反对,那么,他对柏拉图理想主义的肯定是可能的。凡是在人们将非人文的"非道德""现实"拔高为确定标准的原则之地,就可以对一切理想予以蔑视,这些理想均为脱离现实的东西;对一切道德也予以蔑视,这些道德均为非人性的东西,尤其是当"上层的"视域全然罔顾"人文"原则之时。布克哈特熟知"希腊人"和"人"的理想形象,并由此对总是落后于这个理想的"现实"进行批判。他的确嫉恨一切慷慨激昂的道德"说教"(所以喜欢那些反对柏拉图的诡辩家),①但他并不因此反对道德;他为何要反对柏拉图超验的理想主义呢? 他晚年还阅读柏拉图的《斐多篇》呢。

[原注 205] 见 H. Getzler, *Ausgewählte klassische Schriften* (1907),页 341。参见 Arnold v. Salis (*Basler Jahrbuch*, 1918,页 305)所报道的,布克哈特于其去世之年所说的话:"我信仰某种永恒;它就位于我们的天性之中。"相反,尼采则言简意赅地介绍:"死亡之后的事情,与我们无关。"(*Morgenröte*, Aph. 72)

面对柏拉图问题,布克哈特所走的人本主义道路——他对柏拉图有所保留,觉得他自己的时代已朝无限权力的国家迈进,这与柏拉图的想法近似——与尼采所走的背离人本主义观念的道路完全相反,他们二人对人本主义观念所持的态度最终决定他们对希腊哲学和宗教的态度。

尼采用希腊神学表明他的立场:他责备柏拉图将他的"善"提升为最高价值而"贬低"希腊诸神的价值;②而荷马认为希腊诸神并非人的"对立面",简直就是人的"镜中形象",他们作为平等者与人类交往。③ 布克哈特对希腊诸神忧郁的面部表情做过思索,

---

① ［原注 204］见本书页 93。
② ［原注 206］见本书页 104。
③ ［原注 207］*Menschliches*, *Allzumenschliches* I, Aph. 114.

找到这忧郁的来源,不仅仅因为诸神悲怆地为失去权力而担心,①而且也清楚自己必定走向毁灭,毁灭的原因就是他们"不善"。

　　[原注209]"我们只为了自己而活,而给其他所有人带来了痛苦……,因此我们必须毁灭",布克哈特(1877 年前后所作的关于古代艺术的学术公开课最后)这样让希腊众神像沉思自己(H. Gelzer, *Zeitschrift für Kulturgeschichte* VII, 22;重印见:*Ausgewählte klassische Schriften*, 325 及下页)。换言之:不"善"的事物,长期来看就没有存在的合法性;而自私自利就是"不善"的。这种神学观念折射出人文,或者不人文的理想。而布克哈特关于真正的人的存在(das echte Menschsein)的理想涌流着基督教伦理利他的激情。

　　希腊诸神"善"吗?"有怜悯心"吗?希腊人对此至少"没有把握"。② 他们对神有一种"卑下的概念",③诸神"在伦理和神学方面微不足道",④难当"道德支柱之大任",⑤不是"人类道德的模范","对他们畏惧并不代表对他们敬畏"。⑥ 他们"因神圣而自安,没有阻挠那些浪荡子奉行利己主义;还与其共处……放荡地共处"。⑦ 由于希腊宗教放任人们"不思悔改",也就是放任他们无"忏悔"能力,所以在希腊人的内心滋生出"高傲"和"了不起的狂妄"。⑧ 希腊宗教"对人的内心不抱任何期望",⑨没有促使"人的良心不安"。⑩ 尼采则相反,他看出希腊诸神的意义在于,诸神——作为无"恶"不作的人之神圣化身——恰恰因此而被创造

① 　[原注208] *Burkhardt-Gesamtausgabe* X,页 25。
② 　[原注210] *Gesamtausgabe* VIII, 83 及下页。
③ 　[原注211] *Gesamtausgabe* XI, 360;亦可参见 VII, 239、260。
④ 　[原注212] *Gesamtausgabe* VIII, 238.
⑤ 　[原注213] *Gesamtausgabe* IX, 185.
⑥ 　[原注214] 同上, 314。
⑦ 　[原注215] 同上, 187 及下页。
⑧ 　[原注216] 同上, 362, XI, 326, 350, 352, 418, 486。
⑨ 　[原注217] 同上, 187。
⑩ 　[原注218] *Gesamtausgabe* XI, 264.

出来：保存希腊人肉身里的"坏良心"，"为人的恶行辩解"，而且这样做还很"高贵"。

［原注219］*Genealogie der Moral*，2 Abh.，Aph. 23. 尼采说"希腊众神""不求改变看法"，希腊的人们也从不"后悔和懊恼"，这完全与布克哈特的发现相一致；但在尼采那里，这只是支持"希腊众神"：他们"完全没有这么（！）烦人和急迫；因此严肃地对待他们和相信他们，也是可能的"（*Wir Philologen*［WW.，Naumann，X，页395、397］）。

尼采对希腊诸神的看法与布克哈特的相同点，是认为诸神不道德；但布克哈特只是认为希腊宗教伦理严重缺失，而尼采重新对诸神的不道德作解释，解释为被吹捧为"高贵"的"非道德主义"。尼采对现实世界不折不扣的所谓肯定，①被他本人定义为对"一个非道德的世界"，亦即对"除去"现存"道德"之后的世界的肯定；他肯定的不是现存的世界，而是依据他非道德理想应该成为那个样子的世界。那是他的"天国"，在那里生活着"善良"的"高等人"。尼采本着"反基督教"精神，特别承认自己"对奥林匹斯的异教信仰"。② 布克哈特只在美学上为希腊诸神感到"惋惜"，而非在伦理上，③他据此评价希腊诸神；尼采觉得，"世界的存在只有把它当作美学现象方可谅解"，④所以他"竟敢冒天下之大不韪，坚决反对对现存世界的道德进行解说和强调"，他"只知道一种在所有发生之事背后的艺术家意识和潜意识"，所以在他"艺术家的超验形而上学"里，他"只需要一个毫无顾虑、十足非道德的艺术家上帝"。⑤ 赫伊津哈（［译注］Huizinga，1872–1945，荷兰史学家）会

---

① ［原注220］*Wille zur Macht*（Brahn），Aph. 660.
② ［原注221］同上，676。
③ ［原注222］布克哈特可能"假设"，伊壁鸠鲁也许"是出于希腊的美感而不愿舍弃他的众神"（*Gesamtausgabe*，XI，页615）。
④ ［原注223］1886 年《悲剧的诞生》前言，Abschn. 5。
⑤ ［原注224］同上。

说："游戏的人"；可人们也会想起保尔（［译注］Jean Paul, 1763-1825,
德国小说家）的话："……诸神可以游戏,但上帝是严肃的。"尼采认
为希腊诸神作为"人内心兽性的"神圣化身还可能高于基督教上
帝；①布克哈特的评价相反,他认为伴随基督教——"优于"异
教,②无可争辩的是"地位更高"③的宗教——的是一种"新的生活
目标",亦即对新的、真正"高尚的"人生意义的感知走进世界；"那
曾是高尚的时代"。恰恰是柏拉图以降的古希腊文化晚期的"人
文"和"早期基督教"的发展才维持了布克哈特认为十分重要的文
化"连续性"。

［原注 228］同上, 392. 布克哈特意味深长地如此总结"希腊文化的整体
状况"。相反,尼采："古代行将结束之时,尚有完全非基督教的人物,他们比
一切基督教的人物更美丽、更纯粹、更和谐；比如普罗克洛……无论如何,我
的愿望是和他们（原文强调）一起生活。与他们相比,基督教就是最严重的
粗俗化"（*Wir Philologen*［*Werke* Bd. X,页 399］；亦可参见页 400）。关于思想
史上的"延续性",参照 *Burkhardt-Gesamtausgabe* VII, 67 及下页, 202：历史地
看,"只有"基督教"可以拯救古代文化",只有通过世界宗教,世界文化才得
以"流传"到野蛮的日耳曼人身上。

　　由于布克哈特只以美学标准而不是伦理标准评价希腊宗
教,所以,他的评价与勒南（［译注］ Ernest Renan, 1823-1892, 19 世纪
法国哲学家、史学家和宗教学家）的观点相契合——有时他特别接受
勒南的看法,④勒南认为,只有牺牲宗教的深度方能达到艺术家
的（和知识分子的）高度,这是历史规律。所以,宗教的发展与艺
术的发展总的来说是分道扬镳的,此为历史的思考。布克哈特
对宗教的评论取向于人文理想,本来就没有设定宗教的标准,而

①　［原注 225］同原注 219。
②　［原注 226］*Burkhardt-Gesamtausgabe* VII,页 260。
③　［原注 227］*Gesamtausgabe* IX, 187 及下页。
④　［原注 229］*Gesamtausgabe* VII, 105 A.

只是伦理准则；另外，作为古典"美"的人本主义思想表达的是一种特别高的伦理内涵，于是从"希腊理想的艺术现象"中产生了其他一系列思想观念，证明希腊宗教达到一个高度，证明该宗教并非建立在人们"只是对其畏惧"的基础上。(原本十分粗糙的)希腊诸神形象的"人文化"表明，希腊艺术至少承担了下列(人文的)使命：协助征服一切丑陋、"可怕"和"恐怖"的事物。①

持这种"人本主义"观点，特殊的宗教现象自然就得不到应有的重视。相反，富于教益的是，观察尼采反古典主义的基本态度②如何将艺术领域同伦理领域分开(以便对它们做更加鲜明的对比)——至少在那里(像在《人性的，太人性的》这本书里)，在存在着平衡思维意志的地方，比布克哈特古典主义标准的人本主义更容易接近奥托意义上的"神圣"领域。([译注] Rudolf Otto, 1869-1937, 德国神学家、哲学家和宗教史学家，在《论神圣》[1917]一书中描述领悟神圣的经验)

尼采认为，③那些原始的对诸神的描绘尽管粗糙，但也是具有特殊意义的宗教现象，因为它们用"暗示"方式象征着神明那不可全部猜想出的"秘密"。相对于真正虔诚地对神"畏惧"，尼采后来在人神同形同性论中——尽管美学上美的效应增强——看出虔诚的消减。意味深长的是，布克哈特熟知尼采的立场，④但未受其影响，因为尼采的立场与他那全盘接受古典主义—人本主义教育(即使历史教育有所松懈)的意识背道而驰。

---

① ［原注 230］*Gesamtausgabe* VIII，页 XXVII 及下页；IX，页 8、10、194 及下页。

② ［原注 231］即便在其基本态度最不明显的地方也是如此，*Menschliches, Allzumenschliches*。

③ ［原注 232］*Menschliches, Allzumenschliches* II_1，Aph. 222. 参见洛德 1870 年 6 月 24 日的"思考"("Cogitatum")(见 O. Crusius, *Erwin Rohde*，页 224)。

④ ［原注 233］布克哈特在讲课手稿中引用了尼采的立场(Stähelin: *Gesamtausgabe* VIII，见引用之处)。

十四 "危险的"生活

　　布克哈特认为,人本主义与市民阶层安全的关系,亦即更高的"精神"领域与"尘世的"物质生活的关系不再那么密切。诚然,安全是人生的一种需要①——布克哈特还没有浪漫到足以否定这一点——所以,安全在外部和"市民"意义上完全堪称一种价值;然而,像我们这个时代喜欢把安全视为一种理想,甚至视为更高的价值,这,作为一个"文明"的才智之士无论如何是不能接受的,才智之士只与超时代的"永恒的"价值有关;对于怀有"古典主义"理想的人而言,凡人本主义这个概念所涵盖的一切均属"永恒的"价值,绝对价值。而安全只是一个"暂时的"价值。凡在将它拔高为神明的地方,它便成了一种时代偶像,犹如当代所彰显的,它很少具有价值,它只关涉"私人的利益和安逸"。② 布克哈特把目光从这个沉沦于单纯"文明"而没有文明的当今对准古老(而真实的)文明——尼采也以另外的方式调转这样的目光——比如,希腊人的生活究竟为何样? 又比如,"雅典的伯利克勒斯时代"究竟为何样?

---

① *Burkhardt-Gesamtausgabe* VII, 28.
② 同上, 146。

该时代显示了"一种生活状态,一种当今每个安宁而审慎的市民都不愿经历的状态,在那种状态下,市民必定感到生不如死",因为"个体被蛊惑人心者和告密者诬陷,总受宗教法庭的严刑审讯";"即便这样,当时的雅典仍有一种生存感活着,任何世间的安全感都不能抵销这种生存感"。① 雅典人的生活说到底是在不断的危机加恐怖中动荡不安,但冒险和紧张并未阻挡哲学的繁荣。② 精神的"顽强"和"不认同"具有蔑视安全的力量。

更有甚者,恰恰"在这普遍的不安全环境里,那些迄今潜在的巨大力量常常冒了出来":"强有力的思想家、诗人和艺术家因其强势而喜欢危险的氛围,喜欢置身于更加清新的空气中"。③ 显然,他们对"蛊惑人心者和告密者"造成的压力和"恐怖"是未加考虑的;④"巨大的悲惨经历促使思想成熟,赐予思想另外一种评价事物的尺度,即独立评价世事",于是导致"西罗马帝国的灭亡";于是,但丁内心的流亡导致那种在《文明》和《神曲》中向我们彰显的"独立"精神和深邃的自我思索,亦即对"人们所爱所恨,对细琐之事及生死攸关之事"所做的自我思索。⑤

尼采也蔑视"安全,平安无虞和舒适",认为这些是"群居贱民的幸福",所以他赞颂"危险的人生",⑥认为它代表升华的生存感。但他对"升华的生存感"的理解与布克哈特不同,他认为这只是一种充满巨大生命活力的生活,而不是居于理想之下的生活。

---

① 同上,198。尼采也意识到,雅典的生活并不一定"幸福和愉快"。但"愉悦"是"庸人"的视角。(*Wir Philologen; Werke*, Naumann, X, 390.)

② *Burkhardt-Gesamtausgabe* VII, 146.

③ 同上。

④ 见本书页108。

⑤ *Gesamtausgabe* VII, 146.

⑥ *Jenseits von Gut und Böse*, Aph. 44;*Wille zur Macht* (Brahn), Aph. 641. "强大""类型的人"是"愿意冒险"的那些人(*Wille zur Macht* [*Großoktavausgabe* XVI,页323], Aph. 929)。参见本书第四章,原注1,第十章,原注35。

与此相吻合的是,他对"生命活力"的肯定也源于不同的取向,与布克哈特的见解迥异。尽管他与布克哈特都一致否定当代"过于市民化"的、单纯文明的评价标准,否定所谓"进步的"、有产中产阶级的物质与平安理想,①这种理想的首要之事,无非就是尽可能保证"挣钱"②——布克哈特指出,"一旦失去安全,比如战时,残暴便接踵而至,现在亦如此"。③

这话并非针对战争,而是针对"进步"和幻想而言。他们俩一致否定那不算是理想的时代理想,一致肯定"危险的人生"——布克哈特考虑的是"精神"以及通过"悲惨"经历,也就是经由痛苦而"成熟"的精神。④ 尼采想的只是巨大冒险的人生丰富经历,他只知一种自我实现的、在自给自足和经济独立的激进的"此岸"完全兑现的人生;布克哈特认为"高素质的"人,其生活处于一种高尚的(超验和形而上学的)"理想的引导"之下,对"尘世生活"则不特别重视,不赋予比它本来只配拥有的价值还高的价值:⑤这是对尘世一切"悲惨"和"痛苦"的评价,⑥此评价与奥古斯丁和在流放中生活的但丁之智慧十分接近。这是站在才俊之士的立场上品评尘世之事。这样的人士认为存在一个"更高尚"的世界,亦即精神世界,所以对这个物质的"尘世"不予高评。因为他们对尘世不那么看重,所以就认为"安全"没有什么大的价值。他们那更加潇洒豁达的、不取决于物质的处世态度在衡量事物时,会采用"另一套高标准"。所以,布克哈特所援引的基督教伟大思想家但丁,却被尼采计入他的"不可想象的人物"之列——说但丁是在坟墓里写

---

① *Gesamtausgabe* VII,页 195、197。
② 同上,50、197。
③ 同上,49。
④ 见上文。
⑤ *Gesamtausgabe* VII, 126.
⑥ 同上,124 及下页。

诗的盗尸者,①布克哈特援引的奥古斯丁自然更被尼采认为"不可想象"。

[原注 15] 对布克哈特而言,但丁是"评价尘世事物"("Taxation des Irdischen")的典范。在早年的一封书信里(1847 年 3 月 22 日致 Herm. Schauenburg),布克哈特如青年一般无拘无束地写道,他认为"但丁及其同类人"是"非常了不起的人",他要保护他们免受那些"中世纪之敌"的伤害。后来(*Gesamtausgabe* VII, 252 及以下),布克哈特确实极为尖刻地讽刺了这些中世纪的敌人。

Salin 关于布克哈特与但丁之间关系的判断(45 及下页)是典型的对事实的扭曲。布克哈特和经院哲学没什么关系;但如果说他认为天主教"不舒适"就索性认为它一文不值,则完全是无稽之谈。Salin 认为,布克哈特的态度可以解释为其舒适性要求(Bequemlichkeitsbedürfnis)的流露。这种奇怪的观念纯粹是对布克哈特的特征怀有充满抵触的成见而得出的结果。无论是谈论中世纪、宗教改革或反宗教改革,还是讨论法国大革命与教会的敌对关系,抑或最现代的"文化斗争",布克哈特的判断方式都是支持天主教的。"刻意对一切基督教的东西保持距离"?这一判断也许更贴近尼采与但丁的关系,而非布克哈特对但丁的态度。

尼采确实"从未关注过"天主教的精神世界(Hofmiller,页 129),他最多有一次留意过泰纳曾将但丁和米开朗琪罗及拿破仑相提并论(*Wille zur Macht* [Brahn], Aph. 606)。

作为一直深爱古典的人,布克哈特自然对这些属于(反古典)行列的人物持很大的保留态度(关于米开朗琪罗,见本书 140 及下页;关于拿破仑,见本书第二十一章及以下)。Peter Gast 在一封信中(1918 年 4 月 16 日;bei Podach, *Gestalten um Nietzsche*, 91)将"希腊人"、拉斐尔、莫扎特等古典主义者放在但丁、米开朗琪罗、贝多芬和瓦格纳等人的对立面。前者"简单地呈现自己",让"一切被克服了的困难不留下任何痕迹",而后者的艺术,其"本质表达"是"让艰难的斗争变得可见"。

根据这种完全布克哈特式的对举,但丁根本不是"古典主义者";他在这

---

① [原注 16] *Götzendämmerung: Streifzüge*, Aph. 1.

里甚至似乎与瓦格纳处于同一行列！（关于布克哈特与瓦格纳之间的对抗关系，见本书 44 及下页）。当然，布克哈特不会否认他并不钟爱的这些天才（如米开朗琪罗和拿破仑）的天才性，除此之外，他对但丁却保持着一种更加亲近的关系。布克哈特在青年时就已勤奋热烈地阅读但丁，哪怕他不得不为此而"偷来"自己的时间（1846 年 1 月 24 日致 Ed. Schauenburg）。而就在那个时候，他就已把但丁当做一个"异教徒"（同上）来享受：他是让布克哈特感受到"古典的古代重生"的第一个诗人，因此但丁不仅与中世纪相关，其内在也和古代文化相连。（布克哈特曾经记下"年代的亲缘性"这一短语[无印刷版，引自 Salome Christ, *Jacob Burkhardt und die italienische Poesie*, 1939, 页 92]）。

作为文艺复兴时期的艺术家，但丁在布克哈特眼里还是一位形式的大师，在"表达上拥有巨大的财富和高度形象的力量"（*Gesamtausgabe* V, 223）。但丁作为文艺复兴时期的人，其时代特征还在于一种有意识和意志的"个性"："贯穿整个中世纪，所有诗人似乎都在避开自己，而他也许是第一个探寻自己的诗人"（同上）。

显然，布克哈特更喜爱创作《新生》（*Vita Nuova*）的但丁；创作《神曲》的但丁在他面前呈现出一种过于"个性化"的特征，使他感到非常不快（见本书第十九章），布克哈特称之为"专断"（Eigenmächtigkeit）（*Gesamtausgabe* IV, 166）。这一特质包括但丁对"整个前代世界和同代世界"（同上）毫不留情的法官姿态，让布克哈特感到非人文和"暴君气息"，此外，还有但丁的暴力（*Gesamtausgabe* XII, 150）和"令人生厌的复仇欲"（未印刷的笔记；引自 Salome Christ, 页 92）。

对布克哈特而言，但丁下判决的方式是一种应受惩罚的、自负的傲慢；它带有恶魔的特点，会唤起轻微的恐惧。"不谐的精神在诗中表达过多"（*Gesamtausgabe* IV, 166），而不是和谐的精神，也不是爱与善。但总体来看，布克哈特认为"愤怒和复仇是诗人那可疑的引导者"（1852 年 5 月 21 日致 Emma Brenner-Kron）；而且在布克哈特眼里，"性格……比精神之丰富要有决定性得多"（1856 年 2 月 21 日致 Brenner）。然而，布克哈特对待但丁性格的态度也仍然是复杂的，他在流亡时期赞美但丁的态度，就是表现之一（见本书页 110）。

[原注 17] 见本书页 110. 对尼采而言,中世纪是"欧洲的酒精中毒"(*Fröhliche Wissenschaften*, Aph. 134),"基督教的道德","这个成了宗教的、对生命意志的否定"是"对生命犯下的重罪"(*Ecce homo: zum "Fall Wagner"*, 2; *Wille zur Macht* [*Großoktavausgabe* XV, 页 327], Aph. 251.)

当布克哈特对"冒险时代"的"危险人生"赞美,将其与现时偶像化的安全作对比时,他不像尼采的司汤达式浪漫主义,布克哈特脑子里想的不是意大利文艺复兴时期的"主子群体",而是想到基督教的中世纪,那时,"理想的自由的意志力量犹如在大教堂一百个高耸塔楼里直攀云霄"。① 他卓尔不群地发现当时的确实现了一种生活,它有别于"我们的"仅为"一种买卖"的生活,那是一种地地道道的"生存"。② 他绝不是从非历史的静力学角度发此议论;如同哥特式建筑艺术赞美动力学一样,他与席勒③一致颂扬十字军骑士的理想和伦理。

[原注 21] *Burkhardt-Gesamtausgabe* VII, 279 及下页。面对那些"在历史方面仍然人云亦云,效仿法兰西百科全书派"的"自由派人士",布克哈特为中世纪辩护:"真正和真实的中世纪","其生活之丰富多彩是今日之人无法想象的"(1847 年 3 月 22 日致 H. Schauenburg),他所反对的其实是启蒙式的看法。参见上文原注 15 开头。尼采对十字军的评价,见 Antichrist, Aph. 60。

作为人本主义者,他从历史中想起的,纯然是基督教文化,那纯然"否定人世的"文化,他这个叔本华门徒须臾未受其干扰。而背叛叔本华的尼采,对所有"高尚精神"④和所有具有最高意义的科学⑤之"禁欲"理想一概予以责难,说这是一种惧怕此时此地

---

① [原注 18] *Burkhardt-Gesamtausgabe* VII, 页 49。
② [原注 19] 同上。
③ [原注 20] 见某"马耳他骑士团历史"(1792)的"前言"。
④ [原注 22] *Genealogie der Moral*, 3. Abh., Aph. 1.
⑤ [原注 23] 同上, 23。

"喧嚣"，只要"宁静自由"的寂静教义理想。[①] 他的目的是,用他的"艺术"和"艺术家"反禁欲反柏拉图的理想[②]与"禁欲"理想对抗。[③] 从这种浪漫艺术至上主义中产生了他那狂热的情绪化想象,就是对充满"危险的"广阔人生的想象。尼采对危险生活的肯定源于从美学角度和主观角度"对人世的肯定";布克哈特对危险生活的肯定则源于带有古典主义烙印的、"禁欲"的道德理想主义,这种理想主义实为"现代社会"的对立面,布克哈特与席勒都信奉:生活并非财富至上。

　　[原注 26a]"荒野"(*Götzendämmerung: Streifzüge*, 45)、"原始森林"、"热带"(*Jenseits von Gut und Böse*, 197; *Wille zur Macht*[Brahn], 650)是繁盛茂密的环境的典型图像,在这种环境中,"强人"(Raubmensch)才得以生长。

　　[原注 27]"生命是最高的财富",尼采也许可以这样来"修正"这位"萨岑根道德吹鼓手"(Moraltrompeter[译注]指席勒)(*Götzendämmerung: Streifzüge*, 1),正如后来的凯尔([译注]Alfred Kerr, 1867-1948,德国著名作家、文学评论家)所做的那样。对尼采而言,席勒和但丁一样,是"不能接受的"(同上)。这种走向反面的变化也许会呈现出另外一种样子。但尼采与"现代派"(die Moderne)的关联,而且恰恰是他与犹太人现代派的关联,到处都在发生作用。而布克哈特站在古典主义阵营,反对"现代"。尼采自己承认,司汤达在其生命中是造就"时代"的人物,但布克哈特只在一处简短的脚注中提到过司汤达一次(*Gesamtausgabe* V,页 313)。Andler 曾指出,布克哈特对文艺复兴的理解依赖司汤达(*Le précurseurs de Nietzsche*,页 245; *Nietzsche und Burkhardt*,页 145、151),这个错误的观点已经被 Carl Neumann 纠正。"对司汤达而言,意大利文艺复兴是一种信仰,但对布克哈特而言,并非如此。在最深层的生命动力中,尼采和司汤达联合起来,而布克哈特则屹立在他们的对立面"(C. Neumann,页 226 A.)。

　　正如歌德向 Zelter 说明,他发现司汤达的特点是"自由和放肆",因此"既

---

① 　[原注 24]同上, 7 及下页。
② 　[原注 25]同上, 25。
③ 　[原注 26]同上, 5、7。

令人着迷,又令人反感",布克哈特在面对司汤达之时也同样怀着混杂的感觉。尼采和司汤达一样,把艺术看作人性的证明(document humain),即"伟大的"艺术是"强大"人格的"伟大"情感之表达;这是一种与"古典"相反的主观主义的艺术观念,古典看重形式之客观——恰恰是"伟大的形式"(参见Wölfflin 为 Oppeln-Bronikowski 的司汤达《意大利绘画史》[*Histoire de la peinture en Italie*]译本[1924]所写的导言)。这条道路从司汤达(上文提到的著作出版于 1817 年)通往德拉克洛瓦(其《但丁的渡舟》完成于 1822 年);通往一种艺术,这种艺术以其对狂热激情的描绘而成为一切"古典"的反面。值得一提的是司汤达对德拉克洛瓦所说的话:"不要忽视任何能让你变得伟大的东西。"(Ne négligez rien de ce qui peut vous faire grand.)布克哈特对德拉克洛瓦的"古典式"反感:1881 年 6 月 14 日致 Alioth。

布克哈特关于危险生活的意识是充满英雄气概的伦理,不是尼采追求生命力"刺激"或"轰动效应"的冒险癖好。具有古典主义人文观念的才俊之士,其卓拔高蹈的人生道德观是:人生向顶峰的"升华"存在于致力实现一种崇高理想,存在于抛弃一切个人欲望。布克哈特的历史观也充满危险生活的伦理意识,他的历史观不是静止的,寂静的,而是浮士德式的。他绝不赞扬"那些时代,由艺术和诗歌主导,尽量腾出时间参与高雅精神活动和沉思冥想的时代"。① 他对真正具有创造力的人及其巨大作用知之甚稔。对他而言,历史"即便如此痛苦,本质上也是运动的";历史作为人生,存在于诞生"新事物"(哪怕发生巨痛)的地方,源自 "持久不断的不满"。"固步自封导致僵化和死亡。"②危险和冒险亦属历史的应有之义,因为如若没有自由也就不可能有真正的生活。但只有现代的"进步"会想到为了安全而废除自由,当它为个体"节

---

① [原注 28] *Gesamtausgabe* VII, 197.
② [原注 29] 同上, 200 及下页。

省"其个人责任时,①它就自以为是"为社会服务的";那些社会乌托邦主义者——从柏拉图到当今——也想到排除自由,他们竭力让一种所谓理想的状态长期稳定下来,说它可以保障"安全",可那是以牺牲个体自由为代价的,所以是绝对"不可取"的。②

　　布克哈特和尼采都认为纯安全、"过于市民化"的理想是与理想对立的,两人都敌视它。布克哈特从"才智"人士的立场出发,因为具有与市民阶层自由精神同行的人本主义理想才有上述看法。尼采的"主子人士"的理想源于激进的反市民仇恨和对精神"冒险"的浪漫偏爱,主子人士只知"权力意志",而且从原则上说,喜欢随时坚决采取严酷至极的暴力行为。布克哈特把"安全"当作一种颇成疑问的价值加以对待,因为他怀疑"安全"对"客观"精神意义上的更高文明没有什么促进作用,那么,他就绝不抛弃人本主义理想,只会对其深化。尼采在思考危险生活时,眼里只有"植物一般的人的疯长";只有对"统治特权阶层"的"培育",他们是"未来尘世的主子",③是具有"最危险激情"④的"最强有力的人"。尼采身边除了"危险"外,还有作为"主子道德"化身的"严酷"和"暴力"。⑤ 他对强权人士的颂扬同时一口气就否定了安全,也否定了人本主义。在他看来,放弃"强权"无异于"颓败"。⑥

---

① ［原注 30］同上, 197。
② ［原注 31］同上, 145。
③ ［原注 32］同上, *Wille zur Macht*（Brahn）, Aph. 641。
④ ［原注 33］同上, 563。
⑤ ［原注 34］同上, 641。
⑥ ［原注 35］同上, *Jenseits von Gut und Böse*, 259。

十五　个人主义与"伟人"

　　布克哈特是赞成个人主义的。但只是本着自由主义、自由的精神赞成，也就是本着不反对市民化，只反对"过于市民化"的市民蜕变的精神而赞成。布克哈特的个人主义与布克哈特所代表的古典主义人文理想这一伦理紧密相连。而尼采鼓吹的个人主义在极端反市民化这一点上是"非道德的"，也就是反人文的，具有主观上"专制的"意味。

　　但他们俩也不缺乏共同的立场。他们对"安全"范围里人们"偏爱中庸"和与此相应地"仇恨非凡"并不特别责难，即便他们自己所偏爱的"伟大独创性"是属于"生机勃勃、强劲有力的个体"，一如最先兴盛于"狂飙突进"时期的那些个体。① 他们看待"文艺复兴"人士这一理想类型，其出发点也是一样的，认为现代把一切"拉平"，把一切可怕的紧张全部消除的"平等"②所导致"当今的'进步'"，"远远低于"文艺复兴时期的文明，③此文明作为"最后

---

① 　[原注 1a] *Burkhardt-Gesamtausgabe* VII，145.
② 　*Götzendämmerung: Streifzüge*，Aph. 37 及下页。
③ 　*Antichrist*，4.

的伟大时代"①是人类历史的一个"里程碑",与古希腊罗马文明类似。②

[原注1] Salin(页121)认为,布克哈特对伟大没有概念:对"悠闲的"布克哈特(页171)而言,"一切真正伟大之物"只是"妨碍的"和"令人不快的"。这个观点不值一驳,布克哈特不仅尊崇荷马、拉斐尔、鲁本斯、歌德,而且推崇伯利克勒斯、亚历山大、恺撒,仅这个事实就证明 Salin 的错误。在完全赞成尼采,批判布克哈特(1899 年 3 月 2 日;bei Bernoulli I, 54)的语境下,Peter Gast 称布克哈特为一个"拥有一切感知伟大的直觉的人"。和 Salin 那空穴来风的说法截然相反,Bernoulli 认为,布克哈特于 1870 年 11 月 6 日关于"历史的伟大"所做的报告无疑含有"启发性的内容",而且对尼采有着很大影响(I, 48;50:"这些对他而言是要放在心里的话!")。据此,布克哈特在这里也是尼采的启发者,而非完全相反。

当布克哈特称希腊人为"最早的个体人"③——他们与东方人相反,东方人不同于罗马人,他们永远不会像罗马人那样接受希腊人的影响而变成真正的个体④——布克哈特把意大利人当成首批有"个人发展"的人⑤从新时代各民族中突显出来,这,似乎具有要求归还"长子"权益的意味。布克哈特两次将"唤醒个体精神"和"造就个体"归因于"自由城邦生活",此生活对于"个体的"发展产生了"无可避免的结果";⑥这个巴塞尔人对此断言时也不乏市民的自豪感,明确表示对那些在历史上获得这类声誉的自由城邦的赞扬。布克哈特一方面对市民认可,但随之又对市民持保留意见。尽管丰富的"个人特性"——比如在希腊人的世界里——给

---

① *Götzendämmerung: Streifzüge*, 37.
② *Wille zur Macht* (Brahn), 603.
③ *Burkhardt-Gesamtausgabe* IX, 页 355。
④ *Gesamtausgabe* XI, 216, 551, 553.
⑤ *Gesamtausgabe* V, 95, 参见 328 及下页。
⑥ *Gesamtausgabe* XI, 11.

他这个(美学上的)观察者造成"极为宏富的、独特的"印象,但他不得不马上作补充,"从好坏两方面"①作补充,他认为这与尼采对恶的美化,从伦理层面说根本不可同日而语。布克哈特对所有的个人发展予以肯定,那也是出于一种"浮士德式"伦理,即建立在个人自由基础上的道德,同时也赞成那种必然将自由也牵涉在内的道德风险。在发展成"个体人"的过程中,也包含了那种"善与恶的充分发展",一如我们在希腊"著名的五个世纪"中所见到的,那种在伦理层面也在政治层面所见到的发展代表着"荣誉与灾祸不可避免地混杂"。② 所以,当罗马人处于具有强烈个人主义化的希腊文化影响之下时,他们接受好的东西也坦然接受坏的东西。③ 他对老加图([译注]Marcus Porcius Cato der Ältere,公元前234-前149,古罗马政治家)的观点不是简单地认为不当。④ 文艺复兴时期的意大利人"所发展的个人主义",一方面是造成这个"伟大文明"的条件,另一方面又是此文明一个"根本性的缺陷"。⑤ 在这种良莠"混杂"的历史"必然"中,远距离地观察人们对这文明的辩解,布克哈特拒绝"发展本身是好的"的说法;⑥在"每个人的身上"到处都是善恶"并存",⑦分得清清楚楚。个人发展本身无非就是"激发起各种力量,包括错误的力量"。⑧

　　"个性"发展在历史上的"伟人"这一特殊人群中达到巅峰。他们的重要性,在布克哈特和尼采看来,是作为一种与暗淡的"平

---

① *Gesamtausgabe* XI, 216 及下页。
② *Gesamtausgabe* IX, 326、355.
③ *Gesamtausgabe* XI, 548.
④ 同上。
⑤ *Gesamtausgabe* V, 328.
⑥ 同上, 329。
⑦ 同上, 309, 312, 329。
⑧ *Gesamtausgabe* XI, 178.

庸"强烈比较的辉煌。无可救药的平庸在这个"普遍浮浅"①的大众化时代占主流地位,因为民主、经济算计和资本主义需要的只是能人,而非天才。② 对于那些人宣布自己和时代已从"对伟人的需求"中解放出来,因为他们以为"自己"无所不能,③布克哈特对此颇为蔑视并予以指责;他祖护被这些人诋毁的"伟人"。这位在美学领域感受深刻的史学家,其艺术家天性自发地感受到强大人物的巨大影响力,感受到"非凡意志力"④至今仍在对我们发生"作用",产生"魔幻般强制性"的影响。⑤ 然而这一切还只停留在对源于"神秘"⑥作用力做出纯"情感"反应的非理性范围。⑦ 他任何时刻都没有考虑为不道德辩解,在他,不道德"总是十分的可怕"。⑧

即使对希腊文明盛期,他也只带着分裂的情感来观察。他看见"独创性与邪恶",⑨"至高的功勋与极大的罪恶在那里交织",⑩面对忒米斯托克利——更不用说面对阿加索克利斯([译注] Agathukles,公元前361-前289,西西里岛叙拉古的僭主,后自立为西西里王)和德米特里一世([译注] Demetrios Poliorketes,公元前337-前283,马其顿国王)——他感到自己在"景仰和战栗甚至厌恶"⑪之间被抛来抛去。那些世界历史上"天才的罪人",⑫不管他们多么"超凡""强悍"

---

① *Gesamtausgabe* VII, 191.
② 同上,190 及下页。
③ 同上,190。
④ 同上,179。
⑤ 同上,161。
⑥ 同上,190。
⑦ 同上,161、176。
⑧ *Gesamtausgabe* XI, 457.
⑨ *Gesamtausgabe* X, 254.
⑩ *Gesamtausgabe* XI, 217.
⑪ *Gesamtausgabe* VIII, 197, XI, 221, XIV, 447.
⑫ *Gesamtausgabe* XI, 286.

"伟岸""政治上了不起",心理上释放"无限魅力"——比如来山得([译注]Lysander,公元前?-前395,在伯罗奔尼撒战争中为斯巴达夺得最后胜利的军事和政治领袖,战争结束后,他在希腊握有极大权力)、狄奥尼斯(大)([译注]der ältere Dionys,公元前430-前367,叙拉古僭主,曾征服西西里和意大利南部)、阿加索克利斯、腓力二世([译注]Philip von Makedonien,公元前382-前336,马其顿国王)、奥利匹娅斯([译注]Die Olympias,约公元前375-前316,马其顿腓力二世的王后,亚历山大大帝的母亲)、卡山得([译注]Cassander,约公元前350-前297,马其顿摄政安提帕特之子,后为马其顿国王)、德米特里一世、皮洛士([译注]Pyrrhus,公元前319-前272,伊庇鲁斯国王,曾不惜惨重代价取得对马其顿和罗马的军事胜利)、安提柯一世([译注]Antigonus,公元前382-前301,马其顿大将、国王)、君士坦丁大帝——但全是"卑鄙""受人诟病""可怕"和"恐怖"的一族,想到他们"会令人发指",恶魔存在于他们一生的业绩中。[1] 布克哈特的古典主义天性在深切感受"伟人"时保护了自己,他未受恶魔浪漫魔力和引诱的侵犯。

　　布克哈特认为,"聪明的作恶者"对"时尚"的崇拜总是一种迹象,表明精神的发展达到"危急的"节点:在古希腊和马基雅维利时代的意大利已是如此。[2] 阿提卡([译注]古希腊地名,雅典所在地,希腊文化中心)的悲剧让布克哈特感到"超凡的力量",它一方面"伟大",另一方面又是"罪过"。[3] 一种过度的绝对的个人主义"通过犯罪博取荣誉"和"神化",[4]其非古典的无度就是罪孽。"新人"有一种倾向,他们出于"同情心",对阿加索克利斯的一切"尽其溢美之能事",布克哈特对此"一直""忧虑"不安。[5] 对"作恶者"的

---

[1]　*Gesamtausgabe* II, 276 及下页, 296, XI, 291, 303 及以下, 317, 364, 366 及下页, 437 及下页, 451 及下页。

[2]　*Gesamtausgabe* XI, 270.

[3]　同上, 218。

[4]　同上, 359。

[5]　同上, 452。

美化，不管这美化多么别出心裁，布克哈特都认为绝对是危险的思维方式，也是罪过。

　　［原注 35］Charles Andler（*Le précurseurs de Nietzsche*[3][1920]，页 337）认为，在对犯罪的爱（只要这种犯罪是"伟大"的）方面，在为"令人畏惧的伟大的肉食者"而感到兴奋方面，布克哈特是尼采的老师。也许可以这么说，但至少这位学生也许最严重地误解了老师。在事实上，尼采颠覆了布克哈特的一切价值，而且意识到此举一直让布克哈特"伤痛"（见本书页12）。Andler 的错误理解亦见 Eman. Hirsch（*Luther-Jahrbuch* 1920/21，页98）。

　　布克哈特也知道，生物学上的因素，亦即"生命力"，尤其是一种"非同凡响的"生命力在历史上所起的作用。[①] 但身为史学家，他更知道，这种巨大生命力现象大多出现在明显衰落的时代，堪称屡见不鲜。比如继任者时代（［译注］Doadochen，亚历山大大帝的继任者之统称，公元前 322 年至公元前 275 年，他们之间爆发了一系列争权夺利的战事冲突）提供了实例，当时出现了那么多史上"无双"的"顶级不受约束的力量"，[②]他们如巨兽阴森可怖。"狄奥尼索斯"，这个所有"宁静"的、"古典"类型的神明的对立面代表，[③]这个暴风雨般同时又耽于享乐的神，居然成为德米特里一世的"理想"，这绝非偶然。[④] 德米特里一世的天性说到底就是"冒险"天性，尽管引起人们极大的"兴趣"，但最终被人谴责为"极不严肃"而加以唾弃。[⑤] 我们对这么一个酒神的"同情"如果主要因为那种"紧张和稀奇古怪"，而跟从一个"天才的冒险家"，[⑥]那么，我们会不由自

---

① ［原注 36］*Burkhardt-Gesamtausgabe* XI, 438.
② ［原注 37］*Gesamtausgabe* XIV, 441.
③ ［原注 38］参见 *Gesamtausgabe* XIV, 290。
④ ［原注 39］*Gesamtausgabe* XIV, 442.
⑤ ［原注 40］同上，442 及下页。
⑥ ［原注 41］同上，443。

主地在脑海里浮现一幅勇士攀爬令人晕眩的岩壁之图景。这也表明布克哈特同那些浪漫地美化生命力强者及其冒险精神的人尤其保持距离。①

　　布克哈特关于"伟人"的古典概念与精神上具有革命意味的、非道德的浪漫主义恶魔毫无关系，布克哈特是保守人士。他挺身而出反对"现代社会"——其民主思想已不再想理会"大人物"——原因仅仅是要"维持""对事物评价的高标准"，(贵族的)"精英"对此标准已不认可。同时，布克哈特"意识到伟大概念的可疑"。但是，他的"感觉"告诉他，这里关涉精神领域"不可或缺的东西"；只有在"世界史"上具有能力的"人格"方称"伟大"。这话听起来好像是把歌德的那句话"地球子民的最高幸福"变成世界史维度了。布克哈特还说，"对于有思想的人而言，对每个伟人持保留态度是获得最高精神幸福的少数几个条件之一"。②

　　布克哈特认为，"伟大"也包含一种伦理。鉴于德米特里一世根本没有考虑为"伟大的世界史履行使命"③这种所谓的"美德"，布克哈特想到了此人的对立面，亦即那些罗马最高行政长官纯朴的美德，"他们就是纯粹履行其责任"。④ 这就是"关键"："按责任"行事，即"抛弃私欲"⑤行事。这虽是伦理评价，但也绝非与政治无关。布克哈特正是要求"大"人物献身于一种更高的超个体的事业；那种不知献身为何物的纯个人主义只会导致"解体"，⑥正如亚里士多德之后的希腊时代所昭示的那样。⑦ 只有伯利克勒斯

① ［原注 42］见本书 12 及下页。
② ［原注 43］*Gesamtausgabe* VII, 160, 190 及下页，参见本章注 1。
③ ［原注 44］*Gesamtausgabe* XIV, 443.
④ ［原注 45］同上，441。
⑤ ［原注 46］*Gesamtausgabe* VII, 50.
⑥ ［原注 47］*Gesamtausgabe* XI, 359, 421.
⑦ ［原注 48］*Gesamtausgabe* VIII, 218, XI, 210.

那"受节制的伟大"至少还懂得正确的目标："将完美市民与非凡人士的矛盾调和"。①

一个人献身某事业也包含在逆境中的"坚持"。布克哈特想到的是"1759 年至 1763 年的腓特烈大帝"。富于典型意义的是,他眼中没有 1740 年或 1756 年的腓特烈大帝! 他想到的不是侵占者,②也不是七年战争的发动者,而是这个非同凡响之人在灵魂极度紧张和极度劳累中的"坚持"。③ 令他肃然起敬的是"心灵强大,唯有它能够而且喜欢发起冲锋","每时每刻蔑视死神"。④ 当他谈及那些被"伟人"唤醒的"热情",布克哈特认为,这其中就蕴含伟大的伦理。⑤

对布克哈特来说,"献身,尤其是伴随危险和牺牲的献身精神"是"绝对美好的,足资效仿"。⑥ 满怀献身精神的态度便是人类"永恒的"真正道德。而单纯求"权力"和"过度的意志"一向是"邪恶的";"人的利己主义""强权"和"统治欲",均为人间的"邪恶"。⑦ 承认"伟大"的价值绝不应让"善"的古典标准"受损";无论什么"怀疑论"都无损"真善美"那不容侵犯的标准。⑧

至少,可让人"满心期许"的,便是伟大与人文结合,"有意识地同精神与文化"结合,与"优美的本性"结合。比如像恺撒皇帝与"胜利及和解的意志"结合,至少与"一点儿善良"结合。倘若某人做不到"自愿限制"一己的强权"以利道德",以慰良心,那就说

① ［原注 49］同上,221。
② ［原注 49a］尼采所赞美的腓特烈大帝的品质,是那种"鲁莽男子气概之中的怀疑,这种男子气概和战争及侵略的天才最相近"。
③ *Gesamtausgabe* VII, 180.
④ 同上,180,182。
⑤ 同上,190。
⑥ 同上,7。
⑦ 同上,201。
⑧ 同上,7。

明这"伟大的个体不是典范,而是例外"。①

　　[原注 56] *Gesamtausgabe* VII, 182. 即便那些被尼采和布克哈特都称为"伟大者"的人物,如恺撒和腓特烈大帝,在尼采那里的面貌也有所不同。尼采所强调的,正如他在拿破仑身上所看重的一样,恰是这些人身上"属于伟大"的"非道德性"(*Wille zur Macht*, ed. Brahn, Aph. 148)。

　　布克哈特不是站在德国古典主义市民伦理的"彼岸",他是同歌德、席勒站在一起,属于从保守—伦理—理想角度做思考的一代;尼采的思想倒不如说是由司汤达和拿破仑式的浪漫主义所决定,具有典型"现代性"的、异教—生物学的特征,它是革命性的,却喜欢打扮成"现实政治"的模样。席勒的《阴谋与爱情》里有一句说:"一种完美的无赖行为也是一种完美",1867 年出版的《皮尔·贡特》第五幕中克诺普夫基塞所说的"作派伟大的罪人",这种作派"在当下已不多见",因为犯罪需要"力量",所以我们这个时代还算是"中不溜儿的坏"——这些当然都是辛辣的讽刺;只有尼采才表达出真正的恶魔主义。尼采的唯美论不仅把一种纯为形式的标准,也把"彼岸"所有的伦理标准变成了具有决定作用的人性标准;他那浪漫的对"健康"的狂热恰好爱上了与健康等量齐观的"非道德论"。

　　初看尼采似乎对"完人",对古希腊和文艺复兴时期的"健全人",②对那些巅峰时代"强大而有作为"的人予以赞颂,将他们与直至我们当代那些"颇成疑问的人"③所遭遇的失败作对比,但是,由于是用非道德标准对"健全"——主要指心理"健全"——和"生命力"做衡量,而每个人都有使用非道德标准的"能力",以至于

────────────

① ［原注 57］*Burkhardt-Gesamtausgabe* VII, 181;以及 178。

② ［原注 58］*Wille zur Macht*(Brahn), Aph. 603, 641.

③ ［原注 59］同上。

"横行于文艺复兴时代"的"罪犯"也获得了"虚伪的美德",①这已成为一种理想;所以,尼采对伟人的吹捧在很多情况下,甚至在大多数情况下都是反伦理立场的,而且随着非道德论还推动和促进了一种崇拜,此崇拜的顶峰是把博尔贾([译注] Cesare Borgia, 1475-1507,教皇亚历山大六世的私生子。《君主论》一书中鼓吹欲达目的可不择手段,即以博尔贾为新时代君王之师表)捧为文艺复兴时期"健康""健全"人士的代表和楷模。

[原注 61] *Antichrist*, 46. 早期的尼采仍然明确反对"跪在""力量面前"——纯粹的、毫不顾及其自身所寓"理性"的程度的"力量"(*Morgenröte*, Aph. 548),当时的尼采还认为过度的唯意志论是一种病态:亚历山大大帝、恺撒、穆罕默德、拿破仑都是"癫痫病人"(549)。在他看来,文艺复兴主要是"现代文化"的兴起:"思想的解放""修养的胜利""为科学而振奋"(*Menschliches, Allzumenschliches* I, 237):这是一种与布克哈特相近的、富有"启蒙"色彩的理解方式。那时的尼采尚能以"善"来对抗"伟大"即"极端"的"偏见"(同上,260)(参见莎乐美,页 25,尼采为莎乐美写下的格言)。相反,后来的尼采只想要"强大的人",这种强大的人受一种非常健康的直觉的引导,像"消化"餐食一样,"经受"得住自己的行动,能够"应付难以下咽的膳食"(*Wille zur Macht* [*Großoktavausgabe* XVI,页 309],Aph. 906),也就是"偏爱"那些"可疑和可怕的事物"(同上,[XVI,页 268],Aph. 852)。在"伟大"的人面前,"甚至法律也得避让"(*Nachlaß*, 1882/84; XII,页 274)。这种人是潜在的生命,而只有"生命僵化的地方,法律才会堆积起来"(*Bruchstücke zu den Dionysos-Dithyramben*; VIII, 394)。

在布克哈特内心,对于"生活"与"理想诉求"之间存在颇成问题的紧张,他十分清醒。他也考虑到像伊巴密浓达([译注] Epaminondas,公元前 418-前 362,古希腊政治家、将领,为亚历山大大帝的军事胜利开辟了道路)和泛希腊论者②以及另外一些人可能会建立起

---

① [原注 60] 同上,104, 155, 470。

② [原注 62] *Burkhardt-Gesamtausgabe* XI,页 353 及以下。

道德意识,他也许还想到某些大人物(比如恺撒)的某些高尚特性;尼采则快刀斩乱麻,斩断了"戈尔迪之结",声称:事实上,"大人物无一不是罪犯"(只是作派很大罢了);"伟大中就包含恐怖和罪行"。① 尼采认为,任何顾虑都不能动摇的"强大意志"就包括对道德完全"无所顾忌",抛弃能唤醒良知并削弱意志力量的"任何信念"。② 从这个意义上,尼采认为"大人物"是"怀疑论者"——即怀疑古典主义和布克哈特所信仰的善与真的"永恒"价值(及其价值的永恒诉求);这种信仰只会削弱"权力意志";对某种不受制约之物的需求如果在肯定和否定中间摇摆,那就是"虚弱"的明证,所以,强大的绝对意志就包含摆脱这类需求。③ 突显于"贱民"之上的"社会精英"或"社会高层"④的"特殊人士"⑤也是遴选出来的楷模,尼采想精心"培育"这样的人。而布克哈特认为,楷模只是那些符合古典标准的人,"大"人物应是一种特例。⑥

　　[原注65]"生命"哲学信仰"权力意志"的必要性。对尼采来说,对这种信仰的"怀疑"就是"颓废"(同上,47)的征兆。换言之,尼采和布克哈特都是"怀疑论者",但却在相反的意义上。

　　尼采把古希腊和文艺复兴的文明与现代的"平等"倾向做正面的对比,⑦这与布克哈特的基本观点相符;然而,他把那些"强盛的"时代当成他那个时代的榜样,当成那个肌体和神经一并孱

---

① ［原注63］*Wille zur Macht*（Brahn），Aph. 469，692.
② ［原注64］同上，615。
③ ［原注66］同上，615。
④ ［原注67］同上，494。
⑤ ［原注68］*Ecce homo: Warum ich ein Schicksal bin*，5.
⑥ ［原注69］见本书页117。
⑦ ［原注70］*Götzendämmerung: Streifzüge*，Aph. 37.

弱、无生命力、"温柔的"时代的榜样,①布克哈特就觉得很怪异了。当尼采纯粹出于仇恨和蔑视那些"无可救药的中庸的、令人不快的'被驯服者'",那些"家畜""小虫"一样的人,②而对其对立面,亦即由他臆想出来的"猛兽",怀有"猛兽良知"的"猛兽"给予粗野至极的称许;③当尼采秉持"牢不可破的意志力和权力欲"观念总嫌人的"自然天性"不够粗暴;④当尼采对满怀人文的"善意"之人断然否定⑤并将"同情"和"爱邻人"视为"衰败时代""可鄙的"虚弱;⑥这时布克哈特就站到叔本华的道德一边去了,⑦尼采是反对与基督教道德相近似的叔本华道德的。尼采认为,"伟大也包含可怕",⑧"伟人"不可能是"利他主义者",⑨所以"干坏事"也属于大人物的应有之义。在他,大人物等同于"强力"人物,尼采直截了当把他们当作理想加以肯定;而放弃"强权"就象征"颓败"。⑩"完人"——代表每个梯级上那么多的……"完兽"。⑪布克哈特对日益蔓延的"无可救药的中庸"的看法与尼采尽管完全一致,但他的想法过于人文,所以不向强权"福音"谄媚;他的想法过于文明,所以不向任何形式的"野蛮"⑫讨好;他的想法过于伦理,所以不跟任何的"利己主义"⑬眉来眼去。尽管这野蛮和自私

------

① ［原注 71］同上。
② ［原注 72］*Genealogie der Moral*, 1. Abh., 11;亦见同上, 12。
③ ［原注 73］同上, 11。
④ ［原注 74］*Jenseits von Gut und Böse*, 257.
⑤ ［原注 75］*Wille zur Macht*（Brahn）, 614.
⑥ ［原注 76］同原注 71。
⑦ ［原注 77］同原注 71。
⑧ ［原注 78］*Wille zur Macht*, 609.
⑨ ［原注 79］*Ecce homo*:同上, 4;*Wille zur Macht*, 614。与尼采不同,布克哈特严格区分"单纯的权力"和"伟大"（见本书页 126）。
⑩ ［原注 80］*Jenseits von Gut und Böse*, Aph. 259.
⑪ ［原注 81］同上, 257。
⑫ ［原注 82］同上;*Genealogie der Moral*, 1. Abh., 11.
⑬ ［原注 83］*Jenseits von Gut und Böse*, 265.

以自身的"健康"无比自豪,①那也是枉然。

　　自从尼采脱离叔本华,就不再理会适中的东西;布克哈特一贯恪守"更高"的人文古典理想,恪守拥有高贵标准的人本主义,远离"似牛奶一样心灵"的"软弱"和"一味善良",同样远离那种被重点训导的"野蛮"之极度"粗暴",远离尼采极端主义所信奉的那种犯罪的蛮横和"邻人关系"。② 而卢梭之流——尽管尼采认为他属于"不可思议之人",③却因特别宣布由文明向"自然""回归",所以被尼采当成已变得十分颓唐的人类的楷模,具有"良知"的楷模。④ 说到底,尼采的关键之点就是"强大的人性";又因为"强大的人性"中包含"邪恶",⑤所以尼采浪漫的恶魔主义产生的最后一个非道德目标就是"把良知归还给邪恶的人,就因为他是强人"。⑥

---

① ［原注 84］同上，258 及下页。
② ［原注 85］*Wille zur Macht*（Brahn），629，637.
③ ［原注 86］*Götzendämmerung: Streifzüge*，1.
④ ［原注 87］*Genealogie der Moral*，2. Abh.，16. 在这里,典型的是动物学上的比较。
⑤ ［原注 88］*Wille zur Macht*，146.
⑥ ［原注 89］同上，468。

十六　受　难　者

　　布克哈特"在下面"的视野与尼采"高高在上"的视野截然相反，布克哈特的视野也从"上面"，从"别处"而来。这是一种伦理视角，一种超验的形而上学的视角，包括"上帝""世界历史"和"邻人"。尼采只知道"这个"世界（没有"更高"的世界了），他为"高贵精英"阶层的"利己主义"权利辩护，为他们免除一切人本主义责任的权利辩护。

　　善良？同情？如果说晚年尼采显出一些"善良"，那也是丰富的"人性财富"余下的贵似黄金的"一滴"；而不可放弃的，乃是"极坏、极恶和极酷的"个性。① 在他看来，"同情"就意味"力量"的丧失，就是"不健康"，②不高贵。"高贵"就包括"克制"同情，③因为"同情的情感"会造成"随大流的特性"。④ 而布克哈特从孩提时代起就"铭刻在心的最恐怖事实是，那最败坏人心的行使强权；而

---

① 　［原注 1a］ *Wille zur Macht*（Brahn），572，628 及下页。
② 　*Antichrist* 7.
③ 　*Ecce homo: Warum ich so weise bin*，4.
④ 　*Wille zur Macht*，501.

对付这类尘世恶的主要手段就是培育同情的能力"。① 当他与
施洛塞尔（［译注］Friedrich Schlosser, 1776-1861, 普鲁士史学家）都说
"强权本身是邪恶的"，这主要不是一种伦理价值评价，而是指心
灵不断受强权欲诱惑的危害，强权欲是人的"遗传罪恶"天性使
然，不采取必要的人文反制措施，这种"危害"就一直存在。

[原注 1] 显然，《人性的，太人性的》还尊崇"善与爱"（I, 48, 129）"友
善""人性"（49）"公正"，而不是"落后人类"（43）的"暴力直觉"（452）和恐
怖（456）。尼采在这里还代表着"人文的"、反对一切"兽性"和"野蛮"的
立场。

于是，在"强权意志"和"同情"意志这个问题上，尼采与布克
哈特存在的矛盾达到他们个人经历中的最深程度。所以，当有人
报导，说布克哈特有时在谈话中，哪怕只出现某种"假象"，似乎他
也属于那宣告非道德的超人福音的"群体"，他就会"心情沉重地
加以抱怨"，这也就不会让我们感到奇怪了。② 他拒绝对历史采取
"道德化的"写法③（正如施洛塞尔所为），但他更拒绝把历史赶进
"非道德主义的"倾向中。

身为城市贵族和才子，布克哈特具有贵族情感。尼采面对
"大众"，直接地、太过直接地偏袒"强权"，而布克哈特在强权与大
众之间的两难问题上，感到自己处于市民阶层和才俊人士的两条
战线上。他虽然选择"权威"来对付大众——最糟的情况也只是
纯实际权威罢了④——但从未选择强者对付弱者。尼采也不崇拜
外部的"成功"，⑤他崇尚的只是"天然"的"力量"。但，如果"生

---

① Ad. Baumgartner 在布克哈特诞辰 100 周年（1918 年 10 月 25 日）庆典时发表的演
说，引自 Emil Dürr, *Basler Jahrbuch* 1932, 页 219 及下页。

② 同上。

③ *Gesamtausgabe* V, 308 及下页；H. Gelzer, 341 及下页。

④ 1890 年 3 月 25 日致 Preen（事由是俾斯麦下台）。

⑤ 见本书页 73。

命"只要"强权","生物学立场"乃"最高的立场",那么,谈论"正义和非正义"就完全"没有意义",是啊,"公正的状态就永远只是例外的状态了"。

[原注10] *Genealogie der Moral*, 2. Abh., Aph. 11. 布克哈特和尼采（*Morgenröte*, Aph. 179 末尾）一致认为,"安全"不是最高的财富,也不是"完全不可或缺的"财富（见本书第十四章）,布克哈特也愿意承认"对抗"之中存在一种使文化苏醒的原则,而且和席勒一样,为战争及其英雄气概"献上敬意",但对敢于冒险的"兴致"的情绪化想象,"庞大"乃至"恐怖"时刻的"魔力",以及由此走进"艺术"的那种振奋的影响（Nietzsche, *Der griechische Staat*）,都丝毫不能诱惑布克哈特,使他从反对"金钱"统治的"文明"上升到原则性的军国主义。

　　生物学立场不可能同资产阶级法制国家①拥护者的立场达成一致。

　　在唯有"强权"起作用时,"受难的人们"会怎样呢? 尼采把这些人列为"中庸"的"乌合之众"。② 他认为"伟大"首要就包括"制造痛苦"的"能量"③——正如《快乐的科学》那一则格言所表述的——"增添巨痛的力量和意志",④这格言立即引起布克哈特反感:这个当时好意待尼采的人立即感到如此说话者的"暴君式"情绪。⑤ 后来的尼采在文学上庆贺那"节目",玩世不恭地陶醉于早先时代"快乐"人中的"节日"。当初的人对自己的"残酷"不感到羞耻,"他必不可少地要制造痛苦,并将此视为头等魅力,视为本来就是过好生活的诱饵"。这种浪漫恣肆的施虐狂想象在他觅到的原始主义中过分强化,直至引证"猿猴!"的"残酷"。面对他自

---

① ［原注11］*Burkhardt-Gesamtausgabe* Ⅶ,页 26—28, 70。

② ［原注12］*Wille zur Macht* (Brahn), Aph. 84.

③ ［原注13］同上, 656。

④ ［原注14］*Fröhliche Wissenschaften*, 325.

⑤ ［原注15］1882 年 9 月 13 日布克哈特致尼采;参见本书页 17, 51。

己的时代、过高评价痛苦的时代之"病态柔弱化和道德化",尼采要证明自己对生活是持"健康"乐观态度的,他"衷心肯定"那些残暴的古代,说:"见证痛苦很好,制造痛苦更好。"①他自己的时代是"病态的",即"民主的";而"以良知牺牲无数人的时代则是好的、健康的贵族时代;无数人甘愿沦为奴隶和工具,这样的人必受轻视"。②"毫无疑义的利己主义""属于高贵人士的本质",他们"坚定不移的信仰"便是:拥有使"他人"服从和"牺牲"的"天然"权利。③

布克哈特认为,历史就是"人类的生活史和受难史",就是"行为者和忍耐者"的"戏剧"。④历史上,"所谓胜利者的幸福"都是由被战胜者的无尽痛苦换来的,被战胜者也是人啊,可能还是"更优秀的人"⑤呢。所以,"对立的总结"显示的,总是"太多普遍的不可避免的人类痛苦"。⑥什么叫"进步"?⑦强权"专制"的牺牲者,一再兴起的群众革命运动的牺牲者,⑧他们再清楚不过地在反驳所谓"进步"的论点。每次"获胜者""高贵的生命情感"有何重要性呢?那些总是"积极主动、真正自由的行为人",其数量何其稀少,但只有他们才感到"他们存在的崇高感";他们就是"首领"人物。

[原注24]同上,251,305及下页。尼采只重视"首领"及其"权力意志",他美化狄奥尼索斯式的欲望。因此,正如 Bäumler（*Studien*, 239）正确指出的,尼采的视角把战争和战斗看作胜利所施展的"魔法";"那种对毁灭

---

① [原注16] *Genealogie der Moral*, 2. Abh., Aph. 6 及下页。
② [原注17] *Jenseits von Gut und Böse*, 258.
③ [原注18] 同上,265。
④ [原注19] *Burkhardt-Gesamtausgabe* VII,页226及下页。
⑤ [原注20] 同上,251。
⑥ [原注21] 同上,247。
⑦ [原注22] 同上,283。
⑧ [原注23] 同上,283,293。

的兴趣,构成了狄奥尼索斯现象的核心(原文如此),也出现在胜者的灵魂态度之中"。胜者的"残酷""属于人类最古老的节日的快乐"(*Morgenröte*,Aph. 18.)。对尼采而言,在"生长与消亡""永远的无辜"之中,不夹杂着道德。

　　对于"被战胜者的痛苦和悲叹,人们保持缄默:谁叫他们不做强者呢!"①布克哈特的人本主义情感抵制这类粗暴地"忽视被战胜者那默默隐忍的痛苦":他不能如此"冷酷"、如此"无情"地对"无数人的痛苦"视若无睹。② 即使他认为,这一历史"事实"不可"否认":可怕的斗争决定了这样或那样的强权地位,由此形成持续的苦难状态,③但令他揪心的,一直是"被征服者的扼腕巨痛"以及是谁施加痛苦的这个念头。④ 引起布克哈特深切"同情"的,是人们"绝望和悲痛的量级,这是造成古代世界君主政体成功的先决条件"。⑤

　　在"希腊文明史"上,人们用"详尽的、令人震撼的描述想到了那些被强权、任性的恐怖和民主专制吞噬的牺牲者,⑥难道"不应该想到无可胜计的受难者,就因为他们不得不保持缄默吗? 然而唾手可得的无数事实擦亮了我们的眼睛啊"。⑦ 再说说罗马:它征服世界的荣誉同时也意味着"各民族的无尽痛苦"。⑧ 人们感到,比罗马荣誉更让布克哈特揪心的是"努曼提亚"的荣誉([译注]努曼提亚是西班牙凯尔特伊比利亚人的城镇,曾抵御罗马的多次进攻,公元前

---

① ［原注 25］*Burkhardt-Gesamtausgabe* VII, 305.
② ［原注 26］同上, 198, 293。
③ ［原注 27］同上, 198。
④ ［原注 28］*Gesamtausgabe* XI, 227, 304.
⑤ ［原注 29］*Gesamtausgabe* VII, 203.
⑥ ［原注 30］参见 *Gesamtausgabe* VIII, 221–225 多处, IX, 326, 329, XI, 184–522 多处。
⑦ ［原注 31］*Gesamtausgabe* IX, 356.
⑧ ［原注 32］*Gesamtausgabe* VII, 195.

133 年被包围 8 个月后幸存者投降）和"大量的被征服者"。①

　　布克哈特的历史情感与尼布尔近似（［译注］Barthold Georg Niebuhr, 1776-1831, 德国史学家）。历史意识对他而言不代表没有同情，更不代表乐观主义世界观。他把英勇的失败者尊为"人类的教师和典范"，②而"任何成功的强者暴力行为至少是邪恶的榜样"："从成功的罪恶中汲取的唯一教训，就是对尘世人生的评估不能过高，不能德不配位"，③这位史学家的说法与叔本华的哲学不谋而合。遵循更高伦理观念的精神高于这个物质世界；但"尘世人生"，以及这部历史主要是痛苦；布克哈特多次讲过，为受苦受难者的宗教是基督教。从这个意义上说，基督教与他这个门徒的内心十分接近。

　　对罗马文化和对基督教文化从伦理和社会学层面进行评价，在这方面，布克哈特与尼采的想法截然相反。尼采，宣布"强权意志"是征服和统治世界之意志的尼采，认为罗马人是特别"高贵的"民族，④他认为基督教体现了与罗马人"强大"精神的极端对立，是"小人物"和"下等人"的特殊宗教。⑤ 布克哈特则从基督教的创立者——没少受尼采的奚落——看出光辉的道德形象，那随时在世间漫游的形象。⑥

　　［原注 38］*Wille zur Macht*（Brahn）, 139. 尼采对基督最强烈的奚落见被尼采档案馆压下但由 Hofmiller（*Süddeutsche Monatshefte* XXIX, 页 83）出版的《敌基督》第 29 章。参见尼采 18 岁的叙事作品 "Euphorion" 当中的 "weiland ein Mauschel"（*Historisch-kritische Ausgabe* II, 页 70）。

---

①　［原注 33］同上，126。
②　［原注 34］同上，203。
③　［原注 35］同上，126。
④　［原注 36］*Wille zur Macht*（Brahn）, Aph. 245 及下条。
⑤　［原注 37］同上，242 及下条，245。
⑥　［原注 39］1844 年 1 月 14 日布克哈特致 Beyschlag。

　　尼采谴责和全然否定基督教道德和一切人本主义道德:"变成利他主义,这就意味着夺走人生最大的特性。"①布克哈特即便(针对"平庸")热情地高评"伟人",却从未想到替"利己主义"美言和原谅它。如果说他不得不承认利己主义是世界历史大事中一个不可避免的因素,那他也只感到有一种需要,即需要给利己主义至少形而上地归归类,以便本着"更高的"、超个体的"公正"意识为个体伦理"恶"的东西辩护。

---

① ［原注 40］ *Ecce homo: Warum ich ein Schicksal bin*, Aph. 4.

十七　历史的超验形而上学

布克哈特于是采用一种世俗化的神正论。

尼采虽然也感觉到[1]"伟人"也必然"邪恶"的"极大张力",听他的口气,似乎也有消除这张力的必要,亦即在一个高于个体心理学的层面上消除;他向"整个大的经济结构"发出呼吁,在此结构中,那些可怕的东西比所有的"善良""更有必要"。[2] 可这是一种什么"必要"呢?

[原注2a]尼采可能也会讨论一种"整体",在这个整体当中,"一切都得到拯救"或者和解,他则可以"怀着喜悦而信任的狂热主义精神"(*Götzendämmerung: Streifzüge*, Aph. 49)承认自己的信仰,即"一切都按照其应该进行的方式在进行着",而且"每一种'不完美'……同时也是最高的、值得向往的事物之一部分"(*Wille zur Macht* [*Großoktavausgabe* XVI,页 362],Aph. 1004;亦可参见 1010 [页 365])。但这种在"狄奥尼索斯信仰"(*Götzendämmerung*:同上)之中的"命运之爱"(amor fati)(同上,1041 [XVI,页 383])纯粹是指内心世界而言的:"对世界的一种绝对肯定,但却是出于那些使人曾经否定这个世界的理由"(*Wille zur Macht* [XVI,页 372],Aph. 1019)。这种本质上属于内在论(Immanentismus)的思想势必导出一个结论,

----

① *Wille zur Macht* (Brahn), 599.

② *Ecce homo: Warum ich ein Schicksal bin*, 4.

即"并不存在'整体'",也不存在总的进程(Gesamtprozeß 同上,[XVI,页
169]);尼采极度蔑视地说道,因为"不存在万有"(同上,[XV,页381],Aph.
331),那么"万有和谐发展的理想"就只是"好人的理想了!"(*Nachlaß*,1882/
84;XII,页295)。尼采的哲学思考必定力求"人们摆脱万有,摆脱统一":因
为若非如此,"人们就别无选择,而只能承认最高的存在,'造出'个上帝了"
(*Wille zur Macht*[XV,页381],Aph. 331)。

尼采认为,在原则上,那就是对"生命"哲学的讨论;生命就是
"善",生命的基本力量就是"强权意志",对它的辩护从一开始就
没有任何问题,能让"善良"(打讽刺引号的"善良")占有"一席之
地"就已算"宽容"了。[1] 尼采的考虑竟然如此快捷和直言不讳。
布克哈特为了找到一条哪怕是一半满意的出路,也需要一种"世
界史"视域,即 sub specie aeterni(永恒视角)视域。

布克哈特对付强权现象这一伦理超验疑难殊非易易。他在时
代表象的"背后"力图看出或猜测到超时代的强权使命。所以,他
初始竭力从客观和历史角度去理解一切,理解"最可怕之事",并
去"适应它"。[2] 然后他对"纯强权"和真正的"伟大"作区分,宣称
强权只有同"伟大"结合才有价值。[3] "纯强势者"比如路易十四
和拿破仑之流是"人格中无担保"的角色,相反,亚历山大大帝、恺
撒、查理大帝是"伟人",因为他们个体心理上的"利己主义"与一
种"更高的"超个体的意志"结合",即个体服务于"历史"意志,这
就"表达"了比任何仅为个体之事重要得多的现象。[4]

[原注6]同上,182,186,190. Steding 声称(页560),布克哈特对"历史
之伟大"的构想是文艺复兴个人主义当中的决定性因素,而不是由个体实现
的"普遍"或者客观"理念",这又一次混淆了布克哈特与尼采。

---

[1] *Ecce homo: Warum ich ein Schicksal bin*,4.

[2] *Burkhardt-Gesamtausgabe* VII,页162。

[3] 同上,页161,182 及下页,190。

[4] [原注7] *Burkhardt-Gesamtausgabe* VII,1,160,163,176。

这种"结合"是一种"神秘的"结合,①正如我们"对世界历史的意旨"和"对世界历史的经济结构"大体上懵然无知一样。②但,"有思想的人知道,伟大个体的存在,是为了完成那些他可能和必须完成之事"。③ 这显然是一种目的论观察方式,以这种方式看,历史就是实现某种客观的"更高的"意义。

布克哈特假设历史上有一种起作用的"共同意志",它"超越个体",由必须履行"命运""天职"的"伟大"个体实现,④而无须对此有某种"预感"。⑤ 那些依恋"非凡之人"的种种命运可能恰好"与世界整体"有关,所以,那些人所成就的职能只能用最高的"世界"标准这个"真正的"标准来衡量。⑥ 真正称得上"伟大"的,毕竟是那些个体:他们"实现了某种大大超越其本人的尘世生活的意志"。⑦ 在有关"伟大"人物这个问题上,涉及的是——人也许完全意识不到——一种主观行为超验地进入超个人客观世界的更高范围,统治这个范围的,是世界历史的意旨,是高于"这个"世界的大"秘密"。

由此看出,世界历史舞台上发生的这类事情从伦理层面看是无可指责的"恶"事,若忽略不计它们的个体自由和个体因果关系范畴——在此范畴人们应用伦理评价——以便"更加隐蔽"地观察它们,它们就获得一个"更广阔的"范围了。但"恶事"并未变成"善事";伦理尺度在接近这些事情的范围内仍然保持完全的、未被限制的效力;然而那个"更广阔的"范围掺和进来了。

"事实上","从来没有哪个强权不犯罪而建立起来";所以,强

---

① ［原注 8］同上，186。
② ［原注 9］同上，204。
③ ［原注 10］同上，180。
④ ［原注 11］同上，185 及下页。
⑤ ［原注 12］同上，201。
⑥ ［原注 13］同上，164。
⑦ ［原注 14］同上，180。

权是、一向是"恶"；但是，"各民族最重要的财富、包括精神财富只有在受强权确保的生存中才能得以发展"。① 倘若初始时的"纯强权演变成了制度和法律"，那么，"任何成功的强权都是邪恶的，至少都是危险的样板"。② 对于强势者的"罪行"，是不能事后原谅和辩解的，也不能"从道德上开脱"。③ 恶事也不能因为"效果"好而变成善事，④但可以导向善事。"罗马帝国提供了一个最伟大的范例"，罗马帝国是以"最可怕的手段"建立起来的，但毕竟又服务于一个高尚的世界历史目的："创立共同的世界文明"，导致文明"遗传"的"连续性"。所以，"尘世间存在恶"的必然性，亦即"人性利己主义""强权"和"统治欲"的必然性，可作为世界历史大经济结构的一部分予以承认，⑤而恶也不会停止作恶。

　　当然，只有在这个"撒旦为王"的世界，恶的必然性才可以想象。⑥ 但"本身邪恶"、靡菲斯托一般的强权意志可以（在这个恶魔撒旦般的，但又处于一种"更高"意旨之下的世界）"创造善"。虽然作恶者不能因此就错误地认为业已替自己的良知正了名，但长于思考的人还是能接受世间存在邪恶这个事实的，而且也不放弃从客观上为人世辩解的想法。

　　对尼采而言，世间不存在"更高的"正义，甚至根本不存在正义。"伟大的""强力的"个体不论他干了什么，只要他给世界演出了强大"生命力"和强权意志的宏伟壮丽话剧，他就应该得到辩护。与布克哈特比较，此为一种"异教"辩护。布克哈特的辩护几乎不隐瞒基督教的来源，最终总以 civitas terrena sive diaboli（天国

---

① ［原注 15］同上，186。
② ［原注 16］同上，202。
③ ［原注 17］同上，26，204。
④ ［原注 18］同上，26。
⑤ ［原注 19］同上，201 及下页。
⑥ ［原注 20］同上，202。

与魔鬼)这个古老的二元论和一个"更高的"世界为前提。布克哈特的构想除了让人想到奥古斯丁,还想到柏拉图、莱布尼兹、黑格尔的"阴谋理念"和兰克——尽管布克哈特对柏拉图未表现出什么好感,①未提莱布尼兹,拒绝黑格尔的历史哲学和兰克的理念学。

[原注 22] *Burkhardt-Gesamtausgabe* VII, 1–3. 尼采也反对黑格尔的"历史乐观主义"(*Wir Philologen*[WW., Naumann, X, 401 及下页]),但他只是为了把历史解释为"残酷和无意义"。Theodor Lessing 的《历史作为给无意义者赋予意义的行动》(*Geschichte als Sinngebung des Sinnlosen*)在其基本思想上直接追溯到尼采。

　　布克哈特对"此岸"世界固然持悲观主义态度,但他作为一个信奉人文智慧的人预感到,终将出现一个良好而正义的世界一统秩序。

---

① ［原注 21］参见本书页 102 及以下。

十八　文艺复兴与基督教

　　布克哈特这一思路突出地表现在他有关"文艺复兴文化"的著名论述中。论述的结语是，因为文艺复兴是"知识界的最大成果"，"只有"它才有获得精神领袖地位的资格。同时，布克哈特也想起那个"被遴选出来的天才"群体，他们在梅迪契（[译注] Cosimo de'Medici, 1389–1464，又译美第奇，统治佛罗伦萨的梅迪契家族主要支系之一的开创者）时代的活动中心是佛罗伦萨柏拉图学院。

　　"文艺复兴是古希腊文化的再生吗?"是，但从不与基督教文化对立。在这里，"中世纪的神秘教与柏拉图的理论和具有特色的现代精神颇为近似"；这群"被遴选"的汉子对"基督教教条"和"僧侣禁欲主义思想"并不觉得怪异。所以，这里存在一条不仅与神秘主义，而且与基督教正面思想相结合的路线。当佛罗伦萨柏拉图学院"为自己确立特别的目标"：深入研究古代文化精神连同基督教精神，以此综合性研究把基督教人本主义者（诸如马内蒂[Manetti]、维托里奥[Vittorino]和维吉奥[Vegio]等）致力于学术研究的成果推向顶峰。

　　[原注1] *Gesamtausgabe* V, 404 及下页。在认识经院哲学的思想世界时，布克哈特将"世界看作一个道德和物理的巨大宇宙"，这主要指向以托马斯为代表的秩序思想。参见 Paul Ludwig Landsberg, *Die Welt des Mittelalters und wir*（1922）。

［原注 3］*Gesamtausgabe* V，364. 所谓"老欧洲的修养"（Bildung des Al-teuropas）建立在人本主义精神和基督教精神的合题（Synthese）之上，布克哈特后来自感是这种修养的捍卫者（1846 年 3 月 5 日致 H. Schauenburg），而尼采则成了这种修养的死敌。基督教与人本主义的这种结合典型地展现在文艺复兴–柏拉图主义之中。因此布克哈特对文艺复兴的爱，也同样是对柏拉图主义的爱，因此读者完全不可能试图从与宗教对立的角度出发去理解这种爱，也不能如 Andler 所想的那样（*Nietzsche und Burkhardt*，147、152），将布克哈特和尼采两人与文艺复兴的关系混为一谈，因为尼采是一切柏拉图式思想的公开之敌。尼采的立场既是反人本主义的，也是反基督教的；他最多能在一定程度上宽容人本主义，即人本主义之中也有反基督教的，也就是否定的因素在起作用。

这时，布克哈特在人本主义内部窥见了一片"绿洲"，人本主义在当时受到他多方面批判①目光的观察。

"人本主义"？是，但不是"人"的"自主"意义上的，也不是允许个人为所欲为、"畅通无阻"意义上的人本主义，而是"古典主义"理想意义上的人本主义。凡有损人之"尊严"的东西，②一概被这种理想拒绝。"理性"的培育使人具有自我责任感的权利和义务，它让人保持"适度的中庸"，人始终是"战胜自我者"，用米兰多拉（［译注］Pico della Mirandola，1463–1494，意大利学者，柏拉图主义哲学家）的话来说，人既不能把自己降格为"动物"（因为有"理性"而高于动物），又不能自视甚高，忘记了自己是上帝的造物。所以，人本主义理想（按此理想，人应是最高意义上的"人"，不是"动物"，但也不是"超人"）乃是一种由"个体自由"提升的伦理义务和责任。从这个意义上说，米兰多拉"人的尊严"理论在布克哈

---

① ［原注 2］参见 *Gesamtausgabe* V，194。

② ［原注 4］*Gesamtausgabe* V，114.

特眼中,"是那个文化时代最珍贵的遗愿之一"。

[原注5] 同上,255 及下页。向"上"奋斗的,从而上升至一种"更高的"精神性(Geistigkeit)的人类,拥有阿波罗式的、基督教的、人本主义的理想,在布克哈特身上,这种欧洲思想史上回溯数百年传统的理想对立于狄奥尼索斯式的、马基雅维利式的、尼采式的理想。后者统一了迷狂和现实的元素,被这种理想推崇为最高的,不是古典和谐,而是以上升至"神"的"兽"为象征的生命力量,它不再把"文化"理解为"野蛮"的根本对立面,而是将两者理解为一种张力关系的两极,在这种关系中,野蛮元素被视为健康力量的永久源泉。歌德的清晰路线遭到背离,取而代之的是一种鲜明的浪漫主义,让各种对立在其中相互渗透。在此过程中,由于"文化"显然不能接受带有野蛮色彩的"健康",因此一开始就陷入了被划为生命"衰落"行列的危险。

　　文艺复兴运动绝对不反对其他时代,也就是不反对其他时代所体现的理想。它是自己时代的理想。布克哈特,这个"对现代社会感到厌倦的人"同这个无可救药的、被革命狂热震撼的时代闹翻了,所以逃往意大利,意大利对"历史"而言,对在文明中和在革命意义上"前进"的历史而言业已"死去"(他当时根本不怎么相信),①他要在那里——被反对革命的氛围笼罩——潜心研究文艺复兴的历史。按照他原本的计划(但此计划由于外部环境之故而未实现),对文艺复兴文化的论述应是他一系列中世纪史述的收尾之作。②

　　布克哈特认为,中世纪教会是欧洲各民族的教育者,对引导各民族负有天职,直到他们"成长起来",③不再需要宗教的道德,④

① [原注6] 1846 年 2 月 28 日致 Schauenburg。
② [原注7] 1874 年 5 月 31 日致 Preen。
③ [原注8] *Gesamtausgabe* VII, 238 A.;相反,尼采对日耳曼人的基督教化进行了猛烈的抨击(*Wille zur Macht* [*Großoktavausgabe* XV,页 258],Aph. 156)。
④ [原注9] 出自布克哈特关于"中世纪的最后几个世纪"授课手稿(1850),引自 Kaegi, *Gesamtausgabe* V,页 XXXI。

进而在有利于肌体发育的过程中,要求过于僵化的各种关系应有适当的松动。布克哈特自由主义的个体自由概念完全包涵在有机体生长的大概念内,它保障了人们"适度"地遵守自由。在文艺复兴时代,人们必然要采取"限制"措施,以"阻挠"可怕的文化力量自由化。① 但是像保守的城市贵族布克哈特这样的人又不愿一切限制被取消,不愿激起无限制的主观主义。他善于正面评价中世纪"当然的权威"理念②和建立在"荣誉"基础之上的社会等级制理念。③

　　社会机构(总或多或少是人为制造)这一合理概念与成长的生物有机体这一历史概念是对立的。

　　[原注 13] 在这个意义上,浪漫主义者(自 Adam Müller 以来)就区分"成长"(Werden)和"制造"(Machen),相应地,社会学家 Ferd. Tönnies 也区分基于真正"本质意志"(Wesenswille)的"共同体"和基于单纯"选择意志"(Kürwille)的"社会"。

　　布克哈特本着隽雅的美学观念尊崇他在各处看到的文艺复兴文化的"艺术品"。除具有"全面"教养的"完美"人士的艺术品,以及高雅化"交游"及"节庆"的艺术品外,吸引他的还有"作为艺术品的国家"这个话题,这时,他的好感就在别处了,亦即赞同政治理性主义、中央集权和专制。然而,当他在谈论天主教民众那成长于中世纪的文化,正好包括艺术文化,当他抱怨改革摧毁了此文化的根基,④抱怨因文艺复兴和人本主义造成"知识"阶层与群氓阶层的分裂——当然也认为不可避免——这时,我们听见他发自肺腑的声音完全就不一样了。⑤

---

① 　[原注 10] *Gesamtausgabe* V, 202.

② 　[原注 11] *Gesamtausgabe* VII, 254.

③ 　[原注 12] 同上, 259。

④ 　[原注 14] *Gesamtausgabe* VII, 292, 314, 316, 328-330, 344.

⑤ 　[原注 15] *Gesamtausgabe* V, 125.

教会不仅是一种涵盖各阶层民众的文化创造者和载体（才俊阶层"内部"也有人"表示不受其限制"），①而且也是自由的支柱。这位研究文艺复兴文化②的史学家正是把教会的存在——不是像拜占廷和伊斯兰世界政教合一的教会——计入"无疑促进个人主义思维方式产生"的要素之列。因为一种强权阻挡另一些强权的一权独大和专制，这就给个人自由制造了一定的空间。面对"强制国家"（不受任何宗教观念的阻碍）的"野蛮"，教会代表着对自由的支持；③一种反对所谓"迷信"的知识界狂热是敌视自由的，这样，人们就只有对"专制国家"俯首贴耳了。④ 布克哈特认为强权独大是对文化的一大威胁，也代表着现代社会"进步"和"匆忙"节奏的一大危险，反倒是中世纪"慢慢悠悠的时代有益"：好的方面是当时一统的专制没有把各民族创造文化的力量"吃光榨尽"。⑤与此相吻合，他也认为改革带来无以复加的灾难性后果是：国家专制倾向的极度强化。⑥

教会为"欧洲"所做的事，是它为文化和自由而建立的功绩之一。中世纪教会作为一种超民族的普遍的精神载体唤醒了西方国家的共同情感。布克哈特认为这是它为"欧洲人"建立的一大功绩。⑦ 他把拜占廷帝国"反伊斯兰教"看作是完成一项"欧洲"使命而给予高度赞誉。⑧ 在布克哈特看来，敌视文化自由，是非欧洲和反欧洲的原则。⑨ 他又从"穆斯林的榜样"回想起斯陶芬·弗里

---

① ［原注16］*Gesamtausgabe* VII, 69, 100.

② ［原注17］*Gesamtausgabe* V, 97.

③ ［原注18］*Gesamtausgabe* VII, 276, 278. Andler（*Nietzsche und Burkhardt*, 57）令人无法理解地认为，布克哈特赞同"现代国家"反宗教的"努力"。

④ ［原注19］*Gesamtausgabe* VII, 277.

⑤ ［原注20］同上，100 及下页，252, 284.

⑥ ［原注21］同上，292, 318, 324-327。

⑦ ［原注22］同上，272, 274。

⑧ ［原注23］同上，275, XIV, 397。

⑨ ［原注24］*Gesamtausgabe* VII, 250, 267, 270, 276.

德里希二世"暴虐""反文化的"政权,这个位于下意大利的帝国是西方国家首个"现代集权的强权国家",欧洲大地上的专制发展以它为首,布克哈特对它的评估是清晰的,①他认为此处和彼此存在对伊斯兰教的"偏爱"让人感到"很乏味",②而那些把"高尚和深邃得多"③的基督教视为"灾难"的人,其观点更是愚不可及了。布克哈特欧洲的和保守的文化意识总爱把所有"东方的东西",尤其是把所有"犹太人的东西"看成危险的异物;他担心欧洲文化的去欧洲化。④

[原注29] 同上, 252. 这是对尼采的话所做的表态,尼采说:"基督教……是人类的最大不幸"(*Götzendämmerung: Streifzüge*, Aph. 47 末尾, = *Antichrist*, 51 末尾)。对尼采来说,基督教的历史是"历史当中最可怕的一部分"(*Wir Philologen*; WW. X,页 403)。参见本书第十四章,原注 17。参见 *Wir Philologen*,页 407:"我把各种宗教理解为麻醉",后来则理解为"鸦片"。

布克哈特把教会当作欧洲理念的载体而加以推崇,认为"宗教"是人们"不应"丢失的财富。⑤ "一个民族的道德与其信仰上帝的意识息息相关。"⑥在文艺复兴时期,无数人因为对宗教事务冷漠而"失去自我",所以,布克哈特"对潜心研究和恪守宗教的人"格外"高看一眼"。⑦ 他还相信,人们自由地追求知识始于文艺复兴文化,那种"严肃"的追求与人的"尊严"相符,"它将让现代精神回归上帝",尽管"如何、多久、以何种方式"等问题暂时悬而

---

① [原注 26] 同上, 69 及下页。
② [原注 27] *Gesamtausgabe* XIV, 390.
③ [原注 28] *Gesamtausgabe* VII, 268.
④ [原注 30] 布克哈特的历史书写中一再出现一种反犹的特征:见 *Gesamtausgabe* VII, 232, 246, 254, 264, XI, 429 及下页, 613 等。
⑤ [原注 31] *Gesamtausgabe* V, 329.
⑥ [原注 32] 同上。
⑦ [原注 33] 同上, 358。

未决。① 布克哈特在许多方面与改革尖锐对立,②但他却把以下事实计入改革最值得欢迎的作用之列:通过改革,"天主教又变成一种前所未有的宗教了"。③

与国家相反,教会所代表的是用"精神"统治"世界"的尝试。可是,这精神也包括"否定"世界的精神——堪称二律背反。身为叔本华的门徒,布克哈特一开始便接受了苦行主义理想,所以他对中世纪的精神不感到陌生。④

[原注 37]相关参见 Heinr. v. Eicken, *Geschichte und System der mittelalter-lichen Weltanschauung*(1887 及 1913)。相关问题请参见本书作者在《中世纪的世界观和生命观》(*Mittelalterliche Welt-und Lebensanschauung*, 1913)当中的论述, 以 及 *Deutsche Vierteljahrschrift für Literaturwissenschaft und Geistesgeschichte*, 1924。

[原注 38]布克哈特也知道,历史上伟大的禁欲者(参见本书第十三章,原注 153)都有"强大的心灵",具备"巨人的禀赋"(*Gesamtausgabe* V, 319)。在这个意义上,Scheler 反对尼采,指出禁欲和牺牲的道德恰恰是"强大生命的表达"(*Vom Umsturz der Werte*[1919]I, 138)。

相反,尼采在"禁欲理想"(见 *Genealogieder Moral*, 3.Abh.)当中看到的,却是正在衰败的生命、虚弱、退化以及颓废的一种标志。当然,他自己身上也无可否认地呈现出这样的问题。作为哲学家,他无法否认,"最高的精神性"与"一定程度的禁欲主义"相关(同上, Aph. 7 及以下,尤其 Aph. 9),这种禁欲主义在"最精神化的人身上"已经成为了"天性、需求和本能"(*Antichrist*, 57)。这位"放纵"的"生命"布道者也许会非常激烈地批判这种"自然直觉"的颠倒,称其为对抗生命的精神"对手";但根据尼采的本性,他本人就是"最精神化"的人之一;因此他的学说也就出现了一个问题。他同样也可以赞美断念的人生(参见 *Morgenröte*, 449)和那种"对痛苦的驯化",正是控制痛苦,

---

① [原注 34]同上, 359。
② [原注 35]*Gesamtausgabe* VII.
③ [原注 36]同上, 196。
④ [原注 39]*Gesamtausgabe* VII, 258 及下页,参照页 284。

才"创造了人类的一切兴盛"(*Jenseits von Gut und Böse*, 225)。迫使尼采进入这种立场的,是他自感有必要和一种追求幸福主义(eudämonisch)世界观那值得轻蔑的错误"目标"保持距离,这种世界观在"安宁"与"可悲的惬意"所带来的"舒适"之中追求"幸福"(同上;*Zarathustra*前言, 3;*Zarathustra* I, *Von der schenkenden Tugend* I)。

不过,在生活方式上秉承实际的禁欲主义(见本书页27),在这一点上,尼采和布克哈特倒是接近的。对于布克哈特而言,如果有人可以称得上从未因享乐目的(*ἡδονῆς ἕνεκα*)而做什么事,那么从私人的角度来说,这种人的行为是完全正当的(见 *Gesamtausgabe* XI, 页251, 注306)。当然:如果说布克哈特眼里的"幸福"只存在于艺术和历史所能提供的精神上的"观照"之福,那么对尼采来说,"幸福"就是"生命"扩大的感觉,即"权力感"(Machtgefühl)。参见 *Antichrist*:Aph. 2:"什么是幸福?——幸福就是权力增长的感觉。""幸福是力量被唤起时的伴生现象。"(*Werke*[Naumann-Kröner] VIII, 页320 = XVI, 页445)

布克哈特对文艺复兴文化的论述也不乏这类禁欲的心绪。[①]自彼得拉克([译注] Petrarch, 1304-1374,佛罗伦萨学者、诗人、人文主义者,新思想促进者)以降,许多文艺复兴人本主义者都有禁欲主义倾向;[②]布克哈特觉得"颇值得注意"的是,几位"主要促进"人本主义的人都明显具有"恪守道德和虔信宗教的特性",甚至出现"最最严苛的虔诚和苦行",他把这些都计在人本主义者的账下。[③] 与他们普遍的处世态度相比较,布克哈特又提出一个堪称"楷模"的行乞僧侣,此人名叫贝鲁诺([译注] Fra Urbano Valeriano von Belluno,未详),其生平事迹受到当代"最深刻最真诚的"天才人物之一,"俊男"孔塔里尼([译注] Gasparo Contarini, 1483-1542,出生于威尼斯的显贵家族。枢机主教兼外交家)的高度激赏,说此人过的是基督教-第欧

---

① [原注40] *Gesamtausgabe* V, 405.
② [原注41] 参见本书第八章,原注150。
③ [原注42] *Gesamtausgabe* V, 194, 364.

根尼式的生活,他"一向身无分文,拒绝一切荣誉和地位提升,以愉悦的八十四岁高龄辞世"。他"在别人的非议中过着内心平静的生活,给他的倾听者留下活生生的训导印象;人必须忍受生活"。"不要动摇,不要不满足,只满足于少许或微不足道的东西即可"。① ——一种抚慰人心的禁欲和稳健平和的人性范式,布克哈特本人的特性也有许多类似之处。

布克哈特认为,尘世中"最抚慰人心"的东西还包括艺术,当然只是那稳健平和的"古典主义"艺术。他不仅景仰拉斐尔([译注] Raphael,1483-1520,文艺复兴时期意大利艺坛三杰之一),认为他是画家中的"至伟者",而且特别褒扬拉斐尔赋予"最高尚内容"以灵魂的"感觉",一如意大利文艺复兴创造了诸多"艺术完美、又符合西方国家纯洁、毫无保留的宗教情感"的艺术杰作。②

[原注44] *Gesamtausgabe* XII, 69, 71.在布克哈特眼里,研究拉斐尔是可以想象的"最抚慰人心的"活动(1869年4月15日致 Vögelin)。布克哈特"为了自己"而"希望"从艺术当中得到的,是对这个时代糟糕境地的"抚慰",在很大程度上,他在"古典"艺术之中"找到"了这种安慰。

就是说,宗教事务是艺术所有内容中"最高贵"的内容。任何让古希腊罗马艺术与基督教艺术相争相斗的行为,无不遭到布克哈特的拒斥。③ 是的,古希腊罗马艺术也许"艳羡"④琴奎森托时期(Cinquecento)的圣母怜子画作,⑤也许还"嫉妒"沙特尔([译注]法国厄尔-卢瓦尔省省会)的雕塑这类中世纪的顶级艺术成就。⑥ "那些大师在艺术使命中没有希腊罗马对美的欢呼,没有阿波罗神和

---

① ［原注43］同上,197 及下页。
② ［原注45］*Gesamtausgabe* XII, 104.
③ ［原注46］*Gesamtausgabe* XIV, 332.
④ ［原注47］*Gesamtausgabe* XII, 12.
⑤ ［原注48］同上,125。
⑥ ［原注49］同上,16。

狄奥尼索斯神,而只见人间痛苦。这,他们不认为是退步,因为在这种痛苦中才发现他们内心的最大力量"。

[原注 50] *Gesamtausgabe* XIV, 343. Andler 的一个观点令人无法理解,他认为,布克哈特把每一次艺术脱离宗教都看成艺术的"解放"(页120)。

从被钉于十字架的受难耶稣的经历中,而不是从阿波罗和狄奥尼索斯的形象上释放出西方国家"最大的"艺术力量——这是叔本华门徒布克哈特明确反对尼采的自白。布克哈特认为人世就意味着痛苦:此为一种新的倾向。在"文艺复兴的公民和仆人"中,一个类似艺术历史学者盖米勒(Heinrich von Geymüller)的基督徒与他真的很靠近。

[原注 51] 参见 Carl Neumann, *Jacob Burkhardt*, 369 及下页,基于盖米勒的论述;亦见 C. Neumann 为布克哈特和盖米勒之间通信所撰写的前言(1914),页6。对盖米勒而言,布克哈特是那个围绕"文艺复兴"的圈子之中的精神"中心";"在整个文艺复兴之中",盖米勒"只为艺术辩护"(Neumann, *Jacob Burkhardt*, 388),而且只在文艺复兴艺术的意义上,他具有"文艺复兴思想"。

尼采呢?在《人性的,太人性的》这本书里,尼采认为意大利文艺复兴是"现代文明需要感谢"的时代,这的确是从"启蒙"的积极意义上说的。首先是"思想解放","解放"也包括"对权威的蔑视"。但是,他与布克哈特截然相反,把文艺复兴与被他的革命精神否定的中世纪做鲜明对比,①而中世纪的"当然权威"意识是受布克哈特称许的。②

在尼采那里,根本谈不上确定古希腊罗马文化的人本主义,这位"自由天才"的关键之点是反对,是解放。基督教是敌人。凡他

①　[原注 52] *Menschliches, Allzumenschliches* I, Aph. 237.
②　[原注 53] 见本书页 130 及该页原注 11。

反对的东西,都只具有次要意义。所以他感觉伊斯兰教比古希腊罗马文化跟他还"亲近"一些。① ——这种思维方式,被布克哈特斥责为"非欧洲式"。尼采美化伊斯兰教,说它是"男子汉的宗教",它有"蔑视基督教"②的"千百个理由"。他还喜欢把"古代"《旧约》中的犹太教与伊斯兰教相提并论,③他不能否认犹太教"英勇伟大"的"强烈"特性。④ 他只是在自己出现反基督教情结的魔力时,在关注基督教精神与犹太人精神的关系时才反犹。

与他对伊斯兰教有"亲近感"相吻合的是,他看见在反基督人士中有一个与他"最亲近"的人,此人便是高居王座的"无神论者和反教会者"、comme is faut(无可指责)的弗里德里希二世皇帝,⑤他试图补救查理·马特所犯的历史错误:"同罗马白刃格斗,与伊斯兰教和平、友谊!"这位德意志皇帝中的伟大思想家和天才就是如此感觉如此行动的。⑥

诚然,弗里德里希二世将"文艺复兴文化"引进来,但此人的人格特点——布克哈特并不否认他人格的伟大⑦——在这里得到格外的强调;布克哈特不掩饰他对这种做法的反感。⑧ 尼采在文艺复兴历史时刻看到"取缔基督教"的极大可能性,彼时传说⑨博

---

① [原注54] *Antichrist*, Aph. 60. 参见重估一切时期的遗稿:"亚洲人比欧洲人要伟大一百倍"(*Werke*, Naumann, XIII,页330)。

② [原注55] *Antichrist*, Aph. 59.

③ [原注56] *Wille zur Macht* (Brahn), 233.

④ [原注57] *Genealogie der Moral*, 3.Abh., 22.

⑤ [原注58] *Ecce homo: zum „Zarathustra"*, 4.这位施陶芬家族的成员是"符合他品味的第一位欧洲人"(*Jenseits von Gut und Böse*, 200)。

⑥ [原注59] *Antichrist*, 60.关于查理·马特,亦见重估一切价值时期的遗稿(*Werke* XIII,页350)。与尼采的理解相反,布克哈特恰好认为查理·马特是命中注定的"欧洲救星"(*Gesamtausgabe* I, 106 及下页, 110 及下页)。

⑦ [原注60] *Burkhardt-Gesamtausgabe* VII, 189.

⑧ [原注61] 参见 *Gesamtausgabe* VII, 70。

⑨ [原注61a] Riehl(*Friedrich Nietzsche* [1897], 127 及下页)就已经探讨过这种观点的不合史实之处。

尔贾（Cesare Borgia）差一点儿当上了罗马教皇。① 对尼采而言，实现这种可能性的想法以及由此导入新的视角，这是令人陶醉之事；所以他对搞德国改革的"落伍的天才"勃然震怒，他们使那种"可能性"化为泡影，或长期被"延误"；而布克哈特不抱怨改革的作用，改革粉碎了某些自由人士革命的文艺复兴前景；他抱怨的是改革的后果：撕碎了中世纪有机的文化传统。他喜欢把"延缓"作用视为"有益"。②

[原注 63] *Menschliches*，*Allzumenschliches* I，237.《权力意志》说到路德"提出的是原始森林一般偏远落后的问题，非常乏味，而同时期的法国，已经出现了蒙田那勇敢而快乐的怀疑"；路德作为"最大的'没有修养的'人"，是反抗"精神趣味"的"农民战争和暴民起义"的"领袖"（WW. XV，页 406：Aph. 367；比较遗稿 XIII，页 36）。

① ［原注 62］*Antichrist*，Aph. 61.
② ［原注 64］见本书页 131 下方。

十九 "贵族的"文艺复兴

　　与基督教作为"大众"和"小人物"①的思维方式相反,尼采认为文艺复兴的自由精神很"高贵",②与"主子人士"身份相配。相反他认为改革只是"十足贱民的仇恨运动":③是"思想界的农民起义",是"反对南方精神的北方农民起义",这起义也反对"罗马人的最后一座堡垒":"教会"。

　　[原注 4] *Fröhliche Wissenschaften*, Aph. 358. 在这个意义上,宗教改革就被"认为是最近几个世纪以来平民主义(Plebejismus)的原因"(Bäumler, *Nietzsche als Philosoph*,页 108)。当然,路德作为"农民之敌",其本人也仍然是个"农民"——单凭他那完全和优雅搭不上边的"污言秽语"(尼采重估一切价值时期遗稿还有一处强调路德的"缺乏优雅"[*Werke*, Naumann, XIV, 65]);如果说路德表现了"平民色彩",那么罗耀拉就是"优雅"的化身,尼采显然赞同罗耀拉这种"人"和"类型"(1879 年 10 月 5 日致 Peter Gast)。因此,对布克哈特来说,贵族罗耀拉及其建立在纪律之上的修会,就表现为一种令人产生好感的对立面,对应着新教一边"普遍的无纪律"和宗教的"民主主义"。布克哈特的社会学分析认为,罗耀拉"频繁来往于天主教双王([译注]Reyes

---

① 见本书页 125。
② *Genealogie der Moral*, 1.Abh., Aph. 16;*Antichrist*, 61.
③ *Genealogie der Moral*,同上。以文艺复兴对抗宗教改革,亦见 *Wir Philologen* (WW. X,页 406)。

catolicos,指西班牙卡斯蒂利亚的伊莎贝拉一世和阿拉贡的斐迪南二世两位君主)的宫廷","一方面表现出军官适应权力的姿态,另一方面又带有一位有修养、有地位者的普遍前提,这一特征在布克哈特看来是好感的原因之一;在对待各种人的时候,包括有权势者,罗耀拉不会屈服于鲁莽和不可预见性。而鲁莽和不可预见性恰是下层农民(!)或城市平民出身的人所惯常采取的态度";——"他的纪律所特有的绝对服从的思想,也许极大地受到过他军事生涯的启发。即便帕科缪(S. Pachomius)和圣马丁(S. Martin von Tours)也曾是军人"(*Gesamtausgabe* VII,347 及以下)。——布克哈特让尼采注意 Janssen 第二卷著作"出色的材料搜集工作";这种材料搜集工作被尼采用于把人从"伪造的新教历史建构中解放出来",(因为)"我们已经学会了相信这种历史"(1879 年 10 月 5 日致 Gast)。

[原注 5] *Fröhliche Wissenschaften*, Aph. 358 末尾。在这里,尼采加入了"南方"阵营,反对"北方"。但如果我们把"南方"精神性的一系列代表人物和"北方"精神的代表人物相对比,就会发现尼采不可能像温克尔曼和歌德一样,被归入南方阵营,不过类似的事情却时有发生(如 Podach, *Nietzsches Zusammenbruch*,页 68;同样,有时观点完全相反的作者,如 Bäumler [*Studien*, 285]却在他处[同上, 288]正确地称尼采为一个严格的"北方人")。

"无论尼采本人的意志、决断、传道士般的热情和向往希腊的乡愁……希望自己进入'南方的'行列,但根据其本质和精神血液,尼采'天生'就完全属于'北方'"(Ernst Bertram, *Nietzsche*, 126. 显然,Bertram 的这句话是出于另外一种语境,其本意也相应地不同)。[参见 R. Lindemann,„Hochwald" XXII 2, 1925, 652 及下页,他把尼采放入了从中世纪-德意志神秘主义开始,经过路德和虔敬主义而发展的那条线索之中。]

我们必须注意,尼采在何种意义上会给路德唱赞歌。对他来说,路德是"最伟大的行善者",因为他结束了"圣人崇拜和整个基督教的沉思式的生活";即便这是一种"农民的方式",但却是"路德所行的最重要的事"(*Morgenröte*, Aph. 88)。这是尼采对路德的否定([译注]指路德对当时教会的否定和改革)所持的肯定态度,此外也是对路德的"自我"姿态和自我意识之肯定。在尼采看来,可以得到积极评价的路德,是那个"教会了德国人说;'我就在这里! 我别无选择!'"的路德(原文有强调)。恰好在这里,尼采将

路德看作一项事业的开拓者，一项他视其完成为己任的事业：如果说路德
"教会了德意志人以非罗马的方式存在"，那么要"完成"路德的"工作"，就
是让"德意志人成为欧洲最早的非基督教民族"（*Fröhliche Wissenschaften*，
Aph. 146）。

　　对于基督教良心的约束和压迫，对于那种"我别无选择"，尼采当然既无
理解，也无兴趣；没有什么比他那纯个人主义的转移重点更加突出的了。尽
管如此，尼采在这里还是扣动了重要的一根弦。德意志精神历史当中穿过了
一条"唯名论"的线索；这条线索（Jos. Bernhart 曾尝试描述它）由埃克哈特大
师开创，经过路德，发展到尼采。（把康德纳入这条线索似乎是可疑的。）这
条线索的特征是"个人化的"、革命性的"反抗"（Protest）；如果说埃克哈特还
有四分之三是天主教的，路德是半天主教的（参见 Ernst Troeltsch：*Die
Bedeutung des Protestantismus für die Entstehung der modernen Welt*［1911］，以
及：*Protestantum*，*Christentum und Kirche in der Neuzeit*［见合集：*Kultur der Ge-
genwart*］² 1909），那么尼采就是激进的"新教徒"（［译注］Protestant，德语中
也是反抗者之意，又译为抗罗宗）：向整个基督教，包括一切基督教–人本主
义伦理宣战的反抗者。这是一条反古典的线索；布克哈特在评判文化和修养
事务的时候明显是倾向天主教的（参见本书第五章，原注 49 末尾；第六章，原
注 65 末尾；第八章，原注 176）。

　　［原注 6］*Fröhliche Wissenschaften*，Aph. 358 开头。教会让尼采赞赏的地
方，是它作为罗马帝国的后续，展示了一种权力的产物，具备权力的几分"贵
族气派"。

　　　　"罗马人"是一切"强大和高贵"事物的化身。
　　［原注 7］*Genealogie der Moral*，1.Abh.，16.中世纪德意志人的多次罗马
之行（［译注］Römerzug，指德意志君主去罗马加冕）保全了"德意志的根本"，
使其免受精神上"落后"之苦，因此在文化上是"德意志之幸事"。

　　至少对早期的尼采而言，"教会"代表"一种统治形象，它确保
了教养优秀人士的头等社会地位，而且，教会信奉人文精神力
量"——"它无论如何是比国家还高贵的机构"。

［原注 8］*Fröhliche Wissenschaften*, 358 末尾。在这里用"精神"来对抗国家有利于抬高对教会的评价。布克哈特考虑的主要是作为贵族权力的教会在历史上一再扮演过的资助人角色；在我们这个时代，当"教会和优雅者不再能够给社会定调"（致 Preen）之后，他担心艺术和科学的命运。

改革起劲地反对国家强权和大众利益：它给"大家伙"提供"抢劫"的契机，给"小家伙"提供"节约"的可能性。马丁·路德"不明白他所干的事"，"不知教会为何物"。

［原注 9］*Menschliches, Allzumenschliches* II₂, Aph. 223. "宗教改革"纯粹是"粗俗的本能""脱离了约束的极其卑劣的欲望""积压的暴力需求"的"大爆发"，路德对这些消极因素起了"推波助澜"的作用（重估一切价值时期的遗稿；*Werke*［Naumann］XIII，页 333）。

［原注 10、11］*Fröhliche Wissenschaften*, Aph. 358. 尼采显然不同意 Johs. Janssen 论述的"在一切概念上都突兀和无害化"的宗教改革图像（*Genealogie der Moral*, 3.Abh., 19 末尾）（布克哈特在描述宗教改革时代［*Gesamtausgabe*, VII］时，高度借鉴了 Janssen 的著作；亦参见本章原注 4 末尾）。重估一切价值时期的遗稿（*Werke*［Naumann］XIII，页 338）。尼采称"非黑即白"的问题"袭击"是笨拙的，将其形容为"如四角形一般唐突"（见, *Nachlaß*, 1885 及以后，WW. XIV, 354；以及：*Zarathustra* I: *Von den Fliegen des Marktes*）。

教会良好的礼仪使这个"粗野的家伙"十分恼火，①其结论是，"贱民仇恨"战胜了在"文艺复兴"中"再度苏醒"的、"罗马人"意识中的"高贵的评价方式"。文艺复兴试图让这种评价方式"获胜"。② 尼采认为，"人类的福祉和未来"取决于"贵族价值，亦即

---

① ［原注 12］*Genealogie der Moral*, 3.Abh., Aph. 22. 将路德描述为"粗野之人"亦见：1884 年 2 月 22 日致洛德。

② ［原注 14］*Antichrist*, Aph. 61. 在尼采眼里，文艺复兴时期的教会也是"优雅的"，如此有修养，如此富有怀疑精神。

罗马人价值的绝对统治"。①

　　所以,早期的尼采认为,"罗马教会"——除去它的基督教信仰——闪耀着"高贵的"余晖。

　　[原注 13] *Genealogie der Moral*, 1.Abh., 16.参见上文原注 4。在同情之道德(Mitleidsmoral)的语境下,主要在卢梭那里体现的民主理想,被尼采追溯到基督教思想之中的根源(*Nachlaß*, 1882 及以后;WW. XIII,页 329)。对尼采而言,在一切人根本"平等"意义上的"公正"理想,正是"等级秩序"的对立面。

　　[原注 16] 有等级组织的"教会"意在证明"等级秩序"的意义(见本章原注 13),教会之下的耶稣会就是一个遵循"命令与服从"的机构(参见原注 4)。在尼采看来,这样的教会至少不像原初的基督教这么"值得鄙视",因为原来的基督教是典型的"小人物"的宗教(见本书页 125),比教会要"糟糕一千倍"(*Ecce homo: zum „Fall Wagner"*, Aph. 2)。——以教会来对抗基督教(《卡拉马佐夫兄弟》当中的宗教大法官故事入木三分地刻画了这种现象)也许会让人想起"法兰西行动派"([译注] Action française, 1898 年在德雷福斯事件影响下在巴黎兴起的一个极右的民族主义政治派别)中的某些分支。

　　此外,随着尼采的反基督教情绪日益强烈,他越来越觉得教会是"为反尘世高贵而打仗"的机构;所以教会不只一次地被利用来反对那特别令人厌恶②的"国家"。由于基督教的缘故,教会便落入尼采"不高贵"的判决之下;"高贵的"倒是"伊斯兰教文化",③这是一种"俯视"人世的"统治阶级"的文化。④

　　[原注 17] *Antichrist*, 60.从这一视角出发,教会似乎反而只是一种"衰落的产物",基督教的一种"畸形",教会以其崇拜仪式、教条和神学,只支持尼采极力反对的一类人:教士(Priester)。某种保守观点将教士和战士相提并

---

① 　[原注 15] *Genealogie der Moral*, 1. Abh., 16.
② 　[原注 18] 参见 *Zarathustra* 当中"vom neuen Götzen"一章。
③ 　[原注 19] *Antichrist*, Aph. 60.
④ 　[原注 20] *Wille zur Macht* (Brahn), 233.

论,但尼采的革命意志则以战士来对抗教士。因为对他来说,在那种"有待重建的自然状态"的意义上,战士是一切"强大"和"健康"的原型,尼采将其设想为卢梭式(反自然的)"平等"的反面。可见尼采想要的是一种"自然的"贵族制,与布克哈特基于文化评价之上的"贵族"理想完全不同。

尼采浪漫的、"英雄"气度的"高贵"理想源于他反市民阶层的仇恨。布克哈特也喜欢文艺复兴的空气:他感觉滞留在那里便是置身在一个比"过于市民化"的世纪"优越"的世界。但布克哈特认为足为范式的文艺复兴文化衍化成了高贵的资产阶级文化。对产生这种文化具有决定性作用的社会事件是"城市生活的发展"以及"各阶级的融合",由于这融合,"贵族的概念彻底消失",资产阶级兴起成为领导阶层,这是资产阶级教养战胜"从山上宫殿俯瞰世界"的胜利。①

于是在如是产生的文艺复兴社会阶层内开始了一个贵族化过程,②此过程在以新的大资产阶级为支撑的艺术发展中有所展现。文艺复兴盛期和晚期的艺术越来越取向于"高贵和不同凡响";③布克哈特对此全力支持,直至完全同情贵族社会。卡斯蒂利奥内伯爵([译注] Baldassare Castiglione,1478-1529,意大利外交官、侍臣。他的《侍臣论》使他成为文艺复兴时期贵族礼仪的权威人士)的"侍臣"如是描述此贵族社会:"侍臣"根本不认同"才智者",也乐见庶民对大人物的仇恨。④ 他认为"位高权重者"值得人们称道的东西,是他们能"明智地把握尺度"。⑤ 贵族"更高"的人本主义理想是以人本

① [原注 21] *Burkhardt-Gesamtausgabe* V,页 127、257 及下页。
② [原注 22] 参见本书作者的论文 *Soziologie der Renaissance*(1932)。
③ [原注 23] *Burkhardt-Gesamtausgabe* XII, 278.亦可参见 XIII, 292,其中讲到文艺复兴时期的市民阶层十分重视占有高质量的艺术品,这是典型的上升时期市民对豪华的需求。
④ [原注 24] *Gesamtausgabe* V, 117.
⑤ [原注 25] 同上, 116。

主义教化为基础的,它成了新兴的高贵的资产阶级的教化。文艺
复兴时期那么多人本主义者由于在人文教化这个"固定的家乡"
扎根不牢而滑进非资产阶级的旁门左道,这,被巴塞尔人布克哈特
视为"主要弊端"。①

　　尼采要的是这类人:佯装不知任何社会关系,原则上轻视市民
阶层,他们是大冒险者。这类"勇敢而专横的人""格外贪得无
厌","自私自利","不给自己的人格划底线"。尼采认为这类人不
在"北方",北方的"法律"令人敬佩,北方被"大众对法制的兴趣"
所笼罩。② 这类人在意大利,那是司汤达情有独钟之地。这是一
种纯然源于尼采这个"自由飘浮才子"美学狂热的理想。尼采要
的是"有趣的"人,③这样的人被"更高贵的魅力"弄得"很有好奇
心",④尼采看见他们被"贵族魔力"包围着。⑤ 这些"伟大"而"有
趣"的人是反市民阶层的"非道德主义"者。⑥ 而按市民标准去评
价那些"最值得尊重的"人,亦即"普通人",就都是"味同嚼蜡"
之辈。⑦

　　博尔贾之流才"有趣",尽管他同"所有伟大人物"一样"受教
会诅咒"。⑧

　　布克哈特认为,尼采也应受教会咒骂。布克哈特觉得这类人
像"魔鬼",他们"嗜血成性",这绝非什么"目的合理性",而纯系
恶魔行径,属于"绝对丧尽天良的恐怖人物"。⑨ 文艺复兴时期,这

---

① ［原注 26］同上, 195。亦可参见本书页 99,作为平行参照。
② ［原注 27］*Fröhliche Wissenschaften*, Aph. 291.
③ ［原注 28］*Wille zur Macht*（Brahn）, 562.关于司汤达,参见本书第十四章,原注 27。
④ ［原注 29］*Wille zur Macht*, Aph. 166.
⑤ ［原注 30］同上, 160。
⑥ ［原注 31］同上, 160, 562。
⑦ ［原注 32］同上, 158。
⑧ ［原注 33］同上, 562。参见 *Ecce homo: Warum ich ein Schicksal bin*, 5:"我的眼睛
　　所遇见的你们这些最高的人啊,……你们将称我的超人——是魔鬼!"
⑨ ［原注 34］*Burkhardt-Gesamtausgabe* V, 327 及下页。

类人物多如牛毛。当尼采的浪漫主义把文艺复兴视为迄今对"生命的最大肯定",布克哈特却谴责"脱离一切关联的主观行为"。①布克哈特不愿撤销道德评价,根本无意采用相反的非道德评价。当尼采觉得强力人物"永不满足、自我中心""很了不起",②布克哈特则认为那是"放肆的自私自利",因为它"嘲讽法律,将所有健康的教化扼杀在萌芽状态",是"万恶之源"。

[原注 37] *Burkhardt-Gesamtausgabe* V,页 2, 328。参见《希腊文化史》(*Gesamtausgabe* XI, 32)对"英雄式人类"的判断,无论布克哈特赞成这类人的什么品质(参见本书 89 及下页),他仍然认为"英雄人物"有"百折不挠的自私自利精神",极不可能"有忏悔的能力","绝非人性的理想"。

尼采完全错误地认为布克哈特是"极端的个人主义者":在这个意义上,布克哈特不是"文艺复兴的'吹鼓手'";"在这里,他与尼采分道扬镳",Carl Neumann 就已中肯地说过,布克哈特"深深地厌恶"尼采关于无同情心和非道德主义的学说;对布克哈特来说,无论是古希腊的还是文艺复兴的"超人",都"不再是一个审美现象"(C. Neumann, 23, 26, 91 及下页, 265, 267)。另参 Carl Justi(*Michelangelo*[1900],页 194),断定布克哈特"对天才的东西有一种'轻微的'反感"。

H. Gelzer 称(*Zeitschrift für Kulturgeschichte* VII, 38),布克哈特曾为自己"针对博尔贾和其他一些文艺复兴时期可怕的暴力人物发表的一些言论"(参见本书页 138 提到《文艺复兴的文化》[*Kultur der Renaissance*]中的评判)表示"后悔",这是非常值得怀疑的:据说"目空一切的高谈阔论","美化"那些暴力人物,"对年轻一代影响很差",但布克哈特对这些"高谈阔论"的看法并不与此类似。这里也许存在一种误会。Gelzer 认为,正是布克哈特"精神极度细腻柔和的天性",他"一半女性的精神",感到"有通过一种理论狂热去崇拜生理力量,甚至崇拜残暴来补充自身天性的需要"。这纯粹是杜撰。这一切都不能在任何其他地方,尤其是不能在任何直接(一手)证据中找到支持,而且也完全与布克哈特的整体形象不符。不过,除了"后悔",其他的一

---

① [原注 35] 同上, 197。
② [原注 36] *Fröhliche Wissenschaften*, Aph. 291.

切如果放在尼采身上,倒是分毫不差(放在 Conr. Ferd. Meyer 身上也差不多)。

　　尼采不加区分地称赞"大人物"的文艺复兴理想,布克哈特则认为那是对理想的"误解",以至人们"对那些错误——大人物尽管犯错依然成了伟人——也漠然视之"。① 布克哈特②虽然觉得"大人物"有理,那是在他们面对"太过"市民化的人们眷恋"安全感"之时,他们面对"人本主义"的"永恒"法则就无理了。所以对于"伟人"也要用客观固定的标准划定界线,因为"存在一种人格规范,良知便是它的声音"。③

　　把一切"道德化",就是说在不该使用道德标准的地方使用,这不是布克哈特的风格。比如马基雅维利的"政治客观主义"——我们在本世纪看见左右倾的强力人物在工作中所表现的那种政治客观主义——就没有让我们看到布克哈特特别的"道德愤怒"。④ 布克哈特在研究文艺复兴的"个人主义"时,他认为重要的是对历史现象的洞察,这种历史现象会以类型学的必然性出现在"某个既定的"发展阶段上。⑤ 这就意味着没有"总体评价"——"总体评价"有点像家庭教师口吻!⑥ 当然,对于"超人"——"彼岸"所有标准化的"超人"——也不能发放特殊"许可证"。文艺复兴恰恰具有两面性;到处都有区分与鉴别的任务;"做最终的总体评价",这超出布克哈特这位史学家的能力。⑦ 鉴于当代人的类型日趋单一,布克哈特十分欣悦地看到文艺复兴时

①　[原注 38] *Gesamtausgabe* V,309.
②　[原注 39] 参见本书第十五章。
③　[原注 40] *Gesamtausgabe* V,309,参见本书页 115。
④　[原注 41] *Gesamtausgabe* V,62.
⑤　[原注 42] 参见同上,115 及下页。
⑥　[原注 43] 同上,308 及下页。
⑦　[原注 44] 同上,329,参见本书 114 及下页。

代促使"个性"多样化所具有的魅力。他的古典主义感觉掩盖不住他对"如此和谐人格"的陶醉,比如阿里奥斯托([译注] Ludovico Ariosto, 1474-1553,意大利重要诗人,其代表作《疯狂的罗兰》被公认为文艺复兴时期的不朽巨著),他的人格是将高贵人性、诗艺"自矜"与"心灵底蕴善良"结合在一起的。

[原注45] *Gesamtausgabe* V, 99. O. Markwart(见其布克哈特传记,页146)称阿里奥斯托和阿尔伯蒂(Leon Battista Alberti)是布克哈特的文艺复兴理想。Rehm(*Jacob Burkhardt*,页139)详述了这一问题,他说,布克哈特喜爱"文艺复兴时期和谐高贵、'严肃虔诚'的人,但也有其他时代的人,中世纪早期神圣的伟人也受他珍视,如萨尔维安(Salvian)、塞维林努斯(Severinus)等,都是'充满慰藉'的现象;在反宗教改革时期则有鲍荣茂(Carlo Borromeo)"。

在文艺复兴时期,"除了人格至贵的和谐和光辉灿烂的艺术外",也滋生出"深度的道德败坏";[1]除了真正的人性善良,也冒出"罪恶的""傲慢"、"邪恶"和"冷酷无情",对于这些东西,任何"迷人的""精神宏富"也抵消不了。此外,马基雅维利也确认同乡袍泽深度的"道德败坏",见证"道德力量"在他们那里严重受阻。[2] 引起布克哈特"极度反感"的人物比如像阿雷蒂诺([译注] Pietro Aretino, 1492-1556,意大利诗人、散文家、剧作家,敢于用文字攻击权贵而受全欧赞扬,人称"抽打王公的鞭子"),此人让布克哈特想起刊载煽动性骇人听闻事件的报纸,或粗制滥造的色情刊物。[3] 这一切都让他觉得有伤"人之尊严"。他把文艺复兴时期的"强权人物"倒视为"在鞭笞上帝"。[4] 他与尼采相反,对文艺复兴的兴趣更集中在"令人喜悦的创造性的东西和令人振奋的东西"上面,与尼采

① [原注46] *Gesamtausgabe* V, 329.
② [原注47] 同上, 113, 117-119, 195, 309。(亦可参见页112, 115, 120;关于一般意义上"牺牲"[Opfer]的概念:参见本书123及下页)。
③ [原注48] *Gesamtausgabe* V, 119 及以下。
④ [原注49] 1896 年 1 月 23 日致 Ludw. v. Pastor。

的兴奋点有别。① 他 30 岁时说："我寻觅和谐。"②年迈时写的一封信中③援引歌德为例，以说明他对意大利的看法，"即把意大利看成是对德国人本性的一个补充"；尼采喜欢将南方与北方对立，这与布克哈特的作派相去甚远。

如果说尼采对文艺复兴做一般性的肯定（正如他那样看待和愿意那样看待文艺复兴）代表着对"野蛮生命"的肯定，代表着从生物学上消除人文教化的一切概念，那么，布克哈特有意彰显分歧的文艺复兴观就代表着对纯"生命"完全持保留态度，代表他仰慕"平静的教化"，仰慕与古典"永恒的"规范相结合的个性。而尼采对上述规范的作用做了革命性的否定。

布克哈特对文艺复兴的兴趣一直围绕着两个焦点：个体的自由和"言行举止的准则"。一切个体力量的自由发展虽是文艺复兴文化的条件，但这种文化的最高表达则是完美的"古典主义"艺术。歌德就经历了意大利文艺复兴的两个完美方面，亦即在切利尼（[译注] Benvenuto Cellini, 1500–1571，意大利佛罗伦萨金匠，雕刻家。于 1558 年开始写自传，1562 年自传竣稿）的自传中和在拉斐尔的伟大艺术中。按布克哈特的观点，"理想"中也要充满"个性"，这样，个性方能给人造成"活生生的"印象。他在拉斐尔身上看到理想与个性完美的"平衡"。④

布克哈特认为，文艺复兴人士的形象也包括"强有力的"天性。⑤ 而具有崇高理想的文艺复兴盛期，其"新的意志"恰好面向"伟大和强力"，即面向"提升了的个体"⑥。然而，真正的"伟大"

---

① ［原注 50］同上。

② ［原注 51］1848 年 8 月 23 日致 H. Schauenburg。

③ ［原注 52］1890 年 9 月 17 日致 Wilh. Schäfer（引自 Kaegi, *Gesamtausgabe* V，页 XXII）。

④ ［原注 53］*Gesamtausgabe* VII, 503.

⑤ ［原注 54］*Gesamtausgabe* V, 99.

⑥ ［原注 55］*Gesamtausgabe* VII, 238，亦见 70, 111, 126, 136, 237。

从来不是过度拔高的东西。拉斐尔"特别强大而健康的"心灵正是一个十足"常人"的心灵。① 这一古典主义盛期的最大的(比如拉斐尔)能力也包括——与此能力相宜的——非常市民化的、模范而忠诚履行义务的美德;②还包括一种(非市民化的)"浮士德式"伦理,布克哈特在拉斐尔身上见到此伦理的实效:他永不停息地"为获取美而搏击,每时每刻都在关注面前的至美。他决不躺在功成名就上休息,或将其当作安逸的财产加以耗费"。③ 布克哈特感觉自己与这种伦理,这种与古典、市民和浮士德式追求等元素结合的伦理十分贴近。④

拉斐尔的作品是"古典的",因为它们彰显了与"最大适度"相结合的"最大力量"。⑤ 对此,人们理解不了,原因就在于人们不再有标准意识。布克哈特深知,⑥"喜爱古典,这对于当今一代不再是自然而然的事了"。他心知肚明,人们对古典主义不再怀有"正当的信任",他也对各处出现的"浮浅和表面化"疑虑重重。⑦ 所以,当那些赞扬米开朗琪罗的"现代人"受到欢迎,为了给米氏更高的荣誉他们就矮化拉斐尔这样所谓"过时的"伟人,这就毫不足奇了:当他们对米氏这位显然拥有最大能量的大师颂扬,同时将拉斐尔形容为一杯糖水而加以贬损,这些听起来又像在彰显他们自己的能力了……他们作出与"迄今"评价相反的评价,发表崇议宏论以赞扬米开朗琪罗这个强大人物,这种作派看起来很有天才范儿。⑧

---

① [原注56] *Gesamtausgabe* IV, 271.

② [原注57] 引自 Wölfflin, *Gesamtausgabe* III,页 XXIII。

③ [原注58] *Gesamtausgabe* IV, 309.

④ [原注59] 同上, 308。

⑤ [原注60] *Gesamtausgabe* XII, 103.

⑥ [原注61] Wölfflin, *Gesamtausgabe* XIII, 171.

⑦ [原注62] *Gesamtausgabe* XIII, 362.

⑧ [原注63] 引自 Wölfflin, *Gesamtausgabe* III, XXIV 及下页。

　　只可惜，人们赞许的这位"强力大师"，①往往缺乏拉斐尔的适度，所以也缺乏拉斐尔那种"卓越的美"，②而且完全看不到我们在拉斐尔那里"愉快"感受到的、造成令人振奋印象的先决条件，即"不经意为之"的艺术态度。③ 米开朗琪罗则"有意为之"，"没有诉求的自然美"势必屈服于"有意"。④

　　如果说"古典主义"艺术中还有更高的东西发声，那么米开朗琪罗艺术中的"我"连同其有意的狂傲⑤和绝对意志⑥由于"缺乏尺度"而必然走"极端"。⑦ 米氏这位"确有长处的现代人"⑧遭到布克哈特拒绝的东西——势必引起尼采不悦——是："不当的强力"人格，"恶魔似的"无度，装作自主样子的个人主义"任性"；⑨米氏作品令人"窒息"，以至"人们不能与其共生"——与拉斐尔的古典世界截然相反。⑩ "所有让我们生活变得高贵的东西，在他的作品中实属鲜见"。对他而言，"不存在传统"，他也不懂顾念他人的情感方式；作为一个"纯创新者"，⑪他那"火山爆发般的"作派与"那些让自己的主题慢慢成熟的老派人物的风格大相径庭"。⑫

　　布克哈特与歌德的"有机"思维一致，他俩都不喜欢"火山爆发机制"。米开朗琪罗是个"寻找超人人性"的普罗米修斯，而不

---

①　[原注 64] *Gesamtausgabe* XIII，329.

②　[原注 65] 同上，335。

③　[原注 66] *Gesamtausgabe* IV，74.

④　[原注 67] *Gesamtausgabe* XIII，330 及下页。参见 1884 年 3 月 14 日致 Alioth（关于米开朗琪罗的"任性"）。

⑤　[原注 68] *Gesamtausgabe* VIII，330.

⑥　[原注 69] *Gesamtausgabe* VII，97.

⑦　[原注 70] 同上，103，138。

⑧　[原注 71] *Gesamtausgabe* IV，74.

⑨　[原注 72] *Gesamtausgabe* III，290，IV，75，254.

⑩　[原注 73] *Gesamtausgabe* IV，254.参见本书第十八章原注44。

⑪　[原注 74] 同上。

⑫　[原注 75] *Gesamtausgabe* IV，74.

是寻找"被升华的人性"。①　布克哈特与尼采的矛盾也不便更明确地说出来。尼采这个"自由市民"与人本主义者布克哈特一道反抗"暴君"和反抗"投奔"暴君的人,可是尼采对米开朗琪罗这个粗暴无礼之徒却心怀敬畏和仰慕,暴露出"十足的奴仆嘴脸"。②　尼采爱走极端,其最大的极端行为是,竟然因为米氏所谓"巨大的创造力"③而承认"他的特权和准则",④那可是其他所有艺术门类准则之外的准则啊:米开朗琪罗是"伟大的""奇人"。他可以为自己使用特权,他永远特殊。⑤　相反的最高准则是拉斐尔艺术所显示的那种"相当正规的准则":⑥自然顺势而为、不矫揉造作、"健康"的准则。⑦

　　布克哈特决不让"当今的时尚人物"来攻击自己,这些人物已成历史陈迹。⑧　"北方那些自命不凡的愚妄者"⑨对巴洛克艺术先贤的招牌发掘也一去不返。⑩　纵然布克哈特十分理解和尊崇巴洛克艺术,但他还是对"古代的",亦即"古典主义"艺术情有独钟。古典主义艺术对他而言,是形形色色艺术现象匆匆来去之际的稳定港湾。

　　"高雅的礼仪是美好轻松生活的表达",⑪从这层意义上说,尼采对人们这个核心爱好是尊重的。但是,当这个"崇拜酒神的人"

---

① ［原注 76］同上,74 及下页。
② ［原注 77］同原注 63。
③ ［原注 78］*Gesamtausgabe* IV, 75.
④ ［原注 79］同上, 254。
⑤ ［原注 80］见本书页 120。
⑥ ［原注 81］*Gesamtausgabe* IV, 271.
⑦ ［原注 82］同上。
⑧ ［原注 83］*Gesamtausgabe* XIII, 362.
⑨ ［原注 84］*Gesamtausgabe* III, 153.
⑩ ［原注 85］同原注 63。
⑪ ［原注 86］Wölfflin（*Gesamtausgabe* VI,页 XXIII）这样描述布克哈特的生活态度。

以"和谐适度"的面目出现时,毕竟总会令人生疑,至少也是有问题的。① 布克哈特借助"和谐的安宁"成就了"完美的人际关系",以至感到自己受到"神力"和"苍天"生活气息的轻抚,那是一种与升华的此岸感觉迥异的感觉;原则上要当"欢笑"哲学家的尼采,②在产生"和谐适度"情绪时,"和谐的安宁"也是他要"充分享受"的至高无上之物。只是,像布克哈特一样的"悲观主义者"不可能完全肯定"此岸"生活,他们有一种需求,亦即"在更高的生活里"获得"救赎"的需求。这种生活在伟大的艺术中被他找到,其艺术形象"不再是个人的,暂时的,而是充满象征意蕴,是不朽的"。

[原注 89] *Gesamtausgabe* VII, 45 及下页。布克哈特如此紧迫地研究艺术发展所受的历史-社会学制约,尽管如此,他还是尊重掩盖着艺术家"灵魂律动"的秘密(同上)。所以布克哈特身上除了那种历史和社会学的观察方式之外,还能存在一种具有罕见持续性的"古典"审美。

布克哈特在一首诗里表示,他希望自己当"永恒美"的"神甫",③他主要在文艺复兴文化和艺术中发现了超时代的"美"和"伟大",我们断不可失掉与它们的"联系",断不可丧生于"当今时代巨轮"之下。④

尼采干脆把文艺复兴当做"千年历史的黄金时代"予以欢庆,⑤布克哈特只说是艺术的"黄金"时代,而且仅指文艺复兴盛期的艺术。布克哈特对其著作《文艺复兴时期的文化》一书的陈述方式,颇为自夸,因为陈述不带"倾向";选择的主题也避免了倾向

---

① [原注 87] 参见本书 46 及下页, 91 及下页。
② [原注 88] 参见页 43。
③ [原注 90] "诗人的使命": *Jacob Burkhardt's Gedichte*, hgg. v. K. E. Hoffmann (1926),页 104。
④ [原注 91] 1855 年 10 月 17 日致 Alb. Brenner。
⑤ [原注 92] *Menschliches, Allzumenschliches* I, Aph. 237.

性陈述。① 尼采呢,他以宣布纲领的腔调扬米(米开朗琪罗)抑拉
(拉斐尔),把米氏捧为"新价值的立法者",在此人面前飘浮着"高
贵文化的理想",而忠诚谦逊的拉斐尔"只"颂扬"既有的"基督教
价值,"内心没有继续寻觅的渴望的本能直觉"。

[原注 94] *Nachlaß*, 1886(WW., Naumann, XIV, 146 及下页)。相反,
《人性的,太人性的》当中的尼采还知道米开朗琪罗一类的大人物能够给艺
术带来灾难性的后果(I, Aph. 158),当时还与布克哈特的感受不谋而合。

---

① [原注 93] 1875 年 10 月 30 日布克哈特致 Bernh. Kugler。

二十　旧政体与革命

尼采和布克哈特对介于文艺复兴与革命之间的时代的文化，只要它还近似于文艺复兴和"贵族化"，就给予正面评价；它若朝革命和19世纪开始的无文化的文明"迈进"，就给予负面评价。因为向"全面现代化""迈进"只意味着文化倒退，所以布克哈特称赞17世纪对于16世纪①以及对于为革命作准备的改革时代那"具有迟滞作用的反动"。② 尽管改革导致"普遍的"震撼远不及后来1789年那个世界性事件，③但当时"庶民"的所有"仇恨"已产生"彻底的"实效。④ "下层"意欲抢掠，由"上层""查抄充公"的名义得到实施；由改革开始所为之事，在革命中继续贯彻。⑤

"法国17世纪和18世纪"是"欧洲具有高尚政治"的末代，也是"对万事做正派评价"的末代。⑥ 洛可可式"好社会"还拥有欧

---

① *Burkhardt-Gesamtausgabe* VII, 374.

② ［原注 1a］参见 19 世纪自 Karl Ludw. v. Haller 以来天主教–保守倾向的出版物；但也包括卡莱尔。

③ ［原注 2］同上，477。

④ ［原注 3］*Genealogie der Moral*, 1. Abh., Aph. 16.

⑤ ［原注 4］*Burkhardt-Gesamtausgabe* VII, 446 及下页，451。在同样意义上尼采论宗教改革：见本书第十九章，原注 9。

⑥ ［原注 5］*Genealogie der Moral*, 同上。

洲那回顾几个世纪"伟大"而"高尚"的旨趣,其尾声是莫扎特的"南部信仰",它至少"还在对我们内心某种残存的东西进行呼吁"。① 那个社会及其"高尚文化"的精神代表是伏尔泰,他代表"统治阶层及其评价体系",他为"正直的人们"和"优秀社团"的事业奋斗,②对文化做贵族式理解,"从文艺复兴意义上理解人文",③这与过去别人对他的描写,尤其说他是"思想界的封建领主"完全相反。④ 尼采补充道"不管我是什么人,我同意以上对伏尔泰的评价"。但这类评价自然全都遭到布克哈特的"反驳",即便"伏尔泰声誉日隆",布克哈特也从不喜欢他和帕尔马([译注] Jacopo Palma, 1480-1528,意大利文艺复兴盛期的威尼斯画家)、孔克尔([译注] Kunckel von Löwenstjern, 1630-1703,宫廷化学家和药剂师)这类晨星似的人物;但他与尼采都一致明确赞同伏尔泰倡导的贵族统治(反卢梭的"平民主义")。⑤

尼采,甚少是晚期的尼采,真的会把伏尔泰这个人看成是"他的"人吗?伏尔泰衡量人的"完美化",是根据人战胜其天性,亦即战胜"恐怖的""猛兽天性"的程度和接受"文明""温和"影响的程度。⑥ 只有当尼采还能遏制内心固有的"激情",使"某种高尚旨趣的人文精神占上风",他才是伏尔泰的门徒,正如《人性的,太人性的》这本"智慧、冷酷和揶揄的"书中所言。⑦ "英雄"和"天才"

---

① ［原注 6］*Jenseits von Gut und Böse*, Aph. 245.
② ［原注 7］*Wille zur Macht*（Brahn）, 7. 只有在"贵族"文化的土地上,如此"出色和富有思想的贱民"才能欣欣向荣!（1887 年 11 月 24 日致 Gast）
③ ［原注 8］同上。
④ ［原注 9］*Ecce homo: zu „Menschliches, Allzumenschliches"*, 1.
⑤ ［原注 10］*Burkhardt-Gesamtausgabe* VII,页 443;同样,尼采:*Wille zur Macht*, Aph. 7。
⑥ ［原注 11］同上, 6 及下页。参见本书作者的论文《伏尔泰历史书写的动机与倾向》（*Motive und Tendenzen in Voltaires Geschichtsschreibung*, 见 *Historische Zeitschrift* 118,页 1-45）。
⑦ ［原注 12］*Ecce homo*:同上。

也难免有错误的"理想"，①应该"泰然自若地将错误理想置于冰上""冻死"；书中颂扬伏尔泰是因为他"恪守准则"的天性，此天性要的是改革道路上的"持续发展"，但不要革命。② 当时尼采同布克哈特几乎互不相容。③ 尽管书中因为"同情"而选择伏尔泰做庇护人，这同情已显得"十分冷淡"，④但伏尔泰毕竟还是无可否定的"宽容的代表"。⑤

　　在《快乐的科学》一书中，欧洲的"旧秩序"及其"对法律的兴趣"和"对一切变化中的、未成形的、任性的东西"，包括布克哈特"古典"情感特别疼爱的东西全部厌恶。对于这些，尼采至少还觉得像是"一种诱惑"；还不由自主地感到被古代宫廷社会及其宫廷情趣吸引，伏尔泰不失为那种情趣的"完美代表"："哪里有宫廷"，哪里便有"范儿""高贵""机敏"和"优雅"，总之，就有了"我们"不受"束缚"的东西。⑥ 面对"文明欧洲"的夕阳，面对民主浪潮涌来的前夕那"美好的老时光"，⑦晚年的尼采——至少在他情绪变得"和谐适度"时——还感到有一种痛苦的渴望。

　　当然这不光是悲伤心情，不光是尼采尚未陷于酒神式对"权力"崇拜那个时期的余绪，这是反抗。在否定所有"民主"事物方面，尼采与布克哈特走在一起。他们都认为，在"蔑视偏见"的伏尔泰与"煽动受压迫者本能"的卢梭之间存在一条大的世界历史分界线；⑧因为，布克哈特从未反对"受压迫者"，从未拥护"压迫者"，但他也从未赞成"对本能直觉的煽动"。在他看来，这种挑拨

---

① ［原注13］同上。
② ［原注14］*Menschliches, Allzumenschliches* I, 463.
③ ［原注15］参见本书15及下页，50。
④ ［原注16］*Ecce homo*：同上。
⑤ ［原注17］*Wille zur Macht*（Brahn），Aph. 7.
⑥ ［原注18］*Fröhliche Wissenschaften*, 101, 103.
⑦ ［原注19］*Jenseits von Gut und Böse*, 245.
⑧ ［原注20］*Wille zur Macht*, 6.

和煽动会"引发大的灾祸"。①

卢梭的人性善良论乃是"迷信",②反社会乃是"乌托邦空想"。③ 那种"黄金时代"④与某些人的想象世界不谋而合,⑤他们是"贱民",是"闻所未闻的文人贱民"。⑥ 尼采也持同样的看法,因为他把"公民"卢梭与"封建领主"做对比。⑦ 反市民阶层的尼采与城市贵族的精神代表布克哈特都打心底里仇恨"贱民的敌意裁决",⑧他们的意见一致。

卢梭的出现"也许是一个比'七年战争'还要大的'事件'",⑨存在一条从卢梭直通圣尤斯图斯([译注] Saint Justus,? -627,基督教教士)和巴贝夫([译注] Fransois Noel Babeuf, 1760-1797,法国大革命早期政治鼓动家)的线路。⑩ 卢梭和罗伯斯庇尔都是病态的狂热者,都是"风度翩翩的""概念的癫痫病者",对大众极具影响力。⑪ 卢梭,这个"处于新时代开端的怪胎","集理想主义者和流氓无赖于一身";这两种身份在革命中得以实现,是一种世界历史性的表达,他的平等理论一直影响着"浮浅者和平庸者"。所以,人们只会"心怀厌恶"地看待革命,尼采认为⑫歌德就是这样。

但援引歌德为例,倒是布克哈特更有理由这样做。法兰克福

---

① ［原注 21］1871 年 7 月 2 日致 Preen。
② ［原注 22］*Menschliches, Allzumenschliches* I, Aph. 463.
③ ［原注 23］*Burkhardt-Gesamtausgabe* VII, 443.
④ ［原注 24］1871 年 7 月 2 日致 Preen。
⑤ ［原注 25］*Gesamtausgabe* VIII, 443.
⑥ ［原注 26］*Wille zur Macht* (Brahn), Aph. 7.
⑦ ［原注 27］同上。
⑧ ［原注 28］同上。
⑨ ［原注 29］*Burkhardt-Gesamtausgabe* VII,页 101。
⑩ ［原注 30］同上, 476。
⑪ ［原注 31］*Antichrist*, Aph. 54. 关于卢梭的病态和他的"怨念",参照 *Wille zur Macht*, 7。
⑫ ［原注 32］*Götzendämmerung: Streifzüge*, 48.

人歌德和巴塞尔城市贵族之子布克哈特尽管都怀有贵族情感,但从未把"拒绝贱民空想"和反"市民理想主义"连在一起。

　　早期的尼采其实与布克哈特根本没有达到真正一致,他在《人性的,太人性的》书中彰显出足够的"准则"意识,目的是直接负面地评价一切"恐怖的"和无准则的东西,他对卢梭最严厉的指责,莫过于说他是鼓吹颠覆的号手,是一种穷凶极恶的能量,致使早已被埋葬的远古时代的恐怖和无准则死灰复燃。① 即使在这里,尼采也只在否定方面与布克哈特的立场吻合。尼采对"启蒙运动"——其明智的代表人物是伏尔泰——直接做了正面评价,但布克哈特只把那场伟大运动原则上的理性主义看成是为革命做了准备的精神因素,②启蒙运动"对未来满怀期待",摈弃了"一切古代的、不可视的生存基础",因而"怀疑一切"③——不光在卢梭内心。伏尔泰借助"某些必要的'偏见'"而得出的社会观④不能称为"发明"。尼采在《人性的,太人性的》书中也批评了卢梭(与革命"激情"结合的)愚蠢的乐观主义⑤——布克哈特言辞更为激烈,说是"发疯的乐观主义",⑥这时,布克哈特认定尼采自己已完成"向乐观主义一半的转变",⑦随之而来,是完全转向"重估一切价值"的革命激情。

　　只要涉及民主革命,尼采就当粗暴的反革命;只要革命不是源于他的精神,他就仇恨革命。凡是在遇到他觉得怪异、令他厌恶之事的时候,他总嗅出那是基督教的味道。所以,他把法国革命同基

---

① ［原注 33］ *Menschliches , Allzumenschliches* I, 463.
② ［原注 34］ *Burkhardt-Gesamtausgabe* VII,页 438、450。
③ ［原注 35］ 同上, 450。
④ ［原注 36］ *Wille zur Macht*（Brahn）, Aph. 7.
⑤ ［原注 37］ *Menschliches , Allzumenschliches* I, 463.
⑥ ［原注 38］ 1871 年 7 月 2 日致 Preen。
⑦ ［原注 39］ 1878 年 12 月 10 日致 Preen。

督教道德紧紧连在一起,基督教道德是下层民众满怀仇恨的道
德。① 布克哈特一向保守,在他,基督教本质上就代表悲观主义。
所以他觉得卢梭激进的乐观主义理论就是人内心一种"非宗教"
理论,它把"本质上是唯物的世界的宣言"与"对基督教的仇恨"连
在一起,②此仇恨然后在革命中纵酒狂欢。只要基督教自启蒙运
动以来没有"过于与这种乐观主义结伴为伍",它就对"乐观主义"
负有"医疗"的天职。

[原注 42] 1871 年 7 月 2 日致 Preen。布克哈特主要想到的是可追溯到
启蒙时代的"文化新教"(参照 Troeltsch)。

　　身为保守主义者的布克哈特总是立于存在传统的地方。在秩
序井然的文化中,传统最为纯洁繁茂,正如中世纪和古代政体中存
在的传统。不过,那时也存在一种真正的保守的"权威"。改革代
表与传统的首次大决裂,它开启"反最大权威、也包括反所有权
威"的斗争。③ 布克哈特不像尼采那样为宗教的"复兴"而遗憾,④
而只向反对改革——关涉原则问题⑤——提供他完全保守的认
同。⑥ 倘若权威原则因为改革而首当其冲受阻,那么,卢梭主
义——只要让高贵人士任其所为,一个黄金时代必然到来——造
成的后果连孩子都知道,那就是权威概念的瓦解。⑦

　　自 1789 年以来,我们拥有"永恒修正"意义上的不断"革命"。
"我们当今的主要现象是临时感"。

[原注 48] *Gesamtausgabe* VII, 431. 布克哈特于 1867 年关于"革命时代"

---

① [原注 40] *Genealogie der Moral*, 1. Abh., Aph. 16. 参见本书第十九章,原注 13。
② [原注 41] *Burkhardt-Gesamtausgabe* VII,页 441。
③ *Gesamtausgabe* VII, 319.
④ *Genealogie der Moral*,同上。
⑤ 参见 *Burkhardt-Gesamtausgabe* XIV,页 39。
⑥ *Gesamtausgabe* VII, 313, 317-320, 330, 347.
⑦ 1871 年 7 月 2 日致 Preen。

所写的内容,德迈斯特尔(de Maistre)早已说过:"革命不是一个事件……,它是一个时代。"

[原注 49] *Gesamtausgabe* VII, 421. 几年以后(1870),Constantin Frantz(布克哈特认为［1872 年 3 月 17 日致 Preen］,此人"头脑清楚,洞彻世事")在其《国家的自然学说》(*Naturlehre des Staates*)前言(页 III)中说:"今日时势的普遍特征是临时性,新的论断被到处尝试,但它们似乎只是颠覆之中的一个停顿……让革命在百年之内遍及欧洲,这也许是 1789 年法国大革命的一则狂言,但实际上,其中却有几分先知预言的意思,这一承诺正在逐渐变为现实。"

尼采也看到,"在我们被抛入其中的当代",再也没有什么东西是"站稳脚跟的"。① 他看到的东西,无非就是"欧洲因革命而发生的民主变化"罢了。② 布克哈特清楚,"我们这个世界从根子上就是革命的",因为它崇拜错误的自由概念,即认为要有"改变一切"的自由,"好像世界就像一张白纸"。③ 布克哈特这位守旧者把这一切归咎于民众的仇恨本能,④尤其归咎于过激的强权追求。

[原注 53]见本书作者在 Meinecke 纪念文集(1922)中关于"旧保守主义思想中的世界观动机"的论文,以及 *Deutsche Vierteljahrschrift für Literaturwissenschaft und Geistesgeschichte* (1929,页 489 及以下)当中关于旧保守主义和政治天主教之间关系的论文。

从这个意义上说,改革已是双方的革命:大众的倾向和国家无限权力一起发挥作用。⑤ 在启蒙运动内部,"被启蒙的专制主义"

---

① ［原注 50］*Wille zur Macht*(Brahn),Aph. 12.
② ［原注 51］*Fröhliche Wissenschaften*,103.
③ ［原注 52］*Burkhardt-Gesamtausgabe* VII,479 及下页。
④ ［原注 54］*Genealogie der Moral*,同上。
⑤ ［原注 55］*Burkhardt-Gesamtausgabe* VII,尤见页 314 及以下(331:各政府的利益遇上了"喜好无纪律的大众品味")。参见上文原注 4。

体系,亦即强权观念与理性主义结合,"敌视一切传统",①这已意味着革命,它为下层革命做了准备。② ——不管是内部的绝对集权,还是"没收某个国家和民族"的兼并主义:波兰就是"首个大的例子"。③ 发生在18世纪的"大灾难",特别归因于人们"周期性"地进行上层革命——而非下层革命——也就是使用"纯强权"所致。④ 谁都可以援引"公众利益"这个概念,⑤多少罪恶假"公众利益"之名而行!

---

① ［原注56］ *Gesamtausgabe* VII, 438.
② ［原注57］同上, 444。
③ ［原注58］同上, 428。
④ ［原注59］1871年7月2日致 Preen。参见本书74及下页。Constantin Frantz 也看到"德国通过1866年的各种事件也……陷入了革命的发展"(Constantin Frantz,页 IV)。
⑤ ［原注60］ *Gesamtausgabe* VII, 438.

二十一　拿　破　仑

　　尼采对历史的态度,极具个人特点的是,他让 1789 年以降的全部 19 世纪历史都围着拿破仑这个核心人物旋转:"这个世纪几乎所有更高的希望"都"归功于"拿破仑。① 从他身上散发如此丰沛的光前裕后的辉煌,致使革命和民族主义黯然失色。"拿破仑使革命成为可能——这是对革命的辩解;拿破仑使民族主义成为可能——这是对民族主义的辩解"。② 尼采就如此这般用围绕拿破仑的视角看待最新的历史,这历史被拿破仑的星命普照。可是在布克哈特看来,军事独裁和恺撒主义只是革命基本现象中权力转换的典型性最后阶段罢了,此现象在民主主义的大众统治中达到转折点。

　　[原注 3] 参见 *Burkhardt-Gesamtausgabe* VII,页 429, 463 及下页;作为平行内容,参照克伦威尔(VII, 400, 402)。在希腊城邦发展中显现的阶段里,"暴君""大概"是民主革命的"拿破仑"(VIII, 169 及该处的注释);但有时,这种民主也可能是"一种预先到来的、由个人代表的民主"(见同上);亦可参见 VIII, 203, 245,另外 VIII, 213, 221 注释。

---

① *Wille zur Macht*(Brahn), Aph. 43. 对尼采而言,"拿破仑的出现是上一个千年的主要事件"(重估一切价值时期的遗稿;*Werke*, Naumann, XIV,页 141)。

② *Wille zur Macht*(Brahn), Aph.555.

假如布克哈特认为拿破仑是革命的"儿子",这种说法也许比尼采说的,拿破仑使革命"成为可能",更意味深长。布克哈特认为,拿破仑一直是个革命人物;尼采想方设法将拿破仑与革命分开,将他与革命对比。① 尼采认为拿破仑是真正"回归自然",亦即从卢梭"平等"福音书的非自然"回归自然"。② 布克哈特自然会立即反驳,任何时候,总有"专制论"在训导人们说,在它面前也会出现平等。③ 正如较新的学术研究(尤其是 H.E.弗里德里希的研究)所表明的那样,从卢梭那里不仅有一条通往受"反社会"强烈影响的罗伯斯庇尔线路,还有另一条通往拿破仑的线路,拿破仑的宪法思维与卢梭,也与雅各宾派革命有着直接关联。这条反自由主义反保守主义的线条从卢梭具有民主色彩的乐观的构成主义一方面通往实行恐怖手段的政治理性主义恶魔,另一方面通往拿破仑这个士兵皇帝的"开明专制主义"。

尼采视拿破仑为反民主原则的代表,他把这个天才的强力人物的影子投射到"大众"的背景上,看出拿破仑是个"对人维持信仰"的人。④ 尼采是个了不得的搞简单化的人,他只知人分两类:"高等的"和"低等的",⑤"贵族的"和"平民的",如此简单化分类,所以就把拿破仑当成"高贵理想本身"了,这理想也就成为尼采的心头肉了。⑥

"高贵"这个(本身并不模棱两可的)概念被尼采在模棱两可的意义上使用了:一是在社会阶层和诸如古代政体这类"好社会"的意义上,二是在诸如拿破仑这类强力的天才人物个性的意义上。

---

① ［原注 4］参见 *Fröhliche Wissenschaften*, Aph. 362;*Genealogie der Moral*, 1.Abh., 16.

② ［原注 5］*Götzendämmerung: Streifzüge*, 48.

③ ［原注 6］*Burkhardt-Gesamtausgabe* VII,页 432。

④ ［原注 7］*Wille zur Macht*(Brahn),Aph. 43.

⑤ ［原注 8］同上。

⑥ ［原注 9］*Genealogie der Moral*,同上。"天才应该成为主宰"(重估一切时期的遗稿;*Werke* XIV,页 79)。

尼采在谈论"高贵"类型人的时候,单独使用"主子"这个真正模棱两可的概念倒也正确,因为这概念既可指称主子中的主子,亦可指称统治奴隶的主子。而布克哈特只肯定那样的"主子",即类似古希腊贵族"宜于竞争的"人物,他们把"与同类"的竞争看成是实现自己生命意义的所在。① 但古希腊贵族政体实施残酷的压迫,布克哈特对此多有抨击。② 尼采的注意点一向放在权力关系,亦即"主子"与"异类"的关系上。布克哈特认为,道德是理所当然之事(借用菲舍尔所言)([译注] Friedrich Theodor Vischer, 1807-1887,德国文学家兼美学家),而尼采的思想老是围着道德的疑难打转转,于是认为"奴隶"和"大众"崇尚"奴隶道德"和"大众道德","主子"则敬重"主子道德"。因为尼采认为"奴隶道德"和"大众道德"是源于基督教道德的"市民"道德,所以觉得主子道德是"高贵"的,是"非道德主义"的。

如此看来,全然蔑视"基督教美德"③的拿破仑便属于主子阶层人士了。这个征服和统治世界的人激进地反对一切——诸如反对"否定尘世",反对基督教、叔本华、同情和爱邻人等等,总之凡属"贱民的"东西一概反对,④是反对上述一切的象征性代表。这样拿破仑就进入那条"贵族"线路了,在此,"高贵者"与"强大者"等同,⑤他们为了自己强大,就必须拥有一个"主义",离基督教十万八千里的"非道德主义"。这是一条从古希腊罗马文化——尼采主要想到罗马文化——中经文艺复兴再到拿破仑的路线,施陶芬·弗里德里希二世以及腓特烈大帝均属这条线路。⑥ 其对立的

---

① [原注 10] *Burkhardt-Gesamtausgabe* XI, 121, 162-165.
② [原注 11] *Gesamtausgabe* VIII, 162, 167.
③ [原注 12] 重估一切价值时期的遗稿(*Werke*, Naumann, XIII,页 329)。
④ [原注 13] *Genealogie der Moral*,同上。
⑤ [原注 14]同上。
⑥ [原注 15] *Wille zur Macht* (Brahn),Aph. 148。

形象——尼采称之为"贱民"形象——是"犹太人"、路德宗教改革和法国大革命。① 尼采简单化的方式是无论如何要把他视为"敌人"的东西统一起来，那就是统一在革命这件事上。因为革命有"反高贵者"倾向，所以把革命嫁祸于"基督教"。② "实力"需要"高贵理想"，亦即在拿破仑内心变成"具体化"的古希腊罗马文化和文艺复兴的理想，此理想把残酷者和超人予以综合，拿破仑就代表这种综合。

[原注18] *Genealogie der Moral*，同上。尼采的生物学主义作为"高尚"的基础，获得了一种活力，他的仿浪漫主义（Romantizismus）把这种活力表现为"庞然大物"。

"残酷的人与超人合而为一"。③ 尼采认为这两个概念是相互过渡的，④因为"所有伟大的业绩和行为都是伟大的非道德行为"；⑤"伟大中就包括……不可思议的东西"，这话指的是恺撒和拿破仑。⑥ 而布克哈特对恺撒的赞许是因为恺撒至少还有"一点点"人本主义善意；⑦拿破仑那全然"不可思议"的道德遭到布克哈特断然申斥。⑧

尼采认为，在"强权与天才的结合"中也合理地存在"最高权威"，所以他径直承认拿破仑之流有权"专横独断"，而不必考虑他人的评价。⑨ 布克哈特不承认任何人，包括天才人物有"任性"之

---

① ［原注16］*Genealogie der Moral*，同上。
② ［原注17］*Wille zur Macht*, 247.
③ ［原注19］*Wille zur Macht*, 692.
④ ［原注20］*Ecce homo: zum "Zarathustra"*, 2.
⑤ ［原注21］*Wille zur Macht*, 149.
⑥ ［原注22］同上, 148。
⑦ ［原注23］见本书页118。
⑧ ［原注24］*Burkhardt-Gesamtausgabe* VII, 页429。
⑨ ［原注25］*Morgenröte*, Aph. 245. "一位无条件命令者的出现"，如拿破仑，是一种
　　"善行"（*Jenseits von Gut und Böse*, 199 末尾）。

权,因为他恪遵"权威"的客观概念。他联想到拿破仑与塔列朗①([译注] Talleyrand, 1754-1838,法国政治家兼外交家)的歧见,并做了一个相反的评价。尼采认为,在"贵族作风"与布克哈特所说的"专制本性"之间不存在什么界线。一旦涉及反"民主主义",尼采就用罗马帝国一口气连连称赞威尼斯贵族共和国和沙皇俄国。② 他的政治评价其实就是反映他对人的类型评价罢了。对他而言,"伟大的完人"③就是"独裁者",就是"自主"(但"从不人文")之人。④ ——尼采当然认为拿破仑"个性的高贵"是无可"救治"的,他只知为拿破仑辩解,以哄骗别人:拿破仑必须采用那些手段,他被那些手段"收买"了。⑤ 照此看来,尼采的"高贵"概念无论如何与"个性的高贵"搭不上边。

这兴许就是布克哈特的看法。对拿破仑的"非高贵",布克哈特怎么强调还嫌不够。他认为原因绝不在于外部环境,而在于拿破仑所代表的这类人的核心本质。拿破仑飞黄腾达,是通过革命和穷兵黩武而发迹的篡权者。⑥

[原注 30a]颇有见解的意大利政治家 Ruggiero Bonghi 曾对 Malwida von Meysenbug (*Der Lebensabend einer Idealistin*:*Memorien*……II,页 289)说,"这是一个伟大的俗人。"尽管 Malwida 反驳了这句话,但依然对此留下了深刻的印象。参见爱默生对拿破仑的刻画。

布克哈特把他的"宫廷"描绘成一幅反映宫廷本质的绝妙漫画:拿破仑把他的演兵场作风和偏远地区驻防部队的腔调带到宫中来了,他一向喜欢"动乱",毫无轻松和优雅的气质,因为他缺乏

---

① [原注 26] 见本书页 160。
② [原注 27] *Götzendämmerung: Streifzüge*, Aph. 38 及下条。
③ [原注 28] *Wille zur Macht* (Brahn), 462.
④ [原注 29] 同上, 459。
⑤ [原注 30] 同上, 614。参见重估一切价值时期的遗稿(*Werke* XIV,页 65)。
⑥ [原注 31] *Burkhardt-Gesamtausgabe* XIV, 231.

所有的社交"情趣"。① 而更深层的原因,是拿破仑这个典型的非高贵者——在社交场合亦是——不懂得如何把握"尺度",只是厌恶地顺应"某种规则"。②

布克哈特提出绅士塔列朗与这个暴发户作对比,前者是旧政权中一位"高贵的""学养俱佳的"人,他"支持贵族统治和人文精神",③也是18世纪整体优雅文明的高士——尽管他"可以被收买"(布克哈特对此无意道德化),但至少不"粗俗"。④ 可是在拿破仑治下,"一切均野蛮化了,一切合理性都失落了",因为他压根儿不懂"人际关系",⑤缺乏所有的灵魂标准和"思想高贵"。⑥ 在他"冷酷的""现实主义"——此"现实主义"只知达到自己的"强权"意志——看来,"荣誉和美德"、一切"理想化的"行动都应受到藐视。⑦ 不应从情绪波动层面上理解拿破仑,布克哈特的意思,是必须否定拿破仑"原本的内心伟大"。

[原注34]同上,219."高尚者"(gentilhomme)这个概念也出现在尼采那里(*Ecce homo: zum „Fall Wagner"*, Aph. 4.),与"贱民"(canaille)相对,其特征是"懂得分寸"、有"区分"的能力;但尼采对拿破仑的认同说明这个概念在他那里已经失去了老的(保守的)功能。

[原注39a]尽管布克哈特和Treitschke有无数分歧,他们来自理想主义的共同思想根基是存在的;因此Treitschke对拿破仑的看法与布克哈特相同:Treitschke也把拿破仑描述为一个"血腥暴力"的人,"绝对不高贵的性格","平淡无奇","根本没有思想",而且他"怀疑,这位不知节制的天才究竟是否应当拥有一个和历史上纯粹的伟人们并列的位置";这位"完全自私自利的

---

① ［原注32］同上,229-232。
② ［原注33］同上,224。
③ ［原注35］*Burkhardt-Gesamtausgabe* XIV,页209。
④ ［原注36］同上,219。
⑤ ［原注37］同上,240。
⑥ ［原注38］同上,238。
⑦ ［原注39］同上,230。

英雄"是"一位不纯粹的伟人"(*Historische und politische Aufsätze* III⁵[1886]，页 90–93, 96)。

由于拿破仑的权欲"既无尺度又无目标"，①由于他只让强权发挥效能而不懂"限制权力"，②由于他被"整体利己主义"控驭，③此种自私自利在他那鄙视所有人本主义的道德体系中一丁点儿也不关心④万民生计，⑤所以，他成为"暴君"乃势所必然。⑥ 这是从伦理层面上看，拿破仑这个名字在伦理上代表着"邪恶原则"。⑦

对万民牺牲漠然置之⑧的"独裁者"只知道"自主的我"这个准则。此类独裁者便是尼采"高贵"的理想。⑨ 对他而言，拿破仑的地位至高无上，"是前所未有的稀世个体和晚辈"。⑩ 而对于布克哈特取向于社会史(他认为一切历史都以社会史为基础)的思维而言，"高贵"只在等级社会，⑪在支撑着文明的阶层里才谈得上。尼采则认为，最高的高贵存在于伟大个体那高高耸立的宝座平台。那伟大个体就是天才，对他既不存在前提条件又不存在规律铁则。他不必生于"世家"，他可以在业已大众化的时代作为特立独行的伟大稀世个体，作为与庸庸众生对立的"超人"而显身扬名。这样的人就是具有特殊地位的革命家。至于此类"人世主

---

① ［原注 40］同上，215。
② ［原注 41］同上，225。
③ ［原注 42］同上，233。
④ ［原注 43］*Metternichs Denkwürdigkeiten*, hgg. von O. H. Brandt(1921)I, 251 及该处注释。
⑤ ［原注 44］*Gesamtausgabe* XIV, 242.
⑥ ［原注 45］同上，237 及以下。
⑦ ［原注 46］同上，221。
⑧ ［原注 47］*Wille zur Macht*(Brahn)，Aph. 596.
⑨ ［原注 48］同上，459。
⑩ ［原注 49］*Genealogie der Moral*, 1.Abh., 16.
⑪ ［原注 50］ 在社会学上与(作为典型的后来阶段的)"阶级社会"(*Klassengesellschaft*)相对。

宰"的个人"私事"就没有关心的必要了。布克哈特却认为，真实的个人私事，比如塔列朗个案，正是一个人的立身之基；他对暴发户彻头彻尾的本质特征，亦即没有准则尺度，可谓知之甚稔。大小暴发户莫不如此。布克哈特可不愿意把纯粹反对民主的人视为当然的"贵族范儿"，他认为"革命时代"典型的独裁者恰恰是与贵族人士对立的人格体系。

二十二 欧洲,自由与权力问题

当唯心主义哲学的理想化思维(苏格拉底和柏拉图已有)把人与人性本能"分开",得出伦理"完美"之人这一抽象构想之时,尼采就感觉自己受到挑战了,促使他对这类"完全荒谬的'个体'",这种"无以复加的反常"进行嘲讽。① 布克哈特则认为,②某个体,某人间稀有的、③纯粹以自我为中心的"利己主义者"④从自身制造"历史",那才"荒谬绝伦"。在布克哈特看来,太过"自主的"行为人是"违反自然"和违反"天性"的,尽管他们对"人性"也提出要求。尼采不把"恺撒和拿破仑"这样的政治家看成是与人有关系的人,而看成是在雕刻"大理石"的"艺术家"。

[原注 5]*Willezur Macht*(*Großoktavausgabe* XVI,页 350),Aph. 975;参见 Aph. 960(XVI,页 341),亦见 Aph. 795(XVI,页 225)。"具有基督之心灵的罗马恺撒"(同上,Aph. 983[XVI,页 353])能做真正的"统治者",恰好是因为他能"凭借善意和同情"成为"统治者"。亦见本书第九章,原注 29a。

---

① *Wille zur Macht*(Brahn),Aph. 185.
② 1896 年 5 月 19 日布克哈特致 Gg. Klebs(bei Klebs, *Erinnerungen an Jacob Burkhardt* [1919],页 39)。Salin(248)在这里也只喜欢用惯常用在布克哈特身上的那种解释:拿破仑也让布克哈特"不舒服"。
③ *Genealogie der Moral*,1. Abh.,Aph. 16.
④ *Burkhardt-Gesamtausgabe* XIV,页 233。

尼采赞同泰纳（〔译注〕Hippolyte Taine, 1828-1893, 19 世纪法国实证主义的代表人物）的观点,觉得拿破仑与米开朗琪罗一样具有"超强的才能"。① 同代侪辈已经心怀不安地在谈论米开朗琪罗的"肆无忌惮"了;布克哈特的古典主义情感也因为这位大师那非凡的"任性"而颇觉困惑。那是因为他对自由的渴求,他感觉到米开朗琪罗有一种施暴的意志,即"反自然"的意志;至于对拉斐尔,他倒保持着自己的自由。

〔原注 7〕见 140 及下页。就对米开朗琪罗身上的"非古典"和"强大"感到轻微恐惧来看,布克哈特仍然完全和温克尔曼及歌德站在一条线上（Rehm, *Jacob Burkhardt* 指出了这一点）。

布克哈特在艺术领域怀着古典主义情感,他在政治领域则秉持保守立场,认为政治是有机关联体;"个人"带着无可估量的诉求和没有分寸的粗暴行事,他认为这种"个体本身"就是"顶级的反人性"。诚然,拿破仑和米开朗琪罗的天分很少受人争议,但布克哈特面对天才也要保持自由人身份。他不要那种压迫人之自由的超人强权,此强权根本就不"伟大",只是纯"强权"罢了——比如路易十四和拿破仑。②

但这也不代表布克哈特反对一切"强权",因为他无条件赞成"权威",但真正的权威也应建立在保守的权力基础上,他也认为以革命强权为基础的某种权威也总比无权威好,所以他赞同俾斯麦鉴于这个邪恶人世而建立的强权权威,可以说,这是一种实用主义权威③(不是原则性权威)。但他不赞同拿破仑所篡夺的超级

① 〔原注 6〕*Wille zur Macht*, Aph. 1018(XVI,页 369)。"统治者"的理想形象展示了"征服者、立法者和艺术家本质上的同一性"(*Nachlaß*, 1882 及以下;WW. XIV,页 134)。

② 〔原注 8〕见本书页 126。

③ 〔原注 9〕1890 年 3 月 25 日布克哈特致 Preen。

强权。

　　布克哈特的思维太过"政治化",所以在这方面不能与歌德同行,而尼采至少有某种理由援引歌德对拿破仑现象所持的"不问政治、甚至反政治的"观点。① 但尼采给拿破仑这个"暴君"赠予"艺术家"的所有权利,②这种自由悬浮、不着边际的唯美主义却不是歌德式的。尼采早年依恋"某个伟人"的这种需求③到后来变成了心醉神迷的偏好,在他择定的英雄形象里神化他自己。

　　布克哈特与"历史伟人"④的关系既远离"太过市民化的"、无理性的否定,又远离"放弃理性":由于他的深邃理解,所以其评判是清醒的、持批判态度的。哪怕面对天才人物,他也决意保持"清醒"——恰似梅特涅([译注] Metternich, 1773–1859,奥地利首相,外交家)对拿破仑⑤——不致被天才人物散发的"魔幻"效应⑥和强烈影响所迷惑。布克哈特内心怀有一种义务意识,亦即对高于绝顶天才的欧洲负有义务;对于稀世天才,不管他多么重要,布克哈特最终的衡量标准是,他服务于欧洲理念还是损害此理念。欧洲理念就是:自由,准则和人本主义。

　　欧洲肇端于希腊人,人文观念的代表人物布克哈特对希腊人始终保持忠诚;而宣布帝国观念的尼采则"投奔"罗马人。布克哈特说,若不讲完希腊文化大课,他就"死不瞑目";⑦另一方面他又极度疏离罗马历史,这绝非偶然。他觉得罗马文化和罗马人的理

①　[原注 10] *Götzendämmerung: Was den Deutschen abgeht*, Aph. 4.
②　[原注 10a] 那些兴起于普遍虚无主义基础之上的"尘世主宰""应该取代上帝"(*Nachlaß*, 1885;WW. XII, 417 及下页)。
③　[原注 11] III *Unzeitgemäße Betrachtungen*, Abschn. 6.
④　[原注 12] 参见本书第十五章。
⑤　[原注 13] *Burkhardt-Gesamtausgabe* XIV,页 242。
⑥　[原注 14] 同上,222。
⑦　[原注 15] 1872 年 10 月 3 日致 Preen。

想有些怪异,几乎令人反感;罗马人"无所不用其极"地征服世界,①这对被征服的各民族无异于"无尽的痛苦"。② 所以布克哈特只与被征服者而不与罗马感同身受。③ "强权"和"统治欲"那壮观的"利己主义",不管后来从宏伟广博的世界历史视角观照,认为它"客观地"服务于文明的大目标④而受到追加的辩护,但布克哈特认为它本身是"邪恶的"。⑤ 如果说布克哈特毕竟对罗马晚期,尤其对"好皇帝"(对奥古斯都)时代有过某些赞美言辞,那也不是出于帝国观,而是出于人文观。⑥ 他说罗马帝国亏欠"对义务的尊重",此结论听起来何其平和冷静!⑦

可尼采又当如何! 在他,罗马人"强劲","高贵",⑧凡罗马之事均"高贵异常",⑨罗马的价值即是"贵族的"价值⑩——"我根本不把类似的强烈印象归于希腊人";希腊人缺乏"发号施令的"魄力,⑪缺乏"要求""命令"⑫和"征服"的"器宇轩昂"气魄。⑬ 他把"古典主义"概念移植到"拉丁、帝国和恺撒诸概念中。⑭ 他的古典主义"明确"要求"冷漠"和"残酷",⑮直至要求人的"邪恶

---

① [原注 16] *Gesamtausgabe* VII, 202.

② [原注 17] 同上, 195。

③ [原注 18] 同上, 203 及下页。

④ [原注 19] 同上, 201。

⑤ [原注 20] 同上, 67 及下页, 202。

⑥ [原注 21] 同上, 68, 238 及以下, 244 及下页。

⑦ [原注 22] 同上, 247。

⑧ [原注 23] *Genealogie der Moral*, 1.Abh., Aph. 16.

⑨ [原注 24] *Götzendämmerung: Was ich den Alten verdanke*, 1.

⑩ [原注 25] *Genealogie der Moral*, 同上。

⑪ [原注 26] *Götzendämmerung*, 同上, 2。

⑫ [原注 27] *Wille zur Macht* (Brahn), 535.

⑬ [原注 28] 同上, 534。

⑭ [原注 29] 同上。

⑮ [原注 30] 同上, 542。

化"。①

　　对尼采而言,一切皆为"权力意志",艺术也是。② 布克哈特也与尼采一样③谈论那"满怀权力的"艺术家人格,这种人格首先要有塑造"美"的能力;④布克哈特喜爱塑造者这种主观"权力"是因为被塑造的客观"美"的缘故;尼采喜爱这"美"只因为这"美"是对"权力"的表达。⑤ 这种"满怀权力的"人格,布克哈特决不会料想是"残暴的"人格。⑥ 哪怕尼采的理论听起来"和谐适度",说什么混乱将变为"礼仪"和"规则",还侈谈什么"准则"和"安宁",⑦但他把"满怀权力的"艺术家全都理解为"残暴者"。⑧ 米开朗琪罗就是其中之一,也许但丁亦是。布克哈特感觉但丁的裁决者专横的风格无异于自视过高的傲慢。⑨ 无论如何,拿破仑也像上述两位,无疑是伟大"艺术家"了。⑩

　　可是,飘浮在"艺术家"拿破仑面前是何艺术品呢? 尼采对此问题也给出一个"欧洲一般大"的答案。拿破仑伟大而"高贵"的构想是:"欧洲统一体",⑪"为了统治世界的目的"。⑫ 这是适合于权力意志哲学的欧洲理念;因为拿破仑"想要"这个"一体化欧洲做世界主宰",所以尼采为他额手称庆。

　　[原注43] *Fröhliche Wissenschaften*, 362 末尾。如果这里所说的不是"粗

---

① [原注31] 同上。
② [原注32] 同上,502-543。
③ [原注33] 同上,502。
④ [原注34] 参见本书页 140。
⑤ [原注35] 参见本书页 47。
⑥ [原注36] 参见本书页 126;真正的"伟大"是"权势显赫的","单纯的权力"只是"暴力的"。
⑦ [原注37] *Wille zur Macht* (Brahn), Aph. 534.
⑧ [原注38] 同上,535。
⑨ [原注39] 见本书第十四章,原注15。
⑩ [原注40] 见本书页 153。
⑪ [原注41] *Wille zur Macht* (Brahn), Aph. 8.
⑫ [原注42] *Ecce homo: zum "Fall Wagner"*, 2.

糙的、五光十色的民族之花",而是"更伟大的事物"(*Menschliches*, *Allzumen-schliches I*, 481 末尾),那么"其他国家对这个新的庞然大物的畏惧"(同上)显然不再是理由。

　　全部拉平的欧洲也不是尼采想要的。他也看出欧洲受到1789 年平均主义思潮的危害。但他"高贵的"观察方式只盯住来自"下层"的平均主义;他认为拿破仑分明是与革命人物相反的角色。① 布克哈特眼中既有来自下层也有来自"上层"的平均主义;至于拿破仑,他也只是革命论题的一个变体罢了。"压迫人的权力机制"意味着"强制统一和强制拉平"的危险,是对欧洲"特殊性",亦即对"欧洲思想宝库多样性"的"致命的"威胁。至于到底是来自"像当今大众偏爱的"压迫人的强权,还是"国家"强权,抑或是某种"世界君主政体"如苏丹统治的强权,那倒是次要了。造成必然的结果是"把欧洲死死捆住"。② 因为一个囊括一切的"权欲不容忍任何差别",③一心只想"对外强势"。④ "现代"的"简化"癖是永恒的敌人,它要置"多样性"于死地,拼命要把世界弄得"死气沉沉,了无色彩"。⑤ 欧洲的文明在保守的浪漫主义者布克哈特看来(布克哈特本身颇多浪漫气质),只有在自由、多姿多彩和有机生长的特性充分发展的条件下,而不是在"整体划一思想"的统治下方能繁盛。

　　[原注 49] 也即更晚时期的浪漫主义精神(19 世纪初),而作为革命的浪漫主义者的尼采,其精神谱系实际上源自(18 世纪最后十年的)早期浪漫主义,尤其是青年施莱格尔(Fr. Schlegel)。

　　[原注 50]*Gesamtausgabe* VII, 410. Treitschke 也认为(见本书第二十一

---

① ［原注 44］见本书页 148。
② ［原注 45］*Burkhardt-Gesamtausgabe* VII,页 369 及以下。
③ ［原注 46］同上, 409。
④ ［原注 47］同上, 417。
⑤ ［原注 48］同上, 368, 462。

章,原注 39a)拿破仑的"世界帝国"是"欧洲文化"的对立面,欧洲文化的"优越性"在于"国家构成的高度多样性"(同上,页 85)。

　　简单化的实现,不管是通过来自下层的平均化还是通过来自上层的集中统一,抑或通过在资本主义思想影响下搞的标准化,其负面效果全都一样。美国化是对欧洲一个最新的危险;然而最古老的危险,亦即陷于(一直是半亚洲的)专制主义影响下的危险根本未予祛除。欧洲之敌、欧洲"自由"之敌为数甚多,始于波斯人;在新时代,敌人主要有"菲利普二世治下的"西班牙君主政体,①路易十四,②"自彼得大帝以来的俄罗斯",③以及拿破仑。另一方面,总是周期性出现的一些"欧洲救星",④他们对"压迫人的"超级权力和"单方面的超级统治"总算有所收敛。⑤ 欧洲文明与教化之敌还有"宗教团体和非宗教团体中的狂热份子","受欢迎的激进哲学家"等等,这些人"要求某种事业速胜和全胜,而多样性却为他们所不容";⑥布克哈特在此处似乎抬手指了指尼采。

　　强权"机制"被布克哈特称为对自由欧洲构成致命危险中的最危险者。在此意义上,他把现代俄国称为那些为争夺世界统治权而开动起来的最强的"国家机器"之一;而俄罗斯民众被"无条件地严格训练",民众"健康的野蛮性"及其丰沛的"原始"力量则是一个核心的强权因素。⑦ 布克哈特在这里看出了特别威胁"欧洲"的危机所在。出于同样的原因,尼采也认为俄国的危险大于当今其他列强,他意味深长地将俄国比为罗马帝国。

---

① ［原注 51］*Gesamtausgabe* VII, 370.
② ［原注 52］同上, 370 及下页, 411。
③ ［原注 53］同上, 371。
④ ［原注 54］同上, 370。
⑤ ［原注 55］同上, 369, 378。
⑥ ［原注 56］同上, 367。
⑦ ［原注 57］同上, 页 416。

[原注 58] *Götzendämmerung: Streifzüge*, Aph. 39. 参见 *Nachlaß*, 1880/1881:"下一个世纪的征兆……俄国人进入文化……野蛮的接近。艺术的苏醒……奇幻的疯狂和真正的意志力"(WW., Naumann, XI,页 375)。

尼采称颂(最先在艺术中,把拿破仑也计入伟大"艺术家"之列)"统一意志,因为统一能实现专制政治"①——正因为如此,布克哈特不要统一,而要自由。他一想到那些"无条件受训"的暴力大众,一想到他们可能把像俄国一样的半亚洲强权动员起来反对"欧洲",就不由得浑身战栗。尼采则像敬佩古罗马一样敬佩俄国,个中缘由,恰恰因为他从日甚一日对"群居动物"的"驯服"中看见了未来的契机,亦即拿破仑和俾斯麦之流实现其"强大意志"的"千载难逢的契机"。

[原注 60] 同上, 63."一个德意志–斯拉夫的地上政府并非完全不可能";无论如何,似乎"意志力的积累在斯拉夫人身上是最大和最充沛的"(*Nachlaß*, 1886;WW. XIII,页 356)。亦可参见本书第十一章,原注 35。

尼采认为"俄国"是"与可怜的欧洲小国政治截然相反,具有示范意义的概念"。② 尼采要的是什么,要的就是"政治大统一"和他特别强调的"经济大统一"。

[原注 62] *Ecce homo: zum „Fall Wagner"*, 2. 在同样的意义上,就像尼采认同"大众"一样,他也认同"大规模交通和大规模贸易向着世界交通和世界贸易迫切发展……单是金钱,就迫使欧洲总有一天要凝聚成一个统一体";但是:"人们今天首先必须是士兵,以便作为商人而不失去信用……:在这个意义上,下一个世纪将处于拿破仑的铁蹄之下,他是更新时代的第一人,也是最夺时代之先声的人"(*Nachlaß*, 1886;WW., Naumann, XIII, 357 及下页)。"下个世纪欧洲的状态将再度培养起男性的德性"(同上,页 358)。

① [原注 59] *Wille zur Macht* (Brahn), Aph. 542.
② [原注 61] *Götzendämmerung*,同上。

　　布克哈特以着眼于未来的视角看到有建立"联合国"的可能性,那是资本主义精神及其"绝对"自由和最快联络之兴趣的最终结果,但他认为那是一种对欧洲文明构成威胁的危险。① 其思想仍停留在歌德时代。这个保守的巴塞尔人反倒倾心于被尼采百般鄙视的"小国政治":文化开明的魏玛,以及他故乡直辖市连同其古老的自由和人本主义传统,他觉得它们"在权欲横流的本世纪"弥足珍贵。② "小国政治"存在,世间某地就有"意义完整的"公民存在;因为这需要"真正的实在的自由"。③ 而让"多样性"发挥作用的自由④正是"小国政治"一个很大的优点。强权是大国的长处——颇值得怀疑的长处。⑤ 一切文化均依赖自由。谁希望拥有尽可能大的国家,谁就让人看出,强权是他的第一目标,文明至多是次要目标,如此而已。⑥

　　尼采憎恶一切"小环境",⑦对他,环境总是大得不够。布克哈特有一句挖苦话针对那些"将小国政治"视为迄今的奇耻大辱而断然拒绝的人,此话放到尼采头上可谓入木三分。⑧ 尼采也谈"文明";布克哈特也把"民族主义"称为"现存的反文明最烈的疾病和非理性",但他是针对极端民族主义的强权说的,而不像尼采针对民族自由解放运动。尼采视"欧洲小国政治"为"小政治",断然加以反对;他认为拿破仑针对"欧洲"的"大"政治才是拿破仑存在的"神奇意义"之所在。若非德意志自由战争破坏了"欧洲"深为关切之事,那"欧洲本身"的"意义"就实现了。

---

① ［原注 63］*Burkhardt-Gesamtausgabe* VII, 103, 158.

② ［原注 64］同上, 69。

③ ［原注 65］同上, 24。

④ ［原注 66］同上, 66。

⑤ ［原注 67］同上, 24 及下页。

⑥ ［原注 68］同上, 73。

⑦ ［原注 69］见本书页 19。

⑧ ［原注 70］*Gesamtausgabe* VII, 73.

［原注 71、72］*Ecce homo*：同上。对尼采而言,拿破仑首先也意味着反题（Antithese）。另外,在超人图像的背后是"世界主义"的理念；海涅(见《论浪漫派》)早就称德意志的兴起是对拿破仑所代表的世界主义思想的一种"浅陋、粗糙和不成熟的反对"(Elster V,页 237)。

尼采对自由解放战争加了鄙薄的引号,将其计入"对文明犯有大罪"之列,他不能原谅"德国人"的这些大罪：对拿破仑意义深远的事业进行了荒谬的破坏。尼采对 19 世纪晚期的"民族主义"和 19 世纪早期的"民族运动"根本不加区分。布克哈特则相反,可以想见他与起义时代和民族解放战争的伦理十分接近——当然不祖护权欲癖的民族沙文主义——此伦理得益于超民族意识,得益于反"目空一切的暴君"(借用布吕歇尔 1813 年 10 月末写给妻子的信中语)(［译注］布吕歇尔,Gehard Leberecht von Blücher, 1742 - 1819,普鲁士陆军元帅,拿破仑战争中的指挥官,在滑铁卢大捷中起到重要作用)的"正义"信念。关于莱比锡大捷的意义,阿恩特(［译注］Ernst Moritz Arndt, 1769-1860,德国散文家,诗人,爱国者,表现了拿破仑时代德国民族的觉醒)在散发的传单中写道："我们自由了,我们又开始呼吸了"；这也是贯穿在席勒《威廉·退尔》和《尼德兰的反叛》中的伦理,"古典主义"—德意志伦理。布克哈特与尼采相反,他在其中感受到非同寻常的德意志情愫,所以他认为,民族自由是道德财富。

如果说尼采拥护"大"政治,他也相信自己代表"文明"的诉求,那么他的真意到底何在呢？倘若未来某个拿破仑成功地驾驭"民族运动"[1]并"重新将各民族束缚起来",[2]那"文明"的收益何在呢？对于尼采这样一个蓄意"反政治"的思想家而言,"统治世界"肯定不是本身的目的。实际上他把统治世界想象成"生产高

---

[1]　［原注 73］*Fröhliche Wissenschaften*, Aph. 362 末尾。

[2]　［原注 74］*Ecce homo*,同上,末尾。

等人"的手段。① 拿破仑就是"这样的人";拿破仑的"使命"(或生存的"意义")只存在于强化"对个体的独断专横的信仰"。② 可是,在大众时代,"伟人"怎样才能成为"大众的伟人"呢?尼采在《人性的,太人性的》书里给出一个讥诮的马基雅维利"方案",但此方案也只是个聪明的虚有其表的东西。③ 后来他对人际关系的思索更有"强加于人"的意味。总之,这里彰显他那纯主观主义的文明概念,对此概念而言,不存在"客观精神"。④

是的,尼采的"权力人"意志本来就不是指称"政治"人的——他极为敬佩的拿破仑之类——他把"政治"人解释为"艺术家"类型。另一方面,这里所涉的关键点并非客观意义上的艺术和哲学,而是"哲学强权人"和"艺术家独裁者"类型,其典型特征首先是一种"意志":⑤自己成为这种人和代表这种人的持之以恒的梦想。因为尼采从生物学角度不足以说明此问题,于是又在肉体的军事和"野蛮"的基础上更多地论述哲学家,要哲学家尽量远离尼采恨之入骨的"一度成为稻草人"的康德。⑥ "新"哲学家不应再理会"市民的"、道德的、基督教的和人文的价值,而只知"高贵的"价值,高贵的价值是极端反市民的、非道德的、反基督教的和非人文的。这种"新哲学家""只能在与统治阶层的联系中方能产生,并成为他们最高的精神代表",⑦由于他站在"被培养成为统治阶层,亦即未来世界主宰者"一边,⑧他必然"与大政治、与统

---

① [原注 75] *Wille zur Macht*(Brahn),653.
② [原注 76] 同上,614。
③ [原注 77] *Menschliches*, *Allzumenschliches* I, 460.
④ [原注 78] 尽管有各种不同,在这方面,布克哈特还是和黑格尔精神上有关联。
⑤ [原注 79] *Wille zur Macht*(Brahn),675.
⑥ [原注 80、81、82] 同上,65。参见 *Götzendämmerung: Was den Deutschen abgeht*, 7: 康德,"历史上最畸形的概念残障"。
⑦ [原注 83、84] *Wille zur Macht*(Brahn),623.
⑧ [原注 85] 同上,647。

治世界的政府毗邻而居"。① 这样的哲学家服务于"伟大的"主子阶层本来也是应有自己的权利的，但这事根本就谈不上，重要的是生物学意义上使人敬佩的人的类型；只要谈及"生命哲学"，这种"理念"就必须只"服务"于"大"人物：作为对"意志""权力意志"的刺激而尽心竭力。

布克哈特的文明哲学一向盯住客观。"伟大"的行为只有在客观上——不管他是否意识到——服务于"世界历史的意旨"，服务于超个体的文明史"天命"，布克哈特的哲学才认可他在"历史上的伟大"。② 所以他对亚历山大大帝说"是"，对拿破仑说"不"。③

诚然，拿破仑是"非凡的天才人物"，可他的"伟大"目标是"错误的目标"：④活在他内心的，无非就是"野蛮的冒险精神"和"玩家的激情"。⑤

[原注89]*Gesamtausgabe* XIV，210. 参见本书116及下页关于珀里奥克忒斯(Demetrios Poliorketes)的内容。Treitschke也称拿破仑为"历史上最大的无家可归的冒险家"，把"他最好的力量花费在了不可能的行动上"，其"任性"只遵循"瞬间和激情的印象"，其精神以"充满幻想的"计划"令人想到热带的自然"(同上，页82，87及以下)：一幅让人想到尼采的图像(见本书第十四章，原注26a)。

他的"全然不可思议性"不仅是道德层面的缺陷，也是恶劣的政治策略。这不仅显现在各种单个事情上，比如对西班牙远征，⑥

---

① ［原注86］同上，623。
② ［原注87］参见本书126及下页。
③ ［原注87a］同样，Treitschke(同上，67)也将亚历山大大帝的"思想"和拿破仑政策的无思想性相对比。
④ ［原注88］*Burkhardt-Gesamtausgabe* VII，465.
⑤ ［原注90］*Gesamtausgabe* VII，465，XIV，209，212.
⑥ ［原注91］*Gesamtausgabe* XIV，213，233.

而且显现在总体一贯的"侵略政策"上，此乃一个完整的革命体系。① "谁都不能指望他守信用"，②谁都不能"相信他"，③谁都不可同他订约——以上是梅特涅被西班牙王室阴谋拘捕在法国巴约纳后写给弗朗兹皇帝的信中所言。拿破仑这个暴君从来不懂得赢得被征服者的心，而只把他们变为仇敌；④与他相比，塔列朗则彰显出欧洲的良心，他在陈述自己隐退的原因时对奥兰治的公使说："我不愿与那些掐住欧洲咽喉的人为伍。"⑤姑且不论他在私德方面人情味太浓——这个对布克哈特来说不是很重要——但他的确是具有欧洲文明传统的人。⑥ 布克哈特在塔列朗和梅特涅身上找到了自己的准则：拿破仑的世界君主政体观念表达的是一种无准则，不承认原则的界线，而一味追求无极限；与这种革命性的浪漫主义相对立的，是塔列朗的——拒绝单方面霸权政治的——平衡政策，这不仅有利于欧洲的"自由"，而且表达了一种政治"理智"，它适宜于"准则"与"和谐"这一对"古典主义"理念，同时也适宜于为持久的"秩序"奠定基础。

---

① ［原注 92］同上，209。
② ［原注 93］同上，231。
③ ［原注 94］同上，241。
④ ［原注 95］*Gesamtausgabe* XIV, 430.
⑤ ［原注 96］*Gesamtausgabe* XIV, 212.
⑥ ［原注 97］亦可参见同上，219。

结　　语

二十三　欧洲与各民族

　　尼采认为,挽救欧洲文化就要实现欧洲政治统一,布克哈特则对任何强制性统一坚决抵制,但他们都觉得自己是"欧洲好人"。①尼采将统一定义为使那些为数甚多、在蕞尔小国中感到不满足的人们有成员资格的归属感。

　　[原注 1a] *Jenseits von Gut und Böse*, 254.对"欧洲好人"这个概念纯粹消极的定义在尼采身上是很典型的;参见本书第十八章,原注 54,另外:尼采对伊斯兰文化和俄国的亚洲特质有所偏爱(本书 134 及下页, 157)。他自诩拥有一只"亚洲和超越亚洲的眼睛"(*Jenseits von Gut und Böse*, Aph. 56)。他几乎不对欧洲有积极之感。

　　光是狭小的故乡也会让布克哈特略感欠缺,但他从不使用"蕞尔小国"这样的轻蔑性字眼来表达他与故乡的关联。这个字眼表明尼采心目中的"欧洲文化"已没有根基。他们俩衡量文化现象的标准,亦即"欧洲"意义上的标准也许是,一个民族文化中产生的东西只有超越"纯属本地区、本民族"而上升为"欧洲大事",才在考虑之列。② 在布克哈特嘴里,"纯属"这字眼没有鄙薄

---

① 　*Jenseits von Gut und Böse*, Aph. 254;*Ecce homo: Warum ich so weise bin*, 3.

② 　*Götzendämmerung: Streifzüge*, 21;*Ecce homo*:同上。

意味的杂音,而尼采对凡是"民族的"都打引号,轻蔑的口吻无处不在。有"历史头脑"的布克哈特,其具象思维总设身处地"为各民族"着想,强调一切伟大文化只有在取决于和依赖于民族的土壤里才能繁茂生长。

布克哈特总是从有机联系的角度看待一切事物,所以,他与德国文化的紧密联系乃不言自明、天经地义之事;

[原注 3] 布克哈特的理想也是"欧洲好人",而且他本人也致力于成为一位欧洲好人。但在他那里,这个概念和尼采的理解完全不同:布克哈特是"一个欧洲好人,和他的好友盖米勒一样的欧洲好人。盖米勒曾说:'人们习惯于把民族的东西当作珍贵的天赋来保护,并试图将其与其自身所缺乏的品质相结合'"(引自 Carl Neumann, *Jacob Burkhardt*, 页 399)。这是欧洲"好"人的人本主义概念。与此相关的是通过"意大利"对"德国品味和德国精神进行训练"(盖米勒,引自同上, 398)。对于真正的"世界主义",作为一种"抽象的思想",布克哈特持一切保留态度。(可参见布克哈特对斯多葛学派的评价:*Gesamtausgabe* X, 367)。

与布克哈特历史的、具体的观照方式完全相反的,是尼采的"哲学的"思维方式。在尼采的思想中,非理性的东西也成了一种"主义",而且在非理性之外,其思想中始终有很大一部分天然的理性主义活跃着。对他来说,"热爱祖国,依附乡土这种陈词滥调"只是一种"倒退的现象",是"退回旧式的爱和狭隘",是"不迟钝笨拙的"精神必须"摆脱"和"克服"的"情感泛滥":为了成为"理性的""欧洲好人"(*Jenseits von Gut und Böse*, Aph. 241)。

尼采身上启蒙的、伏尔泰式的元素又重新焕发出来。把眼光放到"当代大陆的两大精神民族"(1870 年除夕布克哈特致 Preen),这指向的是法兰西"文化民族"。法国是自由思想家(libre penseur)的故乡,这些人想用一个新的、"启蒙过的"欧洲去替代那个老的、仍然"基督教"的欧洲。因此,尼采的一部分愿望和意志倾向一个反基督教的欧洲,也就是倾向法国(vgl. jedoch «andrerseits»: unt. s. 262 ob.),正如他天性之中的唯美主义–形式主义禀赋同样倾向法国(本书 163 及以下)。布克哈特身上还存在和老的"欧洲"思想之间的关系,诺瓦利斯那天主教化的浪漫主义试图复兴这种思想,"神圣同盟"也再一次连接着这种思想;与这一切相比,尼采是新教化的革命者:这一切对他而言都过于"德意志"了。

反观尼采,他那"自由飘浮的"思想总是一而再、再而三地反对德国文化。

因为尼采还是个"反政治的"德国人,①所以有一次他说,"比起现今的德国人,亦即能够成为纯粹的帝国臣民的德国人,他也许是更加德式的"。这一自我评价,有两个论断是正确的,即:他与1871年后所有的德国时代本质尖锐对立;他是"不问政治"的人。然而,他就因这个在某种意义上更加"德式"吗?且看他的为人,他的本性是倾向"浪漫主义"的:追求的不是古典主义"完美",②而是"无极限"(他一贯要求"大"准则和"大"政治即属此类),他生来就抗拒准则和界线,他的癖好就是热衷于非理性,直至心醉神迷、兴奋无度。即使如他所说天性中有如此多"德式"的东西,可在意识中,德式的东西少得可怜,在与所有"帝国臣民德国人"的对比中,他自谕他的"德式"程度"更高",这主要是指他具有高度敌对的姿态罢了。但这绝不能说,③他只反对"当今"的"新"德国,而真心拥护"当初的"德国。尽管尼采话里有话,好像他的攻击矛头并非针对"当初的""思想家的民族精神",好像他只抱怨,在"当今"德国,政治将所有"真正的"民族精神"吞噬"了。

[原注5]*Götzendämmerung: Was den Deutschen abgeht*, Aph. 1;参见同上,3及下页。早在《不合时宜的沉思》第一卷(1873)当中,尼采就说"去除德意志的精神,以有利于德意志帝国"(参见本书71及下页、215及下页)。布克哈特同样看到了这个过程的来临(1870年除夕致Preen),但如果"在许多痛

---

① [原注4] *Ecce homo*,同上。
② [原注4a] 单纯知道永恒"发展"(Werden),杀死了对宁静的"存在"(Sein)的感知。像俾斯麦一样,尼采可能也会说:"我为什么要和谐?"
③ [原注4b] 他一再声称,他的仇恨只针对当代的德国。

苦之下将有新事物诞生",他也在等待可能出现的"大戏"。亦可参见:1887
年2月24日尼采致 Seydlitz。

可是他的那个一成不变的念头一下子又抓住他:基督教对一
切难辞其咎,包括"一千年来"对德国民众的"任意愚化"①——德
国人宏扬了一种特殊的对基督教的热情——这恰恰又在反对以康
德和莱布尼兹为首的德国思想家了。"德国人难道只写了一本有
深度的书吗?"②尼采对新老德国全都仇恨:"没有阳光、概念妖魔
化和贫血的老德国";"铁与血"的新德国。③ 德国人为摆脱其他
的极端,而跃入"铁血"之中。④

[原注7]康德(*Antichrist*, 11)被称为"狡诈的基督徒"。整个德意志唯
心主义,甚至叔本华"都只是故弄玄虚,云山雾罩"(*Ecce homo: zum „Fall
Wagner"*, 3)以这种极端的方式对至此为止的一切德意志思想进行否定,展
示了那种走向白板(tabula rasa)似的新状态的意志,为尼采只认同这种意志
创造了前提。

青年尼采鉴于"法国—犹太人的浮浅和'当代'的'雅致'"而
信仰"我们德国人的使命",但这只发生在他仍旧替"基督教的古
老欧洲"担忧的时期,尽管那时"基督教"也背负反对那个打上"犹
太"烙印的文明和反文化的恶名。

[原注11、12]1871年6月21日致 Gersdorff。只要尼采还认为人本主义
和"人性"还是"神庙里保存的碰不得的神圣财富"(III. *Unzeitgemäße Betrach-
tungen*, 4),他就还信仰那种和"古老的德意志本质"相符合的"德意志文

---

① *Götzendämmerung*:同上,2。在此语境下,"重建基督教"的宗教改革似乎是一桩尤
　　其"大的文化犯罪"(*Ecce homo: zum „Fall Wagner"*, 2)。
② [原注8]*Ecce homo*,同上。见本书页42中部(及页205,原注40)尼采对《浮士德》
　　的评价。
③ [原注9]*Jenseits von Gut und Böse*, 254。
④ [原注10]同上。

化",这种文化拥有其"独特的厚重和深刻意义",直到"上一场对法国的战争以来"才开始消失(同上,6)。

可是后期的尼采①却恰好被"法国—犹太人"的特质吸引,同时讨厌德国人的本性。他援引自己是波兰人后裔时说:"人们没有白说波兰人是斯拉夫人中的法国人。"②布克哈特曾称赞《不合时宜的沉思》第四部分是"彻底的德式"著作,并觉得尼采的思想"四处散发亲密的德式味儿",根本"无需翻译"。

[原注14] 1877 年 2 月 8 日布克哈特致 Marie Baumgartner(印刷见 Salin,页 242)。勃兰兑斯在其写给尼采的第一封信(1887 年 11 月 26 日)中就说:"您在……思考方式和书写方式上都是非常德意志的"(在某种非常特殊的意义上)。尼采在早年时,当 Marie Baumgartner 将其《不合时宜的沉思》第三卷译成法语时,也说(1874 年 12 月 24 日致 Gersdorff),他"感谢上天,让自己做一个德国人":他不想和类似法语的"华丽完善的语言"有什么关系。当然,他当时也可以说自己"在德意志语言上没有什么快乐"(参见 Cosima Wagner 致尼采,在尼采妹妹所写传记中见 II, 160)。后来,尼采甚至写信给一个法国人:"我为用德语写作而感到不幸……我在自己的一切本能之中都已向德国宣战"(1888 年 11 月致泰纳)。

可是当尼采认为他的著作是依据法国精神写就,所以必须译成德语之时,他的自我意识及其文化指向性就露了马脚;"我年迈的老师里奇尔甚至讲,我就像巴黎文学家一样构思了我的语文学论文——极富张力";他自己也在巴黎自卖自夸,他是个"妙趣横生的"作家,但无论如何不属于德人之列:"我无所不能,可是,德式思维和德式感知却超出我的能力"。③ "若要我想出谁是违拗我

---

① [原注12a] 尼采在《人性的,太人性的》(II², 94)当中就已经表现出对法国文化的完全认同。

② [原注13] *Ecce homo: Warum ich so gute Bücher schreibe*, 2.

③ [原注16] *Ecce homo*:同上。

本能的一类人,得出的结果总是德国人"。①"我灵魂最深处的本
能直觉会告诉我,凡德式的东西都很怪异"。

[原注 15] *Ecce homo*:同上。在莱比锡上学时,尼采就怀着一个愿望,和
朋友洛德在巴黎体验"康康舞的神力",学会"饮用那黄色的毒药"(1868 年 8
月 6 日致洛德)。在这里,我们可以感到尼采对"一切非法之物"的爱好,这
一点也是作为思想家的尼采的特征(尽管他在生活和交际方式上爱好贵族式
的优雅,但这也并不是"市民的")[见 Podach, *Gestalten um Nietzsche*,页 97]。
1868 年(7 月初),尼采对其老师的夫人 Sophie Ritschl 写道:"很遗憾,我对巴黎
的文艺副刊感兴趣,喜欢海涅的《游记》等。"与尼采对巴黎文艺副刊的极其喜
爱相反,布克哈特责难尼采(以及这座大城市的文艺副刊)"浓烈的谎言","颠
倒是非,无中生有"(*Gesamtausgabe* V,118 及下页;亦参见本章原注 73)。

[原注 18]*Ecce homo: Warum ich so klug bin*, 5. 然而,在这里(正如尼采
和俾斯麦之间的关系一样[见本书第十章,原注 39 末尾])最私人层面的憎
恨也起了一定作用:"德国人"认为尼采让他们"丢了丑",毫不重视尼采
(*Ecce homo: zum"Fall Wagner"*, 3)。但这并不是尼采说"德意志心灵狭隘可
悲"(*Nachlaß*, 1886 [WW., Naumann, XIII,页 344])的唯一理由。他"觉得
自己是法国人",而"不再是德国人"(Bäumler, *Studien*, 280)。因此,而且不
仅仅是"为了让人们听他!"(如 Bäumler, *Nietzscheals Philosoph*, 157 所愿),
尼采向德国人投去了无数毫无节制的谩骂。亦可参见 Jul. Wilhelm, *Friedrich
Nietzsche und der französische Geist*, 17.

Lütgert (*Die Religion des deutschen Realismus und ihr Ende*, 319)对比了其
他伟大的德国人对自己民族的批评,发现从"一切的愤怒之中能够听出爱
意",但"尼采倒给德国人的却是冰冷的蔑视":他称尼采为"海涅的后继者"。
即便在私人信件中(也就是说不愿被他人"听见"的事情),甚至写给如欧维
贝克这样的密友的信中,尼采所说的关于德国人的观点,也与他在公开场合
的谈论一模一样(参见 1888 年 10 月 18 日致欧维贝克 [*Briefwechsel Nietzsche-
Overbeck*, 440 及下页]:"德国人……这个没有责任感的种族";另见 1887 年
5 月 12 日致 Malwida von Meysenbug)。尼采对法国人"深切的好感"(1888 年

---

① [原注 17] *Ecce homo: zum "Fall Wagner"*, Aph. 4.

11 月致泰纳）来源于一切吸引这位在"形式艺术"和心理学上的"品味精细的人"去巴黎的东西，来源于尼采自己"精致讲究"的品味，和他对巴黎文学沙龙世界的想象。这不仅是"对习惯于啤酒和睡袍，品味粗俗笨拙的德意志'精神'"打出的一张王牌："在本质上，这远远不止如此"（Podach，*Gestalten*，96 及下页）。

　　尼采无论如何不愿被人看成是与德国精神协调一致的，[1]所以他自称——也把他想要突显的人称为——"德国人中的偶然"，[2]"纯误会"；[3]这种表达对尼采脱离有机联系的思维而言很有典型性。他想说的，无非就是他属于"心理学和技艺高超的"类型，这种类型在德国人中就是"外国"，比如瓦格纳即属此类，"他身体力行反对一切'德国美德'"——当瓦格纳后来变成"帝国德国式"，[4]"降格"为德国人时，尼采就"永不原谅"他了。正如瓦格纳被吸引去巴黎，尼采的"心理学和技艺高超的"现代性偏好也吸引他去到法国人那里。他也用心理学标准衡量哲学，以便让法国哲学与德国哲学相争相斗，自己则从中渔利。

　　司汤达不仅反特赖奇克，而且也反康德，康德的"深邃"被否定掉了；尼采感觉"德国精神"是"污浊的空气"，他在其中"难于呼吸"。[5] 在心理学领域——套用对美学有研究的古尔蒙（[译注]Remy de Gourmont，1858-1915，法国作家，哲学家，法国象征主义运动中最明智的评论家之一）的话说，"在令人快慰的心理学领域"——"德国人缺乏经验，单纯得如同一张白纸"，这让尼采厌恶至极，这与德国人在交际方面的无趣如出一辙。[6] "我忍受不了这个种族，它根本

---

[1]　[原注 19] *Ecce homo: zum "Fall Wagner"*, Aph. 3.

[2]　[原注 20] *Nietzsche contra Wagner: Wohin Wagner gehört*.

[3]　[原注 21] *Ecce homo: Warum ich so klug bin*, 6.

[4]　[原注 22] 同上，5。

[5]　[原注 23] *Ecce homo: zum "Fall Wagner"*, 3.

[6]　[原注 24、25] *Jenseits von Gut und Böse*, 254.

分辨不出细微差别",它"没有洞察力",没有"礼貌",没有"细腻情感",①"德国人有的只是兽爪"。② 尼采只"相信法国人的教养",对所谓"德国人的教养"几乎不信,他个人最激烈的话语莫过于:他"当然的读者",尤其是法国读者与德国人千差万别。③ 在《人性的,太人性的》这本书里,他就已经把法国与德国做了对比,认为法国是心理学家的国度。

[原注29]尤其是后来的前言(1886),8. 在《不合时宜的沉思》第三卷中,尼采就非常崇敬叔本华,将其和蒙田(2.Abschn.)放在一起(关于莱辛,参见此处及《人性的,太人性的》II₂, 103)。《不合时宜的沉思》第三卷在面对法国文明那单纯"优雅"的"品味"时,还代表着对真正有深度的"德国文化"的"义务""信仰"。关于法国精神对尼采产生的意义,除了 Andler 作品(*Le précurseurs*)第一卷之外,亦可参见 F. Kröbel, *Europas Selbstbesinnungen durch Nietzsche*。尼采那怀疑的实证主义同时也受到法国道德家们的心理学的影响。

当时,布克哈特感到这指的是他自己,让他不由得忆及蒙田和法国文艺复兴。④ 尼采一个劲儿赞颂法国心理学领域的"古老"文化⑤——说不定他内心也有"一点蒙田的勇气"——可是另一方面,他竟然认为,哪怕是"最差劲的法国人也是富有魅力的社会人":"我看不出历史上哪个世纪有人能像在现今巴黎一样,把如此好奇如此敏感的心理学家们罗致一处,从布尔热到法朗士([译注] 法朗士, Anatole France, 1844-1924,法国作家, 1921 年诺贝尔文学奖得

---

① [原注26] *Ecce homo: Warum ich so klug bin*, 3.
② [原注27] 同上, 5。
③ [原注28] *Ecce homo: zum "Fall Wagner"*, 3. 尼采的老师里奇尔认为,尼采写哲学论文都"像个巴黎的小说家"(*Ecce homo: Warum ich so gute Bücher schreibe*, 2)。
④ [原注30] 1879 年 4 月 5 日布克哈特致尼采。
⑤ [原注31] *Jenseits von Gut und Böse*, 254.

主）。① 尼采在同代侪辈的巴黎找到了在德国业已销声匿迹的"充溢着心理学敏感和新奇"的精神。② 在这里发声的,是尼采这个现代特殊的神经质者;布克哈特还不属于这个"敏感性"时代(兰普雷希特语([译注] Karl Gotthard Lamprecht, 1856-1915,德国史学家。代表作《德意志史》对德国文明史学派贡献甚巨))。他还是歌德时代的人。所以他对蒙田尚可认同;司汤达则是另一种个案,他对尼采的发展演变具有"划时代意义",③"他最成功地表达了地道的法国新奇"。④ 尼采称司汤达是文学界拿破仑的"雄狮利爪"。⑤ 而布克哈特不喜欢拿破仑的作派——即便有人替他否定,在军事粗暴与浪漫文人对此粗暴唯美化之间存在真正的、不光是表面的相似性。司汤达—尼采,此乃典型的"现代人";⑥可布克哈特故意不做现代人,甚至是反现代的。

当德国古典主义"可耻地"背叛"法国古典主义学派"时,尼采祖护法国这一学派;当人们把"恺撒式"残暴的光荣业绩赠予如莎士比亚这样粗野的天才,尼采却对莫里哀([译注]Paul Moliere, 1622-1673,法国17世纪古典主义文学最重要的作家,古典主义喜剧的创建者,对欧洲戏剧产生巨大影响)、高乃依([译注] Pierre Corneille, 1606-1684,法国古典主义戏剧开拓者,大师)和拉辛([译注] Jean Racine, 1639-1699,法国最伟大的诗人之一,他使17世纪法国古典主义戏剧臻于完美)进行庇护,这样,尼采亲法的唯美主义就暴露无遗了。只有法国懂得"礼仪风度及其真正的激情",德国对此懵然不知。⑦ 当下,随着德国

---

① ［原注 32、33］ *Ecce homo: Warum ich so klug bin*, 3. 关于尼采和布尔热,参见本书第五章,原注 51。
② ［原注 34］ *Jenseits von Gut und Böse*, 254.
③ ［原注 35］ *Ecce homo*:同上,末尾。
④ ［原注 36］ *Jenseits von Gut und Böse*, 254.
⑤ ［原注 37］ *Ecce homo*:同上。
⑥ ［原注 38］ *Jenseits von Gut und Böse*, 254;*Nietzsche contra Wagner*,同上。
⑦ ［原注 42］ *Ecce homo*:同上, 5。

民族主义化和政治化，文化领先地位完全过渡到法国去了。

[原注 39] *Willezur Macht*（Brahn），542.以伏尔泰的《穆罕默德》为契机，尼采觉得（*Menschliches*，*Allzumenschliches* I，221）"与德国人的天性相比，法国人的天性与希腊人要相近得多"。参见 *Fröhliche Wissenschaften*，82.

[原注 40] *Ecce homo*：同上。当尼采感到莎士比亚的艺术是一位"伟大的野蛮人"的艺术时，这是他的"艺术家品味"的自发反应，反对一种"放浪不羁、混乱"艺术的"坏榜样"（*Menschliches*，*Allzumenschliches* I，221，比较 II₁，173）。这种艺术的故乡就在"英国群氓的近处"（*Jenseits von Gut und Böse*，224），尼采称其野蛮，也有一种个人的需求：尼采所"需要"的，是这种艺术的"古典"对立面（参见本书 46 及下页；除健康之外的其他的观点，如"优雅""品味"的视角，见本书页 143）。[原注 41] *Ecce homo*：同上，Aph. 4. 亦参见 *Fröhliche Wissenschaften*，98，关于《麦克白》，见 *Morgenröte*，240.特别是：莎士比亚笔下的人！这些"强大的人"，这些"粗鲁、强硬、有力的花岗岩一般的人"（1883 年 11 月致妹妹）。

真正的严肃、真正的思维激情——亦即"心理学和艺术问题"中的思维激情①存在于法国，当今法国也是"最富人文精神、精妙无比的欧洲文化和高品位的旨趣所在地"。② 在彼处，与高品位文化相匹配的"精神"就是"机敏的风趣"和完美的精妙；人们对所有心理技巧和艺术精致的兴趣和追求导致了一种只为极少数人服务的艺术：类似于"文学的宫廷室内乐"，它一直那么"优雅"，一直那么"法式高贵"。当然也存在一种——当今慢慢"移至前台"的——"法国民主资产阶级愚化的粗糙化的低劣审美情趣"。但这不能计入文化之列，德国"庶民化的"审美情趣也不能计入。③这些都属于"大众"；这是个"大众的世纪"啊，那些法国艺术家有

---

① [原注 43] *Götzendämmerung: Was den Deutschen abgeht*，4.
② [原注 44] *Jenseits von Gut und Böse*，254.
③ [原注 45] 同上，253 及下页。

必要对它讲授讲授"艺术家"概念呀。① "艺术家"是尼采的"高等"和"高贵"人士。②

当尼采在阐发法国精致化"审美情趣"（与德国的"大众情趣"相反）这一独特理想时，尼采嘴里这个"高贵"字眼到底是什么意思呢？这个字眼保准与平时被吹得天花乱坠的"强人"理想很难合拍，这强人肯定不是法国人，而是"金发猛兽"。③ "颓废"不是"现代人"的属性吗？尼采是竭力反现代人的。可实际情况是，那些艺术家的行为举止固然华丽，但同时又很"病态"，要么娇弱，要么矫揉造作："都是些不能强大自立者"。④ 最大的例外是莫泊桑（［译注］Guy de Maupassant，1850-1893，19 世纪法国批判现实主义作家，被誉为"欧洲短篇小说之王"），他是"强大种族之一员""地道的拉丁人"，尼采对他"尊崇有加"，这个例外也证明了上述的那个规律。

［原注 50］*Ecce homo: Warum ich so klug bin*，3.对于莫泊桑，布克哈特也有一种典型的消极判断："这样一位巴黎文人势必以最私人的姿态，带着一切自己的心情，把自己介绍给公众"（论《水上》［*Sur l'eau*］；bei Markwart，17 及下页）。

德拉克洛瓦和柏辽兹（［译注］Hector Berlioz，1803-1869，法国作曲家，音乐评论家，指挥家，西方音乐史最伟大的作曲家之一）虽然都是"卓越的"天才，但也有"无可补救的病态底色"。⑤ 这也适宜于瓦格纳与之相宜的"病态"氛围，瓦格纳的"首个聪慧门徒"就是"典型颓废的"波德莱尔，波德莱尔也是"最先懂得德拉克洛瓦"的人，

---

① ［原注 46］*Nietzsche contra Wagner*，同上，末尾。
② ［原注 47］《善恶的彼岸》，256 当中所谓的"高贵的人"，在《尼采反对瓦格纳》中，同上，成了"艺术家"的同义词。
③ ［原注 48］*Genealogie der Moral*，1. Abh.，11.
④ ［原注 49］*Jenseits von Gut und Böse*，254(=*Nietzsche contra Wagner*，同上).
⑤ ［原注 51］*Ecce homo*：同上，5。

"整个一代艺术家从德拉克洛瓦内心重新认出了自己"。①

　　尼采明白无误地称自己是"颓废者",他过去就是。他的"病人视角"②提供了一把钥匙,以理解他同德国特性和同法国特性的关系。紧紧将他吸引在瓦格纳身边的东西,是瓦格纳身上的非德式,对于这个非德式的形成,巴黎起到了"不可或缺的"作用。③ 尼采"心理学家的好奇心"到了匪夷所思的地步,以至于他认为,做个"十足的病人"来拥护类似《特里斯坦》剧中"毒剂"的危险物,④这是最积极的心态。所以,对"颇成疑问之物"的肯定⑤就是"热爱生命",因为"资产阶级""愚蠢的"健康是可鄙的。⑥ 非市民的、反常的和"冒险的"东西才有"魅力"。

　　[原注 53] *Ecce homo: Warum ich so weise bin*, 2.很典型的是,尼采提出了"惬意的腐朽"(angenehme Verdorbenheit)的说法(*Ecce homo: Warum ich so klug bin*, 9 末尾;参见 *Wille zur Macht*［*Großoktavausgabe* XV, 451 及下页］,Aph. 425)。Roos 认为(同上,页 41),Gersdorff 是尼采圈子里"从市民角度看唯一一个完全规规矩矩的人"。

　　当尼采谈及现代法国人以及与德拉克洛瓦"极为近似的"瓦格纳的"效果"和"表演",侈谈他们的"天赋才能",这样他就难免遭致物议了。人们认为,听他说还不如听布克哈特说呢。布克哈特对德拉克洛瓦和瓦格纳同样反感,认为"技艺完美的名家"不啻为文化衰败的典型症状;他进一步说:"技艺大师令人毛骨悚然地接近"所有人——当然是尼采类型,而非布克哈特类型——"误导、诱惑和彻底改变所有人"。

────────────

①　[原注 52] 同上。
②　[原注 54] *Ecce homo: Warum ich so weise bin*, 1.
③　[原注 55] *Jenseits von Gut und Böse*, 256.
④　[原注 56] *Ecce homo: Warum ich so klug bin*, 6.
⑤　[原注 57] 同上。
⑥　[原注 58] 比较 165、166 及下页。

　　"大师们"是逻辑和正确路线的天生之敌;尼采对朋友们的批评,最后的着眼点在于,遭朋友们否定的恰恰是他眼中高于所有价值的、具有决定意义的"高贵",说朋友们是"新兴的群氓","掌握不了高贵而优闲的生活节奏——比如,人们会想起巴尔扎克([译注] Honore de Balzac,1799-1850,法国批判现实主义作家,欧洲批判现实主义文学的奠基人和代表),这个无节制的工作狂,工作几乎把他毁掉了;他们是道德二律背反者,叛乱者,沽名钓誉者,不知平衡与享受的贪得无厌者"①——这话听起来怎么又像是布克哈特在说他的对立者了。

　　总受尼采青睐的人就是"鲁莽放肆""残暴"的一类。② 但法国人,还有"当今的"人毕竟"拥有世间依旧残存的高雅和柔情"。③ 这是个十分相对的评论,说"相对"的确意味深长:亦即相对于民主资产阶级包括法国资产阶级那疯狂的愚昧和喧嚣的说辞而言。④ 一个矛盾的结论是:进入"贵族"领地的远足又通向"平民"了——哪怕是"新兴的平民"在这里也看似代表着"高贵情趣"了。

　　"全部晚到的拉丁种族"毕竟是由"古老而脆弱的各文明民族"组成的。⑤ 浪漫的病者尼采感觉"疾病"是反市民情绪的魅力所在,但这时,他内心显露出的康复意志却十分强烈,乃是对疾病加剧的回击,他已经意识到(瓦格纳案例中)危及生命的病态。在尼采看来,19 世纪 40 年代法国浪漫主义与瓦格纳二者间有着最紧密的关联:二者"相似,本质相似"。⑥ 瓦格纳也属"现代人",⑦

---

① ［原注 59］*Jenseits von Gut und Böse*, Aph. 256;*Nietzsche contra Wagner*,同上。

② ［原注 60］同上。

③ ［原注 61］*Nietzsche contra Wagner*,同上。

④ ［原注 62］*Jenseits von Gut und Böse*, 254.

⑤ ［原注 63］同上, 256。

⑥ ［原注 64］同上;*Nietzsche contra Wagner*,同上。

⑦ ［原注 65］*Jenseits von Gut und Böse*, 254.

他的艺术只对"技艺完美的艺术家"及其"世界性"情趣说话,①所以"巴黎本来就是他的立足基地":②"敏感是瓦格纳艺术的前提条件,这种敏感,以及对细微差别的处理,还有病态心理,这些只有在巴黎才能找到"。③ 人们为了"尊崇瓦格纳的德国人天性"就断言,说瓦格纳的所作所为比19世纪的法国人"更强劲,更大胆,更严酷","原因是我们德国人比法国人离野蛮更近"——这可是一种有趣的转变,不仅道出瓦格纳而且也道出尼采的本质性东西。只是,为了远离"普遍的"中庸(尼采立即闻到"市井"气味),远离中庸,尼采像惧怕传染性牲畜一样惧怕的中庸,即使不颓废,那也必须"野蛮"。这位神经质的现代人又感到自己接近他所渴盼的"冒险"了,这位浪漫主义者又感到自己"趣味盎然地"与二律背反的"非道德主义"靠拢了,他立马觉得自己"康复"了。尼采就这样在法国晚期浪漫主义的颓废与德国瓦格纳歌剧"西格弗里德"式的浪漫之间摇摆。

[原注69、70] *Jenseits von Gut und Böse*, 256.要理解尼采,只能从这种歧义性(Doppeldeutigkeit)出发。尽管尼采"反对"一切,却依然没有跳出想要包容各种矛盾对立的浪漫主义圈子。尼采"就是现代的分裂和问题之化身"(如:A. Wahle, *Die weltauschauliche Gehalt von Nietzsches Dichtungen* [Bonner Dissertation, 1933],页57)。根据"尼采是德意志的,而且纯粹是德意志的"这句座右铭(Fr. Hielscher, *Die Selbstherrlichkeit* [1928], 72)是不可能恰当地理解尼采的。尼采"对法国的不容辩驳的积极态度是他的本质特征之一"(G. Deesz, *Die Entwicklung des Nietzsche-Bildes* [Bonner Dissertation 1933], 86)。绝对不能说尼采"只是一个充满反讽的法兰西崇敬者",而且如果尼采不"故作姿态",则他也不是一个拥有"日耳曼本质的青春之力"的人(正如Bäumler, *Nietzsche als Philosph*,页148对尼采的理想化;参见 Steding 对尼采

---

① [原注66] *Ecce homo: zu „Menschliches, Allzumenschliches"*, 2.
② [原注67] *Nietzsche contra Wagner*,同上。
③ [原注68] *Ecce homo: Warum ich so klug bin*, 5.

的描述！）。"西方的城市性"（Bäumler，同上，182）甚至特别接近尼采的偏好
（见上文原注 18）。

尼采本质中符合其"天性"的一极觉得自己完全受到现代-法国的、形式
主义艺术-心理学的文化的吸引。但他精神上的意愿却反对颓废倾向：既反
对自己的颓废，也反对时代的颓废。由此产生出一种"战士"-"统治者"一般
的理想，但我们无法将其与某种特定的民族特质等同起来。代表着这种理想
的似乎是罗马人、维京人、意大利"文艺复兴的人"、拿破仑。对尼采而言，阿
拉伯和日本贵族（同样，还有希腊、罗马、日耳曼贵族）都是"优雅的种族"
（*Genealogie der Moral*，1. Abh.，Aph. 11）。当然，尼采有时也因为"德意志
人"的"男性美德"（至少作为他们没有文化的一个弥补）而赞美他们
（*Götzendämmerung: Was den Deutschen abgeht*，Aph. 1）。无论如何，尼采的胸
中都永远居住着两个灵魂。（参见本书第五章，原注 55）"如果没有这种无法
消除的歧义性和多义性，尼采将不再是尼采"（Jaspers，页 368）。"毫不迟疑
地生活在矛盾对立之中"，"永远为自己保留着使用一种信念去对抗他人的
自由"（*Wille zur Macht*〔*Großoktavausgabe* XVI，297 及下页〕，Aph. 884），这是
尼采浪漫主义式的、反抗一切定论的座右铭。"假设，强者是一切事物上的
统治者，包括价值观：……难道我们希望有这样一个世界，在其中弱者的影
响，他的自由、体贴、精神性……都不存在？"（同上，〔XV，432 及下页〕，Aph.
401）。"与弊病抗争，似乎可以抛弃这些弊端"（同上，〔XVI，295 及下页〕，
Aph. 881），这对尼采来说是一个无关紧要的立场；"颓废本身没有什么可以
抗争"，"没有什么可以谴责的"（同上，〔XV，167 及下页〕，Aph. 40 及下
条）。

与此相应的还有尼采对瓦格纳的双面赞誉："特里斯坦"与"西格弗里
德"——令人痴迷的颓废和野蛮人一般的过度健康。（布克哈特则在这两方
面上都不喜欢瓦格纳。）从尼采对"特里斯坦"的敏感性出发，可以理解他对
"西格弗里德"形象的热情是对前者的反应（参见第五章，原注 8），而非相
反。尼采自称"英雄天性的对立面"（*Ecce homo: Warum ich so klug bin*，9 末
尾）。"查拉图斯特拉不是西格弗里德"：让尼采感到兴奋的，是生命的"黄金
之梦"（Roos，同上，页 76）——这是浪漫幻想的事；而对生命本身，尼采是绕
着走的。在他那里，"西格弗里德"的形象是一个反题："这位反罗曼（antiro-

manisch)的西格弗里德"之所以如此让尼采有好感,是因为这个形象是如此地"反天主教"(*Jenseits von Gut und Böse*, Aph. 256 末尾)。当然:这个关键词一旦出来,对"古老腐朽的文化民族"的判决也就下来了:这些民族过于"古老腐朽",无法进行"敌基督"所宣扬的战斗。于是"野蛮人"自然就登上了舞台,他们拥有必要的健壮体质,并反抗"天主教的"文化民族。因为"相比于我们北方人对整个基督教的归属,拉丁种族对天主教的归属要内在得多"(*Jenseits von Gut und Böse*, 48)。尼采本人将"完善的基督教信仰类型"(如帕斯卡、费奈隆、盖恩夫人)和完善的自由思想家并列阐释(*Morgenröte*, 192)[参见上文原注 3],可见他完全不是在反对整体的法国人和法国文化。

尼采之所以可能把德国人抬得比法国人更高,主要是出于这样一种思想:"从天性"上说,日耳曼人比在某种程度上注定要信仰(天主教)基督教的法国人更加具有"异教色彩"。虽然当基督教即将在文艺复兴的世俗性之中毁灭之时,恰恰是一个德国人路德"重建了基督教"——"天主教徒也许有理由庆祝路德的节日,创作路德剧"(*Ecce homo: zum „Fall Wagner"*, Aph. 2),但尼采也能够在"完成""路德的事工"这一历史视角中看到自己对基督教的反抗(*Fröhliche Wissenschaften*, 146;参见本书第十九章,原注 5)。在这里,自相矛盾的并非尼采,而是历史进程本身。毕竟路德的工作意味着历史上对老欧洲精神统一体的第一次重要突破(正如一个尚未将"欧洲"和"基督教"相等同的人能够急切感觉到的那样);尼采必然要求完全摒除这种"老欧洲的精神统一体",以便创造"前提条件",使自己的目标"超人"有"可能"实现(Bäumler, *Studien*,页 248)。相反,布克哈特则希望帮助维系这个"老欧洲"的精神统一体,包括基督教为欧洲所创造的风俗道德和文化基础。

这位典型"自由飘浮"的精灵一直摇摆着:摇摆在德国人对混乱、令人陶醉之事的极度喜好与拉丁人彻底弄清事物的极端意志之间,但从未达到过有机平衡。

如果说,尼采的"艺术家情趣"①吸引他去法国人那里,布克哈特"古典—健康的艺术情感"则远离所有的"纯熟技巧",远离追求

---

① [原注 71] *Ecce homo: Warum ich so klug bin*, Aph. 3.

"精妙"的癖好乃至所谓"病态的"情趣,他把这些东西看成是"衰败",一如现代大都会的所有文明。哪怕"法国思想界"对他而言代表着"精神家园",①那也是二等精神家园,排在德国后面;没有什么东西吸引他去现代法国及其首都。

[原注 73] 布克哈特认为德国和法国都是欧洲文化不可或缺的代表。他本人对法国文学的文化价值持极高的开放态度。尽管如此,和法国文化相比,他更看重早先的德国文化(当然柏林不在此列!),因为德国文化生长的条件是有机的,因而更健康。

1843 年,布克哈特在《科隆报》发表的一篇文化社会学论文当中阐释称,在一个像法国这样文化上也完全集中的国家,包括精神生活在内的一切都集中于首都,也即集中于大都市,因此"金钱"控制着"精神"。在法国的"乡野","即便是最好的诗人也无法出头",他只能在巴黎崭露头角。但大城市的精神永远只活在当下,它屈服于飞速转变的时尚;凡是大城市决定精神生产的地方,文化势必带有新闻业的特征。另外,它还受到"奢侈和腐蚀"的影响,而这比德国的"报刊审查和禁令"更加糟糕。而一个德国诗人可以"在耶拿、图宾根或者埃伯菲尔德出名"。即便不富裕,也能有名。"我们最伟大的诗人曾经生活在莱茵河畔的小城市,在施瓦本和图林根",为"人民"创作,而不是为大城市的"公众"及其"在乡下和国外的跟风者"。为了人民:也就是说为了在"民族"中享有的"身后名"。

正是这个,而不是个人一时的"成就",才是艺术创作的真正驱动力。"显而易见,在德国做诗人或画家可能忍饥挨饿,但正是因为如此,我们这里真正的声望要多于法国。""赚钱"的想法"一开始"就把精神上的创作者"引向了错误的立场";只有抛却金钱想法的地方,艺术家才能创造出"持久"和"不死"的东西。因此,"我们的文学比法国文学要成熟"("法国文学和金钱"的字样,也印在 J. Oswald 出版的 *Unbekannte Aufsätze Burkhardts* [1922] 之中,见页 60-68)。亦可参见 1885 年 3 月 20 日致 Alioth(反对"民众推崇巴黎"以及"在那里以大城市方式被消耗的人们"),1885 年 7 月 18 日致 Alioth("你们那狂热的、过度的巴黎")。

---

① [原注 72] *Burkhardt-Gesamtausgabe* I,页 VII。

　　"身为艺术家"的尼采说,"除了在巴黎,人们在欧洲没有故乡"。① 但这个永无故乡的人却从未得到这个"故乡"。布克哈特除了他的市民故乡——没有这个故乡,他的生活简直无法想象——还有一个十足地道的故乡。现代巴黎一再"吸引和引诱"②"艺术家"尼采,而人本主义者布克哈特在青年时代就被吸引去到"十分古旧"但却"永恒"的罗马。

　　[原注 76] 参见 1846 年 2 月 28 日致 Schauenburg:"在历史上已经消逝了的南方"是"安静的、神奇的墓碑"。布克哈特真正爱的是意大利统一之前的罗马。他确实是一个不合时宜的人(见本书页 173):因此不是一个"怀着向往的巴黎人",而是"一个罗马人"(1889 年 2 月 19 日致 Alioth),当然:"我喜欢的那个罗马,反正已经不存在了。"

　　从此,"乡愁"③就促使他一再去到那个"圣地",人本主义者的心灵"圣地"朝圣,一生未曾离弃。现代巴黎与永恒罗马:"暂时"价值和"永恒"价值的象征。

　　教皇的罗马现实对"非狂热者"布克哈特很少造成干扰,一如对歌德那样;但后来革命的反文明的现代"统治"则对布克哈特干扰甚大。他的历史评价,认为教皇的罗马几个世纪以来就不是"欧洲的敌人"了。

　　[原注 78] 参见 *Gesamtausgabe* VII, 370.因为布克哈特和海泽以及曾经的烧炭党人老 Picchioni 之间的友谊就硬说布克哈特对"意大利独立斗争"抱有"好感"(Carl Neumann, *Jacob Burkhardt* [1927],页 136),这是完全不对的。布克哈特喜爱 Picchioni 是因为后者"高贵和杰出的人格","人性的虚荣"让他经历了"最艰苦和最恐怖的命运",但他依然保持着"年轻和任性"(1843 年 8 月 20 日致 Gottfr. Kinkel)。

---

① ［原注 74］ *Ecce homo: Warum ich so klug bin*, Aph. 5.
② ［原注 75］ 参见本书页 166。
③ ［原注 77］ 参见本书页 170。

相反,查拉图斯特拉的诗人尼采"认为罗马是人间伤风败俗之地",简直俗不可耐,粗鄙。他在那里寻找一个"反基督教的地方"做居所,但是有点失望;在彼处,"并非情愿"的滞留使他"郁闷",甚至"忧伤",他想去阿奎拉。那个与罗马相反的概念,是由"无神论者、教会之敌"弗里德里希二世出于反罗马的敌意而修建的,此人的个性与他"最相契合";最后他的梦想是在奎里拿尔拥有一间哲人小舍。① 在浸染如此悠久的基督教—教会文化传统的罗马,居留对他竟是如此困难,真有点荒唐;嗣后,他愿住都灵,拒绝了俾斯麦和瓦格纳所走的那条通往罗马之路。② 他觉得在都灵也有一点东西值得记载——不是在信中,而是在《瞧,这个人》这本书里——这事颇有象征意味;他恰好住在卡利格纳诺大宫殿对面,此乃维托里奥·埃曼努尔诞生之地。③ 最后他幻想自己就是维托里奥·埃曼努尔,或者是卡罗·阿尔贝托,④他召集王公诸侯和朋友前来参加大会——这会儿他又像是去了罗马,有"恺撒在古罗马城堡"的感觉。⑤

这次"大会"开辟了联合反"德意志帝国"的道路。⑥ 对尼采而言,意大利几乎同法国一样,首先是对德的反命题。犹如法国人,意大利人与"欧洲浮浅之国"德国相比,也算是个"智慧民族"啊。⑦

尼采与法意的关系:与法国关系起决定作用的要素是对"心理学—艺术家"的吸引,与意大利关系的要件则是"罗马帝国"理念和"非道德主义的文艺复兴人士"的构想。与此构想相关联的

---

① ［原注 79、80、81］ *Ecce homo: zum „Zarathustra"*, Aph. 4.
② ［原注 82］ *Jenseits von Gut und Böse*, 256 末尾。
③ ［原注 83］ *Ecce homo: zur „Götzendämmerung "*, 3.
④ ［原注 84］ 1889 年 1 月 6 日尼采致布克哈特。
⑤ ［原注 85］ Salin, 页 194。
⑥ ［原注 86］ 1888 年 12 月 26(或 27)日致欧维贝克。
⑦ ［原注 87］ *Nietzsche contra Wagner* 前言。

是对"个人专横跋扈"的人生之设想,南国的太阳会"美化"这种人生。① 如果说吸引这个病人去巴黎的东西是"颓废"偏好;那么吸引他去"地中海"的东西就是"超健康"的意志了。这两种情况占主导地位的都是"病者视角"。尼采对南方,尤其对"康复大学校"所表达的挚爱也是因为"病者视角"。② 健康的布克哈特与歌德无异,需要的是南方的"补充",而非"康复"。即便布克哈特与尼采对意大利有某种共同的偏爱,比如对**罗西尼**③([译注] Gioacchino Rossini, 1792–1868,意大利歌剧作曲家),但侧重点截然不同,布克哈特在意大利及意大利事务中寻找他欠缺的东西,尼采则总是抬高意大利打压他不想要的德国。

尼采一味仇恨,这对他这个无根之人来说具有典型性。与他相反,布克哈特根本没有背叛和不忠的行为。布克哈特的文化情感完全是德式的,亦即尼采所说的"与美德结合"的文化情感,这种"当初"的德式情感在"当今德国"自然是踪迹难觅。④ 与文化无根基、在激进的德国浪漫主义与法国启蒙运动之间"自由飘浮"的尼采相反,布克哈特在德意志文明基地巴塞尔,在德意志人文古典传统中牢牢系泊。他生活在清醒的意识中,对德国人的特性予以理所当然的肯定。他认为,人的特性中要补充浪漫主义的礼仪文化,要具备这种意识:德国人只有在这条路上才能获得此前景,亦即摆脱"浮士德式"的追求与和谐理想之间的紧张关系,进而达到古典主义"完美"的前景。

布克哈特的欧洲意识是从德国浪漫主义的文化情感中有机地

---

① [原注 88] *Jenseits von Gut und Böse*, Aph. 255.

② [原注 89] 同上。

③ [原注 90] *Ecce homo: Warum ich so klug bin*, 7;1878 年 8 月 25 日布克哈特致 Alioth:就布克哈特对这些大师的爱来看,客观地谈论罗西尼、贝利尼、威尔第,恰好是"亵渎的"。

④ [原注 91] 见本书页 21。

萌生出来的,这个讲德语的瑞士巴塞尔人本来就怀着这种情感生活和工作着。后来他又在瑞士纳沙泰尔州待了 9 个月,教育学专业毕业后,立即进入"法国思想界",一如他在自传中记载的。① 这个 20 岁的青年人说意大利是对他本性的一个"必要补充",②"意大利的观点是对德国人本性的补充",他在高龄时谈及此事还援引歌德为例,他青年时代受歌德的影响十分强烈。③ 梅特涅在尼采心目中占有的位置,被布克哈特心目中的普拉滕取代([译注] August Graf von Platen, 1796–1835,德国诗人,剧作家,在追求古典主义纯洁性方面当时无人能及)。④

　　20 岁的布克哈特就预言"观察神圣意大利"的恩惠。⑤ "去意大利朝圣",这作为格言出现在其著作《导游》中。在此书结尾,作者自白,对永远铭记的罗马怀有"永生的乡愁";另一方面, 20 岁的小伙子也意识到,充溢着"另一种生命气息"的意大利会"通过永恒的乡愁"把他牢牢锁在它身边。⑥ 如果说 1839 年他脑子里闪过这个念头:他"也许就出生于此地",⑦那么, 1881 年他就把此想法变成一个类似遗传基因问题抛出来了:"我体内是否流动着意大利血统的稀薄血液,自 16 世纪以来不同的母亲给予我的血液?"反正,意大利的"一切对他都十分亲近";在此地与在德国各都市一样,他都有"丰沛的故乡情怀","在这里与人交际甚至更容易"。⑧ 这是怎样的一种有机关联的情感啊,是怎样近似于一

---

① ［原注 92］*Gesamtausgabe* I,页 VII。

② ［原注 93］1838 年 8 月 26 日致 Riggenbach。

③ ［原注 94］1890 年 9 月 17 日致 Wilh. Schäfer(未印刷,引自 Kaegi, *Gesamtausgabe* V, XXII 及下页)。

④ ［原注 95］1852 年 11 月 5 日, 1853 年 1 月 16 日致 Emma Brenner-Kron。

⑤ ［原注 96］1839 年 4 月 10 日致 Riggenbach(未印刷,引自 Kaeigi, *Gesamtausgabe* I, 页 XXIII)。

⑥ ［原注 97］1838 年 8 月 26 日致 Riggenbach。

⑦ ［原注 98］同原注 96。

⑧ ［原注 99］1881 年 8 月 6 日致 Preen。

种宗教关系啊——如同与"上苍"的关系！而尼采没有此情感此关系,这些对他微不足道。

布克哈特在南方寻觅的东西是,要经历雅致的礼仪与风度,要经历爽朗愉悦之美;还要经历更美更轻松的和谐生活,和谐使他内心平静,使他得到"安慰"。在这方面,布克哈特与尼采的渴求,即渴求在"地中海地区"摆脱德国的严酷相合。但凡片面性都受布克哈特排斥。当他把意大利人雅致的礼仪意识与德国人喜欢囿于"乖僻任性"作对比时,也不忘补充说,在某些道德方面德国人优于意大利人,比如,丢勒([译注] Albrecht Dürer, 1471-1528,文艺复兴时期德国最重要的油画家、版画家)的"简洁与忠诚"就高于切利尼的艺术。① 那种让意大利艺术与德国艺术相斗相争以从中渔利的企图,布克哈特对之不屑一顾。有一次,他借机提出一个论断,说"我们强有力的巴尔东"([译注] Hans Baldung-Grien,约 1484-1545,德意志画家,北欧文艺复兴时期的杰出人物之一,丢勒的助手)身为圣母受难主题画家之一,与拉斐尔和鲁本斯排在一起也毫不逊色,②他说此话时显得"颇为得意"。涉及崇拜君王话题,他就从里翁纳多([译注] Lionardo,未详)、拉斐尔和鲁本斯的"美化描述退回到古典流派",把斯特凡大师为科隆大教堂绘制的画尊为"至高无上"者。

[原注 102] 同上,336. 早在 1842 年的《比利时各城市的艺术品》(Kunstwerke der belgischen Städte,页 134)当中,人们就赞美地把斯特凡的作品与凡艾克在根特圣坛上的"粗俗的生活气氛"进行了对比。但不久以后(1895 年 5 月 26 日致一位神学学生),凡艾克就成了世界最大的宝藏之一。

　　布克哈特一直忠于自己青年时代对莱茵地区哥特式伟大建筑

---

① 　[原注 100]"绘画历史"系列报告(1844/1846)手稿,引自 Kaegi, *Gesamtausgabe* V,页 XXVII 及下页。

② 　[原注 101] *Gesamtausgabe* XIV, 335.

的热爱,后来也建立了与德国巴洛克艺术最好的关系。①

　　[原注 103] 参见 1837 年 4 月 21 日致 Schreiber(已经说到了"乡愁"和
"朝圣")。后来,当海泽在造访巴塞尔之后继续前往斯特拉斯堡时,布克哈
特针对大教堂对海泽说:"今天你在天堂里"(hodie eris in paradiso)(1849 年
9 月 11 日海泽致其父母;见 E. Petzet 版布克哈特与海泽通信集[*Briefwechsel
Burkhardt-Heyse*],1916,页 159)。1865 年,弗莱堡的大教堂塔楼又"像三十
年前一样给他留下了神秘的印象",那时的布克哈特是第一次见到塔楼
(1865 年 10 月 17 日致 Otto Ribbeck)。Carl Neumann 喜欢建构一道分界线,
以区分为哥特式艺术而狂热的、德意志-浪漫主义的布克哈特和后来文艺复
兴-古典主义的布克哈特,但他也不得不承认:"布克哈特从未停止过赞叹弗
莱堡的大教堂塔楼"(同上,130)。而在斯特拉斯堡的大教堂面前,他永远都
"充满了敬畏"(1880 年 9 月 20 日致 Alioth)。关于晚期哥特艺术,尤其是坦
恩(Thann)大教堂,见:1870 年 4 月 27 日致 Preen,布克哈特对此的评价非常
积极,以至于他自己都称之为"极其异端"(从正统的古典主义的立场来看)。

　　他的艺术情感与别人的反德情感迥异,他的伦理——带有内
心深处的绝对命令([译注]康德唯心主义哲学的伦理原则)——则是典
型的德式。所以,他对新德国之发展的批评只到真为"这个可怜
的德意志民族"感到遗憾为止,也就绝非偶然了;反观尼采,他总
对这个民族不满,不时野蛮发作,对其诋毁谩骂。尼采的反德特性
还有一种形式,就是他喜欢犹太文化。这个玩世不恭的人,竟认为
"色情狂的幸灾乐祸"也是"完美、神圣"的。作为"艺术家",他感
觉海涅这位艺术家与他水平相当,十分欣赏海涅细腻的敏感;可
是,"德国有角牲畜"觉得细腻敏感"毫无用处"。

　　[原注 105] 1870 年 9 月 27 日致 Preen;"个人文化成熟"的一个标志:与
他性情相同的朋友盖米勒也是如此(Carl Neumann, *Jacob Burkhardt*, 398 及

───────────────

①　[原注 104] 1875 年 4 月 5 日致 Alioth,亦见 1877 年 9 月 4 日致 Alioth, 1877 年 11
　　月 28 日致 Preen。

下页）；在盖米勒那里，批判从来"包含着爱意"。

[原注 106] *Nietzsche contra Wagner: Wohin Wagner gehört; Ecce homo: Warum ich so klug bin*，Aph. 4. 当尼采认为海涅和奥芬巴赫代表了"最高的精神性"时（*Nachlaβ*，1882 及以后；WW. XIV，页 228），这是他身上典型的"现代风"在作判断。相反，布克哈特从容而仁慈地评论奥芬巴赫（1876 年 2 月 27 日致 Preen）："一切罪人都能得到宽恕"！对于奥芬巴赫，他和一些意大利熟人的观点一致："（奥芬巴赫）与罗西尼相比就是一种灾难！"一边是"神性的老罗西尼"，另一边是"现代的群氓"！（1879 年 8 月 21 日致 Grüninger；引自 Markwart，36）。参见上文原注 90。

事实上，尼采与海涅（随理性主义移植的、革命的）浪漫主义文风十分合拍。尼采把"我们欧洲文化那片夕阳残照的天空"视为"置身在观众与哲学家中间的艺术家"文化；在他看来，这是一部引人入胜的话剧，在"最棘手的事情"，在"道德疑难"方面，"欧洲归功于犹太人"的地方甚多，尼采把这计入"最引人入胜"之列。"我们艺术家为此感谢犹太人"——他在致布克哈特的最后一封信中如是写道。①

[原注 107] Jens.，250. Vgl.：an die Mutter 19. 9. 86："如果要把犹太理性抽离出去，天可怜欧洲的理性！"（家庭信件这种最私人的形式证明了这个观点是诚实坦率的。）对尼采来说，犹太智识分子在本质上属于"欧洲好人"，而布克哈特对待犹太人却不无文化上的顾虑。尼采恰恰代表了文人的类型（见 Steding）。他的"欧洲好人"是反犹主义者的对立面（见 1884 年 1 月 29 日 Paneth 的书信，见 Elisabeth Förster-Nietzsche，*Leben Nietzsches* II，485）。

当然，布克哈特既不理解"艺术家的感激之情"，也不喜欢海涅，②

---

① ［原注 108］1889 年 1 月 6 日。关于作为"形式艺术家"的尼采，参见 Roos，同上，52。

② ［原注 109］1852 年 5 月 21 日布克哈特致 Emma Brenner-Kron（恰恰是尼采喜爱和赞扬这种巴黎式的小聪明）；1855 年 12 月 2 日致 Alb. Brenner。

也不像尼采那样让犹太人与德国人互相争斗以达到利己目的。①
他同犹太文化，同巴黎粗制滥造的写作匠文化都保持距离，而上
述二者又有着某种关系：海涅也去到巴黎，②尼采早就谈到"法
国—犹太人的"文明。③　然后，尼采在法国人和犹太人中间便自然
而然找到那些高雅的"心理学家"了；这样的人，他在德国遍寻无
着。④　当这些"心理学家"比如勃兰兑斯对未来的尼采模式具有一
种时代嗅觉，尼采就对他们更是赞不绝口了。尼采的唯美主义得
到类似勃兰兑斯的典型写作匠自发的支持，布克哈特却看出其中
的破坏性元素，它危及传统的社会秩序和精神文化。

　　[原注112] *Ecce homo*：同上。事实"已经证明，出版尼采作品的兴趣主
要是由犹太作家资助的：Fritz Mauthner、Leo Berg、Georg Brandes……"
(Bernoulli II，392)；"犹太作家有力地为尼采站台，感到振奋"，显然与尼采
厌恶反犹主义不无关系。亦可参见 Steding(414)，他在此语境下也提到了
Maximilian Harden。

　　[原注112a]尽管尼采对左拉颇有微词(见本书第七章，原注2)，但19
世纪末自然主义文学革命的领袖们仍把左拉(Mich. Gg. Conrad，*Von Emile
Zola zu Gerhardt Hauptmann*［1902］，页52)和尼采看作保护神。在他们看来，
尼采是苏醒了的针对一切事物的"怀疑精神"(Arno Holz，*Die Kunst*［1891］，
83)。而除了自然主义运动之外：通过"这位无限自我设定的哲学家"，"一切
个人主义-无政府主义的努力"都获得了"一种宗教神圣感。人们满怀兴奋
地把他宣告为新一代的领袖"(Heinrich Hart，*Gesammelte Werke* III［1907］，
87)。在巴黎，"世纪末那带有瓦解倾向的精神"也在贪婪地谈论着尼采的
"非道德主义"(Jul. Wilhelm，同上，74及下页)。

―――――――――――

① 　[原注110] 尤其参见 *Ecce homo: zum "Fall Wagner"*，Aph. 4。
② 　[原注110a] 尼采对海涅的偏爱和他对巴黎文化的偏爱如影随形，巴黎文化是"欧
　　洲最古老也最晚近的文化"；"最爱挑剔的巴黎人给了海涅展现巴黎精神最微妙形
　　式的荣誉"(WW. XIV，页228)。
③ 　[原注111] 参见本书页162。
④ 　[原注111a] 参见 WW. XIV，227："如果人们生活在德国人中间，那么若能遇到一
　　个犹太人，就是令人欣慰之事了。"

　　对尼采具有典型性的东西,是他把反犹分子全部当成他的私敌,而布克哈特最显著的特点则是抵制老市民根深蒂固的反犹传统。在他眼中,犹太人为瓦解这个独特的"现代社会"之不良倾向做出了重要贡献。当然,他的反犹思想是有尺度的,即与他守旧的反对革命的作派吻合。

　　[原注 113] 见尼采对欧维贝克和布克哈特说的最后的话。相反,布克哈特承认"完全没有意识到自己对犹太人的偏爱",而且他甚至"未能抛弃对解放犹太人的顾虑",不过这没有妨碍他完全客观地认可自己在犹太人身上发现的积极面(参见 *Schilderungen aus Rom*, *Kölnische Zeitung*, 1846 年 7 月;亦见 Oswald, *Unbekannte Aufsätze Jacob Burkhardts*, 页 144)。

　　尼采与犹太文化走在一起,这让布克哈特倍加反感。对于革命性的现代社会,不管何种色彩,他都预感不妙,疑窦丛生。① 这位人本主义者不仅觉察到人们的内心态度,即认为他本人的伦理十分轻率,故极力反对;而且也看出人们的取向,即取向于"当今"和一味服务于"心理上好奇"的事务;而他的使命则是捍卫"永恒的价值":德国古典主义伟大传统意义上的价值。

　　诚然,布克哈特和尼采都拒绝对民族主义划定和确立界线,从这个意义上说,他们都是"欧洲好人"。但这在尼采代表着一种国际性、特殊和反德的思想,布克哈特则生活在一种明晰的、民族的文化意识中,此意识理所当然以德意志精神遗产作为家园,布克哈特牢牢扎根于此,捍卫着取向于古典主义教化和基督教伦理的"欧洲文化"。此文化以人本主义为标识,将自由理想与准则理想结合在一起。

　　他们二人中,并非尼采是"不合时宜者"——姑且把他评价瓦格纳的话用到他自己身上——尼采在"对现代性做概括"。② 他认

━━━━━━━━━━

① [原注 113a] 参见原注 112a。

② [原注 113c] *Fall Wagner* 前言末尾。

为海涅这个人,对进步,甚至对美国化的进步感到高兴,而且连篇累牍撰写新闻政论式文章,说海涅代表了"抒情诗人最高水准",而不是由歌德所代表。

[原注113b] A. Riehl（*Friedrich Nietzsche*［1897］,11 及下页）评论道,《不合时宜的沉思》有些"在出版时就已经不是不合时宜了"。19 世纪 90 年代,尼采很快成了流行的名人,"生命"(das Leben)也成了时髦概念(参见 Heinrich Rickert, *Die Philosophie des Lebens*［1920］,3 及以下)。"尼采比其他任何一个人都要理解时代当中正在酝酿的元素"(Gg, Brandes, *Deutsch-Nordisches Jahrbuch*, 1927,页 60)。他在自己的哲学生涯之初就解释说,现在是"创造一些新事物的时候",他的本质最完美地贴合了"革命时代"永远追求革新的精神。但正如布克哈特敏锐的目光所见(见本书页 73 及以下,146 及下页),这个时代毕竟还是要再次"停歇"一下。

[原注114] *Ecce homo: Warum ich so klug bin*, Aph. 4. 自认为属于"现代"的人,也会在文学里将海涅视作"先驱"。海涅不仅抛弃基督教,也和以古代文化为典范的古典(亦即人本主义)决裂(Hart,同上,46)。

布克哈特对海涅"绞尽脑汁搞出的精致技巧"不屑一顾。① 然而,当还有某种异样的、提振人们精神的声音在这个现代文明的世间回响,比如默里克的诗歌(［译注］默里克,Eduard Friedrich Mörike,1804–1875,德国最伟大的抒情诗人之一),他是无比欣慰的。

[原注116] "这位少见的人毕竟是最令人欣慰的现象之一"(1870 年 4 月 27 日致 Preen)。布克哈特在 19 世纪 70 年代战争的印象之下认为,从"文化"转向"政治"之后,"这些事物再也不可能在德国出现了":"这些精神产物产生的氛围已经完全消失……这些事物产生所必需的精致的悠闲将在何处停留!""像默里克那样的情感"将如何"生长"?"那样的心绪可以和歌德最好的时代相媲美。"在布克哈特看来,默里克可以说是"现代第一位诗人"(摘自布克哈特与 A. von Salis 的一次对话,1870 年 12 月 1 日;见 Salis, *Basler Jahrbuch* 1918,285 及下页)。布克哈特自己的诗作有时也会触及默里

———————————

① ［原注115］1852 年 5 月 21 日致 Emma Brenner-Kron。

克;参见海泽致布克哈特（1854 年 4 月 28 日），谈及布克哈特的诗歌"Hämpfeli Lieder"："这些东西绝非尘世的灵魂所能写就……除了你的邻人默里克。"相反，尼采认为默里克"除了四到五首诗之外，在德意志民歌手法上非常无力，没有诗意"（*Nachlaß*, 1875；*Werke*, Naumann, X, 490）。

布克哈特这个真正不合时宜的人被与他同调的默里克深深感动了，恰恰是因为布克哈特拥有超越自己时代的立场，这立场又赋予他不受时代局限、真正超越时代的观察能力。

［原注 117］亦可参见 1872 年除夕致 Preen，谈及"世界难民"格里尔帕策（［译注］Franz Grillparzer, 1791–1872, 奥地利著名作家）。布克哈特在研究格里尔帕策时认识到，"这种避世对于后世而言可能会多么有益"。我们在这里会不由自主地想到布克哈特本人。

［原注 118］鉴于正在兴起的大众时代，布克哈特是当时德意志历史学家之中"唯一一个"看到"权力的魔力"（Dämonie der Macht）的人，"不带任何理想主义的面纱"：这让他在自己那个时代显得"极其怪异，完全不合时宜"（Gerh. Ritter, *Machtstaat und Utopie*［1940］, 页 131, 170）。

图书在版编目（CIP）数据

尼采与布克哈特：对话中的两个精神世界／（德）
阿尔弗雷德·冯·马丁著；黄明嘉，史敏岳译. --上海：
华东师范大学出版社，2019
　ISBN 978-7-5675-9395-4
　I. ①尼… II. ①阿… ②黄… ③史… III. ①尼采
（Nietzsche, Friedrich Wilhelm 1844-1900）-哲学思想-
研究②布克哈特（Burckhardt, Jacob Christoph 1818-
1897）-史学思想-研究 IV. ①B516.47②K093.522

　中国版本图书馆 CIP 数据核字（2019）第 137199 号

华东师范大学出版社六点分社

企划人　倪为国

经典与解释·尼采注疏集

尼采与布克哈特：对话中的两个精神世界

著　　者　[德]阿尔弗雷德·冯·马丁
译　　者　黄明嘉　史敏岳
责任编辑　王寅军
责任校对　彭文曼
封面设计　吴元瑛

出版发行　华东师范大学出版社
社　　址　上海市中山北路 3663 号　　邮编　200062
网　　址　www.ecnupress.com.cn
电　　话　021-60821666　　行政传真　021-62572105
客服电话　021-62865537　　门市（邮购）电话　021-62869887
地　　址　上海市中山北路 3663 号华东师范大学校内先锋路口
网　　店　http://hdsdcbs.tmall.com

印 刷 者　上海景条印刷有限公司
开　　本　890×1240　1/32
印　　张　12.5
字　　数　272 千字
版　　次　2020 年 5 月第 1 版
印　　次　2020 年 5 月第 1 次
书　　号　ISBN 978-7-5675-9395-4
定　　价　78.00 元

出 版 人　王　焰

（如发现本版图书有印订质量问题,请寄回本社客服中心调换或者电话 021-62865537 联系）